한·미 FTA의 쟁점과 이해

한·미 FTA의 쟁점과 이해

인 쇄: 2014년 7월 8일
발 행: 2014년 7월 15일

지은이: 문병철
발행인: 부성옥

발행처: 도서출판 오름
등록번호: 제2-1548호 (1993. 5. 11)
주 소: 서울특별시 서초구 서초동 1420-6
전 화: (02) 585-9122, 9123 / 팩 스: (02) 584-7952
E-mail: oruem9123@naver.com
URL: http://www.oruem.co.kr

ISBN   978-89-7778-426-0   93340

* 잘못된 책은 교환해 드립니다.
* 값은 뒤표지에 있습니다.

이 도서의 국립중앙도서관 출판예정도서목록(CIP)은 서지정보유통지원시스템
홈페이지(http://seoji.nl.go.kr)와 국가자료공동목록시스템(http://www.nl.go.
kr/kolisnet)에서 이용하실 수 있습니다. (CIP제어번호: CIP2014019502)

한·미 FTA의 쟁점과 이해

문병철 지음

Understanding the KORUS FTA:
Issues and Challenges

MOON Byung-Chul

ORUEM Publishing House
Seoul, Korea
2014

머리말

한·미 FTA가 2012년 3월 발효되었다. 이 책은 한·미 FTA라는 통상규범에 대한 이해를 돕기 위하여 쓰기 시작하였다. 이는 필자의 개인적 경험에서 시작되었다. 2009년 시작되어 2010년 11월 마무리된 대형마트 및 SSM(기업형슈퍼마켓) 규제를 위한 입법과정에 참여한 경험으로부터 비롯된다.

필자에게 이는 놀라운 경험이었다. WTO 통상규범은 관계 공무원을 비롯한 이해당사자들에게 너무도 난해하였다. 또한 관계 공무원들은 미래에 있을지도 모르는 통상분쟁에 대한 막연한 두려움으로 아예 이 문제에 접근 자체를 회피하였다. 이러한 어려움과 두려움 때문에 관계자들은 국내규제 도입을 위한 논의 그 자체를 꺼리고 있었다.

2009년 당시 SSM 규제를 담고 있는 유통산업발전법 입법과정에서 소관위원회 전문위원이었던 필자는 WTO 통상규범 환경에서도 도입 가능한 국내규제의 영역이 있다는 논거를 제공할 필요가 있었다. 이러한 논거는 WTO 개방 이후 최초의 국내규제로서, 2010년 11월 유통산업발전법에 전통상업 보존구역이라는 새로운 개념으로 도입되었다.

이어 폭풍처럼 몰아친 2011년 한·미 FTA 비준동의 과정에서도 당시 필자는 중소기업청 담당 위원회 전문위원으로서 중소기업·소상공인에 대한 피해대책의 수립이 필요하다는 논거를 제공할 필요가 있었다.

한·미 FTA 비준과정에서는 너무도 많은 사회적 갈등이 표출되었고, 정부가 제공하는 정보는 FTA의 긍정적 측면만 주로 얘기하고 있었다. 중소제조업의 피해가능성은 미풍으로 맴돌고 있었고, 소상공인의 피해는 한·미 FTA와는 별개라는 시각이 지배적이었다.

그러나 결과적으로 2011년 12월 국회 본회의에서 중소제조업의 피해보상을 위하여 거의 유명무실화되어 있던 무역조정지원제도의 지원요건을 완화하는 개정안, 소상공인의 경쟁력 강화를 위하여 소상공인진흥기금을 설치하는 개정안, 그리고 중소기업적합업종의 지정과 대형마트의 영업시간 등을 규제하는 개정안 등이 한·미 FTA 중소기업·소상공인 피해대책 법안으로 의결되었다.

이러한 두 번의 입법과정 경험에서 가장 혼란스러웠던 사실은, 통상규범이 도입하고자 하는 정책의 반대논거로서 항상 등장한다는 점이었다. 국회에서 도입하려는 국내규제는 WTO 또는 FTA 때문에 안 된다라거나, 이런 규제는 WTO 보조금협정에 위반된다는 등 너무나 원론적인 이야기가 현실로 확대·포장되어서 꿈적도 하지 않는 반대의 논리로 자리 잡게 된다는 것이다.

원래 WTO나 FTA에서의 개방이 국내정책을 제약한다는 것은 사실이다. 그러나 통상규범에도 그 틈새가 있는 법이다. 정확한 이해도 없이 통상규범을 이유로 국내정책 도입을 반대하는 것은 또 다른 숨은 음모가 있는 것처럼 보이기도 하였다. 여하튼 이러한 WTO나 FTA 같은 통상규범을 모르면 국내정책의 선택폭은 더욱더 좁아질 수밖에 없다. 때문에 통상규범에 대한 정확한 이해가 요구되고 필요한 이유라 하겠다.

더구나 WTO 규범 플러스(+) 접근인 한·미 FTA는 우리의 국내정책 영역에 크나큰 두려움으로 다가온다. 왜냐하면 한·미 FTA는 단순히 관세를 철폐하는 무역협정이 아니며, 그것은 국내정책 영역의 많은 부문과 관련되는 포괄적인 내용을 담고 있기 때문이다. 한·미 FTA의 문제는 관세의 철폐나 제도의 변경이라고만 볼 수 없고, 더 큰 문제는 우리가 가지고 있는 통상규범 이해의 어려움과 통상분쟁에 관한 두려움이라고 본다. 따라서 이를 극복하기 위해서는 한·미 FTA 규범에 대한 이해가 우선되어야 할 것이다.

한·미 FTA는 많은 부문에서 비대칭적으로 규범화되어 있다. 이러한 불균형과 원천적으로 경쟁열위 산업에 대한 불이익 등이 과연 미국 시장의 개방만으로 만회될 수 있을지는 의문이다. 우리는 미국 시장으로의 수출에 지혜를 모아야 할 것이다. 그러나 남은 시간은 우리의 경쟁국이 미국과의 FTA를 맺기 이전까지이다. 많은 전문가들은 한·미 FTA 추진 목적의 하나인 서비스산업의 선진화가 과연 한·미 FTA로 달성이 가능한 명제인지에 대해서 의문을 제기한다. 한·미 FTA는 우리의 서비스산업 기반을 무너지게 할 위험한 도박이라는 주장도 있다.

한·미 FTA 규범에 대한 보다 면밀한 이해가 필요하다. 한·미 FTA 규범은 WTO 규범에서 많이 벗어나 있고, 이는 한국보다는 미국의 이익에 부합하는 내용들이다. FTA에 대한 환상을 너무나 강조하는 바람에 부정적 효과는 미미한 것처럼 보인다. FTA에는 긍정적 효과와 부정적 효과가 혼재되어 있다. 우리는 한·미 FTA에서 미국 시장의 추가적인 개방에만 몰두하다가, 국내정책의 자율성을 포기하지는 않았는지 따져 보아야 할 것이다. 이와 같이 한·미 FTA는 우리에게 양날의 칼로 다가와 있다.

이 책에서는 한·미 FTA 협정문의 편제에 맞추어서 장별로 주요 내용과 그 의미를 정리하여 보았다. 한·미 FTA의 방대한 내용을 통상규범의 측면에서 최대한 객관적이고 중립적으로 기술하려고 하였으나, 그렇지 못한 부분이 있다면 이는 전적으로 필자의 능력이 부족한 탓이다. 한·미 FTA 규범을 전반적으로 이해하는 것은 너무도 어려운 작업이었다. 한·미 FTA 주요 내용과 그 의미를 나름대로 이해해 보려고 하였으나 아직도 부족해 보인다. 때로는 문제 제기 차원에 머문 이해도 많이 있을 것이다.

한·미 FTA의 긍정적 효과를 최대한 얻기 위해서는 FTA 규범에 대한 완전한 이해와 활용이 필요한 것으로 생각된다. 이를 어떻게 활용할 것인지는 국내정책을 수립하고 집행하는 당사자들의 몫이 될 것이다. 이 책은 통상규범을 공부하는 학생들의 참고자료로, 더 나아가서 통상정책과 관련되는 정책입안자들의 참고서적으로 일독을 권해 본다.

이 책을 출판해주신 도서출판 오름의 부성옥 대표에게 감사드리며, 항상 뛰어난 국어 실력으로 문장을 다듬어 주는 정금재 사무관에게 고마움을 전한다.

2014년 6월
문병철

차례

서장

들어가는 말

I. 두려움을 넘어서

2013년 3월 한·미 FTA가 발효되었다. 2006년 6월 한·미 FTA 협상이 시작된 이후부터 2011년 11월 비준동의안이 처리되기까지 많은 국내적 논쟁과 갈등이 있었다. 그러한 논쟁의 중심에는 항상 FTA 효과에 대한 양극화 논쟁이 있었다. 즉, FTA의 긍정적 효과만 부각시키는 주장과, FTA의 부정적 측면만 부각시키는 양 극단의 논쟁이 항상 있었다. 그런데 이러한 양 극단의 논쟁은 FTA에 따른 국익이 선을 긋듯이 쉽게 도출된다는 가정에서나 가능한 이야기일 뿐이다.

실제에 있어 FTA 효과의 산출은 이렇게 단순하지도 않고, 결코 그렇게 단순화할 수도 없다. FTA의 단기적 효과는 긍정적 효과(+)와 부정적 효과(-)가 서로 혼재되어 있다. 그리고 FTA 효과는 중·장기적 효과도 있다. 국내적으로는 교역조건의 변화, 무역창출 또는 무역전환효과에 따라 이익을 보는 집단과 피해를 보는 집단이 서로 혼재하고 있다. 이러한 현상은 업종

간 또는 동일업종 내에서도 뒤엉켜 있다.

먼저, 한·미 FTA의 효과를 살펴보자. 한·미 FTA 발효에 따라 한국시장
에서의 공산품 89.9%와 미국시장에서의 87.3%의 품목은 관세가 즉시 철폐
된다. 그러므로 이들 품목은 즉시 가격에 영향을 받을 것이다. 그러나 국내
시장에서의 상품가격이 관세폐지로 인하여 바로 하락한다는 보장은 없다.
시장에서의 가격하락은 경쟁가격이 존재할 때 가능한 얘기이다. 미국기업이
넓어진 한국시장에서 가격결정자가 되고 규모의 경제와 수확체증을 통하여
과점시장을 형성할 수도 있다.[1] 또한 관세가 아니라 국내규제의 철폐와 관
련되는 서비스산업 및 지적재산권분야는 국내제도의 철폐로 서서히 시간을
두고 국내산업에 영향을 미칠 것이다.

그런데 한·미 FTA 발효와 더불어 가장 염려스러운 영향은 관세의 폐지
와 규제철폐에 따른 무역측면의 영향과 제도측면의 영향이 아니다. 우리에
게 가장 심각하게 다가오는 영향은 한·미 FTA가 우리의 법체계에 자리를
잡음으로써 야기될 수 있는 국내정책 도입의 위축효과(chilling effect)를 들
수 있겠다. 한·미 FTA는 우리 국회에서의 비준동의로 헌법 제6조에 의거,
국내법과 같은 효력을 갖고 국내법 체계에 자리를 잡았다. 우리나라 법체계
에서 조약은 사실상 국내법에 대한 특별법으로 보고 있다. 그러므로 체결된
조약의 내용과 국내법이 저촉되는 경우 당해 국내법을 개정하고 있는 것이
다. 한·미 FTA처럼 포괄적인 내용을 담고 있는 조약의 경우에는 관련되는
국내법의 범위는 매우 넓어질 것이다.

우리는 국내정책 도입의 위축효과를 벌써 경험한 바 있다. 2011년 전통
시장과 골목상권을 보호하기 위하여 대형마트와 기업형슈퍼마켓(SSM)을 규
제하자는 논쟁에서 항상 반대논리로 등장한 것은 WTO 규범의 위배 가능성
이었다. 국내 입법과정에서 WTO 통상규범 위배가능성이라는 막연한 두려
움으로 인해 국내정책 도입이 아예 움츠러드는 현상을 보았다.

---

1) 이근, "한·미 FTA 추진근거에 대한 정치경제 이론적 근거,"『국제지역연구』제17권
제4호(2008, 12), pp.107-109.

포괄적이고 복잡한 한·미 FTA 규범이 우리 법체계에 자리를 잡았다. 한·미 FTA 발효 이후에 벌써 국내정책 위축효과의 징후들이 나타나고 있다. 한·미 FTA 위반 가능성으로 국내의 정책이 주춤거린다.

2013년 2월 13일 환경부장관은 국회환경노동위원회 업무보고에서 2013년부터 도입하기로 희망하였던 저탄소차 협력금 제도를 2015년으로 도입을 연기한 것은 "한·미 FTA 통상마찰 우려 등 여러 가지를 종합적으로 고려해 내린 결정"이라고 보고하고 있다. 한편, 국회산업통상자원위원회의 「중소기업·중소상인 적합업종 보호에 관한 특별법안」의 법안심의에서 산업통상부장관은 "이 법안이 법제화, 법의 형태로 가게 되면 아무래도 통상마찰 요인도 될 수 있을 것이며 여러 가지 문제를 야기할 수 있다"는 반대의견을 제시하고 있다(2013. 6. 14.). 그리고 동 법안의 공청회(2013. 7. 17.)에서 진술인은 반대론의 논거로 "통상협정 위반 문제, 즉 WTO 협정일 수도 있고요 또 다양한 8개의 FTA 협정일 수도 있고 또 앞으로 체결될 FTA 협정일 수도 있다"는 주장을 하고 있다.

우리는 한·미 FTA 규범에 대한 막연한 두려움을 넘어설 필요가 있다. 한·미 FTA 협정은 한·미 양국의 경제적 이익을 공동으로 추구하는 조약이다. 우리 사회는 미국과의 한·미 FTA 조약에 대한 두려움을 넘어서야 할 것이다.

한국의 WTO 분쟁해결의 특성을 분석한 자료[2]에 의하면, 1995년 WTO 출범 당시 한국은 국가 간의 분쟁을 국제법정에서 논리적인 심의 절차를 거쳐 해결하는 데 대한 무지나 어색함이 자리 잡고 있었다. 그리하여 WTO 출범 이후 3년간 한국은 7차례에 걸쳐서 미국, EC, 캐나다 등 주요 무역상대국으로부터 연쇄적으로 WTO 피소를 당하였으나,[3] 1997년에 가서야 컬

---

2) 최원목, "WTO 분쟁해결제도와 우리나라," 공수진 외, 『통상분쟁속의 한국 — WTO 한국분쟁사례분석』(학영사, 2006), pp.14-19.

3) 한국은 WTO가 출범한 1995년부터 1997년까지 3년간 WTO에 7건의 제소를 당하였다. 미국으로부터 농산물 검사 및 검역(1995, 1996), 식품유통기한(1995), 캐나다로부터 먹는 샘물 수입제도(1995), EC로부터 통신장비 조달 제도(1996), 그리고 EC와 미

러TV 반덤핑(미국), DRAM 반덤핑(미국) 등을 WTO에 제소하는 매우 소극적인 태도를 보였다.

1995년 WTO 출범으로 국제사회는 WTO 규범에 의한 분쟁의 논리적 해결장치를 마련해놓고 있었으나, 우리나라는 통상분쟁의 정치문제화(politicization)라는 막연한 두려움을 극복하지 못하고 있었던 것이다. 이러한 상황이 1997년 중반까지 계속되었고 한국 측은 WTO에 피소자의 위치에 계속 머물러 있었다. 특히 미국을 상대로 한 통상분쟁의 경우, 안보·경제관계에 미치는 파장을 최소화하기 위해 더욱 타협에 의한 타결이 필요하다는 일종의 강박관념이 지배적이었다.[4]

한·미 FTA에 대한 두려움을 넘어서기 위해서는 한·미 FTA 규범에 대한 정확한 이해가 필요하다. 한·미 FTA 규범은 WTO 협정 플러스(+) 접근을 취하고 있다. 그러므로 WTO 규범 테두리에서 한·미 FTA 규범을 조망해 보아야 할 것이다. 한·미 FTA에서의 부문별 규범의 내용을 WTO 규범과 대비하여 이해해야 할 것이다. 국내규제의 도입에 있어서도 마찬가지이다. WTO 규범은 무역의 자유화와 회원국의 국내규제 도입 권리라는 상호 모순된 목적을 동시에 추구하고 있다. 주권의 양도(transfer of sovereignty)가 있음을 명백히 추론해 낼 수 있는 규정이 없는 한, 각종 규제의 실현은 주권국가에 있다고 보고 있다.

한·미 FTA는 미국시장에 대한 경쟁상대국과의 교역조건을 우리에게 유리하게 변화시키는 것은 사실이다. 이러한 현상은 국내시장에서도 동일하게 일어난다. 미국시장에서는 타 경쟁국에 비해 FTA로 인한 선점효과를 최대한 활용해야 할 것이다.

그러나 무엇보다도 중요한 것은 국내시장에서의 문제이다. 한·미 FTA의 성공적인 운용은 우리가 얼마나 FTA 규범을 위배하지 않으면서 국내적으로 필요한 규제를 도입할 수 있느냐에 달려 있다. 이제 우리는 미국과의 한·

국으로부터 주세분쟁(1997) 등의 제소를 당하였다.
4) 공수진 외, 앞의 책, p.16.

미 FTA 규범에 대한 두려움을 넘어서야 할 때이다.

II. 한·미 FTA 추진경과와 주요 내용

한·미 FTA는 우리나라가 칠레(2004), 싱가포르(2006), 유럽자유무역연합(EFTA)(2006), ASEAN(2007), 그리고 세계 최대경제권인 EU(2011)에 이어 체결한 높은 수준의 포괄적인 FTA이다. 한국은 참여정부 때인 2006년 초부터 제조업의 기술추월에 따른 선진국형 서비스산업의 경쟁력 확보를 위한 과감한 개방 전략으로 한·미 FTA를 추진하였다. 그리고 미국은 2001년 시작된 도하개발아젠다(DDA: Doha Development Agenda) 협상의 정체에 따라 양자 및 지역 간 FTA 병행 논리인 경쟁적 자유화(competitive liberalization) 개념에 의거 한·미 FTA를 추진하였다.

우리 정부는 한·미 FTA 비준동의안의 제안이유에서 한·미 FTA 추진이유로 경제전반에 걸친 제도의 선진화를 통하여 양국 간 경제통상관계를 한층 확대·강화하려는 것이라고 밝히고 있다. 그런데 제도의 선진화로 무역과 투자의 자유화, 서비스 및 정부조달 개방 폭의 확대, 지적재산권 보호강화 등을 들고 있다. 그런데 이는 바로 한·미 FTA의 목적을 달성하기 위한 수단의 도입과 같은 것이다. 즉, 한·미 FTA의 목적이 바로 수단이 되어 있는 셈이다.

한·미 FTA는 시차를 두어 관세를 철폐하고 비관세장벽을 제거하는 무역자유화를 추구하고 있다. 그런데 비관세장벽의 제거는 많은 국내제도를 바꾸는 것이다. 우리나라는 이를 한·미 FTA 비준동의안 제안이유에서 보듯이 선진화라는 개념으로 받아들이고 있다. 바뀌어지는 제도는 자유화후퇴방지 메커니즘(ratchet mechanism)에 의거하여 되돌릴 수 없도록 제약된다. 그런데 경쟁력이 없는 서비스산업의 개방은 국내 서비스산업의 기반 전체를 무너뜨릴 위험성을 안고 있다. 서비스산업의 네거티브(negative) 방식도 미래의 새로운 산업에 대한 정부의 정책재량을 없애버리고 있다.

1. 한·미 FTA 추진경과

한·미 FTA는 2006년 2월 3일 미국 워싱턴에서 그 추진을 공식 발표한 이후 2006년 6월부터 2007년 3월까지 8차례의 협상을 거쳐 2007년 4월 2일 협상의 타결이 선언되었으나, 미국의 새 통상정책에 따라 두 차례(2007. 6. 21.~22. 및 2007. 6. 25.~26.)의 추가협의를 거쳐 2007년 6월 30일 서명되었다.

그런데 이후 한·미 FTA 비준동의안은 양국 내 정치적인 상황으로 인하여 각각 비준이 지연되고 있었다. 그러던 중 미국 내에서는 한·미 FTA의 자동차 관련 내용에 대한 조정이 필요하다는 의견이 업계 및 노조에 확산됨에 따라, 미국의 요구에 의하여 2010년 11월 30일부터 2010년 12월 3일까지 한·미 FTA 추가협상이 있었고, 2010년 12월 3일 추가협상이 타결되었다.

2011년 6월 3일 정부는 당초 비준동의안이었던 「대한민국과 미합중국 간의 자유무역협정(원협정안)」과 추가협상의 결과물인 「대한민국과 미합중국 간의 자유무역협정에 관한 서한교환(서한교환안)」을 묶어 하나의 비준동의안으로 국회에 다시 제출하였다.

미국의 경우 2011년 10월 3일 의회에 한·미 FTA 이행법안이 제출되었고, 미국 상원·하원에서 한·미 FTA 이행법안이 먼저 통과되었다(2011. 10. 12.). 그러나 우리나라 국회에서의 한·미 FTA 비준동의안은 2011년 10월 외교통상위원회에서의 끝장토론 이후에도 합의점을 찾지 못하고 있었다. 이러한 와중에 비준동의안은 본회의에 직권상정 되어 야당의 반대 속에 전격적으로 통과되었다(2011. 11. 22.). 그리하여 한·미 FTA 협정문은 양국의 합의를 거쳐서 2013년 3월부터 발효되었다.

2. 한·미 FTA 비준동의안

정부는 「대한민국과 미합중국 간의 자유무역협정 비준동의안」 제안이유에서 이 협정의 체결을 통하여 우리나라와 미합중국 간 자유무역지대를 창설함으로써 무역 및 투자를 자유화하고, 서비스 및 정부조달시장 개방 폭을 확대하는 한편, 지적재산권 보호 강화 등 경제 전반에 걸친 제도의 선진화를 통하여 양국 간 경제통상관계를 한층 확대·강화하려는 것이라고 밝히고 있다.

그러면서 「대한민국과 미합중국 간의 자유무역협정 비준동의안」의 주요 내용으로 다음을 들고 있다.

1. 양 당사국은 1994년도 GATT 제24조 및 GATS 제5조에 합치되도록 자유무역지대를 창설하도록 함(제1.1조).

2. 각 당사국은 상대국 원산지 상품에 대한 관세를 관세철폐계획에 따라 철폐하되, 우리나라는 쌀을 양허대상에서 제외하고 그 밖의 일부 민감 품목에 대하여는 현행관세를 유지하거나 장기이행기간을 설정하도록 하며, 미합중국도 자국의 일부 민감 품목에 대하여는 장기이행기간을 설정하도록 함(제2.3조 및 부속서 2-나).

3. 각 당사국은 상대국 원산지 상품에 대한 긴급수입제한조치에 관하여 규정하고, 반덤핑·상계 관세 적용을 위한 조사개시 전에 상대국에 통보하고 협의기회를 제공하며, 무역구제 관련 문제를 협의하는 무역구제위원회를 설치하도록 함(제10.1조부터 제10.4조까지 및 제10.7조부터 제10.8조까지).

4. 각 당사국은 자국 내 투자와 관련하여 상대국 투자자에게 내국민대우와 최혜국대우를 부여하며, 투자분쟁 발생 시 투자자가 국제투자분쟁해결센터협약 등에 따라 중재를 청구할 수 있도록 함(제11.3조, 제11.4조 및 제11.15조부터 제11.27조까지).

5. 각 당사국은 상대국의 서비스 공급자에 대하여 내국민대우와 최혜국대우 등을 부여하되, 우리나라는 교육·의료·사회분야 등에 대한 규제권한을 유보하고, 미국은 사회적 약자의 처우, 해상운송서비스 등에 있어 규제권한을 유보하도록 함(제12.2조부터 제12.4조까지, 제12.6조,

부속서Ⅰ 및 부속서Ⅱ).

6. 각 당사국은 정부조달 참가조건을 공급자가 법적·상업적·기술적 및 재정적 능력을 갖고 있음을 보장하는데 필수적인 조건으로 한정하고, 과거에 그 당사국 정부 조달기관에 의하여 낙찰을 받거나 그 당사국 영역에서 정부조달 실적을 보유하고 있어야 한다는 조건을 부과하지 않도록 함(제17.5조).

7. 각 당사국은 저작물 등의 보호기간을 저작자의 생존기간과 저작자의 사후 70년 이상으로 하거나, 저작물 등이 발행된 연도 등으로부터 70년 이상으로 하고, 지적재산권 보호체계의 강화를 위해 지적재산권 집행 수준을 높이도록 함(제18.4조 및 제18.10조).

8. 양 당사국은 이 협정의 이행을 감독하기 위하여 우리나라 통상교섭본부장과 미국 무역대표 또는 그들이 각각 지명하는 자가 공동의장이 되는 공동위원회를 설치하도록 함(제22.2조).

9. 양 당사국은 한반도역외가공지역위원회를 설립하고, 동 위원회가 수립한 기준에 따라, 역외가공지역으로 지정될 수 있는 지리적 구역을 결정하도록 함(부속서 22-나).

3. 한·미 FTA의 주요 내용

1) 공산품 및 농수산물 관세의 철폐

한·미 FTA의 양허내용을 보면, 양 국가는 모든 상품(공산품 및 임·수산물)에 대한 관세를 즉시, 3년, 5년, 10년, 10년 이상으로 구분하여 철폐하되, 한국의 경우는 우선 수입액 기준의 94%, 미국의 경우는 92% 내외 품목의 관세를 3년 이내에 철폐하기로 하였다. 그러나 한국은 일부 수산물 및 임산물에 대한 10년 이상의 관세철폐 장기 이행기간과 관세율할당(TRQ)을 도입하고 있다.

한편, 농업분야를 보면 총 1,531개 농수축산물 가운데 37.8%인 578개 품목에 대해 관세를 즉시 철폐(수입액 기준 55.2%)하고, 1,342개(87.7%)

품목의 수입관세를 10년 이내에 철폐하기로 하는 등 1,490개에(약 97.3%) 해당하는 품목의 수입관세를 15년 이내에 철폐하기로 하였다. 다만, 쌀 및 쌀 관련 제품(16개 세번)은 양허대상에서 제외하였다.

상품 전 품목에 대해 양국의 관세를 철폐한 것은 개방 수준이 매우 높다고 할 것이다. 그런데 한·미 FTA 이전에도 수입액 기준으로 무관세 품목은 한국이 43.1%, 미국이 52.7%로, 사실상 현재 양국 교역액의 절반 정도가 무관세로 거래되고 있었다.

2) 서비스산업의 개방 폭 확대

한·미 FTA는 서비스산업의 개방을 WTO 서비스무역협정(GATS)방식과는 달리 네거티브(Negative)방식으로 체결하였다. WTO GATS는 포지티브(Positive)방식에 따라 회원국은 자유화하고자 하는 분야를 자국의 양허표에 기재하고 해당 분야만을 자유화하였다. 반면, 한·미 FTA는 GATS와 달리 자유화하지 않을 분야를 유보안에 기재하고, 기재되지 않은 분야는 자동적으로 자유화된다.

한·미 FTA에서는 일반적 의무사항으로 내국민대우, 최혜국대우, 시장접근, 현지주재 부과금지 등 4가지를 규정하고, 이러한 의무에 부합하지 않는 규제를 유지하고자 한다면 비합치조치(Non-Conforming Measure)로 유보안에 규정하여야 한다. 유보안은 현재유보(부속서Ⅰ)와 미래유보(부속서Ⅱ)가 있는바, 현재유보는 협정상 의무에 합치하지 않는 현존 조치를 나열한 목록으로 자유화후퇴방지 메커니즘이 적용된다. 미래유보는 향후 규제가 강화될 수 있는 현존 비합치조치 또는 전혀 새로운 규제가 도입될 수 있는 분야를 나열한 목록이다.

한·미 FTA에서 현재유보 또는 미래유보에 나열되어 있지 않은 분야는 규제가 없는 분야로 간주되어 4가지 일반적의무가 적용된다. 한국은 총 91개(현재유보 47개, 미래유보 44개)를, 미국은 총 18개(현재유보 12개, 미래유보 6개)를 유보하고 있다. 한·미 FTA에서 현재유보 47개와 미래유보 44개를 WTO GATS형으로 정리해 보면, 총 155개 업종에서 대략 24개 업종이

비합치조치(유보안)로 개방에서 제외되고, 나머지 131개 업종은 부분적인
품목의 제외는 있으나 개방된 것으로 보인다. WTO GATS(1994)에서는 전
체 155개 업종 중에서 78개 업종이 개방되었고, 77개 업종은 개방에서 제외
되었다.

3) 지적재산권의 보호 강화

한·미 FTA에서는 지적재산권의 권리보호가 더욱 강화되었다. 저작권의
존속기간이 저작자 사후 70년으로 연장되었고, 일시적 복제의 인정, 접근통
제 기술적 보호조치의 보호 등과 같은 권리보호를 위한 주요사항들이 강화
되었다.

또한 지적재산권 집행과 관련하여서도, 원활한 집행을 위해 일반적인 의
무사항, 민사 및 행정상의 절차, 구제조항, 잠정적 조치, 국경조치와 관련된
요구사항, 형사상 절차 및 구제, 인터넷 서비스제공자의 책임 등에 대한 내
용을 규정하였다. 특히 법정손해배상제도를 도입하도록 하며, 위조상표 및
오디오·비디오 저작물에 대한 불법녹음의 거래 시 형사상 구제절차를 적용
하도록 하였다.

하지만 지식과 정보를 재산권에 준하는 형태로 보호할 필요 이상으로 누
구나 자유롭게 지식과 정보에 접근할 수 있는 공공영역(public domain)을
확대하고 보존하는 것이 필요하다. WTO 「무역관련 지적재산권에 관한 협정
(TRIPs: Agreement on Trade Related Aspects of Intellectual Property
Rights)」은 권리와 의무의 균형이나 공익을 보장하기 위한 주권국의 조치를
존중하고 있다.[5] 더 나아가 2001년 11월 카타르 도하에서의 "TRIPs협정과

---

5) TRIPs
  제7조(목적) 지식재산권의 보호와 집행은, 기술혁신의 증진과 기술의 이전 및 전파에
    기여하고 기술지식의 생산자와 사용자에게 상호이익이 되고 사회 및 경제복지에 기
    여하는 방법으로 권리와 의무의 균형에 기여하여야 한다.
  제8조(원칙) 1. 회원국은 자기나라의 법 및 규정을 제정 또는 개정함에 있어, 이 협정
    의 규정과 일치하는 범위 내에서, 공중보건 및 영양상태를 보호하고, 자기나라의 사
    회경제적 및 기술적인 발전에 매우 중요한 분야의 공공이익을 증진시키기 위하여

공중의 건강에 관한 각료선언문" 제4조에서도 TRIPs협정이 회원국의 공중
보건 보호조치를 취하는 것을 방해하지 않으며 방해해서도 안 된다는 점을
확인하고 있다.

III. 한·미 FTA의 주요 쟁점과 이해

FTA란 2개 이상의 국가가 경제적 이익의 공동 추구를 목적으로 하나의
경제권을 형성하고 대외적으로는 차별적인 통상정책을 유지하는 것을 말한
다. FTA의 주된 목적은 회원국 상호간 공동의 경제적 이익을 추구하는 것이
다. 한·미 FTA에서도 무역 및 투자를 자유화하고 확대함으로써, 양국의 영
역에서 생활수준을 제고하고, 경제성장과 안정을 증진하며, 새로운 고용기
회를 창출하고, 일반적인 복지를 향상시키기를 희망하면서 1994년 GATT
제24조 및 GATS 제5조에 합치되는 자유무역지대(free trade area)를 창설
하고 있다.

한·미 FTA의 주요 쟁점사항을 이해하기 위해서는 먼저 FTA 협정의 이
익의 균형 측면을 보아야 할 것이다. FTA 이익의 균형이란 개념적으로는
FTA 전체를 포괄하는 이익의 균형점에서 각 장의 규범이 균형을 취하고
있어야 할 것이다. 비록 부문별로는 불균형이라도 전체적으로 균형을 취하
고 있어야 할 것이다.

한·미 FTA 규범은 24개의 장으로 구성되어 있고, 상품, 농업, 섬유·의
류, 의약품·의료기기, 원산지 규정, 관세행정 및 무역원활화, 위생 및 식물
위생조치(SPS), 무역에 관한 기술장벽(TBT), 무역구제, 투자, 국경간 서비
스무역, 금융서비스, 통신, 전자상거래, 경쟁관련 사항, 정부조달, 지적재산
권, 노동, 환경, 투명성, 제도규정 및 분쟁해결, 예외 및 최종조항 그리고
부속서와 서한 등으로 구성되어 있다.

필요한 조치를 취할 수 있다.

또한 주요 쟁점사항을 이해하기 위해서는 회원국별로 경제적이든 정치적이든 필요한 사항이 무엇인지를 살펴보아야 할 것이다. 즉, 협상의 우선순위를 어디에 두었는지에 대한 분석과 이해가 필요할 것이다.

한·미 FTA 규범은 1995년의 WTO 규범을 근간으로 하고 있다. 한·미 FTA는 WTO 협정 플러스(+) 접근을 취하면서 상품, 농산물, 국경간 서비스 무역, 무역구제, 투자, 전자상거래, 경쟁정책, 정부조달, 지적재산권, 노동, 환경 등 제반분야를 망라하는 포괄적인 협정이다. 그러므로 WTO 규범에 담겨 있지 않은 내용이 담긴 경우에는 왜 그러한지를 분석하고 이해할 필요가 있다. 왜냐하면 WTO 후속 협상인 DDA는 2001년에 출범하였지만 아직도 진행 중에 있기 때문이다.

1. 전문직 비자쿼터 확보

한·미 FTA 협상에서 한국 정부는 인력이동과 관련하여 전문직 서비스 자격의 상호인정 및 전문직 비자쿼터 설정 등의 협상 목표를 설정하였으나, 당초의 목표를 달성하지는 못하고 단지 전문직 서비스작업반을 구성하는 데 그치고 있다. 우리 정부는 의료인이나 엔지니어 등 국내 전문직 종사자들의 미국 진출을 위해 별도의 전문직 비자쿼터를 요구하였으나, 미국 측이 자국의 이민법이 의회의 관할 사항이라 행정부에는 이와 관련한 협상권한이 없다는 입장을 취하여 반영되지 못하였다.

미국은 외국인 전문직의 미국 취업용으로 연간 6만 5,000명의 H-1B 비자쿼터를 유지하고 있고, 칠레, 싱가포르는 미국과 FTA에서 각각 1,500명과 5,000명의 비자쿼터를 확보하였으며, 호주는 H-1B 비자와는 별개로 보다 취업조건이 우수한 E-3 비자를 만들어 무려 연간 1만 500명의 전문직 일시 입국자에 대한 쿼터를 확보한 선례가 있다.

지역무역협정에 있어서 인력이동의 포함 여부는 그 협정의 특성을 규명하는 가장 기본적인 요인이 된다. 통상 지역무역협정에서는 상품, 자본의 이동만 자유롭게 허용한다. 그러나 높은 단계의 지역무역협정인 EU의 경

우는 인력이동도 포함하는 지역경제통합이다. 반면에 자유무역지역인 NAFTA
의 경우는 이를 포함하지 않는다. 인력이동까지 포함한 지역경제통합의 경
우에는 상대국의 궁핍화전략이 불가능해진다. 상대국의 경제상황이 나빠진
다면 인력의 이동에 의해 그 대가를 치러야 하기 때문이다. 그러므로 인력
이동까지를 포함한 높은 단계의 지역경제협정은 그 협정으로 사회가 붕괴되
거나 기본체계가 흔들리지 않을 정도로 여러 가지 배려를 하고 지원책을
만들게 된다. 상생관계로 경제협력을 전환시키는 장치가 바로 인력의 이동
이라 할 수 있다.

2. 개성공단의 역외가공 특례 인정문제

한·미 FTA에 있어서 개성공단 생산제품의 원산지 인정문제는 우리 측의
매우 중요한 핵심 목표였으나, 미국 측은 협상 개시 초기부터 개성공단의
역외가공지역 인정에 반대한다는 입장을 견지하였다. 그 결과 이를 협의할
한반도역외가공지역위원회를 설치하는 데 그치고 있다.

이 위원회에서는 생산제품이 한·미 FTA 협정에서의 원산지상품으로 간
주되는 역외가공지역(OPZ)을 일정기준에 따라 지정하는데, 이 기준에는 ①
한반도 비핵화 진전, ② 역외가공지역 지정이 남북관계에 미치는 영향, ③
역외가공지역 내 일반적인 환경기준, 근로기준 및 관행, 임금관행, 영업 및
경영관행, 그 외 지역의 경제상황, 관련 국제규범 등이 포함되어야 한다.
또한 역외가공지역에 관한 결정은 양 당사국에 권고되어 의회의 승인을 받
아야 한다.

개성공단 제품의 원산지 인정문제는 남북경협에 있어서 경제적으로뿐만
아니라 정치적으로도 매우 중요한 요인의 하나일 것이다. 개성공단 사업은
2000년 8월부터 시작되어 2005년부터 입주기업의 생산이 시작된 남한의 자
본과 기술, 북한의 노동력과 토지를 결합하여 남북이 모두 이익을 얻고자
추진한 대표적인 남북 상생의 경제협력사업이다. 개성공단의 경쟁력은 북한
의 양질의 노동력으로, 이는 국내의 고비용 생산구조를 탈피하여 해외 진출

을 모색하고 있는 국내기업들의 돌파구로 작용할 수 있는 남북경협 모델의 시작이라 할 수 있다. 그런데 향후 위원회에서 개성공단 생산품이 한국산으로의 원산지를 인정받지 못하면 개성공단 사업의 기반 자체가 흔들릴 수 있을 것이다.

3. WTO 농업협정에서의 개도국 지위와 한·미 FTA

우리나라는 WTO 농업협정(1995)에서 개도국의 지위를 유지하였고, WTO 출범 이후 2001년 시작된 도하개발아젠다(DDA) 협상에서도 개도국 지위 유지를 위하여 노력하였다. WTO 농업협정에서 개도국의 우대내용을 보면, 관세 및 보조금의 감축 폭이 선진국의 감축 폭에 비해 2/3 수준이었고, 그 이행기간도 선진국의 6년 대비 10년으로 4년이 더 길었다. 또한 DDA 협상에서는 2004년 8월 자유화세부원칙(Modalities)의 윤곽을 결정하는 기본골격합의(Framework Agreement)가 타결되었는데, 여기에서도 개도국에 대한 특별품목의 개념을 도입하여 개도국 우대에 합의하였다.

그런데 한·미 FTA(2012) 및 한·EU FTA(2011) 등 선진 농산물수출 경제권과의 FTA 체결은 WTO와 DDA에서 우리나라의 개발도상국 지위유지를 무력화시키고 있다. WTO 농업협정에서 우리나라가 개발도상국 대우로 우대되어 있는 농산물의 관세양허율은, 한·미 FTA에서는 쌀을 제외하고는 모든 품목이 FTA 발효 즉시부터 쇠고기 10년, 보리 15년, 인삼 18년까지 시간차를 두고 있지만 결과적으로 모두 철폐된다.[6]

우리 정부는 WTO 출범 이전인 1992년부터 농수산물 시장개방 확대에 대응하여 본격적인 농업·농촌 투융자사업을 추진한바, 먼저 1단계(1992~1998년)는 생산기반 확충, 시설장비지원 등 농업 SOC 기반구축을 위해 36

---

6) 식용대두, 냉장감자, 탈전지분유 및 연유 등은 현행관세를 유지하면서 관세율할당 (TRQ)이 적용되는 품목으로 분류되어 있으나, 이 경우는 5년차 이후부터 무관세 물량이 3%로 복리로 종료시점 없이 증가하게 된다.

조 2,499억 원을 지원하고, 2단계(1999~2003년)는 외환위기에 대응하여 농가 경영안정과 유통 효율화를 위해 32조 6,272억 원을 지원하였다. 그리고 3단계(2004~2013년)는 FTA 등 개방 심화에 대응하여 소득안정, 농촌복지 증진 등의 사업 투자를 위하여 119조 투융자계획을 수립하였다. 이 119조 투융자계획은 2007년 12월 한·미 FTA를 앞두고 123조 원 규모로 확대되었다.

이렇게 많은 재원을 투입하였지만, 농업분야의 경쟁력은 요원한 실정이며 한·미 FTA에 있어서도 가장 피해분야로 지적되었다. 그리하여 정부는 2012년 1월 한·미 FTA 농업분야 추가보완대책으로 2008년~2017년까지 10년간 재정분야(농협자금 포함)에서 24.1조 원을 지원하고, 세제분야에서 29.8조 원을 지원하기로 하는 등 총 54조 원의 지원계획을 수립하였다.

4. 자유화후퇴방지 메커니즘의 도입

자유화후퇴방지 메커니즘(Ratchet Mechanism)이란 한·미 FTA의 서비스, 투자, 금융서비스 분야에서 현재유보의 경우, 이를 자유화하는 방향으로 개정할 수는 있으나, 내용을 뒤로 후퇴하는 방향으로는 개정할 수 없다는 원칙을 말한다. 현재유보는 협정상의 의무에 합치하지 않는 현존하는 조치를 나열한 목록으로 한·미 FTA에서 우리나라는 47개 분야를 유보하였다.[7] 이 제도는 국내시장에 대해 아직 불신을 가지고 있는 외국투자자에 대하여 투자에 대한 예측가능성을 보장해 줄 수 있다는 측면에서 그 타당성이 있다.

그러나 이 제도는 현재의 비합치조치 수준보다도 그 자유화를 후퇴하는 방향으로 국내규제를 도입할 수 없게 함으로써, 미래유보되지 않은 서비스 분야에 있어서 국내규제 도입 등의 정책자율성을 제약하게 된다. 이는 또한 한·미 FTA 서비스산업의 네거티브 방식과 함께 미래의 새로운 서비스산업

---

7) 반면에 미래유보는 이러한 의무가 적용되지 않으므로 새로운 규제의 도입도 가능하며 우리나라는 44개 분야를 유보하였다.

에 대한 정책적 보호 등의 국내정책 시행을 불가능하게 할 여지가 있다.

5. 투자자·국가 간 분쟁해결제도(ISD)의 도입

투자자·국가 간 분쟁해결제도(ISD: Investor-State Dispute Settlement)
는 외국인투자자가 투자유치국의 협정의무 위반 등으로 피해를 입는 경우
투자유치국 정부를 상대로 별도의 중재기관에 손해배상을 청구할 수 있는
분쟁해결절차이다. 즉, 한·미 FTA 투자 분야에 규정되어 있는 각종 의무,
투자계약 및 투자인가 등을 투자유치국 정부가 위반한 경우에 투자자는 국
제중재를 통하여 손해를 배상받을 수 있도록 하는 절차를 말한다.

ISD는 한·미 FTA 협상과정에서 가장 논란이 많았던 분야로 제도의 도입
여부, 특히 ISD의 대상이 되는 간접수용의 인정 범위와 관련하여 우리 정부
의 국내 공공정책을 무력화시킬 수 있는 독소조항이라는 반대 견해가 많았
다. 이러한 ISD는 우리나라가 싱가포르, 칠레, 유럽자유무역연합(EFTA)과
체결한 FTA 협정을 포함하여 93개 국가와 체결한 양자간 투자협정(BIT)에
대부분 포함되어 있는 내용임에도 불구하고, 지금까지는 피청구인으로 제소
당하거나 우리 투자자가 제소한 사례가 드물었다.

그런데 ISD는 간접수용의 인정범위와 관련하여 공공정책이 훼손될 가능
성이 있고, 중재절차의 불투명성 및 단심제로 인한 오판 가능성 등 부작용의
우려가 있는 제도이다. 미국의 경우에도 NAFTA 투자분쟁에서 정부의 규
제조치에 대한 간접수용 제소가 잇따르자, 2004년 양자간 투자협정 모델
(Model BIT)에서 간접수용의 범위와 판단법리를 명확히 하고, 공공복지 목
적의 조치는 원칙적으로 간접수용에 해당하지 않는다는 내용을 이후 모든
FTA 및 투자협정에 포함시키고 있다.

우리나라 국내법 체제에서는 아직까지 간접수용 개념이 도입되어 있지
않다. 실무적으로는 법률에 보상규정이 있는 경우에만 수용보상이 가능한
것으로 해석한다. 그리하여 학계차원에서 보상규정이 없는 경우 수용유사침
해이론이 논의되고 있는 수준이다. 간접수용이 한·미 FTA에서 처음은 아

넌데, 이에 대한 우려는 미국의 활용가능성이 높고, 특히 ISD와 결합하여 간접수용의 남소(濫訴) 가능성이 높기 때문인 것으로 볼 수 있다.[8]

ISD는 대부분의 양자간 투자협정(BIT)에 들어 있으나, 다자규범인 WTO 「무역관련 투자조치에 관한 협정(TRIMs)」에는 규범화되어 있지 않다. 한편, OECD 차원에서 ISD를 포함하는 다자간 투자협정(MAI) 체결을 위한 노력이 의욕적으로 추진되었으나, 개도국과 일부 회원국의 반대로 1998년에 무산되었다. 반면에 미국이 주도하는 FTA에는 ISD가 포함되어 있다.

그런데 양자간 투자협정(BIT)에서의 ISD와 FTA에 담겨 있는 ISD는 그 성격 자체가 달라진다. 한·미 FTA에서의 ISD는 중재판정부의 판정에 대하여 피청구국이 판정을 준수하지 못하는 경우에는 비분쟁당사국(투자자의 모국)의 요청에 의해 패널(panel)이 설치된다. 패널에서는 패널보고서에 따라 최종판정의 이행을 권고하거나, 또는 최종판정을 준수하지 못하는 것이 한·미 FTA 협정 위반이라는 결정을 한다. 이는 결국 ISD 분쟁이 한·미 양국 간의 FTA 분쟁화될 수도 있다는 것이다.

6. 허가·특허 연계 제도 도입

허가·특허 연계 제도란 신약 제품의 특허존속 기간 중에 원 개발자가 제출한 의약품의 안전성 또는 유효성에 대한 자료를 기초로 하여 후발신청자가 허가를 신청하는 경우, 원 개발자에게 허가신청 사실을 통보하도록 하고, 특허권자의 동의 또는 묵인 없이는 후발자의 제품이 판매되지 않도록 허가 단계에서 조치를 하는 제도를 말한다. 이는 신약 제품에 대한 특허 침해를 방지하는 조치를 취하기 위한 차원에서 미국이 운영하고 있는 제도를 도입한 것이다.

우리나라의 현행 의약품 허가를 보면, 식약청은 오리지널의약품의 특허

---

8) 장승화, "한미 FTA 투자관련 협상에서 나타난 몇 가지 쟁점에 관한 연구," 『국제거래법 연구』 제15집 제2호(2006. 12), pp.1-25.

가 유효기간에 있는 것인지에 관계없이 제네릭의약품 사업자가 신청하는 허가에 대해 안전성·유효성 자료만 적합하면 이를 인정해 주고 있다. 그런데 허가·특허 연계제도는 이러한 국내에서의 운영실태가 오리지널의약품 특허권자의 이익을 충분히 보장해 주지 못하고 있다는 인식하에 원 개발자의 권리를 보다 강하게 보호해 주기 위하여, 제네릭의약품 사업자에게 특허권자의 동의 또는 묵인이 없이는 허가를 부여하지 않겠다는 것이다.

더 나아가서 한·미 FTA에서는 원 개발자에게 의약품에 대한 5년간의 안전성 및 유효성에 관한 자료독점권과 3년간의 임상정보에 관한 자료독점권을 각각 보장하고 있다. 그러므로 이 기간 동안은 제네릭의약품 제조회사는 원 개발자가 제출한 안전성 및 유효성에 관한 자료들과 임상자료들을 기초로 하여 동일하거나 유사한 후발의약품에 대한 품목허가를 신청하는 것이 원천적으로 봉쇄된다.

따라서 허가·특허 연계로 특허존속기간에는 허가신청 자체를 포기하는 제네릭의약품 제조회사들이 늘어날 것이고, 특허의약품 제조사가 에버그리닝(ever-greening)효과를 노리고 특허권에 대한 소송신청을 늘릴 것으로 보인다.

의약품에 대한 특허권의 보장 강화 등과 관련하여, 조지프 스티글리츠(Joseph E. Stiglitz) 교수는 "WTO TRIPs협정의 목적은 의약품에 높은 가격을 보증하는 것이었다. 무역대표자들이 TRIPs협정에 서명하면서 마침내 합의점을 도출했다고 만족했지만, 자신들이 전 세계 극빈국의 수많은 사람에 대한 사형집행명령서에 서명한 것이라는 사실을 깨닫지 못하였다"고 지적하고 있다.[9]

---

9) 조지프 스티글리츠(Joseph E. Stiglitz), *Making Globalization Work*, 홍민경 옮김, 『인간의 얼굴을 한 세계화』(21세기북스, 2010), p.206.

7. 반덤핑 등 무역구제

무역구제(Trade Remedy)는 개방화 이후 국내산업 피해를 제거 또는 구
제하기 위해 부과하는 무역조치를 말한다. 이에는 반덤핑조치, 상계관세조
치 및 긴급수입제한조치가 있다. 한·미 FTA에서는 WTO 협정 플러스(+) 접
근의 방식을 취하고 있다. 즉, WTO「긴급수입제한조치협정」, 「GATT(1994)
제6조의 이행에 관한 협정(Antidumping)」, 「보조금 및 상계조치에 관한 협
정」을 수용하면서 일부 사항에 대하여 이를 수정·보완하여 이 협정에 통합
하고 있다.

그런데 한·미 FTA 내용을 보면, WTO 협정 마이너스(-)로 규율되어 있
다. 먼저, 세이프가드 발동을 관세철폐기간에 한하여 1회만 발동할 수 있게
하여 산업위기관리 능력을 현저히 저하시키고 있다. WTO에서는 발동횟수
에 제한을 두지 않고, 재적용과 관련해서 일부 제한을 두고 있을 뿐이다.
또한 WTO 협정과 비교 시 발동기간 및 횟수에 있어서 지나치게 축소되었
다. WTO 협정의 발동기한은 최장 8년까지 가능하지만 한·미 FTA는 최장
3년까지이다. WTO 협정에서는 관세율의 인상 외에 수량제한까지 가능하
나, 한·미 FTA에서는 수량제한은 할 수 없기 때문에 세이프가드의 실효성
이 축소된 것으로 보인다.

또한 한·미 FTA에서는 그동안 우리 업계의 반덤핑 관련 애로사항인 반
덤핑협정의 투명성 제고를 위한 최소부과원칙의 적용 및 제로잉(zeroing)
금지 등이 반영되지 않았다. 이러한 내용은 한·미 FTA 창설 목적인 회원국
상호간의 공동의 경제적 이익 추구 측면에서는 충분히 반영되었어야 할 내
용이다. 한편, 한·싱가포르 FTA(2006)에서는 최소부과원칙과 제로잉 금지
를, 한·EFTA(2006)와 한·EU FTA(2011)에서는 최소부과원칙을 규정하고
있다.

8. 자동차 관련 협정 내용

한·미 FTA의 당초협상안에서 미국은 3,000cc 이하(대미 자동차 수출액의 73%(2003년~2005년 평균)를 차지) 승용차에 대한 관세를 즉시 철폐하고, 3,000cc 초과 대형승용차에 대한 관세는 3년 후에 철폐하기로 하였다. 반면 한국은 친환경차(하이브리드카)에 대해서만 10년간 관세철폐를 유보하기로 하고, 여타 자동차 및 부품에 대한 관세는 모두 즉시 철폐하기로 하였다. 그런데 양국은 2010년 12월 추가협상을 통하여 자동차 관세양허안을 수정하였는데, 미국은 승용차에 대해서는 현행 2.5%의 관세를 4년간 유예시켜 협정 발효 5년차에 철폐하기로 하였고, 한국은 협정 발효일에 현행 8% 관세를 4%로 인하한 후 4년간 유예하다가 협정 이행 5년차에 철폐하기로 하였다.

자동차 부문은 우리나라가 가장 비교우위에 있는 산업으로서 한·미 FTA의 가장 큰 혜택을 보는 부문으로 알려져 있다. 이는 반대로 미국의 입장에서 가장 방어적으로 접근한 부문이 될 것이다. 그리하여 한·미 FTA 자동차 부문의 내용은 자동차부문의 관세 철폐뿐만 아니라, 한국 측에 일방적 부담을 지우는 제도개편을 규정하고 있다.

먼저, 자동차의 배기량을 기준으로 설정된 우리나라의 자동차 관련 세제(내국세)를 개편하고 있다. 즉, 개별소비세법 및 지방세법을 개정해 자동차세는 5단계에서 3단계로, 특별소비세는 3단계에서 2단계로 과세구조를 개편할 의무를 부과하고 있다. 또한 자동차 배출가스기준과 관련해서는 미국 캘리포니아주에서 시행 중인 「평균배출량 제도(FAS: Fleet Average System)」를 도입하기로 하고 있다. 그리고 1만 대 이하를 판매한 제작사에 대해서는 우리나라의 현행기준인 초저배출차량기준(ULEV)보다 다소 완화된 수준인 저배출차량기준(LEV) 또는 저배출차량기준(LEV)과 초저배출차량기준(ULEV)의 중간기준으로 평균배출량 기준을 적용하고 있다. 그리고 자동차의 안전기준과 관련하여서는 추가협상에서 25,000대 이하 제작사에 대해서는 미국기준 충족 시 우리기준을 충족하는 것으로 수정하였다.

한편, 자동차 분쟁해결절차와 관련하여서는 일반적인 분쟁해결 절차보다 분쟁기간이 약 절반으로 단축되는 신속한 분쟁해결 절차를 적용하였다. 그리고 자동차 긴급수입제한조치(Safeguard)는 발동대상이 자동차에 국한되고, 발동기간은 최장 4년(2년+2년)이다. 그리고 발동횟수에 제한이 없으며, 최초 2년간은 보상에 대한 합의가 없더라도 보복이 금지되고, 발동가능기간은 관세철폐 이후 10년간 발동이 가능하도록 규정하였다. 이는 한·미 FTA에서 규정하고 있는 발동기간이 최장 3년(2년+1년)이고, 발동은 1회에 한정되며, 조치 1년 이후 점진적으로 규제수준을 낮추어야 하며, 조치가능기간이 협정 발효 후 10년간(관세철폐기간이 10년 이상이면 그 기간)인 일반 긴급수입제한조치와 다른 내용이다.

제**1**부

FTA의 이론적 배경

지역무역협정 개요

지역무역협정이란 2개국 또는 2개국 이상의 국가가 경제적 공동이익을 추구하기 위하여 협정을 맺고, 역외국에 대하여 차별적인 무역정책을 취하는 것을 의미한다. 이러한 지역무역협정은 1995년 WTO 설립 이후 급속히 확산되어, 2013년 7월 현재 전 세계적으로 376건의 협정이 발효되어 있다.

Baldwin(1993)은 지역무역협정의 확산 현상을 설명하기 위하여 '도미노 효과(domino effect)'의 개념을 도입하였고, Bhagwati 등(1998)은 '스파게티 볼 현상(spaghetti bowl phenomenon)'이라는 개념으로 지역무역협정이 중첩될 경우 복잡한 원산지 규정 등으로 도미노효과를 저지시킬 것으로 보았다.

지역무역협정의 효과는 양(+)의 효과인 무역창출효과(trade creation effect)와 음(-)의 효과인 무역전환효과(trade diversion effect)가 있다. 지역무역협정의 순후생효과는 엄밀한 의미에서 무역창출효과가 무역전환효과를 초과하는 경우에 나타난다.

I. 지역무역협정의 개념과 유형[1]

1. 지역무역협정의 개념

지역무역협정(RTA: Regional Trade Agreement)이란 지역적으로 차별적인 무역정책을 말한다. 즉, 여러 국가가 협정을 체결하거나 동맹을 결성하여 그 협정이나 동맹에 가입한 회원국 간의 교역에 대해서는 관세 및 기타 무역규제를 완화하거나 철폐하지만 비회원국과의 교역에 대해서는 차별적인 무역규제를 유지하는 것을 의미한다.

이는 여러 국가가 공동의 이익을 증대시키기 위하여 국가보다 큰 경제단위를 형성하여 대외적으로 차별적인 무역자유화를 추진하고, 내부적으로는 산업 및 경제정책의 조화를 도모하는 등 특별한 관계를 유지하는 것이라 할 수 있다.

2. 지역무역협정의 유형

일반적으로 지역무역협정이라고 하면 지리적으로 인접한 2개국 또는 2개국 이상의 국가가 경제적 이익의 공동 추구를 목적으로 동맹을 결성하여 회원국 간에는 어떠한 차별적인 대우도 존재하지 않는 하나의 경제권을 형성하는 것이라 할 수 있다. 그러나 경제통합이 반드시 지리적으로 근접한 국가들로만 구성되는 것은 아니다.

지역무역협정의 유형으로는 일찍이 Balassa[2](1961)가 회원국 간의 경제적 결합 정도에 따라 자유무역지역(Free Trade Area), 관세동맹(Customs Union), 공동시장(Common Market), 경제동맹(Economic Union), 완전경제통합(Perfect Economic Integration)으로 분류하였다. 그리고 Chacholiades[3]

---

1) 김세영·신상식, 『FTA 확산과 한국의 대응』(두남, 2003), pp.19-42.

2) B. Balassa, *The Theory of Economic Integration*(Illinois: Homewood, 1961).

(1990)는 부문별특혜무역협정(Sectoral Preferential Trade Arrangement)
을 첫 번째 분류 형태에 추가하였다.

1) 부문별 특혜무역협정

부문별 특혜무역협정(Sectoral Preferential Trade Arrangement)이란 협
정 체결국 간의 특정상품 교역에 대해서만 제한적으로 특혜를 부여하는 것
으로서 경제통합의 초기 단계에 나타나는 형태라 할 수 있다. 협정 국가들
사이에 이루어지는 무역거래에 대하여 완전한 자유무역은 아니더라도 협정
당사국 간에 상호 일정한 특혜를 줌으로써 역외 비협정국에 대하여 차별하
는 경우를 말한다. 가장 느슨한 형태의 경제통합유형이라고 할 수 있는바,
예로는 유럽석탄·철강공동체(ECSC: European Coal and Steel Community)
가 있다.

2) 자유무역지역

자유무역지역(Free Trade Area)이란 협정을 맺은 회원국 간에 관세를 포
함한 모든 무역장벽을 철폐하고 자유무역을 실시하지만 회원국들이 역외 비
회원국에 대하여는 회원국들 나름의 무역보호수준(독자적인 무역정책)을
유지하는 경우를 말한다. 따라서 회원국들이 동일한 무역보호수준을 유지할
필요가 없으며, 자국의 실정에 맞는 무역보호수준을 유지할 수 있다.

자유무역지역의 결성으로 회원국들 사이에 자유무역이 이루어지므로 각
회원국의 무역유형, 즉 수출입 구조가 변화할 수도 있으며 또한 수입이 비회
원국에서 회원국으로 전환되는 등 회원국뿐만 아니라 비회원국들의 무역구
조가 변동하게 하는 등의 영향을 줄 수 있다.

3) 관세동맹

관세동맹(Customs Union)은 자유무역지역에서 한 단계 더 나아가 회원

---

3) M. Chacholiades, *International Economics*(New York: McGraw Hill, 1990).

국들 사이에 자유무역을 유지할 뿐만 아니라, 역외 비회원국들에 대하여 공동의 무역보호수준(동일한 비율의 공동관세)을 부과하는 것이다. 무역보호수단은 관세뿐만 아니라 수입수량할당제와 같은 비관세장벽도 있으나, 관세동맹으로 불리는 것은 과거에 무역보호의 주된 수단이 관세였으며 비회원국에 대하여 회원국들이 공동의 관세체계를 적용하였기 때문이다.

관세동맹은 공동의 국제무역정책을 제외하고는 회원국들의 독자적인 경제정책과 화폐를 보유하며, 노동과 자본 같은 생산요소의 이동은 불가능하거나 크게 제약된다. 즉, 관세동맹은 무역정책적 측면에서의 경제통합일 뿐 완전한 형태의 경제통합이라고 할 수 없다. 관세동맹은 19세기 이래 경제통합의 가장 전형적인 형태로 간주되어 왔으며, 그 예로는, EC공동체가 설립되기 전까지 벨기에, 네덜란드, 룩셈부르크 등 3개국 간의 베네룩스(Bene-lux) 관세동맹을 들 수 있다. 현재는 코스타리카, 엘살바도르, 과테말라 등 중남미제국이 구성하고 있는 중남미공동시장(CACM: Central American Common Market)이 대외적으로 공동관세율을 적용하고 있다.

4) 공동시장

공동시장(Common Market)은 상품뿐만 아니라 생산요소의 역내교역이 자유롭게 이루어지거나, 각 회원국이 독자적인 경제정책을 사용할 수 있게 허용되고 있는 지역경제통합 형태를 말한다. 각 회원국은 상품과 생산요소의 자유무역을 실현하고 역외의 비회원국들에 대하여 공동의 무역보호체계를 적용하지만, 무역정책을 제외한 다른 경제정책에는 독자성을 갖고 있다.

공동시장 형태의 예로는 EC를 들 수 있는데, 1986년 EC가 단일유럽법(Single European Act)을 만들어 상품뿐만 아니라 노동, 자본 등 생산요소를 포함하여 유럽공동시장 내의 교역장벽을 폐지함으로써 1993년 공동시장으로 출범하였다.

5) 경제동맹

경제동맹(Economic Union)은 회원국 사이에 재정정책, 금융정책, 사회

정책 등 모든 경제정책을 공동으로 추진하는 발전된 형태의 경제통합을 말한다. 경제동맹에서는 이러한 경제정책들을 상호 협조하여 실시하게 되고, 더 나아가 화폐까지 단일화되면 완전한 형태의 경제동맹 체제를 갖추게 되는 것이다. 또한 경제동맹의 회원국들은 공동시장과 달리 경제정책에 관해서는 독립성을 거의 모두 상실하게 된다. 경제동맹의 예로는 EU를 들 수 있다.

6) 완전한 경제통합

완전한 경제통합(Perfect Economic Integration)이란 역내 경제정책의 통일을 전제로 하며 각 회원국의 의사를 수렴하는 초국가적 기구의 설립을 통해 경제적 측면뿐만 아니라 정치적인 측면에서의 통합까지도 수반하는 경제통합을 의미한다. 연방국가와 같은 형태를 말하며, 연방국가가 된다면 지금의 각국은 지방자치단체가 되어 주(洲)의 성격을 가지게 될 것이다. 궁극적으로 EU는 이런 단계의 달성을 목표로 하고 있다. 그러나 아직 이러한 완전통합 단계로의 진전에는 많은 난관이 가로놓여 있다.

3. 지역무역협정의 체결 현황

지역무역협정은 WTO 설립 이후 급속히 증가하였다. 2013년 1월 546건의 지역무역협정이 WTO에 통보되었고, 2013년 7월 현재 376건이[4] 발효되었다. 이 중에서 222건은 GATT(General Agreement on Tariffs and Trade, 관세 및 무역에 관한 일반협정) 제24조에 의한 상품무역협정이고, 36건은

---

4) 일반적으로 자유무역협정이 체결될 때는 서비스협정도 동시에 체결되는 경우가 많으므로 WTO 통계에서는 각각 상품 FTA와 서비스협정이 중복으로 집계되어 있다. 한·칠레 FTA의 경우 상품협정 FTA 1건, 서비스협정 1건 등 2건으로 집계되어 있다. 2013년 7월 현재의 376건의 지역무역협정은 실제 발효건수로 살펴보면 259건인데, 이는 상품과 서비스를 포함한 지역무역협정 117건, 상품만 포함하는 지역무역협정 141건, 서비스만 포함하는 지역무역협정 1건으로 구성되어 있다.

<표 1> 지역무역협정 발효 현황

2013. 7. 현재

	'58~'77	'81~'89	'91~'94	'95~'00	'01~'05	'06~'10	'11~'13.7
신규	17(3)	9(1)	27(3)	54(8)	86(31)	125(48)	58(24)
누계	17(3)	26(4)	53(7)	107(15)	193(46)	318(94)	376(118)

자료: WTO
주: ( )는 서비스무역협정

개도국의 특혜무역협정(PS: Partial Scope)[5]이며, 118건은 GATS(General Agreement on Trade in Services, 서비스무역협정) 제5조에 의한 서비스무역협정(EIA: Economic Integration Agreement)이다. 지역무역협정의 발효 현황을 보면, 1995년 WTO 출범 이후 급속도로 증가하고 있음을 알 수 있다. 발효 중인 376건 중에서 323건은 1995년 이후의 지역무역협정이다.

우리나라는 2003년부터 동시다발적 자유무역협정을 추진하여, 2004년 칠레, 2006년 싱가포르 및 EFTA(4국), 2007년 ASEAN(2009년 서비스협정)과 체결하였고, 2010년 인도와 포괄적 경제동반자협정(CEPA: Comprehensive Economic Partnership Agreement)을 그리고 2011년 EU 및 페루, 2012년 미국, 2013년 터키와 자유무역협정을 체결하였다. 한편 콜롬비아와는 2012년 협상이 타결된 후 2013년 2월 정식서명을 마쳤다. 그리고 인도네시아, 중국, 베트남, 중국·일본 등과 협상을 진행하고 있다.

주요국의 FTA 체결현황(2013년 7월 현재 WTO 통보 기준)을 보면, EU 회원국인 영국, 프랑스, 독일, 이탈리아 등이 35개 지역무역협정을 체결하였고, 미국은 14개 지역무역협정으로 이스라엘(1985), NAFTA(1994), 요르단(2001), 칠레(2004), 싱가포르(2004), 호주(2005), 바레인(2006), 모로코

---

5) 개발도상국 간의 경제협력을 위한 지역협정으로서 GATT 제24조 또는 GATS 제5조의 조건, 즉 실질적으로 모든 무역 및 서비스의 자유화 조건을 충족하지 않아도 된다.

〈표 2〉 우리나라의 FTA 추진 현황 및 의의

2013. 7. 현재

진행단계	상대국	추진현황	의의
발효 (9건, 46개국)	칠레	'99. 12. 협상 개시, '03. 2. 서명, '04. 4. 발효	최초의 FTA, 중남미 시장의 교두보
	싱가포르	'04. 1. 협상 개시, '05. 8. 서명, '06. 3. 발효	ASEAN 시장의 교두보
	EFTA (4개국)	'05. 1. 협상 개시, '05. 12. 서명, '06. 9. 발효	유럽시장 교두보
	ASEAN (10개국)	'05. 2. 협상 개시, '06. 8. 상품무역협정 서명, '07. 6. 발효, '07. 11. 서비스협정 서명, '09. 5. 발효, '09. 6. 투자협정 서명, '09. 9. 발효	우리의 제2위 교역대상 (2011년 기준)
	인도	'06. 3. 협상 개시, '09. 8. 서명, '10. 1. 발효	BRICs 국가, 거대시장
	EU	'07. 5. 협상 출범, '09. 7. 협상 실질 타결, '09. 10. 가서명, '10. 10. 서명, '11. 5. 비준동의안 국회본 회의 의결, '11. 7. 1. 잠정발효	세계 최대경제권 (GDP 기준)
	페루	'09. 3. 협상 개시, '10. 8. 협상 타결, '10. 11. 가서명, '11. 3. 서명, '11. 8. 발효	자원부국, 중남미 진출 교두보
	미국	'06. 6. 협상 개시, '07. 6. 협정 서명, '10. 12. 추가협상 타결, '11. 10. 22. 「한·미 FTA 이행법」 미 상·하원 통과, '11. 11. 22. 비준동의안 및 14개 부수법안 국회 본회의 의결, '12. 3. 15. 발효	거대 선진경제권
	터키	'08. 6.~'09. 5. 공동연구, 총 4차례 공식협상 개최 ('10. 4. 7., '11. 3., '12. 3.), '12. 8. 1. 기본협정 및 상품무역협정 정식서명, '12. 11. 비준동의안 국회 본 회의 의결, '13. 5. 1. 발효	유럽·중앙아시아 진출 교두보
타결 (1건, 1개국)	콜롬비아	'09. 3.~9. 민간공동연구, 총 6차례 공식협상 개최 ('09. 12., '10. 3., '10. 6., '10. 10., '11. 10., '12. 4.), '12. 6. 25. 협상 타결 선언, '13. 2. 21. 정식서명	자원부국, 중남미 신흥시장

출처: 산업통상자원부

(2006), CAFTA-DR(2006)(6개국),[6] 오만(2009), 페루(2009), 콜롬비아(2012), 파나마(2012), 한국(2012) 등과 체결하였다. 일본은 13개 즉, 싱가포르(2002), 멕시코(2005), 말레이시아(2006), 태국(2007), 칠레(2007), 인도네시아(2008), 아세안(2008), 스위스(2009), 베트남(2009), 페루(2012) 등과 지역무역협정을 체결하였고, 그 외 러시아 16개, 중국 10개 지역무역협정을 체결하고 있다.

4. 지역무역협정의 확산

WTO에서의 다자무역협상 자체가 장기화되면서 FTA 체결이 증가하고 있을 뿐만 아니라 FTA의 성격도 변하고 있다. 초기의 FTA는 다자무역협상을 보완한다는 측면에서 주로 정치 및 외교적 목적이 강조되었다. 인접국과의 관계를 강화하고 이를 통해 자국의 안정과 영향력 확대를 꾀한다는 전략이었다.

그러나 GATT체제에서의 UR협상이 어렵게 타결되었고, WTO에서의 DDA 협상 등이 선진국과 개발도상국 간의 첨예한 이해의 상충으로 추진이 지지부진해지자 각국은 더 이상 FTA를 다자무역협상의 보조수단으로 여기지 않게 되었다. 오히려 FTA 등 지역무역협정을 통해 신속한 자유화의 혜택을 누리고, 지역무역협정 확산을 통해 다자무역협정과 동등한 효과를 노린다는 전략으로 전환하였다.

먼저 미국은 1994년 NAFTA 이후 2001년 요르단, 2004년 칠레, 싱가포르, 2005년 호주, 2006년 바레인, 모로코, CAFTA-DR 6개국, 2009년 오만, 페루 등과 FTA를 체결하였다. 부시(George W. Bush) 행정부는 양자 FTA와 지역 간 FTA를 병행함으로써 여기서 배제된 국가들이 시장개방을 서두

---

6) CAFTA-DR(Dominican Republic-Central America FTA)은 도미니카공화국 및 코스타리카, 엘살바도르, 과테말라, 온두라스, 니카라과 등 중미 5개국과 미국 간에 체결된 FTA이다.

르도록 한다는 경쟁적 자유화(competitive liberalization) 전략을 채택하였다. FTA의 내용 면에서는 상품과 서비스협정뿐만 아니라 투자, 경쟁, 노동, 환경, 전자상거래 등 WTO의 새 이슈를 포괄하는 높은 수준의 자유화를 추구하고 있다.

한편, EU는 2006년 10월 신통상정책을 채택하여 향후 EU 통상정책의 최우선 목표를 EU 역내 산업경쟁력 강화에 두었다. 이는 그동안 인접국 위주로 체결되던 외교적·안보적 목적의 FTA에서 탈피하여 상업적 이익을 우선시하는 전략으로 변화를 의미한다. 이를 반영하여 FTA의 우선 추진대상국으로 한국, 인도, 러시아, ASEAN, GCC,[7] MERCOSUR[8]를 명시하고 있다.

일본도 아시아 중심의 소극적 FTA 추진에서 탈피하여 2009년까지 FTA 체결국을 12개국으로 늘리고, 2010년까지 역내 교역비중을 25%까지 높인다는 구체적 목표를 제시하고 있다.

---

7) GCC(Gulf Cooperation Council: 걸프협력회의)는 사우디아라비아, 쿠웨이트, 아랍에미리트, 카타르, 오만, 바레인 등 6개국이 정치, 경제, 군사 등 각 분야에서 협력하여 종합적인 안전보장체제를 확립하기 위해 1981년 5월 설립한 기구이다. GCC는 초기에는 안보 측면의 협력이 주요 목적이었으나, 설립 이후 경제협력에 더 큰 관심을 두어, 1983년 3월 역내의 관세장벽철폐, 여행제한의 해제 등 인력, 상품, 자본 등의 이동을 자유롭게 했다. 그리고 2003년 1월 1일부터 5%의 단일 관세율을 적용하는 관세동맹을 출범시켰으며, 이어 2008년부터는 공동시장을 출범시켰다.

8) MERCOSUR(Southern Common Market: 남미공동시장)은 브라질, 아르헨티나, 우루과이, 파라과이 등 남미 4개국이 1991년 공동시장을 결성하고 1995년 1월부터 모든 관세를 철폐하여 자유무역지대를 출범시켰다.

II. 지역무역협정의 효과

1. 개관

자유무역협정(FTA: Free Trade Agreement)[9]의 효과는 단기효과 및 시간이 경과함에 따라 나타나는 장기효과 그리고 비경제적 측면에서 나타나는 효과 등 크게 3가지로 나누어볼 수 있다.

FTA 체결의 단기효과로는 양(+)의 효과인 무역창출효과(trade creation effect)와 음(-)의 효과인 무역전환효과(trade diversion effect)가 있다. 무역창출효과란 FTA로 인해 교역장벽이 제거됨에 따라 체결국의 비교우위에 따른 특화가 발생하고, 이에 따라 국내의 자원이 보다 효율적으로 사용되어 그 결과 FTA 당사국의 후생이 증대하는 효과를 말한다. 반면 무역전환효과란 교역장벽의 제거로 인해 생산비가 낮은 역외국으로부터 수입되던 상품이 생산비가 더 높은 역내국으로부터 수입하게 됨으로써 나타나는 부정적인 효과를 말한다. FTA의 이득은 엄밀히 말하면 무역창출효과가 무역전환효과를 초과하는 경우에 발생한다.[10]

그리고 FTA에 따라 규모의 경제효과나 경쟁촉진효과 등 시간이 경과함에 따라 나타나는 동태적 효과와 FTA 체결에 따른 정치적 결속의 증진 등 비경제적인 효과가 있다.

FTA에 따른 경제적 효과의 체계적인 분석은 Viner[11](1950)가 처음으로 관세동맹의 무역창출효과와 무역전환효과 개념을 도입하고, Meade[12](1955),

---

9) 자유무역협정(FTA)은 지역무역협정의 낮은 단계의 한 형태이나 EU나 중남미공동시장(CACM)을 제외한 대다수의 지역무역협정은 FTA 형태이므로 여기서는 지역무역협정과 FTA를 같은 개념으로 혼용하여 쓴다.

10) 김관호, 『세계화와 글로벌 경제』(박영사, 2003), pp.410-421.

11) Jacob Viner, *The Customs Union Issues*(Carnegie Endowment for International Peace, 1950).

12) James E. Meade, *The Theory of Customs Unions*(North Holland, 1955).

〈표 3〉 FTA의 효과

구분		효과	
긍정적 효과	단기적 효과	1. 역내국 경제성장으로 인한 무역 증가의 효과	무역창출 효과로 관세장벽 때문에 역내에서 교역되지 않던 상품의 교역이 이루어짐으로써 회원국 간에 새로운 무역이 창출되는 효과
	중·장기적 효과		역내국의 규모경제 달성으로 시장확대, 규제의 표준화, 시장접근의 안정 등에 의한 실현
			경쟁촉진 효과로 역내국으로부터의 수입이 용이하게 되어 역내 수입품과의 경쟁강화
			기술력, 산업 네트워크의 이용가능성 증대
		2. 비용절감효과	역내국의 규제장벽기준 등의 표준화 및 간소화 등으로 인한 수출비용의 감소
		3. 투자효과	회원국으로부터 역내투자 증가
		4. 역내경제의 구조조정 효과	역내국기업과 경쟁강화를 위한 산업구조 조정
부정적 효과	단기적 효과	5. 무역전환효과	역외국으로부터의 수입이 상대적으로 수입가격이 낮아진 역내국으로 전환되는 효과. 그런데 이는 역외의 효율적인 공급자로부터 역내의 비효율적인 공급자로 교역상대가 전환됨을 의미함
기타		6. 정치·외교적 효과	정치·외교적 연대감 강화

자료: 김세영·신상식, 『FTA 확산과 한국의 대응』(두남, 2003), p.46

Kemp and Wan[13](1976) 등이 이에 관한 논의를 진척시킨 이후, FTA의 후생효과에 관한 논의가 이론적 관점과 실증적 관점에서 이루어져 왔다. Krugman[14](1993)은 FTA가 협정국에는 우호적인 관세를, 역외 비회원국들

---

13) Murray C. Kemp and Henry Y. Wan Jr., "An Elementary Proposition Concerning the Formation of Customs Unions," *Journal of International Economics* 6(1976), pp.95-97.

에 대해서는 배타적인 관세장벽을 높일 것이므로 무역전환효과가 발생한다
는 이론모형을 소개하였다. 반면, Lawrence[15](1996)는 FTA의 동태적 성장
효과가 비회원 국가들의 수입수요를 증대시키면서 초기의 무역전환효과는
장기적으로 상쇄된다고 보았다.

그리고 Wonnacott[16](1996)의 연구는 FTA 협정의 참여 국가들이 자국의
무역전환효과를 줄이기 위하여 생산비를 낮추는 노력을 함으로써, 비효율적
인 국가들이 효율적으로 되도록 유인하는 규모의 경제효과를 강조하였다.
이러한 성장효과와 규모의 경제효과는 FTA 협정의 초기에 발생할 수 있는
무역전환효과를 장기적으로 상쇄시키고, 결과적으로 FTA 협정이 회원 국가
와 비회원 국가 모두의 경제적 후생을 증대시킬 수 있다고 보았다.

2. 단기적 효과[17]

1) 무역창출효과

무역창출효과(Trade Creation Effect)란 비교우위론에 입각한 효과로 역
내관세의 철폐로 인하여 회원국 상호 간에 수입가격이 관세만큼 하락하게
되고, 그 결과 종전까지 관세장벽 때문에 역내에서 교역되지 않았던 상품의
교역이 이루어지게 되어 회원국 간에 새로운 무역이 창출되는 효과를 말한
다. 이러한 무역창출효과는 자유무역지역 내의 효율적인 공급자들에 있어서
무역의 확대를 의미한다.

관세로 인한 무역구조의 왜곡이 시정됨으로써 각국의 비교우위산업에 대

14) Paul Krugman, "Regionalism versus Multilateralism: analytical notes," *New Dimensions in Regional Integration*, edited by jaime De melo and Arvind Panagariya(CEPR, Cambridge University Press, 1993), pp.58-79.

15) Robert Z. Lawrence, *Regionalism, Multilateralism and Deeper Integration*(The Brookings Institution, 1996).

16) Ronald J. Wonnacott, "Free Trade Agreements: For Better or Worse?" *Policy Research Working Paper 1687*(World Bank, 1996).

17) 조용득, 『국제경제기구와 세계경제질서』(형설출판사, 2003), pp.338-342.

〈표 4〉 무역창출효과 분석

	A국	B국	C국
X재의 공급가격	50	40	30
관세 100% 부과		80	60
A국·B국이 FTA		40	60

한 교역기회가 새로 만들어지는 것이며, 무역창출을 통한 각 역내국의 비교우위 상품의 시장 확대는 각 생산요소의 비교우위산업으로의 이동으로 자원배분의 효율성이 증가하게 된다.

〈표 4〉에서와 같이 A, B, C국의 X재에 관세를 부과하지 않는 자유무역에서는 비교우위론에 따라 X재는 가격이 30인 C국에서 가격이 50과 40인 A국, B국 양국으로 수출되거나, 가격이 40인 B국에서 가격이 50인 A국으로 수출될 것이다. 그러나 A국이 자국의 X재 산업을 보호하기 위하여 100%의 관세를 부과한다면, X재의 가격은 B국은 80, C국은 60으로 A국 50보다 높아지므로 교역은 일어나지 않을 것이다.

이런 상황에서 A국과 B국이 FTA를 맺어서 관세를 철폐한다면, A국에서는 X재를 B국으로부터 전량 수입하고 대신에 X재 대신에 B국에 상대적으로 비교우위에 있는 다른 제품을 특화하여 B국에 수출할 수 있을 것이다. 이와 같이 A국과 B국은 FTA로 인하여 비교우위의 원리에 따라 보다 유리한 제품의 생산에 특화함으로써 새로운 무역을 창출할 수 있는 것이다.

2) 무역전환효과

무역전환효과(Trade Diversion Effect)는 역내관세 철폐로 역내에서의 수입가격이 역외로부터의 수입가격보다 낮아질 경우, 수입국이 역외국에서 역내국으로 바뀌는 효과를 말한다. 그런데 역내에서의 수입상품은 단지 역내에서 생산비가 낮다는 의미이므로 무역전환효과는 역외의 효율적인 공급자로부터 역내의 비효율적인 공급자로 교역상대가 전환될 수 있으며, 이 경

<표 5> 무역전환효과 분석

	A국	B국	C국
X재의 공급가격	50	40	30
관세 50% 부과		60	45
A국·B국이 FTA		40	45

우는 FTA가 후생악화(-)를 초래한다.

이는 FTA 이전에는 역외국이 비교우위에 있었으나, FTA로 인하여 역내국이 비교우위를 갖게 됨으로써 나타난다. 즉, 관세이전의 가격을 비교해 보면, 역외국의 재화가 더 싸다는 것으로 결국 FTA로 인하여 싼 역외상품이 보다 비싼 역내상품으로 대체되는 비효율적인 결과를 초래함을 의미한다.

<표 5>에서와 같이 X재에 50%의 관세를 부과한다면 X재의 가격은 B국이 60, C국이 45로, A국에서는 X재를 C국으로부터 수입할 것이다. 그런데 A국과 B국이 FTA를 체결하여 관세를 철폐한다면, B국의 가격이 저렴해짐으로써 C국으로부터 수입하던 X재를 B국으로부터 수입하게 될 것이다. 관세부과 이전을 비교해 보면 C국의 X재(가격 30+관세수입 15)가 B국 X재(가격 40+관세수입 0)로 전환되는 비효율적 자원배분이 일어나게 된다.

3) FTA에 따른 후생의 순효과

<그림 1>에서 A국의 수요곡선은 DaDa, 공급곡선은 SaSa이며, B국의 공급곡선은 P_2의 S_bS_b이고, C국의 공급곡선은 P_1의 S_cS_c이다.

여기서 50%의 관세를 부과한다면, B국의 공급가격은 $P_4(S_b+t)$, C국의 공급가격은 $P_3(S_c+t)$가 되어 공급가격은 P_3에서 결정될 것이다. 이 경우 A국의 생산은 $0Q_2$이고 소비는 $0Q_3$가 되어 Q_2Q_3만큼 C국으로부터 수입하게 될 것이다. 그런데 A국과 B국이 FTA를 체결하여 관세를 철폐한다면, 가격은 $P_2(S_bS_b)$로 결정되어, A국의 생산은 $0Q_1$, 소비는 $0Q_4$가 되어 Q_1Q_4를 B국으로부터 수입하게 될 것이다. 즉, FTA 이전에 비하여 생산은 Q_1Q_2만큼 줄고,

〈그림 1〉 FTA의 후생효과 분석(A국)

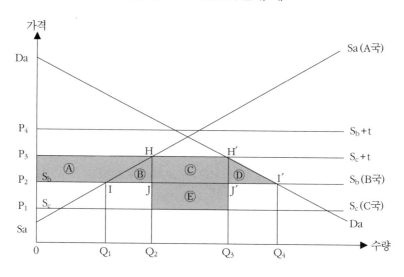

소비는 Q_3Q_4만큼 증가하게 된다. 여기서 무역창출효과는 수입증가분, 즉 국내생산감소분(Q_1Q_2)과 국내소비증가분(Q_3Q_4)의 합과 같다. 그리고 Q_2Q_3는 C국에서의 수입을 FTA로 인한 역내국인 B국으로 전환함에 따라 나타나는 효과이다.

결과적으로 A국과 B국의 FTA 이전의 소비자잉여 P_3DaH′는 FTA로 P_2DaI′로 확대(Ⓐ+Ⓑ+Ⓒ+Ⓓ)가 되고, 생산자잉여는 SaP_3H에서 SaP_2I로 축소(Ⓐ)된다. 그리고 FTA 이전 C국으로부터의 관세수입 Ⓒ+Ⓔ가 감소하는 결과를 가져온다. 그런데 Ⓐ는 생산자잉여가 소비자잉여로 전환되고, Ⓒ는 관세수입의 감소분이므로 순후생의 변화는 (Ⓑ+Ⓓ)-Ⓔ이다. 그러므로 국민순후생은 Ⓑ+Ⓓ 〉Ⓔ이면 증가하고, Ⓑ+Ⓓ 〈 Ⓔ이면 감소할 것이다. 여기서 무역창출효과는 생산효과인 Ⓑ와 소비효과인 Ⓓ의 합계가 되고, 무역전환효과는 Ⓔ가 된다. 결국 FTA의 순후생효과는 무역창출효과가 무역전환효과를 능가할 때 정(+)의 후생증대 효과가 있다고 볼 수 있다.

3. 중·장기적 효과[18]

중·장기적 효과란 FTA로 인한 효과가 단기간 내에는 가시화되지 않더라도 어느 정도 시간이 지남에 따라 서서히 나타날 수 있는 동태적 효과를 말하는 것으로 규모의 경제 및 경쟁촉진 그리고 해외직접투자의 증가 등으로 역내 경제활동의 효율성 증대에 기여하는 효과 등을 들 수 있다.

1) 규모의 경제 및 경쟁촉진

FTA로 인한 시장의 확대로 역내에서 규모의 경제가 작용할 수 있는 여건이 마련되고, 기업 간의 경쟁이 촉진됨으로써 효율적인 자원배분이 이루어질 수 있는 환경이 조성된다. 그리고 단기적으로는 무역전환효과가 크게 나타난다고 하더라도, 규모의 경제로 인한 역내 생산활동의 평균비용이 하락한다면 역내재화가 역외재화에 비하여 비교우위를 가질 수 있어 중·장기적으로는 무역전환의 음(-)의 효과를 능가할 수도 있을 것이다.

또한 시장의 확대는 기업 간의 경쟁을 촉진시키게 되는데, 재화가격의 인하는 물론 재화공급과 각종 서비스 측면에서의 질적 향상이 촉진될 것이다.

2) 해외 직접투자의 증가

FTA로 인한 무역장벽의 철폐는 무역효과뿐만 아니라 역내·역외 국가를 막론하고 세계 각국 기업의 생산활동을 역내로 유인하는 효과를 유발할 수 있다. 즉, 역내 해외직접투자를 활성화 또는 촉진시키는 요인으로 작용할 수 있다.

관세 및 비관세장벽 등 역내 무역장벽의 철폐는 기업의 역내 경제활동비용이 낮아짐을 의미하며, 그 자체로도 기업의 이윤창출 기회가 확대됨을 의미할 수 있기 때문이다. 또한 기업의 역내시장에 대한 예측가능성을 제고시키고, 이에 따른 역내 경제활동에 대한 안정성 제공 등은 역외기업들이 역내

---

18) 김세영·신상식, 앞의 책, pp.48-52.

에 생산거점을 마련하도록 유인하게 된다. 한편 개발도상국의 입장에서 보면, 선진국의 자본과 기술을 유치할 수 있다면 이는 긍정적인 기술이전효과를 동반할 뿐만 아니라 역내 유휴자원의 활용도를 높임으로써 새로운 고용을 창출하고 경제전반의 효율성을 증대시키는 효과가 있을 것이다.

3) 기타 효과

FTA의 체결은 회원국 간의 경제적 공동번영 외에 정치적 안정 및 민주적 제도의 정착 등 정치적·외교적 연대감을 강화할 수 있다. 그리고 FTA의 행정적인 절차나 분쟁해결 관련 규정에 의해 회원국 간에 설치되는 위원회 및 패널 등은 회원국 간의 관계개선 및 협력강화를 도모할 수 있을 것이다.

III. 지역무역협정의 확산과 국제교역

Baldwin[19](1993)은 지역무역협정의 확산 현상을 설명하기 위하여 '도미노 효과(Domino Effect)'의 개념을 도입하였다. 즉, 지역무역협정으로 회원국 사이에 무역창출을 통한 이득이 증가하면, 비회원국가의 수출업자들은 정부가 기존의 지역무역협정에 참여하거나 새로운 무역협정의 형성을 모색하도록 종용하게 되고, 이러한 유인은 도미노효과를 촉발시킨다는 것이다.

반면에 Bhagwati, Greenaway and Panagariya[20](1998) 및 Panagariya[21](1999)는 '스파게티 볼 현상(Spaghetti Bowl Phenomenon)'이라는 개념을 도입하여, 지역무역협정이 중첩될 경우 복잡한 원산지규정으로 오히려 부정

---

19) Richard E. Baldwin, "A Domino theory of Regionalism," NBER Working Paper 4465(National Bureau of Economic Research, 1993).

20) Jagdish N. Bhagwati, David Greenaway and Arvind Panagariya, "Trading Preferentially: Theory and Policy," *The Economic Journal* 108(1998), pp.1128-1148.

21) Arvind Panagariya, "The Regionalism Debate: An Overview," *The World Economy* 22(1999), pp.477-511.

적인 효과가 나타날 수 있다고 주장하였다. Panagariya는 지역무역협정이 어느 정도 규모에 이르면, 기존의 회원국들은 더 이상의 신규가입을 저지하려는 유인이 생기고, 이러한 진입장벽은 도미노효과를 저해시킨다고 주장하였다.

신관호 외(2004)[22]는 지역무역협정이 회원국과 비회원국 간의 교역에 미치는 파급효과와 동아시아국의 다양한 지역무역협정의 조합이 교역에 미치는 효과 및 그 우선순위와 실행방법을 분석하였다. 분석결과 지역무역협정은 역내·역외 국가 모두에게 순무역창출을 유발하며, 이 효과는 지리적으로 인접국에 크게 나타난다고 보았다. 그리고 지역무역협정이 그 회원국을 확대하거나, 중첩되지 않는 방식으로 지역무역협정을 계속 창출할 경우에는 범세계적 자유무역에 기여(도미노효과)할 것으로 보았고, 반면 일국이 중첩하여 지역무역협정에 참가하거나, 복수의 회원국이 함께 지역무역협정에 계속 참여할 경우에는 자유무역에 걸림돌(스파게티 볼 현상)이 될 것으로 보았다.

---

22) 신관호·이종화·박인원, "지역무역협정의 경제적 효과와 동아시아 지역주의에의 시사점,"『한국경제의 분석』제10권 제1호(2004), pp.177-234.

2

지역무역협정과 WTO

WTO 다자규범은 회원국 간의 비차별원칙인 최혜국대우를 근간으로 한다. 그런데 이러한 원칙의 예외로 허용되는 것이 지역무역협정이다.

GATT 제24조에서는 관세동맹과 자유무역지역을, GATS 제5조에서는 서비스부문의 경제통합협정을 일정한 조건하에서 허용하고 있다. 즉 상품분야의 관세동맹이나 자유무역지역에 참여하려는 회원국은 실질적으로 모든 무역에 있어서 관세 및 그 밖의 제한적인 상거래 관행을 철폐하여야 하고, 역외국에 대하여는 관세동맹 또는 자유무역지역 형성 이전의 관세 또는 상거래 규정보다 더 높거나 제한적이어서는 아니 된다. 서비스분야의 경우도 지역무역협정은 상당한 분야별 대상 범위를 가지고, 실질적으로 모든 차별조치를 협정 발효 시 또는 상당한 시간계획을 가지고 폐지하여야 한다.

WTO 다자규범과 지역무역협정 간에는 본질적으로 몇몇 차이가 있다. WTO 규범은 비차별원칙으로 최혜국대우와 내국민대우 원칙을 양 축으로 하고 있으나, 지역무역협정은 내국민대우 원칙만이 해당된다. 그리고 지역무역협정은 협정국 간의 특혜대우를 위하여 원산지규정이 필수적으로 중요해진다. 또한 지역무역협정에는 WTO에서는 아직 논의 중에 있는 신이슈들인 경쟁정책, 환경규범, 노동규범 등이 많은 경우 포함되어 있다.

I. 지역주의와 지역무역협정

WTO의 다자규범체계의 근간은 WTO 회원국 간의 무차별원칙인 최혜국대우 원칙이다. 한편 지역무역협정으로부터 발생하는 회원국 간의 특혜는 최혜국대우원칙의 예외로 규정되어 있다. 그런데 GATT 제24조의 지역무역협정에 대한 규정은 자유무역지대나 관세동맹을 현실적으로 인정하고 있다.

지역주의에 대한 긍정적 시각과 부정적인 시각이 있는데, 전자는 지역무역협정이 다자규범체계보다 빠른 속도로 자유화를 촉진함으로써 다자통상체계를 보완하고 궁극적으로 세계무역의 자유화를 촉진시키는 데 기여할 것이라는 시각이다. 반면 부정적인 측면에서는 지역주의가 배타적인 경제블록으로 발전하여 세계교역환경을 악화시키고 세계무역자유화를 지연시킬 것이라는 것이다.

「관세 및 무역에 관한 일반협정(GATT: General Agreement on Tariffs and Trade)」제24조는 자유무역지대나 관세동맹이 형성되었을 경우 역내의 관세나 다른 무역장벽이 실질적으로 모든 무역 부문에 있어 완화 또는 제거되어야 한다고 명시하고 있다. 역외국가에게는 그룹형성 이전에 비해 역내국가와의 교역이 더 제한적이지 않아야 한다. 마찬가지로 「서비스무역에 관한 일반협정(GATS: General Agreement on Trade in Service)」제5조는 서비스 부문의 경제통합협정에 관해 규정하고 있다. 그리고 WTO 협정문의 다른 조항들은 개발도상국 간의 교역에 있어서 관세 및 비관세장벽 완화 또는 철폐를 목적으로 하는 지역무역협정 체결을 허용하고 있다.

1996년 2월 WTO 일반이사회는 지역경제협력체를 검토하고 이와 같은 지역경제협력체들이 WTO 규범에 부합하는지를 평가하고자 하는 취지로 지역무역협정위원회(Regional Trade Agreements Committee)를 설립하였

다. 또한 이 위원회는 지역협정이 다자무역체제에 미치는 영향과 지역협정
과 다자협정 간의 관계를 파악하는 임무도 담당하고 있다.

II. WTO에서 지역무역협정의 규율

1. 연혁

GATT는 애초에 미국이 1946년 9월 발표한 "세계무역기구 창설을 위한
제안(Suggested Charter for an International Trade Organization)"에 기
원을 두고 있다. 초안 제1조에서는 무조건적인 최혜국대우(MFN: Most
Favoured Nation Treatment)를 규정하고, 이에 대한 유일한 예외로서 관
세동맹(Customs Union)을 규정하고 있었다. 그런데 1948년 3월 하바나 헌
장(Havana Charter)에서는 완전한 관세동맹에 이르지 못하는 다양한 협정,
즉 자유무역지역(Free Trade Areas)을 MFN원칙의 예외로 허용하고 있었
다. 이러한 내용이 1948년 3월 GATT 제24조에 그대로 반영되었다.

당시 관세동맹은 널리 알려진 개념이나, 자유무역지역은 새로운 개념이
었다. 자유무역지역은 회원국 내에서 실질적으로 모든 무역(substantially
all the trade)에 대하여 관세 및 그 밖의 제한적인 상거래 규정을 제거하기
만 하면 되고, 관세동맹과 달리 대외관세정책을 같이할 필요가 없었다. 관세
동맹을 형성하게 되면 비회원국에 대하여 관세인상에 따른 보상을 하여야
하나, 자유무역지역은 이러한 문제가 발생하지 않는다. 따라서 관세동맹에
비하여 형성과정이나 그 이후의 통제의 측면에서 규제의 정도가 낮은 자유
무역지역을 관세동맹과 동일하게 취급하는 것은 상당한 정책적 변화라 할
수 있다.

미국이 하바나에서 기존의 입장을 변화한 이유는 영국이나 유럽 등의 지
지를 획득하기 위한 것이라고 보는 견해가 유력하다. 관세동맹과 자유무역
지역에 대하여 예외를 인정한 것은 전후 미국의 강력한 다자주의에 대한

염원과 영국 및 유럽의 고용 등 국내적 안정에 대한 입장을 절충한 것이라 볼 수 있다.

2. 역내적 요건[1]

1) 상품분야

관세동맹이나 자유무역지역에 참여하려는 WTO 회원국들은 GATT 제24조제8항에 따라 '실질적으로 모든 무역(substantially all the trade)'에 관하여 '관세 및 그 밖의 제한적인 상거래 규정(duties and other restrictive regulations of commerce)'을 철폐하여야 한다.

(1) 실질적으로 모든 무역

GATT 제24조제8항(a)호 및 (b)호에서는 관세 및 기타 무역제한적 규제가 당사국 간의 '실질적인 모든 무역(substantially all the trade)'에 대해 철폐되어야 한다고 규정하고 있다. 하지만 개발도상국 간의 지역무역협정인 경우에는 관세감축에 신축성을 허용하고 있다.

실질적인 모든 무역의 기준과 관련하여 농업분야가 배제된 경우의 지역무역협정도 GATT 제24조제8항(a)호와 일치할 수 있는지에 대한 논쟁이 있다. 이 경우 교역량을 기준으로 하는 입장과 질적인 기준을 주장하는 입장이 대립하는데, 전자의 방식은 국가 간 무역에서 일정 수준 이상의 교역이 자유화된다면 일부 분야가 배제되더라도 무방하다는 입장이며, 후자의 방식은 지역무역협정의 무역자유화에 어떤 분야도 제외되어서는 안 된다는 입장이다.

상당수 국가들은 일부 민감한 품목을 제외할 수 있는 여지를 남기기 위하여 교역량을 기준으로 하는 입장에 동조하고 있다.

---

1) 고준성 외, 『국제경제법』(박영사, 2009), pp.579-589.

(2) 관세 및 제한적인 상거래 규정의 철폐

GATT 제24조제8항에서는 구성국 간의 관세 및 그 밖의 제한적인 상거래 규정의 철폐를 요구하면서, 다만 필요한 경우 제11조(수량제한의 일반적 철폐), 제12조(국제수지 보호를 위한 제한), 제13조(수량제한의 무차별 적용), 제14조(무차별원칙에 대한 예외), 제15조(외환약정) 및 제20조(일반적 예외)하에서 허용되는 경우는 제외한다고 규정하고 있다.

여기에 열거된 조항들을 예시적인 것이 아니라 열거적인 것으로 해석하면, 여기에 해당되지 않는 제6조(반덤핑 및 상계관세), 제19조(특정상품의 수입에 대한 긴급조치) 등은 당사국 간에 원용할 수 없다는 것을 의미하게 된다. 즉, 이러한 무역구제조치가 관세의 형태를 취하면 당연히 폐지되어야 한다는 주장이 가능하다. 그러나 이 규정을 예시적으로 해석하여 대부분의 FTA에서는 한 회원국이 다른 회원국에 대하여 반덤핑관세를 부과할 수 있는 길을 열어두고 있으며, 긴급수입제한조치에 대하여도 WTO 패널은 피해 판정 시 다른 FTA 회원국으로부터의 수입도 고려한 경우, 즉 병행주의(parallelism)를 지키는 한도에서 허용된다고 보고 있다.

2) 서비스분야

GATS 제5조제1항은 지역무역협정이 '상당한 분야별 대상범위(substantial sectoral coverage)'를 가지며 '실질적으로 모든 차별조치(substantially all discrimination)'를 '협정의 발효 시 또는 합리적인 시간계획에 기초하여(at the entry into force of that agreement or on the basis of a reasonable time frame)' 폐지하여야 한다고 규정하고 있다. 여기서 합리적인 시간계획의 기간은 GATT 규정[2]처럼 10년으로 하는 것이 무난할 것으로 보인다.[3]

GATS 제5조제2항에서는 "서비스분야의 지역무역협정을 평가함에 있어서 해당 협정과 관계국 간의 경제통합 또는 무역자유화의 보다 광범위한

---

[2] 1994년도 관세 및 무역에 관한 일반협정 제24조의 해석에 관한 양해.

[3] 고준성, 『자유무역협정(FTA)의 조문별 유형분석』(산업연구원, 2003), pp.27-28.

과정과의 관계가 고려될 수 있다"고 규정하고 있다. 그런데 서비스무역을 평가하는 것은 여러 가지 측면에서 쉽지 않으며, 특히 서비스무역에 관한 자료가 충분하지 않아 객관적이고 합리적인 평가를 내리기가 어렵다.

3. 역외적 요건

1) 상품분야의 관세동맹

관세동맹에 대한 역외무역요건은 GATT 제24조제5항에서 2개의 의무를 규정하고 있다. 첫째는 관세동맹 이전 보호의 '일반적 수준(the general incidence)'보다 '전반적(on the whole)'으로 더 높거나 제한적이어서는 안 되는 의무이다.

이와 관련 제3국에 대한 전반적인 장벽수준을 일정하게 유지하는 한 일부 장벽은 증대시킬 수 있다는 견해와 전반적인 수준은 물론 어떠한 장벽의 증대도 허용되지 않는다는 견해가 있다. 서비스분야에서는 각각의 분야 또는 세부분야에서 무역장벽의 전반적인 수준이 증가하지 않아야 함을 명시적으로 밝히고 있으나, 상품분야에서는 이것이 불분명하기 때문에 이러한 논란이 발생한다.

둘째는 관세동맹에 참여하는 특정회원국이 관세동맹의 역외보호의 수준에 따르기 위하여 관세를 인상하여야 하는 경우 보상하여야 하는 의무이다. 관세동맹 형성 시 대외관세를 인상해야 하는 경우가 있을 수 있다. 이 경우는 이해 당사국과 보상협상을 하여야 한다(GATT 제24조제6항).

2) 상품분야의 자유무역지역

관세동맹은 공동의 역외정책이 있으나 자유무역지역은 이러한 역외정책이 없는 상당히 유연한 협정이다. 자유무역지역은 제24조제5항(b)호에서 "관세 및 기타 상거래 규정은 자유무역지역의 형성 이전에 동일한 구성 영토에서 존재하던 상응하는 관세 또는 그 밖의 상거래 규정보다 더 높거나 더 제한적이어서는 아니 된다"고 규정하고 있다.

이는 각각의 분야에서 역외국에 대한 규제의 수준을 높일 수 없다는 점을 명백히 하고 있다. 그런데 자유무역지역에 참여하는 WTO 회원국은 FTA에 가입할 때 FTA의 본질적 특성상 자신들의 역외조치를 수정할 필요가 없다. 다만, FTA에 가입하는 회원국은 원산지규정을 변경하는 것이 일반적인데 이 변화에 의하여 역외보호수준 자체가 큰 영향을 받게 된다. 관세동맹에서는 실행관세율을 기준으로 삼고 있으나 자유무역지역에서는 명백한 언급이 없기 때문에 양허관세율로 해석하는 견해와 실행관세율로 해석하는 견해가 대립한다.

3) 서비스분야

GATS 제5조제4항에서는 지역무역협정 및 관련 잠정협정은 '각각의 서비스분야 또는 서비스 세부분야 내에서의(respective sectors or subsectors)' 서비스무역 장벽의 '전반적 수준(overall level)'을 증가시켜서는 안 된다고 규정하고 있다.

4. 절차적 요건

1) 통보의무

GATT 제24조제7항(a)호와 GATS 제5조제7항(a)호에서는 상품분야 또는 서비스분야에서 지역무역협정, 관세동맹, 잠정협정을 체결할 경우 이를 관련 다른 회원국 또는 해당 이사회에 즉시 통보하도록 규정하고 있다. 그러나 통보의무와 관련하여 시한설정에 있어서는 논란의 여지가 존재한다.

GATT의 경우 통보의 구체적인 시기를 WTO 규정에 새롭게 설정해야 한다는 견해와 사안별로 결정되면 된다는 견해가 대립하고, GATS의 경우에는 GATS 제5조제5항의 양허안의 변경에 관한 통보규정을 준용하여 최소한 90일 전에 통보해야 한다는 견해가 있다.

2) 정보의 제공

「GATT(1994) 제24조의 해석에 관한 양해」 제2항에서는 관세동맹 및 관련 잠정협정의 경우, 이전 대표기간 동안의 가중평균관세율 및 관세징수액 등 수입통계를 제출해야 할 의무가 있다고 규정하고 있다.

이러한 정보제공의무와 관련하여, 수입통계에 대한 정보제공은 물론 지역무역협정으로 인한 교역구조의 변화에 관한 자료 등도 제공할 의무를 부과하자는 견해와, 교역구조의 변화에 대한 자료는 수집하기가 어렵고 동태적인 측면으로 인해 변화할 가능성이 크기 때문에 지역무역협정 자체의 검토에 필요한 자료의 제공으로 국한해야 한다는 입장이 있다.

3) 주기적 보고의무

「GATT(1994) 제24조의 해석에 관한 양해」 제11항과 GATS 제5조제7항 (b)호에서는 지역무역협정의 주기적 보고의무를 규정하고 있다. 즉, 상품분야의 자유무역협정과 관세동맹, 그리고 서비스분야의 잠정협정 등은 그 진전사항을 해당 이사회에 주기적으로 보고하여야 한다고 규정하고 있다. 이와 관련하여 상품분야의 잠정협정 및 서비스분야의 관세동맹과 자유무역협정에도 주기적인 보고의무를 부과하자는 견해가 있다.

III. WTO 협정과 지역무역협정 규율대상

1. WTO 협정에서의 규정

WTO 협정상 FTA에 관한 기본규정인 GATT 제24조에 의하면 FTA는 '실질적으로 모든 상품무역(substantially all the trade)'을 규율대상으로 한다. 즉, FTA에서는 실질적으로 모든 상품무역에 있어 장벽의 철폐에 관하여 규정하고, 다만 일부 상품에 대해서만 이의 적용 배제를 예외적으로 허용하고 있음을 알 수 있다.

한편, GATS 제5조에 따르면 경제통합협정(EIA: Economic Integration Agreement)은 '상당한 분야별 대상범위(substantial sectoral coverage)'를 규율대상으로 한다. 즉, EIA에서는 서비스시장 개방 양허에 있어 공급방식별 개방대상 서비스부문을 기준으로 상당한 부문에 있어 무역자유화조치를 규정해야 함을 의미하는 것으로 보인다. 상품무역에 관한 FTA와 비교할 경우 EIA의 규율대상의 범위가 제한될 수 있다.

GATT 제24조에서는 FTA와 관세동맹을 구분하고 있으며, GATS 제5조에서 경제통합협정(EIA)과 제5조의2에서 노동시장통합협정(Labor Markets Integration Agreements)에 대하여 규정하고 있다. 그리고 FTA의 경우는 WTO 상품무역이사회에, EIA와 노동시장통합협정의 경우는 WTO 서비스무역이사회에 통보하도록 규정하고 있다. 그런데 일반적인 FTA 체결 관행을 보면 서비스무역을 포함하는 경우에도 이를 별도의 문서로 채택하지 않고 단일의 FTA 문서에 함께 규정하는 것이 일반적이다.

2. WTO 협정과 FTA 규율대상[4]

1) 상품무역

WTO 협정과 FTA 협정에서의 규율 대상의 차이를 비교하여 보면, 첫째, WTO 협정에서는 회원국 간의 차별적 대우를 철폐하기 위하여 최혜국대우와 내국민대우를 규정하고 있음에 비하여, 거의 모든 FTA에서는 내국민대우에 관한 규정만을 두고 있다.

둘째, 관세장벽과 관련하여 WTO 협정에서는 관세양허를 통하여 관세의 지속적인 인하를 추구하는 데 반하여, FTA에서는 관세의 철폐가 핵심 규율사항이다. 다만, 관세의 점진적 철폐대상의 범위 및 일정 등에 있어서는 FTA들 간에 차이가 있고, 대다수 FTA에서는 관세평가 및 통관절차에 관한

---

[4] 고준성, "FTA의 주요내용," 정인교·노재봉 편저, 『글로벌시대의 FTA』(해남, 2005), pp.92-103.

규정을 두고 있다.

셋째, 상품의 원산지결정과 관련 WTO 협정은 원산지결정에 있어 투명성을 제고하기 위하여 원산지협정이 있을 뿐, 통일된 원산지규정에 관하여는 아직 협상 중에 있다. 반면에 FTA에 있어서는 원산지규정은 FTA에 따른 특혜대우가 역외국가에 유출되는 것을 방지하기 위하여 필수적이고 예외 없이 모든 FTA에서 이를 규정하고 있다.

넷째, 비관세장벽과 관련하여 WTO 협정에서는 기술규정 및 표준, 위생 및 검역조치에 관한 협정을 포함하고 있다. FTA에서도 이를 포함하고 있는데 일부 FTA에서는 기술규정의 상호인정까지를 규정하고 있다.

다섯째, 무역구제조치와 관련하여 WTO 협정에서는 세이프가드조치, 반덤핑조치 및 상계조치에 관한 규정을 두고 있다. FTA에서는 이들 규제조치의 적용을 면제하는 유형에서부터 WTO 협정을 준용하는 유형 그리고 관련 규정을 강화하여 적용하는 등 그 내용이 다양하다.

2) 서비스무역

WTO 협정과 FTA 협정에서의 규율 대상의 차이를 비교하여 보면, 첫째, GATS의 규율대상 서비스에는 상업적주재에 의한 서비스공급(mode 3)을 포함하여 규정하고 있음에 비하여, 다수의 FTA에서는 상업적주재에 의한 서비스공급을 당해 서비스무역의 규율대상에서 제외하고 대신에 이를 투자에서 별도로 규정하고 있다.

둘째, GATS에서는 자연인의 이동에 의한 서비스공급(mode 4)이 전문직 종사자에 국한되고 있음에 비하여, 다수의 FTA에서는 전문직 종사자를 비롯하여 사업목적 방문자, 무역업자 및 투자자, 사내전근자 등 보다 폭넓은 자연인의 이동에 관하여 규정하고 있다.

3) 여타 실체적 규율 사항

WTO 협정과 FTA 협정에서의 규율 대상의 차이를 비교하여 보면, 첫째, WTO 무역 관련 지적재산권협정(TRIPs)에서와 같이 대다수 FTA에서 지적

〈표 1〉 WTO 협정과 주요 FTA 간에 규율 대상 비교

협정 (발효연도) \ 규율대상	WTO ('95)	NAFTA ('94)	칠레·멕시코 FTA ('99)	EC·멕시코 FTA ('00)	일·싱가포르 EPA ('02)	EFTA·싱가포르 FTA ('03)	미·싱가포르 FTA ('03)	한·칠레 FTA ('04)	한·미 FTA ('12)
1. 상품무역분야	○	○	○	○	○	○	○	○	○
최혜국대우	○	×	×	×	×	○	×	×	△
내국민대우	○	○	○	○	○	○	○	○	○
관세철폐	△	○	○	○	○	○	○	○	○
원산지규정	△	○	○	○	○	○	○	○	○
관세평가	○	×	○	○	○	×	○	○	○
통관절차	△	○	○	○	○	×	○	○	○
기술규정의 상호인정	△	△	△	△	○	△	△	△	△
위생 및 검역 조치	○	○	○	○	×	○	×	○	○
세이프가드 조치	○	○	○	○	○	○	○	○	○
반덤핑·상계조치	○	○	○	○	○	○	○	○	○
특정 상품의 규율	○	○	○	○	×	×	○	×	○
2-1. 서비스 무역 분야	○	○	○	○	○	○	○	○	○
특정 서비스의 규율	○	○	○	○	○	○	○	○	○
자연인의 이동	△	○	○	×	○	○	○	○	○
2-2. 투자분야	△	○	○	○	○	○	○	○	○
3-1. 지적재산권 분야	○	○	○	○	○	○	○	○	○
3-2. 정부조달 분야	△	○	○	○	○	○	○	○	○
3-3. 기타 특정 사항분야									
경쟁정책	×	○	○	○	○	○	○	○	○

협정 (발효연도) 규율대상	WTO ('95)	NAFTA ('94)	칠레· 멕시코 FTA ('99)	EC· 멕시코 FTA ('00)	일· 싱가포르 EPA ('02)	EFTA· 싱가포르 FTA ('03)	미· 싱가포르 FTA ('03)	한·칠레 FTA ('04)	한·미 FTA ('12)
환경	×	○	×	×	×	×	○	×	○
노동	×	○	×	×	×	×	○	×	○
무역원활화	×	×	×	×	○	×	×	×	○
전자상거래	×	×	×	×	×	×	○	×	○
경제기술협력	×	×	×	○	×	×	×	×	×
4. 조직규범분야									
협정운영조직	○	○	○	○	△	○	○	○	○
분쟁해결제도	○	○	○	○	○	○	○	○	○

주: ○: 당해 사항의 전면적 규율
  △: 당해 사항의 부분적 규율
  ×: 당해 사항의 규율 안함
자료: 고준성, "FTA 주요내용," 정인교·노재봉 편저, 『글로벌시대의 FTA 전략』(해남, 2005), p.97
  재구성

재산권의 보호에 관한 규정을 포함하고 있다. 이들 FTA에서 지적재산권의
보호 수준은 간단한 명시규정에서부터 보다 강화된 규정을 포함하는 등 다
양하며, 보호대상의 지적재산권의 범위 또한 상당한 차이가 있다.

둘째, 정부조달과 관련하여 WTO 협정에서는 이를 복수 간 무역협정
(PTA)의 형태로 규율하고 있다. 반면에 대다수의 FTA에서는 정부조달에
관한 규정을 포함하고 있는데, 적용영역을 확대하거나 적용대상 조달계약
기준금액을 낮추고 있다.

셋째, WTO에서는 무역 관련 신이슈로 경쟁정책, 환경, 노동 등이 논의
중에 있다. 반면에 일부 FTA에서는 경쟁정책, 환경, 노동, 무역원활화, 전자
상거래 등에 관한 규정을 포함하고 있다.

제2부

한·미 FTA의
국내적 수용

한·미 FTA의 국내법적 효력 발생

자유무역협정(FTA)과 같은 조약[1]이 국내법적 효력을 발생하기 위해서는 이를 자국법체계로 편입하는 작업이 필요하다. 여기에는 이른바 일원주의와 이원주의의 두 가지 방식이 존재한다. 일원주의는 별도의 이행입법 절차의 필요 없이 바로 국내법적 효력을 갖는 경우이고, 이원주의는 국내적 수용을 위한 국내법 제정의 절차로 변형이 필요한 경우이다.

주로 영연방에 속하는 국가들이 이행입법이 필요한 이원주의 입장을 채택한다. 반면에 우리나라는 별도의 이행입법 없이 국내법 체계에 편입하는 일원주의 입장을 취하고 있다. 한편, 미국도 헌법절차에 의하여 체결되는 조약을 헌법 및 법률과 함께 미국의 최고법이라고 규정하여 일견 일원주의로 보이나, 실제로는 조약의 자기집행성(self-executing) 여부를 기준으로 일원주의와 이원주의를 함께 적용하고 있다.

---

[1] 조약이란 국가 간에 서면에 의한 합의로 협약(agreement), 의정서(protocol), 협정(arrangement), 양해(understanding) 등의 형식을 취한다.

I. 한국 국회의 한·미 FTA 비준동의

우리나라는 일원주의적 입장에서 헌법적 절차에 의해 체결되는 조약은 별도의 이행법률 없이 바로 국내법 체계로 편입하고 있다. 우리나라 헌법 제6조제1항은 "헌법에 의해 체결·공포된 조약과 일반적으로 승인된 국제법규는 국내법과 같은 효력을 가진다."라고 규정하여 조약이나 국제관습법과 같은 국제법규에 대해 국내법적 효력을 부여하고 있다.

우리 헌법은 조약 등 국제법규가 국내법 체계에서 갖는 위상에 관하여는 언급하고 있지 않지만, 국회의 비준동의를 거쳐 발효되는 조약에 대하여는 법률과 같은 효력을 가진다고 봄이 일반적 견해이다. 헌법재판소와 대법원도 같은 입장이다. 헌법재판소는 "국제통화기금조약 제9조제3항 등 위헌소송"2)에서 "이 사건 조항은 각 국회의 동의를 얻어 체결된 것이므로 헌법 제6조제1항에 따라 국내법적 효력을 가지며, 그 효력의 정도는 법률에 준하는 효력이라고 이해된다."고 판시한바 있다. 한편, 대법원은 "우리 농산물 학교급식 조례 판결"3)에서 "GATT(1994) 및 정부조달협정은 1994년 12월 국회의 동의를 얻어 시행된 조약으로 헌법 제6조제1항에 의하여 국내법령과 동일한 효력을 가지므로 지방자치단체가 제정한 조례가 GATT(1994)나 정부조달협정에 위반하는 경우에는 그 효력이 없다."라고 판결한바 있다.

국회의 비준동의로 국내법 체계에 들어온 조약의 국내법과의 저촉·충돌에 있어서 해결원칙으로는 일반적으로 상위법우선의 원칙, 대등한 법 규정 상호 간에는 특별법우선의 원칙,4) 후법우선의 원칙, 국제법우호적인 해석

---

2) 헌재 2001. 9. 27. 선고 2000헌바20 결정. 헌재 1999. 4. 29. 선고 97헌가14 결정.
3) 대법원 2005. 9. 9. 선고 2004주10 판결. 이는 2003. 10. 30. 전라북도의회가 전라북도의 초·중·고등학교에서 실시하는 학교급식에 전라북도에서 생산되는 우수농수산물을 사용하자는 조례를 제정하였으나, 11. 14. 전라북도교육감이 이 조례가 GATT(1994) 제3조(내국민대우)에 위반된다고 이를 의회에 재의를 요구하였고, 이에 의회가 12. 16. 재의결하여 이를 확정시켰다. 이에 전라북도교육감은 2004. 1. 2. 대법원에 조례무효확인 소송을 제기하였고 대법원은 2005. 9. 9. 이 조례를 무효로 판결하였다.
4) 이러한 특별법우선 원칙에 따르면, 국내법은 우리 영토에 있는 자국민이나 외국인에

등이 적용되고 있다.

그런데 우리나라의 경우 사실상 조약을 국내법에 대한 특별법으로 보고 있다. 체결되는 조약의 규정이 국내법 조항과 저촉되는 경우 당해 조약의 규정이 국내법에 대해 특별법적 효력을 갖는다고 보아 국내법을 개정하고 있다. 그러나 이렇게 국내법의 관계에서 일률적으로 특별법으로 볼 경우 조약 등 국제규범에 대해 법률보다 상위의 효력을 사실상 인정하는 결과를 초래하므로 이에 대해 신중을 기할 필요가 있다고 생각된다.

그리고 이와 같이 일원주의에 의하여 조약이 국내법 체계로 직접적용 (direct applicability)된다고 하더라도, 조약의 규정 그 자체를 근거로 하여 개인이 국내재판소에서 원용할 수 있는 권리를 부여하거나 의무를 부여하는 것을 의미하는, 국내적 직접효력(direct effect)을 부여하는 것은 아니라는 것이 국제법 학자들의 일반적 입장이다.

그런데 우리 헌법에서 조약의 국내법과 같은 효력 규정은 조약의 국내법 적 편입문제와 조약의 직접효력 또는 제소적격의 문제에 혼동을 야기할 수 도 있다. 더구나 대법원의 학교급식조례의 무효판결은 조약의 국내법으로 편입문제와 조약의 직접적용성 내지는 제소적격의 문제를 준별하지 못하고 하나의 문제로 파악한 판결로 이해될 소지가 크다고 지적되고 있다.[5] 그런 데 대법원은 "반덤핑관세 부과처분 취소판결"[6](2009. 1. 30.)에서 WTO 협

대해 보편적·일반적으로 적용되는 규범이나, 조약은 체약당사국가의 관계에만 적용되는 규범으로서 국내법의 관련 규정과 저촉·충돌되는 조약의 체결 시에는 이와 배치되는 국내법의 규정에 불구하고 당해 조약규정을 그대로 적용하겠다는 국가 간의 의사합 치가 있는 것으로 본다(이상훈, "조약의 국내법적 효력과 규범통제에 대한 고찰," 『국제법 동향과 실무』 제7호(2004), pp.145-159.

5) 장승화, "WTO 협정에 위반된 지방의회조례의 효력," 『민사판례연구』(박영사, 2006), pp.805-857.

6) 대법원 2009. 1. 30. 선고 2008두1736 판결. 이는 한국 무역위원회의 반덤핑판정에 대하여 반덤핑관세 부과의 취소를 구하는 소를 중국소재 회사가 제기한바, 대법원은 "WTO 반덤핑협정은 국가와 국가 사이의 권리·의무 관계를 설정하는 국제협정으로, 그 내용과 성질에 비추어 이와 관련한 법적분쟁은 WTO 분쟁해결기구에서 해결하는 것이 원칙이고 사인에 대하여는 이 협정의 직접효력이 미치지 아니한다고 보아야 할

정의 사인에 대한 직접효력을 명시적으로 부인하고 있다.

그러므로 한·미 FTA 협정의 국내법 체계에 편입문제와 한·미 FTA 협정의 개인 또는 법인에게 직접효력의 문제는 명백히 별개로 구분하여 다룰 필요가 있다고 보인다.

한편, 국회의 비준동의에 의해 발효되는 조약과는 별개로, 「미국산 쇠고기 및 쇠고기 제품 수입위생조건」과 같이 농림수산식품부 장관의 고시(告示)로 효력이 발생하는 고시류 조약이 있다. 국회의 동의를 받는 조약은 국내법상 법률과 동등한 지위를 가지지만, 조약의 시행 혹은 조약의 본질적 내용 변경 없이 일부 수정하기 위한 고시류 조약은 법률보다는 하위의 지위를 가진다고 본다. 그러므로 국내 법률의 제정·개정으로 고시류 조약의 효력을 제약할 수 있는 것으로 보인다.[7] 그러나 이는 국내 효력의 문제에만 국한된다. 고시류 조약은 국내법적 개념이고 국제법적으로는 이러한 구분이 없으므로 대외적으로는 국내 법률에 의한 조약의 제약이 이루어질 수 없다. 이러한 경우에는 고시류 조약의 내용을 법률에 일치시키기 위하여 조약 개정 등의 조치가 있어야 할 것으로 보인다.

II. 미국 연방의회의 한·미 FTA 이행법 제정

미국은 국제협정을 자기집행조약(self-executing treaty)과 비자기집행조약(non-self-executing treaty)으로 구분하고 있다.[8] 자기집행조약은 별도

것이므로, 회원국 정부의 반덤핑부과처분이 WTO 협정위반이라는 이유만으로 사인이 직접 국내법원에 회원국 정부를 상대로 그 처분의 취소를 구하는 소를 제기하거나 위 협정위반을 처분의 독립된 취소사유로 주장할 수 없다."고 판결하였다.

7) 정민정, "국제법과 국내법의 관계," 『의정논총』 제3권 제2호(2008년 12월), pp.5-28; 김인숙, "우리나라 통상조약 체결에 관한 법적문제연구," 『서울 국제법 연구』 제15권 2호(서울국제법연구원, 2008), pp.53-90.

8) 미국법상 국제협정은 자기집행조약(self-executing treaty)과 비자기집행조약(non-self-executing treaty)으로 구분된다. 자기집행조약은 국내법상 민형사소송에 있어서 적극

의 국내입법이 없어도 조약 그 자체가 국내법적 효력을 발생하는 것을 말한
다. 원칙적으로 자기집행조약에 해당하는 경우에는 미국의 국내법(연방법)
으로 효력을 발생하며, 이와 상충되는 모든 기존의 연방법과 주법, 그리고
장래의 주법에 우선한다.

미국에서 자기집행조약은 연방헌법절차에 의해 체결되는 조약을 의미한
다. 연방헌법 제6조제2항은 "미국의 권한에 의거 체결되거나 체결될 조약은
헌법 및 법률과 함께 미국의 최고법"이라고 규정하고 있다. 이러한 헌법절
차에 의한 조약이란 연방헌법 제2조제2항2호에 의하면 "상원의 출석의원
2/3 이상의 찬성에 의한 권고와 동의를 얻어 대통령이 체결하는 조약"으로
규정하고 있다.

그런데 자기집행조약이라고 할지라도 특정 개인 당사자(private party)에
게 이를 근거로 법정에서 주장할 수 있는 권리를 부여하는 것은 아니다.
즉, 자기집행조약이 조약의 국내적 직접적용성(direct applicability)을 의미
하는 것이지 조약의 직접효력(direct effect)까지를 의미하는 것은 아니라는
것이다. 그리고 조약 내에서도 자기집행적 규정과 비자기집행적 규정이 혼
재되어 있을 수 있다. 어떤 규정이 자기집행규정인지는 법원이 당해 협정문
의 취지 및 의회의 입법의도를 감안하여 결정한다.[9]

한편, 미국은 통상적으로 국제통상협정에는 자기집행력(self-executing)
을 가진 조약으로서의 성격을 부여하지 않는다. 미국은 국제통상협정을 승
인함에 있어서 헌법규정과는 다른 선택적 방법을 주로 사용하여 왔다. 즉,
상원의 승인하에 체결되는 조약(treaty)과 그렇지 않은 행정협정(executive

적(소송의 근거로서) 또는 소극적(대항근거로서)으로 원용될 수 있다. 원칙적으로 자
기집행조약에 해당하는 경우에는 미국의 국내법(연방법)으로 효력을 발생하며, 이와
상충되는 모든 기존의 연방법과 주법, 그리고 장래의 주법에 우선한다. 그런데 어떤
협정이 자기집행조약인지는 법원이 당해 협정문의 취지 및 의회의 입법의도를 감안하
여 결정한다. 그리고 자기집행조약상 국제의무가 바로 국내법의 일부화된다고 하더라
도 특정 개인 당사자(private party)에게 이를 근거로 법정에서 주장할 수 있는 권리를
부여하는 것은 아니다.
9) 김대순, 『국제법론』(삼영사, 2010), pp.242-253.

agreements)으로 나누어 운용하고 있다. 국제법상으로는 이들은 다 같은
조약이지만, 미국의 국내법 체계에서는 중요한 차이가 있다. 즉, 국내법이
행정협정보다는 우선되고 있다.

행정협정이 승인되는 한 가지 방법은 의회가 국제협정을 수용하는 법률
을 통과시킴으로써 동 행정협정을 승인하는 방법이며, 이는 이원주의적인
변형이론이다. NAFTA, WTO 등 다수의 통상협정이 이러한 방법으로 승인
되었다. 한·미 FTA 협정도 마찬가지이다.[10] 그러므로 미국 국내법이 한·
미 FTA에 우선한다. 따라서 법의 적용순서는 한·미 FTA와 국내법이 상충
되는 경우는 미국 국내법이 우선 적용되고, 서로 상충되지 않는 경우는 한·
미 FTA 규범을 적용하는 입장을 취하고 있다.

미국의 「한·미 FTA 이행법률」을 보면, 한·미 FTA 협정의 어느 규정도
미국의 연방법에 합치하지 않을 경우에는 효력이 없다고 규정하면서(제102
조(a)(1)), 동법의 어느 규정도 미국법을 개정하거나 수정하는 것으로 해석
되어서는 아니 된다고 규정하고 있다(제102조(a)(2)). 또한 주법과의 관계
에서도 어떤 주법이나 그 적용은 해당 조항과 적용이 한·미 FTA 협정에
불일치하는 이유로 무효로 선언될 수 없다고 규정하고 있다(제102조
(b)(1)). 그리고 어느 개인도 한·미 FTA 협정이나 이의 의회 승인을 근거로
소의 권리를 주장하거나 대항근거로 원용할 수 없다고 규정하여 한·미 FTA
협정의 직접효력(direct effect)을 인정하지 않고 있다.

---

10) 「미합중국과 대한민국 간의 자유무역협정 이행법률」
　　제101조(협정의 승인 및 시행)
　　　(a) 협정의 승인 및 행정처분의 내용 — 2002년의 초당적 무역허가촉진법 제2105
　　　　조(19 U.S.C. 3805) 및 1974년 무역법 제151조(19 U.S.C. 2191)에 따라 의회
　　　　는 다음 각호를 승인한다.
　　　　(1) 대한민국 정부와 2007년 6월 30일에 타결 되었고(2011년 11월 3일) 의회
　　　　　에 제출된 미합중국과 대한민국 간 자유무역협정

2

한·미 FTA의 국내법적 수용

한·미 FTA 협정이 국회에서 비준동의 되면 헌법 제6조에 의거하여 국내법 체계로 들어온다. 이 경우 협정문 그 자체가 국내법과 동등한 효력으로 직접적용(direct applicability)되지만, 국가를 제외한 개인이 특별히 규정된 경우를 제외하고는 이 협정문을 근거로 권리·의무를 주장할 수 있는 것은 아니라고 보고 있다. 즉, 국내적으로 직접효력(direct effect)을 갖는 것은 아니라는 것이다.

미국의 경우에는 한·미 FTA 이행법에서 이를 명료히 하고 있으나, 우리 나라의 경우는 「통상조약의 체결절차 및 이행에 관한 법률」에서 이를 규정하지 못하여 혼돈이 있을 수도 있다.

한편, 한·미 FTA가 국내법 체계로 들어옴으로 인해 상충되는 국내법을 개정하고 있다. 그런데 국내제도와 관련되는 국내법의 개정형식이 협정 당사국인 미국에만 적용되는 특례법 형식이 아니기 때문에, 개정내용이 내국민대우에 의거 국내에 들어와 있는 미국 이외의 다른 국가들에도 적용된다. 이는 결과적으로 FTA 비당사국의 무임승차를 초래한다.

I. 한·미 FTA의 직접효력

한·미 FTA 협정은 주체가 양 당사국 또는 각 당사국이라고 되어 있다. 따라서 한·미 양국 간에 상호 적용된다. 한·미 FTA는 조약으로서 한국 정부와 미국 정부만이 이 협정의 권리 및 의무의 주체가 된다. 다만, 예외적으로 투자자·국가 간 분쟁해결제도(ISD)에서 투자자 사인(私人)이 중재기관에 소를 제기할 수 있을 뿐이다.

한·미 FTA의 투자(제11장), 국경간 서비스무역(제12장), 금융서비스(제13장) 등에서 개인의 직접적용 또는 직접적용으로 혼동될 수 있는 많은 규정이 내포되어 있다. 양국 간의 권리·의무에 차이가 있는 경우는 상품 양허안이나 서비스/투자 유보안에 별도로 규정하고 있다. 그러나 이는 국가의 권리·의무이다. 한·EU FTA의 경우는 서비스무역에서, 양허표에 의해 발생하는 권리와 의무는 자연인 또는 법인에게 직접적인 어떠한 권리도 부여하지 않는다고 규정하고 있다(부속서 7-가-1, -2, -4). 그런데 한·미 FTA에서는 이러한 규정을 두지 않고 있다.

조약의 국내법적 편입문제와 조약의 직접효력(direct effect)이 혼동되고 있는 우리의 경우 개인이나 법인이 국내법령을 무효화하거나 권리주장을 위하여 FTA 협정을 원용할 위험성이 크다고 보인다. 특히 우리 헌법의 보상입법주의와 상충의 문제가 제기되고 있는 투자부문의 간접수용 등과 같이 국내법 체계에서 미처 수용하지 못하고 있는 부문에서 문제가 야기될 수 있다고 보인다.

미국은 한·미 FTA 이행법에서 자기집행력 미부여와 더 나아가서 국내법 우선원칙 그리고 개인의 직접적용을 부인함으로써 이러한 문제를 원천적으로 차단하고 있다(이행법 제102조).

그러므로 우리나라도 미국의 한·미 FTA 이행법과 같이, 한·미 FTA 협정에 의한 권리와 의무는 자연인 또는 법인에게 직접적인 어떠한 권리도 부여하지 않는다고 규정할 필요가 있다. 즉, 한·미 FTA 협정의 국내적 직접효력(direct effect)의 불인정 문제를 명확히 규정하는 별도의 근거 규정을 두어야 할 것으로 보인다.

국회에서는 2011년 12월 30일 「통상조약의 체결절차 및 이행에 관한 법률안」(제정 2012. 01. 17. 법률 제11149호)을 본회의에서 의결하였다. 이 법률은 통상조약 체결의 절차적 투명성을 제고하고, 효율적인 통상협상을 추진하며, 통상조약의 이행과정에서 우리나라의 권리와 이익을 확보하여 국민경제의 건전한 발전에 이바지하기 위하여 한·미 FTA 비준동의와 함께 제정된 법률이었다. 그런데 당초에 제출된 위원회대안에는 개인 또는 법인에게 한·미 FTA 협정의 직접적용을 국내 이행법률과 연계시키는 제21조(통상조약의 국내법적 효력)[1] 조항이 있었는데, 본회의 심의과정에서 헌법 제6조제1항과의 충돌 문제로 이 조항을 삭제하자는 수정안이 제출되어 통과됨으로써 이러한 내용이 반영되지 못하였다.[2]

---

1) 「통상조약의 체결절차 및 이행에 관한 법률안(대안)」 제21조(통상조약의 국내법적 효력) ① 「대한민국헌법」에 의하여 체결·공포된 통상조약이 국내법과 같은 효력을 발생하는 시기는 국회가 통상조약의 이행에 필요한 법률을 제정 또는 개정한 이후로 한다. ② 통상조약의 이행과 관련하여 개인 또는 법인이 국가 또는 지방자치단체의 작위 또는 부작위에 대하여 소를 제기할 경우 제1항에 따른 법률·시행령 및 시행규칙 등을 근거로 하여야 한다. <u>다만, 통상조약의 조항이 국내적으로 직접적용이 가능한 경우에는 통상조약을 근거로 소를 제기할 수 있다.</u>(* 밑줄 친 단서는 위원회 심의과정에서 삭제되었음).

2) 이 조항의 심의과정을 보면, 초안에 담겨 있었던 제21조(통상조약이 국내법적 효력)는 외교통상통일위원회 법안심사소위원회에서 합의를 보지 못하고(2011. 10. 24), 그 다음날 전체회의에 다시 회부되어 심의가 되었다(2011. 10. 25). 외교통상통일위원회 전체회의에서는 당초 법안의 초안에서 제2항의 단서인 "다만 …… 소를 제기할 수 있다."를 삭제하고 의결하였다. 그리고 법사위 심의에서(2011. 12. 28) "헌법에 의하여 체결·공포된 조약은 국내법과 같은 효력을 가진다고 규정한 대한민국 헌법 제6조제1항에 반할 소지가 있을 수 있으므로 이에 대해서는 추가적인 심도 있는 논의가 더 필요함"이라는 지적이 있었으나, 그대로 의결되었다. 그런데 본회의 심의에서 위헌시비가 있는 제21조를 삭제하자는 수정안이 제출되었고(2011. 12. 30), 이 수정안이 의결되었다.

II. 한·미 FTA에 따른 국내법 개정형식

FTA는 다자규범인 WTO 규범의 비차별의무(최혜국대우 의무)를 벗어나서 FTA 협정국 간에만 특혜(FTA 비협정국을 차별)를 기본으로 한다.

그러므로 FTA 협정에서는 최혜국대우에 관한 규정은 없이 내국민대우에 관한 규정만을 두는 것이 일반적인 현상이다. 그런데 한·미 FTA 협정에서 보면, 투자(제11장), 국경간 서비스무역(제12장), 금융서비스(제13장)에서 최혜국대우를 규정하고 있다. 이는 국가별 상황에 따라 차등하자는 FTA 협정의 기본취지에는 맞지 않는 내용이다.

한편, 우리나라의 경우 한·미 FTA 협정이 국회에서 비준동의 되면, 헌법 제6조제1항에 의거하여 FTA 협정 그 자체가 국내법과 동격으로 국내법 체계로 편입된다. 그러므로 FTA 협정에 기존 국내법과의 일치를 위한 법 개정이 있어야 한다. 한·미 FTA의 경우 24개 법률의 제정·개정이 필요하였다. 내용별로 보면 관세철폐 등 조세 관련 4개 법률, 저작권 보호 등 지재권 관련 7개 법률, 법률·회계 등 전문직 개발관련 3개 법률, 금융 등 서비스부분 개방 관련 4개 법률, 기타 제도개선 6개 법률이었다.

<표 1> 한·미 FTA 이행 관련 제·개정 법률

구분	법률	주요 내용	비고
조세 관련 (4건)	관세법	저작권 침해 물품에 대한 직권 통관보류 제도 도입	
	FTA 관세특례법	통관절차의 신속·간이화를 위한 특례 마련	
	개별소비세법	승용차에 대한 개별소비세 세율 조정	
	지방세법	승용차에 대한 세율구간 조정, 세율인하	
지적재산 관련(7건)	저작권법	저작권법저작권의 보호기간 연장(50년 → 70년)	
	컴퓨터프로그램보호법	프로그램의 일시적 저장을 복제의 범위에 포함	
	특허법	특허등록 지연에 따른 특허권 존속기간 연장	

구분	법률	주요 내용	비고
지적재산 관련(7건)	실용신안법	특허등록 지연에 따른 특허권 존속기간 연장	
	디자인보호법	디자인권 등의 소송에서 비밀유지명령제도 도입	
	상표법	증명표장제도 도입	
	부정경쟁방지법	관련 소송에서 비밀유지명령제도 도입	
법률·회계 등 전문직 서비스 (3건)	공인회계사법	회계법인에 대한 단계적 개방	
	세무사법	세무법인에 대한 단계적 개방	
	외국법자문사법	로펌에 대한 단계적 개방	
금융·방송 통신서비스 (4건)	우체국 예금·보험법	금감위의 우체국 보험에 대한 감독기능 강화	
	방송법	일부 업종에 대한 외국인 간접투자 제한 완화	
	전기통신기본법	정보통신기기 인증 관련 상호인정 제도 도입	
	전기통신사업법	기간통신사업자에 대한 외국인지분제한 완화	
기타 제도 변경(6건)	범죄수익은닉 처벌법	저작재산권 침해죄 등을 중대범죄로 규정	
	행정절차법	법령 입법예고기간을 20일 → 40일로 확대	
	불공정무역행위 구제법	FTA 체결국에 대한 세이프가드조치 적용 배제	
	우편법	국가가 독점하는 우편사업의 범위 축소	
	약사법	의약품의 품목허가와 특허 연계 제도 도입	
	공정거래법	동의명령제 도입	

자료: 외교통상부

그런데 이러한 법률의 개정은 한·미 FTA 협상과정에서 대부분이 비관세 장벽의 제거 차원에서 반영된 내용들이다. 즉, FTA는 무역자유화를 위하여 관세 및 비관세장벽을 제거하는 것이 목적이기 때문이다. 그러므로 상품 또 는 서비스무역의 비관세장벽 차원의 법률은 FTA 협정 당사국에게만 적용되 는 특례형식으로 개정되는 것이 원칙적으로 맞는 것이다. 그러나 대다수의 법률개정은 일반법의 개정형식을 따르고 있다. 그러므로 이는 국내에서 내 국민대우 의무가 FTA 비당사국에도 적용되므로 FTA 비당사국의 무임승차를 야기할 수 있다.

한편, 지적재산권과 관련하여서는 WTO TRIPs에서 GATT나 GATS 규범과는 달리 WTO 출범(1995년) 이후의 FTA에 대하여 최혜국대우의 예외를 인정하지 않는다(TRIPs 제4조).[3] 그러므로 양자간 또는 다자간 FTA에서의 지적재산권 규정 내용은 당사국인 FTA 체결국 이외의 비당사국에도 적용되어야 한다. 다만, FTA 규정내용이 TRIPs에서 규정하고 있는 지적재산권의 범주를 벗어나는 새로운 내용이면 이는 TRIPs의 효력이 미치지 않으므로 예외가 인정된다고 본다.[4]

---

3) TRIPs 제4조(최혜국대우) 지식재산권의 보호와 관련, 일방 회원국에 의해 다른 국가의 국민에게 부여되는 이익, 혜택, 특권 또는 면제는 즉시 그리고 무조건적으로 다른 모든 회원국의 국민에게 부여된다. 일방 회원국에 의해 부여되는 다음 경우의 이익, 혜택, 특권 또는 면제는 동 의무에서 제외된다.

(a) 일반적 성격을 가지면서 특별히 지식재산권의 보호에 한정되지 아니하는 사법공조 또는 법 집행에 관한 국제협정에서 비롯되는 경우

(b) 내국민대우에 따라서가 아니라 다른 나라에서 부여되는 대우에 따라서 대우를 부여하는 것을 허용하는 로마협약 또는 베른협약(1971년)의 규정에 따라 부여되는 경우

(c) 이 협정에서 규정되지 아니하는 실연가, 음반제작자 및 방송기관의 권리에 관한 경우

(d) 세계무역기구협정의 발효 이전에 발효된 지식재산권 보호관련 국제협정으로부터 비롯되는 경우. 단, 이러한 협정은 무역관련지식재산권이사회에 통보되어야 하며 다른 회원국 국민에 대하여 자의적이거나 부당한 차별을 구성하지 아니하여야 한다.

4) Carlos M. Correa, *Trade Related Aspects of Intellectual Property Rights*(Oxford, 2007), pp.65-72.

3

한·미 FTA의 피해대책의 수립

2007년 4월 한·미 FTA가 타결됨으로써 정부는 농업부문을 포함한 국내 보완대책을 수립하였다. 당시 추진방향을 보면 농업·수산업은 품목별 피해보전 및 경쟁력 강화를 위한 지원에, 중소제조업 및 서비스업은 구조조정 지원과 근로자 고용안정에 중점을 두었다.

그러나 양국의 국내사정으로 비준이 지연되다가, 2010년 11월에 추가협상이 있었다. 2011년 한·미 FTA 협정의 비준동의안 처리를 앞두고, 피해업종의 소관위원회인 국회 농림수산위원회와 지식경제위원회에서는 피해대책에 대한 목소리가 높았고, 그 결과 2011년 10월 31일 한·미 FTA 피해대책 관련 여·야·정 합의가 성사되었다.

농어업피해보전대책으로 피해보전직불금 발동기준이 상향조정되었고, 밭 농업과 수산직불제가 신설되는 등 13개의 사항이 합의되고 이행되었다. 한편, 중소기업·소상공인 피해대책으로는 무역조정지원제도의 보완, 소상공인 진흥기금의 설치 및 소상공인연합회의 법적 설립, 중소기업적합업종 지정 입법화, 대형마트와 기업형슈퍼마켓(SSM)의 영업시간 규제 등이 도입되었다.

I. 한·미 FTA 타결과 보완대책

한·미 FTA 협상은 2006년 2월 3일 양국이 FTA 협상을 개시한 지 1년 2개월여 만인 2007년 4월 2일 타결되었다. 이에 정부는 2007년 4월 협상 타결과 동시에 농업부문을 포함한 국내보완대책의 기본방향과 추진일정을 발표하였다. 먼저, 추진 기본방향은 농업·수산업은 품목별 피해 보전 및 경쟁력 강화를 위한 지원에 두었고, 제조업·서비스업은 자금융자·컨설팅 등 구조조정 지원 및 근로자 고용안정 지원에 두었다. 그리고 추진일정으로는 2007년 4월 중 영향분석을 실시하고, 2007년 6월까지 보완대책을 확정하는 일정이었다.

정부는 2007년 6월 28일 관계부처합동으로 "한·미 FTA 국내보완대책"을 발표하였다. 농업부문에서는 한·미 FTA 비준에 대비하여 농업·어업 분야 피해를 최소화하기 위하여 단기적 피해 보전, 농산물 품목별 경쟁력 강화, 한국 농업의 체질 개선, 농촌 활성화 지원 등 4개 분야로 구분하여 추진대책을 마련하였다. 이러한 보완대책을 추진하기 위하여 2007년 11월 6일 "10년간 농업부문 20.4조 원 투융자지원 계획"을 발표하였다. 정부는 보완대책 지원을 위하여 61개 중점 추진사업을 선정하고, 2008년부터 2017년까지 10년간 21.1조 원(농업 20.4조 원, 수산업 0.7조 원) 상당의 투융자 규모를 확정하였다. 이 규모는 2011년 11월 수정대책에서 22.1조 원으로 증액되었고, 이어 2012년 1월에 24.1조 원으로 증액되었다.

한편, 제조업·서비스업부문에서는 「자유무역협정 체결에 따른 무역조정지원에 관한 법률」(이하 무역조정지원법)을 통하여 자발적인 구조조정을 지원하고, 무역조정지원 대상 중 서비스업의 범위를 확대하였다. 그리고 근로자의 고용안정을 강화하기 위하여 근로자 등에 대한 전직지원서비스를 강화하고, FTA 신속지원팀을 운영하는 등 고용안정 지원기능을 확충·보완하기로 하였다.

그런데 양국의 국내 상황으로 한·미 FTA 비준이 답보 상태에 있던 중 미국의 요구에 의하여 2010년 10월 추가협상이 진행되었고, 2007년 4월 원안이 일부 수정되어 2010년 12월 3일 타결되었다. 이에 우리나라에서는 2011년 6월 3일 한·미 FTA 비준동의안이 국회에 다시 제출1)되었고, 소관 위원회인 외교통상통일위원회에 2011년 9월 16일 상정되었다. 미국의 경우는 2011년 10월 3일 의회에 「한·미 FTA 이행법안」이 제출되었고, 10월 12일 이행법안이 상원·하원을 통과하였다. 이에 우리 국회에서도 2011년 10월 여당과 야당 간의 타협을 위한 끝장토론이 외교통상통일위원회 차원에서 4일간이나 계속되었다.

한편, 2011년 6월 한·미 FTA 비준동의안이 제출된 이후 이 비준동의안의 처리방안을 논의하기 위하여 "여·야·정 협의체"가 구성되어 2011년 6월 24일 1차 회의를 가졌다. 몇 차례의 회의 끝에 2011년 10월 31일 여·야 정치권과 정부가 한·미 FTA 피해 보전을 위한 추가대책에 합의하였다. 이

---

1) 한·미 FTA는 2006년 2월 3일 미국 워싱턴에서 그 추진을 공식 발표한 이후 2006년 6월부터 2007년 3월까지 8차례의 협상을 거쳐 2007년 4월 2일 협상의 타결이 선언되었으나, 미국의 새 통상정책에 따라 두 차례(2007. 6. 21.~22. 및 2007. 6. 25.~26.)의 추가협의를 거쳐 2007년 6월 30일 서명되었다. 그리하여 제17대 국회인 2007년 9월 7일 비준동의안이 국회에 제출되었으나 상임위 심사를 통과하지 못하고, 2008년 5월 29일 제17대 국회의 임기종료로 폐기되고 말았다. 제18대 국회에 들어와서 2008년 10월 8일 제17대 국회에서 폐기된 것과 동일한 내용의 한·미 FTA 비준동의안이 국회에 제출되었고, 외교통상통일위원회 전체회의에서 2009년 4월 22일 가결되었다. 그런데 이후 한·미 FTA 비준동의안은 양국 내 정치적인 상황으로 인하여 각각 비준이 지연되고 있었다. 그러던 중 미국 내에서는 한·미 FTA의 자동차 관련 내용에 대한 조정이 필요하다는 의견이 업계 및 노조에 확산됨에 따라, 미국의 요구에 의하여 2010년 11월 30일부터 2010년 12월 3일까지 한·미 FTA 추가협상이 있었고, 2010년 12월 3일 추가협상이 타결되었다. 2011년 5월 4일 정부는 한·미 FTA 비준동의안의 번역오류를 이유로 2008년 10월 제출되어 계류 중에 있던 비준동의안을 철회하였다. 그리고 정부는 번역오류를 시정하여 당초 비준동의안이었던 "대한민국과 미합중국 간의 자유무역협정(원협정안)"과 추가협상의 결과물인 "대한민국과 미합중국 간의 자유무역협정에 관한 서한교환(서한교환안)"을 묶어 2011년 6월 3일 하나의 비준동의안으로 국회에 다시 제출하였다.

날 합의에서는 한·미 FTA로 인하여 피해가 예상되는 농업·어업 피해보전 대책, 중소기업과 소상공인 지원대책, 그리고 통상절차법의 수정, 투자자· 국가 간 분쟁해결 절차(ISD), 개성공단, 친환경무상급식 문제 등과 관련하여 합의를 하였다. 이들 합의내용은 한·미 FTA 농어업피해보전대책과 중소기업·소상공인 피해대책으로 반영되었다.

〈표 1〉 한·미 FTA 피해대책 관련 여·야·정 합의내용(2011. 10. 31.)

합의내용
1. 농어업 피해보전대책 • 피해보전 직불금지급기준 개선(농어민 소득기준 85% 미만에서 90% 미만으로 상향, 법인 5천만 원, 개인 3천5백만 원 범위 내에서 품목별 지급한도 결정) • 밭농업직불제, 수산직불제 신설 • 농어업용 전기료 적용대상을 농업·어업 필수시설 등으로 확대 • 10년간 축산발전기금 2조 5천억 원 조성(농업·어업 예산 외) • 농업·어업용 면세유 일몰기한을 3년 연장 • 농업·어업 경쟁력 강화 • 감귤 등 과수경쟁력 강화 • 농지법과 간척지의 농업적 이용 및 관리에 관한 법률을 개정하여 임차농을 보호
2. 중소기업·소상공인 지원대책 • 중소기업 적합업종 지원에 관한 특별법을 제정 • 무역조정지원기업의 지원요건 완화(현행 20% → 컨설팅은 5% 이상, 융자는 10% 이상) • 1인 자영업자가 폐업한 경우 무역조정지원 근로자로 지정, 직업훈련, 무역조정 수당 등 지급 • 중소기업 창업 및 진흥기금 내 별도 소상공인 계정 설정(직전 회계연도 수출액의 1000분의 1 이상을 정부가 출연) • 유통산업발전법을 개정하여 대형 유통시설의 영업시간 제한 및 의무휴업일을 지정
3. 통상절차법 수정 등 • 본회의에서 통상절차법 수정 • 협정발효 후 3개월 내 투자자 국가소송제도(ISD) 유지여부에 대해 협의 • 협정발효 후 3개월 내 한반도 역외가공위원회 설치, 개성공단 제품의 한국산 인정 문제에 대한 협의

자료: 『여·야·정 합의문』(2011년 10월 31일)

II. 농어업분야 피해보전대책

1. 한·미 FTA 농어업분야 보완대책

정부는 2012년 1월 한·미 FTA 농업분야 추가 보완대책으로 2008년~ 2017년까지 10년간 재정분야(농협자금 포함)에서 24.1조 원을 지원하고, 세제분야에서 29.8조 원을 지원하기로 하는 등 총 54조 원의 지원계획을 수립하였다(〈표 2〉 참조).

2007년 11월 당초 정부는 한·미 FTA 체결을 계기로 피해산업의 경쟁력 강화 등을 위해 농수산 분야에 총 21.1조 원(농업 20.4조 원, 수산업 0.7조

〈표 2〉 한·미 FTA 농어업분야 보완대책(2008~2017년 합계)

(단위: 조 원)

구분			2007. 11. 대책	2011. 8. 수정대책	2012. 1. 추가대책
합계			49.9	51.1	54.0**
재정	직접 피해보전		1.3	1.6	1.6
	품목별 경쟁력 강화		7.6	8.9	9.3
	근본적 체질강화*		12.2	11.6	13.2
	소계		21.1	22.1	24.1
세제	일몰연장	면세유	15.2	15.2	15.2
		영세율	13.6	13.6	13.6
		소계	28.8	28.8	28.8
	일몰연장 외 제도개선		-	0.2	1.0
	소계		28.8	29.0	29.8

* 농협자금(이차보전) 3.2조 원 포함
** 농사용전기료 적용 대상 확대에 따른 0.1조 원 지원 포함
자료: 관계부처합동, 『한·미 FTA 비준에 따른 추가 보완대책』(2012. 1. 2.)

〈표 3〉 한·미 FTA 연도별 투융자 계획(농업분야)*

(단위: 억 원)

구분	'08	'09	'10	'11	'12	'13	'14	'15	'16	'17	합계
합계	14,498	16,841	20,098	22,630	23,842	22,678	21,746	21,064	19,649	20,581	203,627
예산	3,838	4,880	7,201	9,409	11,218	11,708	10,749	10,989	11,133	11,731	92,856
기금	8,844	10,047	10,815	10,957	10,360	8,706	8,733	7,811	6,252	6,586	89,111
농협 자금	1,816	1,914	2,082	2,264	2,264	2,264	2,264	2,264	2,264	2,264	21,660

* 2007년 11월 대책 시 수립한 투융자계획
자료: 농림수산식품부

원)을 지원하는 "10년간 농업부문 20.4조 원 투융자지원 계획"을 수립하였
고(〈표 3〉 참조), 이어 2011년 8월 "FTA 환경하에서 농어업 등의 경쟁력
강화 종합대책"을 수립하여 종전의 21.1조 원을 22.1조 원으로 1조 원 증액
하였다. 이는 농업부문에서 총 21조 3,672억 원(예산 9조 2,865억 원 및
기금 8조 9,111억 원과 농협자금 3조 1,660억 원)이고, 수산업부문에서
7,262억 원(예산 5,956억 원 및 기금 1,306억 원)으로 구성되어 있었다.

2007년 11월의 한·미 FTA 농업분야 국내 보완대책은 농업부문과 수산
업부문 모두 기존의 투융자계획에 추가하여, 농업부문은 기존의 "농업·농
촌 119조 원 투융자계획"(2004~2013년, 10년간 119조 원 지원)을 일부 수
정하여 2008년부터 2013년까지 6년에 걸쳐 12.1조 원(연평균 2조 원)과
2014년부터 2017년까지 4년간 8.3조 원(연평균 2.1조 원)으로 구성되어 있
었다. 그리고 수산업부문은 기존 "수산업 12.4조 원 투융자계획"을 수정하
여 같은 기간에 각각 4,681억 원(연평균 780억 원)과 2,581억 원(연평균
645억 원)으로 구성되어 있었다(〈표 4〉 참조).

그런데 한·미 FTA 농업분야 보완대책의 재원구성을 기존 투융자계획과
의 관계로 살펴보면, 2008년부터 2013년까지 농업부문 12.1조 원은 기존의

〈표 4〉 한·미 FTA 투융자의 재원구성 현황

(단위: 조 원)

구분 (21.1조)	'08~'13년 투융자					'14~'17년 투융자
	소계	기존투융자	기존투융자 절감분	신규순증	농협자금	
농업부문 (20.4조)	12.1	7	3.1	0.7	1.2	8.3
수산부문 (0.7조)	0.5	0.2		0.3		0.2

* 2011년 수정대책에서는 22.1조 원으로 농협자금 1조 원이 추가(농협자금 총 3.2조 원)됨
자료: 농림수산식품부

119조 원 투융자계획에 포함된 7조 원, 실적부진사업 감액예산 3.1조 원, 신규 순수증액 2조 원(농협자금 1.3조 제외 시 0.7조 원)으로 계획되어 있고, 수산부문 4,681억 원은 기존 12.4조 원 투융자계획에 포함되어 있던 1,842억 원, 신규 순수증액 2,839억 원으로 계획되어 있다.

여기서 농업분야 119조 원 및 수산업 12.4조 원 투융자계획이 각각 종료되는 2014년부터 2017년까지 4년간 투입되는 8.5조 원(2011년 대책발표에 따른 농협자금 1조 원 추가 시 9.5조 원)은 형식상 기존 투융자계획과는 별개로 되어 있다. 그러나 전체 10년간의 한·미 FTA 보완대책 중 2008~2013년까지의 투융자예산 12.6조 원의 경우 10.3조 원은 기존 투융자계획에 따른 예산으로 순수하게 신규증액된 예산은 2.2조 원(농협자금 1.2조 원제외 시 1.0조 원)이므로 이를 6년간 연평균 예산으로 산출하는 경우 약 3,700억 원(농협자금 제외 시 약 1,700억 원) 수준으로 파악되고 있다.[2]

한편, 정부는 WTO 출범 이전인 1992년부터 농수산물 시장개방 확대에 대응하여 본격적인 농업·농촌 투융자사업을 추진한바, 먼저 1단계('92~'98)

---

2) 농림수산식품위원회 수석전문위원 외, 『2012년도 예산안 및 기금운용계획안 검토보고』 (2011. 10), pp.20-23.

〈표 5〉 농업부문 1·2단계('92~'03) 분야별 투융자 실적

(단위: 억 원, %)

구분	1단계('92~'98)	2단계('99~'03)	계('92~'03)	비중
합 계	362,499	326,272	688,771	100.0
생산기반정비	108,316	111,327	219,643	31.9
농업기계화	26,868	10,701	37,569	5.5
시설현대화	16,844	7,122	23,966	3.5
영농규모화	23,773	14,293	38,066	5.5
기술개발 및 품종개량	13,490	10,239	23,729	3.4
교육 및 인력육성	24,890	8,613	33,503	4.9
축산구조개선	39,947	28,612	68,559	10.0
유통개선 및 수출확대	21,522	27,354	48,876	7.1
임업구조개선	23,592	21,380	44,972	6.5
경영개선 및 농외소득	25,443	22,123	47,656	6.9
생활여건개선 및 복지	34,824	26,658	61,482	8.9
친환경농업육성 등 기타	2,990	37,760	40,750	5.9

자료: 농림수산식품부

는 생산기반 확충, 시설장비지원 등 농업 SOC 기반구축을 위해 42조 원을 지원하고, 2단계('99~'03)는 외환위기에 대응하여 농가 경영안정과 유통 효율화를 위해 45조 원 지원을 계획하였다.

그 결과 1단계('92~'98) 기간에는 36조 2,499억 원(보조 20조 4,746억 원, 융자 15조 7,753억 원)의 투융자실적을 그리고 2단계('99~'03)에서는 32조 6,272억 원(보조 24조 2,810억 원, 융자 8조 3,462억 원)의 국고 투융자 실적을 보이고 있다(〈표 5〉 참조).

그리고 3단계('04~'13)는 FTA등 개방심화에 대응하여 소득안정, 농촌복지 증진 등의 사업에 투자를 위하여 119조 투융자 계획을 수립하였다. 이

119조 투융자 계획은 2007년 12월 한·미 FTA를 앞두고 123조 원 규모로
확대되었다(〈표 6〉 참조).

<표 6> 농업부문 3단계(119조) 투융자 계획

(단위: 억 원)

구분	'04	'05	'06	'07	'08	'09	'10	'11	'12	'13	계
합계	88,058	97,015	110,619	119,420	124,487	128,517	132,185	136,000	146,484	149,307	1,232,092
보조	64,494	69,468	82,927	90,914	92,241	95,023	97,463	100,519	102,969	104,667	900,685
융자	23,564	27,547	27,692	28,506	32,246	33,494	34,722	35,481	43,515	44,640	331,407

자료: 농림수산식품부

2. 농림수산식품위원회의 피해보전대책 추진경과

2011년 6월 3일 한·미 FTA 비준동의안이 국회에 다시 제출되었고, 소관
위원회인 외교통상위원회를 중심으로 토론과 논의가 진행되고 있었다. 한
편, 농어업분야를 소관으로 하는 농림수산식품위원회(최인기 위원장)에서는
6월 23일 제301회 국회 제4차 농림수산식품위원회 전체회의에서 "한·미
FTA 비준동의안에 대한 농림수산식품위원회의 의견서"와 "피해보전직접지
불제의 발동요건 완화를 위한 농림수산식품위원회의 결의문"을 채택하였다.
한·미 FTA 비준동의안에 대한 의견서에서는 피해보전직불제의 발동요
건 상향조정, 밭농업직불제 및 수산직불제의 도입, 축산농가에 대한 비과세
범위의 확대, 농어업인 체질개선을 위한 임차농가 보호, 농업·어업의 경쟁
력 강화와 농수산물 유통구조의 개선, FTA 이행기금의 증액, 감귤경쟁력
강화기금의 설치 등의 내용을 담고 있었다.
농림수산식품위원회에서는 이들 내용을 "13개 한·미 FTA 피해보전대책
요구사항"으로 정리하여 2011년 6월 24일 구성된 여·야·정 협의체에 이의

〈표 7〉 한·미 FTA 관련 농업분야 피해보전대책:
여·야·정 합의사항 및 반영 현황

여·야·정 합의사항(2011. 10. 31.)	반영 현황
1. 피해보전직불금 개정 • 발동기준 상향조정(기준가격 85% 미만 → 90% 미만) • 피해보전직불금은 법인 5,000만 원, 개인 3,500만 원 범위 내에서 대통령령으로 품목별 지급한도를 결정	• 반영 *「자유무역협정에 따른 농어업인등의 지원에 관한 특별법」(2011. 12. 29.) 의결
2. 밭농업·수산직불제 신설 • 밭농업직불제는 식량작물(콩, 옥수수, 밀, 수수, 메밀, 조사료 등), 양념류(고추, 마늘 등)에 한해 2012년부터 시행하며 ha당 40만 원을 지급 • 수산직불제는 육지로부터 8km 이상 떨어진 어촌마을을 대상으로 실시, 어업가구당 50만 원을 지급('12년 시범사업 실시 후 '13년부터 시행) • 조건불리직불제 지방비 분담률 축소(30% → 20%)	• 반영
3. 농사용전기(병) 적용대상 확대 • 미곡종합처리장(RPC) 도정시설, 산지유통센터(APC) 선별·포장·가공시설, 굴껍질처리장, 수산물산지거점유통센터(FPC), 가축분뇨처리시설과 운영에 필요한 전기요금까지 확대	• 반영 ·미곡종합처리장 도정시설은 제외
4. 수입사료원료 무관세 • 국내산과 경합하지 않는 품목의 수입사료원료는 원칙적으로 무관세를 적용	• 반영
5. 축산·어업소득 비과세 확대 • 비과세 소득금액 확대(1,800만 원 → 2,000만 원) • 가축의 비과세 공제두수 조정 *소: 30 → 50마리, 돼지: 500 → 1,000마리, 닭: 15,000 → 30,000마리	• 반영 ·공제두수 일부 조정 *소: 30 → 50마리, 돼지: 500 → 700마리, 닭은 현행 유지
6. 축산발전기금 확대 • 10년간 2조 5천억 원을 조성하되, 농어업예산 실링 외에서 확보	• 반영 ·10년간 2조 원 확충
7. 수리시설 예산 확충 • 농업용 용·배수로 등 수리시설확충 예산을 매년 증액하고, 국회에 제출된 2012년 정부예산(안) 약 7,300억 원보다 1,000억 원을 국회 심의과정에서 증액	• 반영

여·야·정 합의사항(2011. 10. 31.)	반영 현황
8. 친환경 유기·무농약 직불금 　• 친환경 유기·무농약 농업의 직불금 단가를 50% 인상하 　고, 유기농은 지급기한을 5년으로 연장하여 2012년부터 　시행	• 반영
9. 농어업용 면세유 　• 일몰기한은 3년 이상 연장하되 10년간 지속 유지를 대 　외적으로 발표하고 이후 연장은 국회에서 재논의 　• 면세유 공급대상에 농어업용 1톤 트럭과 4톤 미만 스키 　드로더 추가	• 반영 * 「조세특례제한법」 　(2011. 12. 30.) 의결
10. 배합사료와 영농기자재 영세율 　• 일몰기한은 3년 이상 연장하되 10년간 지속 유지를 대 　외적으로 발표하고 이후 연장은 국회에서 재논의	• 반영
11. 농어업 경쟁력 강화 　• 예산을 확대하고 지원금리를 인하하는 등 농어업 시설 　현대화를 위한 지원을 강화	• 반영
12. 감귤 등 과수경쟁력 강화 　• 감귤을 포함한 과수 경쟁력 강화를 위한 예산을 매년 증 　액 편성하며, 거점 산지유통센터(APC)와 시설현대화 　등에 정부가 지원	• 반영
13. 임차농 보호 등 　• 「농지법」 개정안과 「간척지의 농업적 이용 및 관리에 관 　한 법률(안)」 제정안을 '11년에 처리	• 반영 * 「농지법」(2011. 12. 29.) 　의결 * 「간척지의 농업적 이용 　및 관리에 관한 법률」 　(2011. 12. 29.) 의결

자료: 관계부처합동, 『한·미 FTA 비준에 따른 추가 보완대책』(2012. 1. 2.)

반영을 요구하였다. 그 결과 여·야·정 합의(2011. 10. 31.) 사항에 이들
요구사항이 13개 농어업지원 대책으로 포함되어졌다.

　먼저, 6월 29일 한·EU FTA 비준 시 도입된 피해보전직불제의 발동요건
을 5개년 평균가격의 85%에서 90%로 완화하도록 하였다. 이는 「자유무역
협정 체결에 따른 농어업인 등의 지원에 관한 특별법 일부개정법률안」

(2011. 12. 29.)에 반영되어 있다. 개정안에서는 여·야·정 합의사항(2011. 10. 31.)에 따라 피해보전직불제의 발동요건을 현행 85%에서 90%로 완화하고, 피해보전직불금의 품목별 지급한도를 농어업법인은 5천만 원, 농업인과 어업자는 3천5백만 원의 범위 내에서 대통령령으로 정하도록 하였다.

이는 피해보전직접지불금 지원제도의 실효성을 제고하기 위하여 그 지급기준이 되는 기준가격을 산정하는 경우 전국소비자물가변동률을 반영하도록 하고, 직전 5년간 평균가격의 적용비율도 85%에서 90%로 상향조정한 것이다. 이에 따라 EU나 미국 등 FTA 체결국으로부터 수입량이 증가하여 국내 가격이 최근 5년 평균가격 대비 10% 이상 하락하게 되면 하락분의 90%를 피해 농어업인에게 보전하여 주되, 피해보전직불금의 품목별 지급한도를 농업·어업 법인은 5천만 원, 농어업인은 3천5백만 원의 범위 내에서 대통령령으로 정하도록 한 것이다.

둘째, 현행 직불제의 문제점을 보완하기 위해 밭농업직불제와 수산직불제를 새로이 도입하고 조건불리지역직불제의 지방비 부담을 완화토록 하였다. 현행 직불제는 논과 쌀에 집중되어 쌀의 구조적 과잉생산과 수급·가격 불균형을 초래하고 품목 간 형평성 문제를 야기하여 농가단위 소득안정직불제 도입 등의 제도개선이 지속적으로 요구되어 왔다. 이에 여·야·정 합의사항(2011. 10. 31.)에서는 2012년부터 콩, 옥수수 등의 식량작물과 고추, 마늘 등의 양념류를 대상으로 밭농업직불제를 시범적으로 도입하고 1헥타르(ha)당 40만 원을 지급하도록 하였다. 또한 수산직불제는 육지로부터 8km 이상 떨어진 어촌마을을 대상으로 어업가구당 50만 원을 지급하도록 하려는 것으로 2012년 시범사업을 실시한 후 2013년부터 시행토록 하였다. 조건불리지역직불제와 관련해서는 열악한 지방자치단체의 재정부담을 완화하기 위하여 지방비 분담비율을 30%에서 20%로 축소하였다.

셋째, 농업·어업시설에 대한 농사용 전기세를 적용하도록 하였다. 여·야·정 합의사항(2011. 10. 31.) 중 미곡종합처리장을 제외하고는 모두 반영되고 있다.

넷째, 수입사료의 무관세 적용, 축산·어업소득의 비과세 확대, 축산분야의 경쟁력을 강화하기 위해 축산발전기금 확대 등이 반영되었다. 축산발전기금은 10년간 2조 5천억 원을 농어업예산의 실링(ceiling) 외에서 조성하도록 하였다.

다섯째, 용수로·배수로 등 수리시설 예산을 확충하기로 하였다. 다목적 용수개발, 배수개선 및 수리시설 개수·보수 등 수리시설 관련 사업은 연례적인 예산부족에 따라 사업기간이 장기화되고, 재해예방 및 안정적 생산기반 확충이라는 사업목적을 충실히 달성하지 못하고 있어 증액요구가 지속적으로 제기되어 왔다.

여섯째, 친환경 농업 직불제를 개선하여 유기·무농약 직불금 단가를 50% 인상하고, 유기농 지급기한을 3년에서 5년으로 연장하였으며 2012년부터 시행하도록 하였다.

일곱째, 농어업 시설현대화 및 감귤 등 과수 경쟁력 강화 예산을 증액편성하고 지원금리를 인하하기로 하였다.

여덟째, 임차농 보호와 관련하여, 농지의 최소 임대차기간을 3년으로 설정하고 간척지의 농업적 활용을 제고하기 위해 「농지법」과 「간척지의 농업적 이용 및 관리에 관한 법률안」에 반영되었다. 「농지법 일부개정법률안(대안)」(2011. 12. 29.)에서는 농지의 임대차계약을 규율할 수 있는 규정을 마련하여 농지의 소유자 및 임차인 상호 간의 권리를 보호하는 한편, 농업인이 농업진흥지역의 농지에 대해 한국농어촌공사에 매수를 청구할 수 있도록 하고, 농업진흥지역의 지정·변경·해제 시 해당 농지 등의 소유자에게 그 내용을 미리 통지하도록 하며, 어업인 주택을 농업진흥구역 내에 설치할 수 있도록 하였다.

「간척지의 농업적 이용 및 관리에 관한 법률안」(최인기의원안)(2011. 12. 29.)에서는 농지관리기금으로 조성된 간척지의 경우 식량자급률을 제고하고 피해농업인·어업인을 보호하며 자유무역협정에 따른 농업경쟁력 강화를 위하여 간척지의 농업적 이용을 위한 중장기적인 종합계획을 수립·시행하게 하였다. 그리고 간척지를 농업의 규모화를 위한 영농단지 및 선진화를 위한 첨단농업단지를 조성하는 등 농업 및 관련 산업에 활용하도록 하며,

간척지활용사업에 국가지원의 근거를 마련하였다.

그리고 여·야·정 합의사항(2011. 10. 31.)을 반영하여 「조세특례제한법」에서 농어업용 면세유의 일몰기한을 3년 연장하고, 배합사료와 영농기자재의 일몰기한도 3년 연장하였다. 「조세특례제한법 일부개정법률안(대안)」(2011. 12. 30.)에서 농업·어업용 및 연안여객선박용 면세유의 공급기한을 2015년 12월 31일까지 연장하였다. 그리고 농어업용 기자재에 대한 부가가치세 영세율 적용기한을 2014년 12월 31일까지 3년간 연장 및 농어민이 직접 수입하는 기자재에 대해 부가가치세 사후환급 실시, 그리고 농어민이 직접 수입하는 기자재의 수입에 대한 부가가치세 면제 기한을 2014년 12월 31일까지 3년 연장하여 반영하였다.

III. 중소기업·소상공인 피해대책

1. 지식경제위원회에서 피해대책 추진경과

2011년 9월 15일 지식경제위원장(김영환 위원장) 주최로 한나라당과 민주당 양당 간사와 지경부장관, 통상교섭본부장이 참석한 가운데 한·미 FTA 관련 중소기업·소상공인 대책에 대한 간담회가 열렸다. 이날 간담회에서는 지식경제위원회 차원의 중소기업·소상공인 피해대책의 내용이 유형화되어 구체적으로 제시되었다. 그 주요 내용은 중소기업·소상공인 대책으로 ① 중소기업적합업종의 입법화, ② 무역조정지원제도의 보완, ③ 전통시장 또는 소상공인지원기금의 설치, ④ 중소기업의 글로벌화 추진 등이 제시되었다.[3] 이후의 회의에서는 이날 제시된 3가지 유형과 대형마트의 영업행위를 규제하자는 「유통산업발전법」을 포함한 4가지 유형의 대책법안이 한·미

---

3) 문병철, 『한·미 FTA 보완대책으로써 중소기업·소상공인 대책 의견제시 관련 검토의 견』(지식경제위원회, 2011. 9. 15.).

〈표 8〉 한·미 FTA 후속대책 및 이행관련 법안:
법안심사소위 의결내용(2011. 10. 27.)

1. 한·미 FTA 이행법(7건)(수정의결)
   우편법, 우체국예금·보험에 관한 법률(원안), 특허법, 실용신안법, 상표법, 디자인보호법, 부정경쟁방지 및 영업비밀보호에 관한 법률
2. 무역조정지원/자유무역협정 체결에 따른 무역조정 지원에 관한 법률개정안 (대안)
   ① 무역피해 지정요건 5~15%로 대통령령으로 규정
   ② 무역조정지원센터에서 피해신청 서류작성 지원(본인의 입증 책임 완화)
   ③ 무역조정지원위원회 기재부에서 지경부로 이관
   ④ 무역피해기업 상담지원 별도규정(무역조정지원기업 지정과 별개로 상담지원 가능)
3. 소상공인 진흥기금/소기업 및 소상공인 지원을 위한 특별조치법 개정안(대안)
   ① 소상공인진흥기금 설치/재원은 수출액의 1/1000 규모(매년 5천억 규모)의 정부출연금 등
   ② 소상공인연합회 설치 및 사업근거마련
4. 중소기업적합업종/대·중소기업 상생협력 촉진에 관한 법률개정안(대안)
   ① 명칭은 중소기업적합업종
   ② 포괄범위는 제조업과 서비스업 포함
   ③ 지정절차는 동반성장위원회의 심의·의결 → 중기청장 고시
   ④ 대기업의 진입제한 위반 시 1년 이하 징역 또는 1억 이하 벌금
   ⑤ 지정된 적합업종은 3년마다 연장 또는 폐지를 재심의
   ⑥ 대기업의 사업이양은 이양 노력
   ⑦ 동반성장위원회 법적근거 마련하고 업무는 정부로부터 독립 규정
5. 대형마트 영업행위 규제/유통산업발전법(계속 심의)

FTA 관련 중소기업·소상공인 피해대책 관련 법안으로 의제화되었다.
 2011년 10월 25일, 27일 양일간에 걸쳐 지식경제위원회 법안심사소위원회가 열렸고, 한·미 FTA 협정 이행관련 법안인 「우편법」 등 7건과 피해대책법안인 「무역조정지원법」 등 17건이 심의되어 「유통산업발전법」을 제외하고는 전부 합의가 이루어져 의결되었다(〈표 8〉 참조).

〈표 9〉 한·미 FTA와 관련한 여·야·정 합의문(2011. 10. 31.) 중
중소기업·소상공인 지원대책

---

1. 무역조정지원/자유무역협정 체결에 따른 무역조정 지원에 관한 법률개정안
   (대안)
   ① 무역피해 지정요건 컨설팅 5% 이내, 융자 10% 이내 대통령령으로 규정
   ② 1인 사업자 폐업 시 무역조정지원근로자로 지정
2. 소상공인 진흥기금/소기업 및 소상공인 지원을 위한 특별조치법 개정안(대안)
   ① 중소기업창업 및 진흥기금에 별도계정 설치(재원은 수출액의 1000분의 1
   이상의 정부출연금)
3. 중소기업적합업종/대·중소기업 상생협력 촉진에 관한 법률개정안(대안)
   ① 중소기업적합업종지원에 관한 특별법 제정
   ② 대기업은 2년 내 사업이양, 위반 시는 과태료 4천만 원
   ③ 적합업종은 3년 일몰, 3년 단위로 연장
4. 대형마트 영업행위 규제/유통산업발전법 개정안
   ① 대규모점포 등의 영업시간 및 의무휴업일 지정

이어 2011년 10월 31일 한·미 FTA 관련하여 농어업분야 피해보전대책과 중소기업·소상공인 피해대책 수립을 위한 "한·미 FTA 여·야·정 합의"가 있었다. 이 합의에서는 2011년 10월 27일 지식경제위원회 법안심사소위원회에서의 의결내용에 추가하여 일부 대책이 포함되었다(〈표 9〉 참조).

한편, 2011년 10월 12일 미국 상원 및 하원에서 「한·미 FTA 이행법안」이 먼저 통과되었다. 그러나 우리나라 국회에서의 한·미 FTA 비준동의안은 2011년 10월 외교통상위원회에서의 끝장토론 이후에도 합의점을 찾지 못하고 있었다. 이러한 와중에 2011년 11월 22일 비준동의안은 본회의에 직권상정 되어 야당의 반대 속에 전격적으로 통과되었다. 이날 비준동의안 통과와 함께 지식경제위원회 법안심사소위원회에서 수정의결 되어 있던 한·미 FTA 이행법안 7건(우편법, 우체국예금·보험에 관한 법률, 특허법, 실용신안법, 상표법, 디자인보호법, 부정경쟁방지 및 영업비밀보호에 관한 법률)은 본회의 수정안으로 그 내용이 반영되어 함께 의결되었다.

한·미 FTA 비준동의안이 통과된 이후인 2011년 12월 22일~23일 양일간에 중소기업·소상공인 피해대책 법안에 대한 재심의가 있었다. 이는 2011년 10월 27일 소위원회 의결사항과 2011년 10월 31일 여·야·정 합의사항을 놓고 이를 반영할 것인지에 대한 심의였다.

재심의 결과 ① 무역조정지원의 보완내용을 담고 있는 「자유무역협정 체결에 따른 무역조정 지원에 관한 법률개정안(대안)」, ② 소상공인 진흥기금의 설치를 담고 있는 「소기업 및 소상공인 지원을 위한 특별조치법 개정안(대안)」은 지식경제위원회 법안심사소위원회에서의 의결내용(2011. 10. 27.)에 여·야·정 합의사항(2011. 10. 31.)을 반영하여 다시 의결되었다.

그런데 ① 중소기업적합업종 지정과 관련된 「대·중소기업 상생협력 촉진에 관한 법률개정안」과 ② 대형마트 영업행위 규제를 포함하고 있는 「유통산업발전법 개정안」은 합의되지 못하였다. 이날 정부 측은 중소기업적합업종지정과 관련하여서는 예전의 법안심사소위회 의결내용과 여·야·정 합의내용을 부인하였다.

2011년 12월 26일 한·미 FTA 피해대책 법안을 처리하기 위하여 지식경제위원회 전체회의가 열렸다. 위원회 회의에서 2건의 법률안 ① 무역조정지원의 보완내용을 담고 있는 「자유무역협정 체결에 따른 무역조정 지원에 관한 법률개정안(대안)」, ② 소상공인 진흥기금의 설치를 담고 있는 「소기업 및 소상공인 지원을 위한 특별조치법 개정안(대안)」은 법안심사소위원회 심사 내용을 그대로 수용하여 의결되었다.

그런데 이날 지식경제위원장(김영환 위원장)은 합의를 보지 못한 중소기업적합업종 지정과 관련된 「대·중소기업 상생협력 촉진에 관한 법률개정안(대안)」을 합의된 일부내용만 담아서 국회법 제71조에 의한 긴급동의로 위원회에 상정하였다.

긴급 동의안은 중소기업적합업종의 지정과 관련된 법제화로 「대·중소기업 상생협력 촉진에 관한 법률」을 개정하면서 적합업종 지정분야로 제조업 및 서비스업을 포함하도록 규정하였다. 그리고 적합업종 지정과 관련해 합의가 도출되지 않거나 미이행 분야는 동반성장위원회가 사업조정 신청을 하도록 하면서 중소기업청장은 사업조정과 관련하여 권고, 공표, 이행명령을 할 수 있도록 하였다. 또한 동반성장위원회에 대한 법적 근거를 마련한다는 등의 내용을 담고 있었다. 이 동의안이 「대·중소기업 상생협력 촉진에 관한 법률개정안(위원회안)」으로 2011년 12월 26일 함께 의결되었다.

한편, 2011년 12월 29일 지식경제위원회 법안심사소위원회(김재경 위원

〈표 10〉 한·미 FTA 후속대책 관련 법안 본회의 의결내용

1. 무역조정지원/「자유무역협정 체결에 따른 무역조정 지원에 관한 법률」개정안(대안)(2011. 12. 29.)
   ① 무역피해 지정요건 5~10%로 대통령령으로 규정
   ② 무역피해 1인 사업자 폐업 시 재취업 등을 지원
   ③ 무역조정지원위원회 기재부에서 지경부로 이관
   ④ 무역조정지원센터에서 피해신청 서류작성 지원(본인의 입증책임 완화)
2. 소상공인 진흥기금/「소기업 및 소상공인 지원을 위한 특별조치법」개정안(대안)(2011. 12. 29.)
   ① 중소기업창업 및 진흥기금내에 소상공인 진흥계정을 설치
   ② 재원은 직전 관세징수액의 3/100 기준 정부의 출연금, 복권수익금, 다른 기금으로부터 전입금 등
   ③ 소상공인연합회 설치 및 사업근거 마련
3. 중소기업적합업종/「대·중소기업 상생협력 촉진에 관한 법률」개정안(위원회안)(2011. 12. 30.)
   ① 민간위원의 동반성장위원회를 설치하고, 동반성장지수의 산정·공표 및 중소기업 적합업종의 합의 도출 및 공표 업무 수행
   ② 적합업종에 합의가 이루어지지 않으면 중소기업청장에 사업 조정신청, 이 경우 중기청장은 권고, 공표 및 이행명령을 함. 다만 대기업의 사업이양은 권고만 함
   ③ 중소기업 적합업종·품목의 포괄범위는 제조업과 서비스업 포함
4. 대형마트 영업행위 규제/「유통산업발전법」(대안)(2011. 12. 30.)
   ① 지방자치단체 조례로 대형마트 등의 영업시간을 오전 0시부터 오전 8시까지 제한할 수 있으며 그리고 매월 1일 이상 2일 이내 의무휴업일을 지정할 수 있음. 다만 농수산물의 매출이 51% 이상인 경우는 제외
   ② 영업행위 제한을 위반 시 3천만 원 과태료 부과

장)에서는 대형마트 영업행위 규제를 포함하고 있는 「유통산업발전법 개정
안(대안)」이 합의되어 의결되었다. 개정안(대안)의 내용은 지방자치단체의
조례로 ① 오후 11시부터 다음 날 오전 8시까지의 범위에서 영업시간을 제
한할 수 있도록 하고 ② 매월 1일 이상 2일 이내의 범위에서 의무휴업일을
지정할 수 있도록 하였다. 이 합의안은 29일 당일 바로 지식경제위원회 전
체회의에 상정되어 그대로 의결하였다. 이는 2010년 11월 전통상업보존구
역의 설정이라는 대규모점포 등에 대한 규제가 도입될 당시부터 도입 여부가
논의되었던 사항인데, 결국 한·미 FTA 피해대책법으로 합의 처리되었다.

그런데 이러한 지식경제위원회에서의 의결내용은 2011년 12월 30일 국
회 법제사법위원회 심의과정에서 일부내용이 수정되었다. 영업시간과 관련
하여 밤 11시가 12시로 조정되었고, 의무휴업과 관련하여 농수산물판매량
이 51% 이상인 매장은 제외한다는 단서를 추가하였다. 이 수정된 내용이
최종적으로 본회의에서 의결되었다(2011. 12. 30.)(〈표 10〉 참조).

2. 무역조정지원 제도 보완

무역조정지원 제도는 FTA 등으로 피해를 입은 기업의 경쟁력 회복, 생산
성 향상, 구조조정을 위한 융자·컨설팅 지원 및 근로자의 고용안정 등을
지원하는 제도이다.

이 제도는 원래 미국에서 도입·시행되고 있는 제도이다. 미국의 무역조
정지원(TAA: Trade Adjustment Assistance) 제도는 1962년에 도입, 2002
년 NAFTA-TAA와 통합하면서 지원규모가 확대된 후, 2009년에 금융위기로
더욱 확대되었고, 이러한 내용이 2011년 10월 한·미 FTA 이행법에 계속
반영되었다. 우리나라에서도 2006년 「자유무역협정 체결에 따른 무역조정
지원에 관한 법률」 제정으로 2007년부터 도입하였으나 그 지정요건과 지원
절차의 까다로움으로 인해 실효성 없이 유명무실하게 운영되고 있는 제도
였다.

무역조정지원법과 관련하여 송민순의원안(2011. 7. 14.), 박선영의원안

〈표 11〉 「자유무역협정 체결에 따른 무역조정 지원에 관한 법률 개정안」(대안)
(2012. 12. 29.) 심사경과

일자	주요 내용
2011. 10. 24.	• 제303회 국회 제10차 지경위원회 전체회의/상정·심의·소위회부
10. 25.	• 제303회 국회 제1차 지경위원회 법안심사소위원회/상정·심의
10. 27.	• 제303회 국회 제2차 지경위원회 법안심사소위원회/상정·심의·의결 ① 무역피해 지정요건 5~15%로 대통령령으로 규정 ② 무역조정지원센터에서 피해신청 서류작성 지원(본인의 입증책임 완화) ③ 무역조정지원위원회 기재부에서 지경부로 이관 ④ 무역피해기업 상담지원 별도규정(무역조정지원기업 지정과 별개로 상담지원 가능)
10. 31.	• 여·야·정 합의문(합의사항 중 10. 27. 의결내용과의 차이점) ① 무역피해 지정요건 컨설팅 5% 이내, 융자 10% 이내 대통령령으로 규정 ② 1인 사업자 폐업 시 무역조정지원근로자로 지정
11. 22.	• 한·미 FTA 비준동의안 본회의 의결
12. 22.	• 제304회 국회 제1차 지경위원회 법안심사소위원회/재상정·심의
12. 23.	• 제304회 국회 제2차 법안심사소위원회/재상정·심의·대안의결 ① 무역피해 지정요건 5~10%로 대통령령으로 규정 ② 무역피해 1인 사업자 폐업 시 재취업 등을 지원 ③ 무역조정지원위원회 기재부에서 지경부로 이관 ④ 무역조정지원센터에서 피해신청 서류작성 지원(본인의 입증책임 완화)
12. 26.	• 제304회 국회(임시회) 제2차 지경위원회/상정·소위원장심사보고·의결
12. 29.	• 제304회 국회(임시회) 제2차 본회의/대안의결

(2011. 8. 26.), 김영환의원안(2011. 10. 19.), 정부안(2011. 10. 11.) 등이 발의되었다. 송민순의원안은 무역조정지원의 지정요건을 현행 20%에서 5%로 낮추고 무역조정지원기금을 설치하자는 내용이었고, 박선영의원안은 무역조정지원기업의 지정요건을 5%로 낮추고, 무역조정지원 근로자 지원으로

직업훈련, 구직비용 지원, 이사비용 지원 등의 내용을 포함하고 있었다.

한편, 김영환의원안(2011. 10. 19.)에서는 무역조정지원을 FTA뿐만 아니라 WTO와 같은 다자무역자유화까지 포함시키며, 무역조정지원근로자에 대하여 2년간 직업능력개발훈련, 무역조정수당지급, 구직·전직 비용 지급 등을 포함시키고, 1인 사업자 지원으로 폐업 시 무역조정지원근로자로 지정하는 내용을 포함하고 있었다.

2011년 10월 27일 법안심사소위원회 심의에서는 ① 무역피해 지정요건 5~15%로 대통령령으로 규정, ② 무역조정지원센터에서 피해신청 서류작성 지원(본인의 입증책임 완화), ③ 무역조정지원위원회를 기재부에서 지경부로 이관, ④ 무역피해기업 상담지원 별도규정(무역조정지원기업 지정과 별개로 상담지원 가능) 등을 내용으로 하는 대안을 의결하였다. 이 의결된 대안에서는 무역조정지원근로자 지원과 1인 사업자 지원 내용은 합의되지 못하였다.

그런데 2011년 10월 31일 여·야·정 합의문에서 ① 무역피해 지정요건을 컨설팅 5% 이내, 융자 10% 이내에서 대통령령으로 규정, ② 1인 사업자의 폐업 시 무역조정지원근로자로 지정 등을 합의하고 있었다. 그러나 1인 사업자의 폐업 시 무역조정지원근로자로 지정하는 것은 무역조정지원근로자에 대한 추가지원내용이 반영되지 않을 경우에는 그 효과가 반감될 수밖에 없는 추가대책이었다.

2011년 12월 23일 법안심사소위원회는 이 법안을 재상정하여 ① 무역피해 지정요건 5~10%로 대통령령으로 규정, ② 무역피해 1인 사업자 폐업 시 재취업 등을 지원, ③ 무역조정지원위원회를 기재부에서 지경부로 이관, ④ 무역조정지원센터에서 피해신청 서류작성 지원(본인의 입증책임 완화) 등을 포함한 대안을 의결하였다.

대안은 심의과정에서 고용노동부의 문제제기로 1인 사업자의 폐업 시 무역조정지원근로자의 지정을 삭제하고, 대신에 동법 제12조 및 제13조에 따른 지원을 할 수 있도록 수정되었다. 이는 이번 대안의 무역조정지원제도에 근로자 지원내용이 빠져 있으므로 사실상 재취업 등에 관한 지원과 관련하여 고용노동부가 제시한 취업성공패키지 지원 등과 연계함은 그 의미가 있는 것이었다.

무역조정지원 제도는 자유무역의 확대과정에서 피해를 입은 피해집단에게 지불할 수밖에 없는 사회적 비용이다. 따라서 피해집단에는 합리적 보상이 지불되어야 할 것이다. 그러므로 향후 미국의 2011년 한·미 FTA 이행법에서의 무역조정지원 제도(TAA) 예에 따라 무역조정지원근로자에 대한 지원내용 확대 등 보완이 필요할 것으로 보인다.

3. 소상공인 진흥기금의 설치와 소상공인연합회의 법적 설립

소상공인 피해대책과는 별개로 경쟁력 강화를 위하여 소상공인기금을 설치하고 소상공인연합회를 설립하자는 것이다. 이를 위해 김혜성의원안(2011. 8. 19.)과 김영환의원안(2011. 10. 14.)이 발의되어 있었다.

먼저, 김혜성의원이 「소기업 및 소상공인 지원에 관한 특별조치법」을 폐지하고 대안으로 「소상공인 지원에 관한 법률제정안」(2011. 8. 19.)을 발의하였다. 제정안에서는 소상공인의 자유로운 경제활동을 지원하고 경영혁신을 통한 구조개선 및 경영안전을 도모하여 균형 있는 국민경제 발전에 이바지함을 목적으로 중소기업청장이 소상공인의 경영안정과 성장기반을 지원하기 위하여 소상공인정책위원회의 심의를 거쳐 3년마다 소상공인지원기본계획을 수립하도록 하였다. 그리고 소상공인의 경영활동 및 공동이익의 증진과 상호 간 친목도모를 위하여 소상공인사업자단체 및 연합회를 설립할 수 있도록 하면서, 소상공인의 경영안정 및 구조고도화를 통한 성장 지원에 필요한 재원을 확보하기 위하여 소상공인진흥기금을 설치하도록 하였다. 그런데 김혜성의원안의 소상공인진흥기금의 설치는 그 조달 재원이 담보되어 있지 않았다.

이에 당시 김영환 위원장이 기금의 재원규모로 약 5천억 원이 매년 출연될 수 있게 정부의 출연금이 직전 연도 수출액의 1000분의 1 이상이어야 한다는 내용을 포함하는 「소기업 및 소상공인 지원에 관한 특별조치법 개정

〈표 12〉「소기업 및 소상공인 지원을 위한 특별조치법 개정안」(대안)
(2012. 12. 28.) 심사경과

일자	주요 내용
2011. 10. 24.	• 제303회 국회 제10차 지경위원회 전체회의/상정·심의·소위회부
10. 25.	• 제303회 국회 제1차 지경위원회 법안심사소위원회/상정·심의
10. 27.	• 제303회 국회 제2차 지경위원회 법안심사소위원회/상정·심의·대안의결 ① 소상공인진흥기금 설치/재원은 수출액의 1/1000 규모(매년 5천억 규모)의 정부출연금 등 ② 소상공인연합회 설치 및 사업근거마련
10. 31.	• 여·야·정 합의문(합의사항 중 10. 27. 의결내용과의 차이점) ① 중소기업창업 및 진흥기금에 별도계정 설치(재원은 수출액의 1000분의 1 이상의 정부출연금)
11. 22.	• 한·미 FTA 비준동의안 본회의 의결
12. 23.	• 제304회 국회 제2차 법안심사소위원회/재상정·심의·의결 ① 중소기업창업 및 진흥기금내에 소상공인 진흥계정을 설치 ② 재원은 직전 관세징수액의 3/100 이상 정부의 출연금, 복권 수익금, 다른 기금으로부터 전입금 등 ③ 소상공인연합회 설치 및 사업근거마련
12. 26.	• 제304회 국회(임시회) 제2차 지경위원회/소위원장심사보고·대안의결
12. 28.	• 제304회 국회(임시회) 제1차 법사위원회/수정의결 ① 관세징수액의 3/100 이상을 3/100 기준으로 수정
12. 29.	• 제304회 국회(임시회) 제2차 본회의/대안의결

안」을 발의(2011. 10. 14.)하였다. 기존의 소상공인 지원예산 규모를 보면,
일반회계에서 605억 원(소상공인 경쟁력제고 278억, 나들가게[4] 247억 원)

---

4) '나들가게'란 이웃처럼 친근감이 있는 동네슈퍼마켓의 정서를 담은 이름으로 "정이 있어 내집 같이 편하고, 나들이 하고 싶은 마음으로 가고 싶은 가게"라는 의미이다. 2010년부터 시작된 나들가게 지원사업은 기업형슈퍼마켓(SSM)으로 어려움을 겪고 있는 동네슈퍼마켓이 스스로 변화와 혁신을 통하여 경쟁력을 갖출 수 있도록 컨설팅 및 시설 등을 지원하는 사업이다.

과 광특회계에서 2,356억 원(전통시장 시설현대화 1,660억 원, 전통시장 경영혁신 411억 원)의 대략 3천억 규모의 예산이 계상되고 있었다. 김영환의 원안은 여기에 추가하여 소상공인 사업전환, 소상공인 근로자 전환 등 FTA로 인한 피해대책 및 소상공인 경쟁력 강화를 위한 사업용으로 2천억 원을 추가하여 합계 5천억 원을 소상공인진흥기금 규모로 계상하고 있었다.

이와 관련해 법안의 검토보고에서도, 전통시장 상인 등 소상공인 지원을 위한 예산이 많이 소요됨에 따라 다양한 방법으로 재원을 확보하려는 것으로 보이며, 일반적으로 기금 재원 조성방법에서 정부출연금의 하한(직전 회계연도 수출액의 1000분의 1 이상)을 규정한 입법례는 찾아보기는 어렵지만, 수익자 부담금의 부과가 현실적으로 난망한 점을 고려한 선택으로 보인다고 지적하고 있었다.[5]

이들 두 안이 병합 심사되어 2011년 10월 27일 법안심사소위원회에서 소상공인진흥기금의 설치와 그 재원으로 직전 연도 수출액의 1/1000 이상의 정부출연금을 규정하였다. 그리고 2011년 10월 31일 여·야·정 합의에서는 기금의 설치 대신에 중소기업창업 및 진흥기금에 별도의 계정으로 설치하되, 그 재원은 수출액의 1/1000 이상의 정부출연금(연 5천억 원)으로 설치한다고 합의하였었다.

그런데, 2011년 12월 23일 재심의에서 기획재정부는 수출액의 0.1%라는 규정이 논리적으로 맞지 않다는 의견을 제시하면서 그 대안으로 관세징수액의 1.5%(1,600~1,700억 원) 수준을 제안하였다. 이에 전문위원은 FTA라는 개념이 논리적으로 관세를 없애 수출을 늘리자는 것이므로 관세액에 기준함은 맞지 않는 개념이라고 지적하면서 FTA 환경하에서 관세징수액은 계속 줄어들 수밖에 없으므로 재원 확보에 문제가 될 수 있다는 지적을 하였다.[6]

논의 끝에 당초 합의하였던 5천억 원 규모 중에서 지방자치단체와 매칭으

---

5) 문병철, 『소기업 및 소상공인 지원을 위한 특별조치법 일부지정법률안 검토보고서 — 김영환의원 대표발의안』(지식경제위원회, 2011. 10).

6) 제304회 — 지식경제법안소위 제2차(2011. 12. 23.) 회의록, p.9.

로 운영되는 전통시장 시설현대화 예산 1,660억 원을 제외하기로 하고, 나머지 3,300억 원 수준에 맞추어 관세징수액의 3%(3천억 원) 이상으로 합의되었다. 그리고 복권 및 복권기금법 제23조제1항에 따라 강제 배분되는 복권수익금에서 제23조제1항을 삭제하여 배분될 수 있는 근거만 존치시키기로 수정하였다. 한편, 12월 28일 국회 법사위원회 심의 과정에서 "관세징수액의 3% 이상"을 "관세징수액의 3% 기준"으로 수정되었다.

4. 중소기업적합업종 지정 입법화

중소기업적합업종 지정과 관련된 제·개정안은 대기업의 무분별한 사업확장으로 피해를 입는 중소기업을 보호하기 위하여 중소기업적합업종을 지정하자는 내용으로, 「중소상인 적합업종 보호에 관한 특별법안」(노영민의원안)(2011. 7. 1.), 「대·중소기업 상생협력 촉진에 관한 법률 개정안」(장제원의원안(2011. 3. 8.)·김재균의원안(2011. 8. 24.)·강창일의원안(2011. 11. 4.)) 등이 발의되어 있었다.

중소상인 적합업종 보호에 관한 특별법안인 노영민의원안은 중소상인적합업종을 지정하여 대기업의 진출을 억제하여 중소상인들의 생존권을 보호하고 국민경제의 건전한 발전을 도모하고자 하였다. 제정안에서는 지정분야는 원칙적으로 서비스업만을 포함하고, 지정된 적합업종에 대하여는 대기업의 신규진입이 금지되며, 이미 진출한 경우는 사업이양을 권고하고 공표하며 사업이양 대기업에 대하여는 손실보전 및 금융·세제상의 지원을 할 수 있도록 규정하였다. 이를 위해 적합업종 보호기금을 설치하고, 벌칙으로 진입제한은 3년 이하 징역 또는 1억 원 이하 벌금형을, 사업이양은 3천만 원의 과태료를 부과할 수 있도록 하였다.

반면에 장제원의원안과 김재균의원안은 지원분야를 제조업과 서비스업을 함께 포함하고 적합업종 또는 보호업종에 대하여 대기업의 진입제한을 금지하며, 이미 진입한 사업이양에 대하여는 권고사항으로 규정하고 있다. 강창일의원안(2011. 11. 4.)은 동반성장위원회의 법적 근거를 마련하고자 하였다.

〈표 13〉「대·중소기업 상생협력 촉진에 관한 법률 개정안」(위원회안)
(2012. 12. 30.) 심사경과

일자	주요 내용
2011. 10. 24.	• 제303회 국회 제10차 지경위원회 전체회의/상정·심의·소위회부
10. 25.	• 제303회 국회 제1차 지경위원회 법안심사소위원회/상정·심의
10. 27.	• 제303회 국회 제2차 지경위원회 법안심사소위원회/상정·심의·대안 의결 ① 명칭은 중소기업적합업종 ② 포괄범위는 제조업과 서비스업 포함 ③ 지정절차는 동반성장위원회의 심의·의결 → 중기청장 고시 ④ 대기업의 진입제한/위반 시 1년 이하 징역 또는 1억 이하 벌금 ⑤ 지정된 적합업종은 3년마다 연장 또는 폐지를 재심의 ⑥ 대기업의 사업이양/이양 노력 ⑦ 동반성장위원회 법적 근거 마련/업무는 정부로부터 독립 규정
10. 31.	• 여·야·정 합의문(합의사항 중 10. 27. 의결내용과 차이점) ① 중소기업적합업종지원에 관한 특별법 제정 ② 대기업은 2년 내 사업이양, 위반 시는 과태료 4천만 원 ③ 적합업종은 3년 일몰, 3년 단위로 연장
11. 22.	• 한·미 FTA 비준동의안 본회의 의결
12. 23.	• 제304회 국회 제2차 법안심사소위원회/재상정·심의
12. 26.	• 제304회 국회(임시회) 제2차 지경위원회/위원회안으로 긴급상정·의결 ① 민간위원의 동반성장위원회를 설치하고, 동반성장지수의 산정·공표 및 중소기업 적합업종의 합의 도출 및 공표 업무 수행 ② 적합업종에 합의가 이루어지지 않으면 중소기업청장에 사업조정 신청, 이 경우 중기청장은 권고, 공표 및 이행명령을 함. 다만 대기업의 사업이양은 권고만 함 ③ 중소기업 적합업종·품목의 포괄범위는 제조업과 서비스업 포함
12. 30.	• 제304회 국회(임시회) 제3차 본회의/대안의결

2011년 10월 27일 법안심사소위원회는 이들 법안을 병합 심사하여 ①
명칭은 중소기업적합업종, ② 포괄범위는 제조업과 서비스업 포함, ③ 지정
절차는 동반성장위원회의 심의·의결로 중소기업청장이 고시, ④ 대기업의

진입제한은 위반 시 1년 이하 징역 또는 1억 원 이하 벌금 부과, ⑤ 지정된 적합업종은 3년마다 연장 또는 폐지를 재심의, ⑥ 대기업의 사업이양은 이양 노력으로 규정, ⑦ 동반성장위원회의 법적 근거를 마련하되, 업무는 정부로부터 독립 규정 등을 포함한 대안을 채택하였다.

그리고 2011년 10월 31일 여·야·정 합의문에서는 ① 중소기업적합업종 지원에 관한 특별법 제정, ② 대기업은 2년 내 사업이양, 위반 시는 과태료 4천만 원, ③ 적합업종은 3년 일몰, 3년 단위로 연장 등을 합의하였다.

2011년 12월 23일 법안심사소위원회에서는 2011년 10월 27일 의결된 대안과 2011년 10월 30일 합의내용이 재상정되어 함께 논의되었다. 그런데 이날 정부는 법제화 자체를 반대하였다. 즉, 2011년 10월 27일 의결내용과 10월 30일 합의내용을 부인하였다. 그리하여 중소기업적합업종 지정과 관련하여서는 아무런 합의를 하지 못하였다.

2011년 12월 26일 지식경제위원회 전체회의가 열렸다. 이날 지식경제위원장(김영환 위원장)은 「국회법」 제71조에 따라 중소기업적합업종 지정과 관련한 위원회안을 긴급히 상정하였다. 위원회안에서는 ① 민간위원의 동반성장위원회를 설치하고, 동반성장지수의 산정·공표 및 중소기업 적합업종의 합의 도출 및 공표 업무 수행, ② 적합업종에 합의가 이루어지지 않으면 중소기업청장에 사업조정신청, 이 경우 중기청장은 권고, 공표 및 이행명령을 하되, 다만 대기업의 사업이양은 권고만 하며, ③ 중소기업 적합업종·품목의 포괄범위는 제조업과 서비스업을 포함하는 등의 내용을 담고 있었다. 이들 내용이 「대·중소기업 상생협력 촉진에 관한 법률 개정안」(위원회안)(2011. 12. 30.)으로 의결되었다.

중소기업적합업종 지정은 중소기업 또는 소상공인의 사업영역을 설정하여 보호하자는 것이다. 소매업에서 2010년 설정된 전통상업보존구역은 1km라는 물리적 거리의 차단이라면, 적합업종 지정은 아예 사업영역을 차단하여 보호하자는 것이다. 중소기업적합업종 지정의 문제는 국제규범(WTO GATS 또는 한·미 FTA(제12.7조))에서 허용되는 국내규제로 볼 수 있으며 이러한 기준하에서 도입될 수 있을 것이다. 그러나 지정된 적합업종 영역에서 강제

퇴출은 한·미 FTA에서 수용 또는 유사수용(제11.6조)으로 보상 문제가 있는바, 이에 대한 고려가 필요할 것으로 보인다. 그리고 중소기업적합업종의 지정과 시장접근의 제약 문제는 GATS 제14조의 일반적 예외 또는 한·미 FTA 부속서 II-1에서의 공공질서유지 조항을 원용하여 논리를 구성할 필요가 있을 것으로 보인다.

5. 대형마트 및 SSM의 영업시간 등 규제

소매업의 골목상권 보호를 위하여 대형마트 등의 영업행위를 규제하자는 내용이다. 이는 전통상업보존구역의 설정만으로는 소매유통업의 보호에 충분치 않음에 기인한다.

유통시장의 개방에 따른 폐해를 인식하고 국내규제를 도입하기까지는 오랜 시간이 흘렀다. 2005년 처음으로 의원입법으로 규제의 도입을 주장한 이후 2010년에서야 규제가 도입되었다. 2010년 11월 10일 「유통산업발전법(개정안)」에서는 지역유통산업의 전통과 역사를 보존하기 위하여 전통시장이나 중소기업청장이 정하는 전통상점가의 경계로부터 500m 이내의 범위에서 조례로 전통상업보존구역을 지정할 수 있도록 근거를 마련하였다. 그리고 기존의 등록대상인 대규모점포 외에도 전통상업보존구역 내에 개설하는 대기업 또는 그 계열회사의 직영점 또는 가맹점 형태의 SSM(준대규모점포)에 대하여도 등록제를 확대하는 한편, 전통상업보존구역 안에서는 대규모점포 등의 등록을 제한하거나 조건을 붙일 수 있도록 하였다. 그리고 일몰규정을 도입하고 이 규제는 3년간 유효하도록 하였다.

2011년 6월 30일 한·EU FTA 비준을 앞두고 유통시장의 추가개방에 따른 중소유통업의 피해에 대한 우려가 고조됨에 따라 전통상업보존구역 지정 범위를 '500m 이내'에서 '1km 이내'로 확대하고, 유효기간을 '3년'에서 '5년'으로 연장하였다.

한편 2011년 한·미 FTA 비준을 앞두고 여러 법안이 발의되어 있었다. 정갑윤의원안(2011. 6. 2.), 이춘석의원안(2011. 6. 21.), 강창일의원안(2011.

〈표 14〉「유통산업발전법 개정안」(대안)(2012. 12. 30.) 심사경과

일자	주요 내용
2011. 10. 24.	• 제303회 국회 제10차 지경위원회 전체회의/상정·심의·소위회부
10. 25.	• 제303회 국회 제1차 지경위원회 법안심사소위원회/상정·심의
10. 27.	• 제303회 국회 제2차 지경위원회 법안심사소위원회/상정·심의
10. 31.	• 여·야·정 합의문(합의사항 중 10. 27. 의결내용과의 차이점) ① 대규모점포 등의 영업시간 및 의무휴업일 지정
11. 22.	• 한·미 FTA 비준동의안 본회의 의결
12. 23.	• 제304회 국회 제2차 법안심사소위원회/상정·심의
12. 28.	• 제304회 국회 지경위원회 제3차 법안심사소위원회/상정·심의
12. 29.	• 제304회 국회 제4차 지경위원회 법안심사소위원회/상정·심의·대안 의결 ① 지방자치단체 조례로 대형마트 등의 영업시간을 오후 11시부터 오전 8시까지 제한할 수 있으며 그리고 매월 1일 이상 2일 이내 의무휴업일을 지정할 수 있음 ② 영업행위 제한을 위반 시 3천만 원 과태료 부과 • 제304회 국회(임시회) 제4차 지경위원회/의결 • 제304회 국회(임시회) 제2차 법사위원회/상정·심의
12. 30.	• 제304회 국회(임시회) 제3차 법사위원회/상정·수정의결 ① 지방자치단체 조례로 대형마트 등의 영업시간을 오전 0시부터 오전 8시까지 제한할 수 있으며 그리고 매월 1일 이상 2일 이내 의무휴업일을 지정할 수 있음. 다만 농수산물의 매출이 51% 이상인 경우는 제외함 ② 영업행위 제한 위반 시 3천만 원 과태료 부과 • 제304회 국회(임시회) 제3차 본회의/의결

8. 2.), 김재균의원안(2011. 8. 24.)은 대규모점포 등의 개설 시 현행 등록제의 허가제 전환, 등록범위의 확대, 공청회·설명회 개최, 영업시간 제한 및 영업품목제한 등을 통해 대규모유통업과 중소유통업의 상생·균형발전을 도모하고자 하였다.

2011년 10월 25일 지식경제위원회 법안심사소위원회에서는 개정안에서

제안된 여러 규제내용에 대하여 논의를 하였다. 이날 잠정적으로 합의된 내용은 등록범위의 확대, 공청회·설명회의 개최, 지역협력계획서의 제출 등에 대해서는 합의하였다. 그러나 등록제의 허가제 전환, 영업시간 제한 및 의무휴업일 지정, 영업품목 제한 등에 대해서는 합의하지 못하고 계속 심사하기로 하였다. 그런데 2011년 10월 31일 여·야·정 합의에서는 대규모점포 등의 영업시간 및 의무휴업일 지정을 도입하기로 합의하였다.

2011년 12월 23일 법안심사소위원회에서 영업시간 제한은 밤 10시부터 그 다음 날 아침 9시까지 그리고 영업일수 제한은 매월 1일 이상 4일 이내 범위에서 지자체 조례로 정하고, 위반 시는 3천만 원의 과태료를 부과하는 벌칙을 내용으로 하는 수정의견을 놓고 논의를 하였다. 그러나 이날 지식경제부는 2011년 10월 31일 여·야·정 합의내용을 합의한 바 없다고 부인하였다. 그리고 영업일수 제한과 관련하여 농림수산식품부에서는 농협의 피해와 더 나아가서 농민의 피해문제를 제기하면서, 농협의 하나로마트에 대한 제외를 주장하였다.

2011년 12월 29일 법안심사소위원회에서는 영업시간은 밤 11시부터 그 다음 날 아침 8시까지, 영업일수는 매월 1일 이상 2일 이내의 범위에서 지정할 수 있도록 하는 내용을 합의하였다. 그리고 농수산물판매액 비중이 51% 이상인 대규모점포 등은 제외하는 단서를 수정의견으로 제시하였다. 그러나 이는 차별적 대우라는 지식경제부의 반대주장으로 채택되지 못하였다. 그리하여 우선 합의된 내용만 법안심사소위원회에서 의결되어 이날 바로 지식경제위원회 전체회의에서 의결되었다.

그런데 2011년 12월 29일~30일 국회 법제사법위원회 심의과정에서 지경부장관, 농수산식품부 1차관, 여·야 원내수석부대표, 법사위원회 양당간사 간에 합의를 하여 ① 농수산물 판매량이 51% 이상의 대규모점포를 제외하는 단서 조항, 그리고 ② 영업제한 시간을 밤 12시부터 그 다음 날 아침 8시까지로 수정하였다. 그리하여 2011년 12월 30일 이러한 수정내용을 포함한 개정안이 본회의에 상정되어 의결되었다.

대규모점포 등의 영업시간과 영업일수를 규제하는 문제는 2010년 국내규제의 도입 시에도 전통상업보존구역의 지정과 함께 제기되었었다. 그러나 그 당시 도입되지 못하였고 이어 2011년 한·EU FTA 비준 시에도 도입되지 못하였지만, 결국 한·미 FTA 비준을 위한 중소기업·소상공인 피해대책 법안으로 포함되어 도입되었다.

대형마트 등에 대한 영업시간 등의 제한은 EU 등 주요 선진국에서도 도입되어 있는 국내규제로, WTO GATS 제16조(시장접근) 및 제17조(내국민대우) 및 한·미 FTA 협정 제12.2조(내국민대우), 제12.4조(시장접근) 그리고 제12.7조(국내규제) 등을 검토하여 보면 국내규제로 도입이 가능할 것으로 보인다.[7] 다만, 국내규범과 관련 영업시간 제한 문제는 영업의 자유에 대한 과도한 제한이라는 반대의견이 상존할 수밖에 없는 문제로서 입법정책적인 판단사항으로 보인다.

---

7) 문병철, 『유통산업발전법 일부 개정법률안 검토보고서』(지식경제위원회, 2011. 10.).

제3부

한·미 FTA의
부문별 내용과 이해

한·미 양국은 무역 및 투자를 자유화하고 확대함으로써, 양국의 영역에서 생활수준을 제고하고, 경제성장과 안정을 증진하며, 새로운 고용기회를 창출하고, 일반적인 복지를 향상시키기를 희망하면서 1994년 GATT 제24조 및 GATS 제5조에 합치되는 자유무역지대(Free Trade Area)를 창설하였다.

양 당사국은 WTO를 포함하여 기존의 다자 및 양자협정상의 권리 및 의무를 확인하고 있다. 한·미 FTA는 WTO 협정 플러스(+) 접근을 취하면서 상품, 농산물, 국경간 서비스무역, 무역구제, 투자, 전자상거래, 경쟁정책, 정부조달, 지적재산권, 노동, 환경 등 제반분야를 망라하는 포괄적인 협정이다.

협정문은 서문 및 ① 최초규정과 정의, 그리고 ② 상품에 대한 내국민대우 및 시장접근, ③ 농업, ④ 섬유 및 의류, ⑤ 의약품 및 의료기기, ⑥ 원산지 규정 및 원산지 절차, ⑦ 관세행정 및 무역원활화, ⑧ 위생 및 식물위생조치(SPS), ⑨ 무역에 대한 기술장벽(TBT), ⑩ 무역구제, ⑪ 투자, ⑫ 국경간 서비스무역, ⑬ 금융서비스, ⑭ 통신, ⑮ 전자상거래, ⑯ 경쟁관련 사항, ⑰ 정부조달, ⑱ 지적재산권, ⑲ 노동, ⑳ 환경, ㉑ 투명성, ㉒ 제도규정 및 분쟁해결, ㉓ 예외, ㉔ 최종규정, 그리고 부속서와 서한 등으로 구성되어 있다.

한·미 FTA 협정의 구성

구성요소	주요 내용
서문 (Preamble)	• 협정 체결의 일반적인 목적을 선언적으로 규정
24개 장 (Chapter)	• 분야별로 Chapter로 분류하여, 양측 간 합의 내용을 협정 본문에 규정 • 최초 규정 및 정의(제1장), 상품에 대한 내국민대우 및 시장접근(제2장), 농업(제3장), 섬유 및 의류(제4장), 의약품 및 의료기기(제5장), 원산지 규정 및 원산지 절차(제6장), 관세행정 및 무역원활화(제7장), 위생 및 식물위생조치(제8장), 무역에 대한 기술장벽(제9장), 무역구제(제10장), 투자(제11장), 국경간 서비스무역(제12장), 금융서비스(제13장), 통신(제14장), 전자상거래(제15장), 경쟁 관련 사안(제16장), 정부조달(제17장), 지적재산권(제18장), 노동(제19장), 환경(제20장), 투명성(제21장), 제도규정 및 분쟁해결(제22장), 예외(제23장), 최종규정(제24장)
부속서 (Annex)	• 관세양허안 또는 서비스유보안처럼 분량이 방대하거나, 협정문 본문에 두는 것이 적절치 않은 특정 분야의 합의 내용을 규정
부록 (Appendix)	• 부속서에 딸린 부록은 부속서 내용 중에서도 보다 구체적이고 기술적인 세부내용을 규정
서한 (Letter)	• 협정 내용 중 해석상 이해가 다를 경우를 대비하여, 협상과정에서 합의한 해석내용 또는 협상과정의 논의 내용을 확인하는 서한 형태의 문서

자료: 관계부처합동, 『한·미 FTA 상세설명자료』(2007. 5)

1

상품에 대한 내국민대우 및 시장접근

한·미 FTA 협정 제2장(상품에 대한 내국민대우 및 시장접근)은 본문과 부속서 및 부록으로 구성되어 있으며, 내국민대우(제1절), 관세철폐(제2절), 관세부과 시 이행요건의 부과 금지 등 특별제도 규정(제3절), 비관세조치 폐지(제4절), 특산품(제2.13조), 상품무역위원회 설치(제2.14조) 등 상품무역과 관련하여 적용될 규범을 규정한 협정문과 관세감축일정을 표시한 양허표로 구분된다.

한·미 양국은 상대국을 원산지로 하는 상품에 대해 원칙적으로 내국민대우를 부여하고, 각각의 관세철폐 일정에 따라 상대국의 상품에 대한 관세를 철폐하고 있다. 내국민대우의 예외와 관련하여 미국은 WTO에서 인정하는 조치 이외에 추가적으로 원목수출통제, 존스 법(Jones Act)을 한·미 FTA의 적용대상에서 제외하였다.

한편, 양허표는 이행단계별로 양국의 관세철폐 일정을 명시하고(부속서 2-나), 통일 상품명 및 부호체계(한국: HSK, 미국: HTSUS)에 따라 품목별 관세철폐의 유형을 추가하며(관세양허표), 관세율할당의 운영방식을 규정하고 있다(부록 2-나-1).

I. 내국민대우와 내주(州)민대우

내국민대우(NT: National Treatment)란 수입품에 대해 국내조치에서 차별(discrimination)을 하여서는 아니 된다는 회원국의 의무를 말한다(GATT 제3조). 이는 내국세(internal taxes) 부과 이외의 모든 조치는 동종상품(like products)에 대한 차별을 하여서는 아니 되며, 내국세 부과 조치에 있어서는 동종상품뿐만 아니라 직접경쟁 또는 대체상품(directly competitive or substitutable)까지 덜 유리한 대우를 하여서는 아니 된다는 WTO 협정의 기본적인 원칙의 하나이다.

한·미 FTA에서도 GATT 제3조의 내국민대우를 기본적으로 수용하고 있다. 그러나 연방정부인 미국의 경우에는 내주(州)민대우(In State Treatment)를 의미한다. 즉, 지역정부(regional level of government)[1]에 대해서는 그 지역정부가 속한 당사국의 각 경우에 맞게 동종의 상품, 직접적으로 경쟁적인 상품, 또는 대체가능한 상품에 대하여 그 지역정부가 부여하는 가장 유리한 대우보다 불리하지 아니한 대우를 의미한다고 규정하였다(제2.2조제2항). 내주민대우는 어느 특정 주(州)에서 그 주(州)민과 동등한 대우를 의미하는바, 이는 주별 차별대우를 전제하고 있다.

또한 미국은 부속서 I (서비스/투자)의 현재유보 목록에 지역 비합치조치 예시목록만 열거하여 현존 비합치조치들을 현재유보로 포괄유보하고 있다(부록 I -가). 미국은 헌법에서 연방정부에 권한을 부여한 사항 외에는 주정부가 권한을 갖고 있어 주정부의 조치가 한·미 FTA와 배치될 가능성이 상대적으로 높은데, 이를 포괄유보함으로써 국내 기업이나 투자자들이 시행착

---

[1] 지역정부란 미국의 경우 주, 콜롬비아 특별구 또는 푸에르토리코를 말하며, 한국의 경우에는 적용되지 않는다(제1.4조 정의).

오를 겪거나 과중한 정보탐색비용을 부담하게 될 것으로 보인다.

한편, 양 당사국은 공히 WTO 분쟁해결기구에 의해 승인된 조치, WTO 절차에 따라 시장교란을 다루기 위한 조치 등은 내국민대우의 예외로 규정하고 있다(부속서 2-가). 미국은 더 나아가서, 원목의 수출에 대한 통제 및 1920년 상선법(Merchant Marine Act of 1920), 여객선법(Passenger Vessel Act), 미합중국법전 제46권 제12108조를 내국민대우(제2.2조) 및 수량제한의 철폐(제2.8조)의 의무 적용대상에서 제외하고 있다(부속서 2-가. 제2절).

II. 관세철폐, 비관세폐지 그리고 양허표

각 당사국은 부속서의 자국 양허표에 따라 원산지 상품에 대한 자국의 관세를 점진적으로 철폐한다(제2.3조제2항). 어느 한쪽 당사국의 요청이 있는 경우에는 양국 양허표에 규정된 관세철폐의 가속화를 검토하기 위하여 협의한다. 한국의 관세철폐 기간은 통일상품명 및 부호체계(HSK분류)에 의한 품목별로 즉시부터 최고 20년 차(양허유형 O)까지 구분되어 있다(부속서 2-나. 일반주해).

각 당사국은 원산지에 관계없이, 수입 당사국의 법에 따라 일시적 입국을 위해 필요한 장비, 전시 또는 시연을 위한 상품, 상업용 견본품과 광고용 필름 및 기록물, 스포츠용으로 반입되는 상품 등은 무관세로 일시 반입을 허용한다(제2.5조). 또한 양당사국은 수리 또는 개조를 위하여 자국 영역에서 다른 쪽 당사국의 영역으로 일시적으로 수출된 후 재반입되는 상품에 대해서도 무관세를 적용한다(제2.6조).

비관세조치와 관련하여 각 당사국은 1994년 GATT 제11조에 의한 경우를 제외하고는 상품의 수출입에 대하여 어떠한 금지 또는 제한을 채택하거나 유지할 수 없다(제2.8조). 신규수입허가를 도입할 경우 신규허가절차 발효 전에 정부기관지에 게재하거나 인터넷 등을 통해 공개하도록 하여 수입

〈표 1〉 양허 단계별 주요 품목

구분	한국	미국
즉시	자동차 부품(3~8), 크실렌(5), 통신용 광케이블(8), 항공기엔진(3), 에어백(8), 전자계측기(8), 백미러(8), 디지털프로젝션TV(8) 등	자동차 부품(2.5), 엔진(2.5), LCD모니터(5), 캠코더(2.1), 귀금속장식품(5.5), 폴리스티렌(6.5), 컬러TV(5), 기타 신발(8.5), 전구(2.6), 전기앰프(4.9) 등
3년	요소(6.5), 실리콘오일(6.5), 폴리우레탄(6.5), 치약(8), 향수(8) 등	DTV(5), 3,000cc 이상 승용차(2.5), 골프용품(4.9), 샹들리에(3.9) 등
5년	승용차(8), 톨루엔(5), 골프채(8), 면도기(8), 살균제(6.5), 바다가재(20) 등	3,000cc 이하 승용차(2.5), 타이어(4), 가죽의류(6), 폴리에테르(6.5), 스피커(4.9) 등
10년	페놀(5.5), 볼베어링(13), 콘택트렌즈(8) 등	전자레인지(2), 세탁기(1.4), 폴리에스테르수지(6.5), 모조 장신구(11), 베어링(9), 섬유건조기(3.4), 화물자동차(25) 등
10년 이상	고등어(10)(10년), 민어(63)·넙치(10)(12년), 명태(30)(15년)	특수 신발(20~55.3)

( )는 관세율
자료: 관계부처합동, 『한·미 FTA의 주요내용』(2012. 6)

허가의 투명성을 강화하였다(제2.9조). 그리고 어떠한 당사국도 원산지 상품에 대하여 물품취급수수료를 채택하거나 유지할 수 없다(제2.10조제4항).

양허표는 이행단계별로 양 당사국의 관세철폐 계획을 명시하고(부속서 2-나), 통일상품명 및 부호체계(한국: HSK(Harmonized Tariff Schedule of Korea), 미국: HTSUS(Harmonized Tariff Schedule of the United States))에 따른 품목별 관세철폐의 내용을 열거하였으며(관세양허표), 그리고 관세율할당[2]의 운영방식을 규정하고 있다(부록2-나-1).

---

2) 관세율할당(TRQ: Tariff Rate Quotas)이란 특정품의 수입에 대하여 일정량까지는 저율의 관세를 부과하고 그것을 초과하는 수량의 경우에는 고율의 관세를 부과하여 수입수량의 과도한 증가를 방지하고 동시에 동종상품의 국내생산업체를 보호하고자 하는,

〈표 2〉 공산품의 한·EU, 한·미 FTA 양허 비교

(단위: 억 달러, %)

양허 단계	한·EU FTA								한·미 FTA							
	한국 양허				EU 양허				한국 양허				미국 양허			
	품목 수	비중	수입 액	비중	품목 수	비중	수입 액	비중	품목 수	비중	수입 액	비중	품목 수	비중	수입 액	비중
즉시 철폐 (A)	8,535	90.7	180	69.4	7,201	97.3	318	76.7	8,453	89.9	202	81.0	7,424	87.3	347	85.5
3년 철폐 (B)	478	5.1	58	22.4	151	2.1	68	16.6	594	6.3	33	13.2	346	4.1	28	6.9
조기 철폐 (A+B)	9,013	95.8	238	91.8	7,352	99.4	386	93.3	9,047	96.2	235	94.3	7,770	91.4	375	92.4
5년 철폐	346	3.7	18	6.9	46	0.6	28	6.7	177	1.9	4	1.5	339	4.0	14	3.4
7년 철폐	45	0.5	3	1.3	-	-	-	-	-	-	-	-	-	-	-	-
10년 철폐	-	-	-	-	-	-	-	-	180	1.9	11	4.2	392	4.6	17	4.2
합계	9,404	100	259	100	7,398	100	414	100	9,404	100	250	100	8,501	100	406	100

자료: 관계부처합동, 『한·EU FTA 주요내용』(2010. 10)

각 당사국의 양허표에 의하면, 모든 상품(공산품 및 임·수산물)에 대한 관세를 즉시, 3년, 5년, 10년, 10년 이상으로 구분하여 철폐하되, 우선 수입액 기준 약 94% 내외 품목을 3년 이내에 관세를 철폐하기로 하였다.

그러나 한국은 일부 수산물 및 임산물에 대한 10년 이상의 관세철폐 장기 이행기간과 관세율할당(TRQ: Tariff Rate Quotas)을 도입하고 있다.

즉 수량 및 가격의 양면에서 규제하는 이중과율제도이다.

<표 3> 수산물의 한·EU, 한·미 FTA 양허 비교

양허유형	한·EU FTA				한·미 FTA			
	한국 양허		EU 양허		한국 양허		미국 양허	
	품목(%)	수입액(%)	품목(%)	수입액(%)	품목(%)	수입액(%)	품목(%)	수입액(%)
즉시 (A)	12.3	6.8	40.8	25.3	14.2	1.5	72.8	82.5
3년 (B)	31.9	20.3	31.8	69.7	40.7	37.4	7.2	5.1
3년 내 (A+B)	44.2	27.1	72.6	95.0	54.9	38.9	80.0	87.5
5년 (C)	23.0	50.9	27.4	5.0	7.6	25.9	3.6	0.1
5년 내 (A)+(B)+(C)	67.2	78.0	100.0	100.0	62.5	64.8	83.6	87.7
7년	4.4	0.2			0.2	0.0		
10년	27.2	6.2			36.3	30.2	16.4	12.3
10년 초과	0.5	15.4			1.0	5.0		
현행관세	0.7	0.2						
합계	100.0	100.0	100.0	100.0	100.0	100.0	100.0	100.0

자료: 관계부처합동, 『한·EU FTA 주요내용』(2010. 10)

III. 특산품

한국은 '버본 위스키(Bourbon Whiskey)'와 '테네시 위스키(Tennessee Whiskey)'를 미국의 특산품(Distinctive Products)으로 인정한다. 이에 따라 미국의 법 및 규정에 따라 미국에서 제조되지 않은 어떠한 제품도 '버본 위스키'와 '테네시 위스키'로 판매될 수 없다(제2.18조제1항). 반면에 미국은 한국의 '안동소주'와 '경주법주'를 한국의 특산품으로 인정하고 있다(제2.18 조제2항).

〈표 4〉 한·EU FTA에서 지리적표시 보호대상

(단위: 개)

구분	농식품	포도주	증류주	합계
한국	63	0	1	64
EU	60	80	22	162

이는 WTO 지적재산권협정(TRIPs)에서의 지리적표시(Geographical Indication)와 같은 개념이다. 지리적표시란 상품의 특정 품질, 명성 또는 그 밖의 특성이 본질적으로 지리적 근원에서 비롯되는 경우, 회원국의 영토, 회원국의 지역 또는 지방을 원산지로 하는 상품임을 명시하는 표시를 의미하며 TRIPs는 이를 보호하고 있다(TRIPs 제22조). TRIPs 제23조에서는 포도주(wines) 및 증류주(spirits)에 대한 지리적표시에 대해서, TRIPs 협정 제22조의 보호에 필요한 대중의 오인(misleads the public)을 요건으로 하지 않고도 절대적으로 보호되는 추가적인 보호(additional protection) 사항들을 규정하고 있다.

한편, 한·EU FTA에서는 지리적표시의 보호대상을 농산물과 식품, 포도주, 방향포도주 및 증류주 등을 포함하고 있다. 즉, TRIPs의 추가적 보호(additional protection) 대상인 포도주, 증류주에서 더 나아가 농산물과 식품까지를 확대 포함하고 있다(한·EU FTA 제10.18조 및 제10.19조).

IV. 존스 법(Jones Act)

미국이 내국민대우의 예외로 유보하고 있는 「존스 법(Jones Act)」은 넓은 의미로는 미국의 국내 수상운송과 관련된 법령을 통칭하나, 좁은 의미로는 미국의 「1920년 상선법(Merchant Marine Act of 1920)」 제27장만을 말한다.

「상선법」 제27장은 미국 연안의 승객과 화물운송은 미국에서 건조되고 미국민이 소유[3]하고 있는 미국 국적선(US built, US owned, US flag vessel)에 의해서만 수송되어야 한다고 규정하고 있다.[4][5] 이는 내국민대우의 위반이나 연혁적으로 1947 GATT, 1994 GATT에서 내국민대우의 예외로 규정되어 오고 있다.[6]

이 규정에 따라 미국 국적이고, 미국 내에서 건조되었으며, 미국인이 소유한 선박만이 미국의 연안 운송서비스에 투입될 수 있다. 이 법률에 의하여 타국 선박이 비록 미국으로 수출은 된다고 하더라도 미국 내에서 수송활동을 할 수는 없게 된다. 특히, 우리의 조선업이 세계적 수준이라는 점을 고려한다면, 비록 미국이 「존스 법」에 대하여 WTO GATT(1994)에서 예외를 인정받았다고는 하지만, WTO보다 높은 수준의 자유화를 지향하는 한·

---

3) 개인이 아닌 회사(corporation)가 Jones Act 선박을 소유하는 경우에는 ① 미국법에 의해 설립된 회사로, ② 최고경영자 및 이사회장은 미국민이어야 하고, ③ 주식의 75% 이상이 미국민 소유이어야 한다는 등의 요건이 있다.

4) 「존스 법」은 제1차 세계대전 이후 미 해군 전함의 활용과 해군 전역자의 일자리 마련을 위해 도입됐으나 현재는 미국의 조선과 해운산업을 외부경쟁으로부터 막아주는 보호주의 수단으로 활용되고 있다. 미국 내에서는 일반적으로 ① 미국 조선산업의 유지 필요성, ② 이에 따른 미국 내 일자리 창출, ③ 전쟁 등 비상상황 발생시 군사용 선박 확보, ④ 정부보조금을 지급받는 외국산 선박과의 불공정 경쟁에 대한 대응 등을 「존스 법」의 존치 근거로 제시하고 있다. 그러나 다른 한편으로 「존스 법」으로 인해 미국 선박 산업의 경쟁력이 약화되었다는 평가도 있다. 선주의 입장에서는 값비싼 미국 선박을 이용하는 것보다 한국이나 일본 선박을 연안 운송에 이용하는 것이 유리한 입장이기 때문이다.

5) 「존스 법」과는 별도로 「여객선법(Passenger Vessel Act)」에 따라 외국 선박에 의한 미국 내 승객운송, 준설, 어업행위도 금지되고 있다(외교통상부 통상교섭본부, 「국회 FTA 특위 보고자료」, 2006. 8. 17.).

6) 1947년의 GATT에서 조부조항(grandfather clause)은 GATT(1994)에는 적용되지 않으나, 「1994년 관세 및 무역에 관한 일반협정」 제3조에서 "특정회원국이 GATT(1947) 체약당사국이 되기 이전에 제정한 특정 강행법규에 따라 영해 또는 배타적 경제수역 내에서 외국건조선박이 상업적 목적을 위해 사용, 판매 또는 임대되는 것을 금지하는 조치에 대해 적용되지 않는다"고 예외조항이 규정되어 있다. 조부조항이란 GATT(1947)에 가입할 당시에 발효 중인 체약국의 국내법규를 GATT 규정에 우선하여 적용하는 것을 허용하는 「잠정적용의정서」상의 규정을 말한다.

미 FTA에서 내국민 대우를 관철하지 못한 점은 아쉬운 점으로 지적될 수 있을 것이다.

2

자동차

한·미 FTA 협정에서 자동차 관련 내용을 보면, 제2장(상품에 대한 내국 민대우 및 시장접근)에서 관세양허(부속서 2-나) 및 배기량기준 세제 개편 (제2.12조), 제6장(원산지 규정 및 원산지 절차)에서 순원가법의 사용(제6.2 조) 및 품목별 원산지기준(부속서 6-가), 제9장(무역에 대한 기술장벽)에서 자동차 표준 및 기술 규정(제9.7조), 자동차 작업반(부속서 9-나)과 환경·안 전 기준(부속서한), 그리고 제22장(제도 규정 및 분쟁해결)에서 자동차에 관 한 대체적 분쟁 절차(부속서 22-가) 등이 있다. 그리고 2010년 12월 추가협 상을 통하여 자동차관세일정의 조정, 안전기준과 투명성 수정 및 자동차분 야에서의 긴급수입제한조치(Motor Vehicle Safeguard)를 도입하고 있다.

자동차산업은 한·미 FTA에서 우리나라가 가장 큰 혜택을 보는 산업으로 알려져 있다. 한·미 FTA 자동차 부문에서는 관세 철폐뿐만 아니라 여러 가지 제도개편을 규정하고 있다. 먼저, 자동차의 배기량을 기준으로 설정된 우리나라의 자동차 관련 세제(내국세)를 개편하고 있다. 또한 자동차 배출 가스기준과 관련해서는 미국 캘리포니아주에서 시행 중인 평균배출량제도

(FAS)를 도입하고 있다. 그리고 자동차의 안전기준과 관련하여서는 추가협상에서 25,000대 이하 제작사에 대해서는 미국기준 충족 시 우리기준을 충족하는 것으로 수정하였다. 한편, 자동차 분쟁해결 절차와 관련하여서는 일반적인 분쟁해결 절차보다 분쟁기간이 약 절반으로 단축되는 신속한 분쟁해결 절차를 적용하고 있다.

Ⅰ. 자동차관세의 양허

양 당사국의 자동차 관세양허의 당초 내용을 보면, 미국은 대미 자동차 수출액의 73%('03년~'05년 평균)를 차지하는 3,000cc 이하 승용차에 대한 관세를 즉시 철폐하고, 3,000cc 초과 대형승용차에 대한 관세는 3년 후에 철폐하기로 하였는바, 세부적으로는 3,000cc 이하 가솔린승용차, 트럭(5톤 내지 20톤의 섀시[1] 제품에 한함), 모터사이클 및 자동차 부품에 대한 관세

〈표 1〉 한·미 자동차 부문 관세양허 주요 내용(당초)

항목		한국		미국	
		현행	양허 내용	현행	양허 내용
승용차	3,000cc 이하	8%	즉시 철폐*	2.5%	즉시 철폐
	3,000cc 초과				3년 내 철폐
화물차	5~20톤 섀시	10%		25%	즉시 철폐
	트럭(픽업 포함)				10년 내 철폐
부품		8%		2.5%	즉시 철폐
타이어		8%		4%	5년 내 철폐

* 친환경차는 10년 내 관세 철폐, 나머지는 모두 즉시 철폐

---

1) 자동차는 구조적으로 차체(body shell/body)와 섀시(chassis)로 나눌 수 있는바, 여기

〈표 2〉 추가협상으로 인한 변경내용

품목	적용	원협정안	추가협정안
승용차	미국	• 관세 2.5% 　- 3,000cc 이하 즉시 철폐 　- 3,000cc 초과 3년 철폐	• 4년 유예
	한국	• 관세 8%, 즉시 철폐	• 발효 시 관세 8%→4% 인하 • 4년 유예
전기자동차	미국	• 관세 2.5%, 10년 철폐	• 5년간 균등철폐
	한국	• 관세 8%, 10년 철폐	• 발효 시 8%→4% 인하 • 5년간 균등철폐
픽업트럭	미국	• 관세 25%, 10년 철폐	• 7년 유예 • 8년차부터 균등철폐로 10년차 철폐
세이프가드	공통	-	• 발동기간 4년(2년+2년) • 발동횟수 제한 없음 • 최초 2년간은 보상합의 없어도 보복금지 • 발동기한은 관세철폐 후 10년간
안전기준	한국	• 6,500대 미만 제작사에 한해 미국과 한국기준 중 선택적 사용	• 제작사별 25,000대까지 미국기준 충족 시 완전동등성 인정

는 즉시 철폐하고, 3,000cc 초과 가솔린승용차 및 버스 등 기타차량에 대한
관세는 3년 내에 철폐하며, 타이어에 대한 관세는 5년 내에 철폐하고, 픽업
트럭을 포함한 여타의 트럭[2]에 대한 관세는 10년 내에 철폐하기로 하였다.
　한편, 우리나라의 경우는 친환경차(하이브리드카)에 대해서만 10년간 관

　서 말하는 섀시는 차량의 차체를 탑재하지 않은 상태의 것으로서, 차량이 달리는 데
　필요한 최소한의 기계장치인 엔진, 동력전달장치, 서스펜션, 브레이크, 조향장치 등으
　로 이루어진 것임. 다시 말하면, 섀시는 자동차의 기본 골격인 프레임에 엔진, 변속기,
　클러치, 핸들, 차축, 차바퀴를 조립한 반제품을 의미한다.
2) 트럭 관세(25%)는 연 2.5%씩 10년간에 걸쳐 철폐되며, 5년 후에 단계적으로 시장 진
　출 시도가 가능한 수준(12.5%)으로 인하된다.

세철폐를 유보하기로 하고, 여타 자동차 및 부품에 대한 관세는 모두 즉시 철폐하기로 하였다.

그런데 양국은 2010년 12월 추가협상을 통하여 자동차 관세양허안을 수정하였다. 먼저 미국은 승용차에 대해서는 현행 2.5%의 관세를 4년간 유예시켜 협정발효 5년 차에 철폐하기로 하였다. 그리고 전기자동차는 현행 관세 2.5%를 5단계에 걸쳐 매년 균등 철폐하여 협정 이행 5년 차에 무관세를 달성하기로 하였으며, 화물자동차는 현행 관세 25%를 7년 차까지 유예시켜 8년 차부터 3단계에 걸쳐 매년 균등 철폐하여 이행 10년 차부터 무관세를 달성하기로 하였다. 한편, 한국은 승용차에 대하여 협정발효일에 현행 8% 관세를 4% 인하한 후 4년간 유예하다가 협정 이행 5년 차에 철폐하며, 전기자동차는 협정발효일에 4% 인하 후 5단계에 걸쳐 매년 균등 철폐하여 협정 이행 5년 차에 무관세를 달성하기로 수정하였다.

II. 배기량기준 세제 개편

자동차분야에 대한 한·미 FTA 협정은 자동차의 배기량을 기준으로 설정된 한국의 자동차 관련 세제(내국세)를 개편하고 있다. 즉, 한국에 개별소비세법 및 지방세법을 개정하여 자동차세는 5단계에서 3단계로, 특별소비세는 3단계에서 2단계로 과세구조를 개편할 의무를 부과하고 있다(제2.12조제1항).

먼저, 배기량별 3단계로 구분되어 있는 특별소비세의 경우, 2,000cc 이상 차량에 부과되는 10%의 세율을 협정발효 이후 3년 동안 5%로 단계적으로 인하하여 2,000cc 미만의 차량과 동일한 세율을 적용함으로써 과세체계를 1,000cc를 기준으로 2단계로 단순화한다. 그리고 배기량별로 5단계로 구분되어 고배기량의 차량일수록 세율이 증가하게 되는 누진적 구조를 가지고 있는 자동차세를 1,000cc와 1,600cc를 기준으로 3단계로 단순화하고 있다.

또한 협정문에는 우리나라가 차종별 세율의 차이를 확대하기 위해 배기

〈표 3〉 자동차 세제 개편 현황

구분	현행		한·미 FTA	
특별소비세 (3단계 → 2단계)	800cc 이하	면제	1,000cc 미만	면제
	801~2,000cc	5%	1,000~2,000cc	5%
	2,000cc 초과	10%	2,000cc 초과	발효 시 8%, 3년 후 5%
자동차세 (5단계 → 3단계)	800cc 이하	80원	1,000cc 미만	80원
	801~1,000cc	100원		
	1,001~1,600cc	140원	1,000~1,600cc	140원
	1,601~2,000cc	200원	1,600cc 이상	200원
	2,000cc 초과	220원		

량에 기초한 새로운 세제를 도입하거나, 배기량별 요율 차이를 변경할 수 없도록 하고 있다(제2.12조제3항). 한편 자동차공채(지하철 공채, 지역개발 채권)에 대해서는 향후 소비자의 공채 매입 부담을 증가시킬 수 없도록 규정하고, 자동차 공채 매각 시 공채 액면가액의 약 80%를 환불받을 수 있음을 확인하여 공채 환불에 대한 대중의 인식을 증진하도록 할 의무를 규정하고 있다(제2.12조제4항).

한·미 FTA에서 우리나라의 자동차세와 특별소비세 관련 과세요건과 세액 상한을 매우 구체적으로 규정하고 있는 것은 조세주권의 측면에서 문제점을 안고 있다. 헌법 제59조는 "조세의 종목과 세율은 법률로 정한다."라고 규정하고 있다. 물론 관세는 「관세법」3) 또는 「자유무역협정의 이행을 위한

---

3) 「관세법」 제73조(국제협력관세) ①정부는 우리나라의 대외무역의 증진을 위하여 필요하다고 인정되는 때에는 특정국가 또는 국제기구와 관세에 관한 협상을 할 수 있다. ②제1항의 규정에 의한 협상을 수행함에 있어서 필요하다고 인정되는 때에는 관세를 양허할 수 있다. 다만, 특정국가와의 협상을 수행함에 있어서는 기본관세율의 100분의 50의 범위를 초과하여 관세를 양허할 수 없다. ③제2항의 규정에 의한 관세를 부과하여야 하는 대상물품·세율·적용기간 등은 대통

관세법의 특례에 관한 법률」[4]에 근거하여 특정국가 또는 국제기구와의 협정을 통해 그 세율을 정할 수 있다. 그러나 FTA를 통해 내국세인 자동차세 또는 특별소비세의 세율을 정하는 것은 헌법 규정에 부합하지 않는 측면이 있어 보인다. 더 나아가서 제2.12조제3항에는 우리나라는 차종별 세율의 차이를 확대하기 위하여 배기량기준에 기초한 새로운 조세를 채택하거나 기존의 조세를 수정할 수 없다고 규정하고 있는바, 이는 국회의 입법권과 조세주권주의에 제약을 주는 결과를 초래할 수 있을 것으로 보인다.

III. 환경기준

자동차 배출가스기준과 관련해서는 제9장의 부속서한에서 미국 캘리포니아주에서 시행 중인 평균배출량 제도(FAS: Fleet Average System)를 도입하기로 하고 있다. 그리고 1만 대 이하를 판매한 제작사에 대해서는 우리나라의 현행기준인 초저배출차량기준(ULEV: Ultra Low Emission Vehicle Standard)보다 다소 완화된 수준인 저배출차량기준(LEV: Low Emission Vehicle Standard) 또는 저배출차량기준(LEV)과 초저배출차량기준(ULEV)의 중간기준으로 평균배출량 기준을 적용하고, 1만 대 이상을 판매한 제작사에 대해서는 국내 기업과 동일한 수준의 평균배출량 기준을 적용하기로 하고 있다. 한편 1만 대 이하를 판매하는 자동차 제작사에 대해서는 승용차에 장착하여야 하는 배출가스 자기진단장치(OBD: On-Board Diagnostics)[5]

령령으로 정한다.

[4] 「자유무역협정의 이행을 위한 관세법의 특례에 관한 법률」 제4조(협정관세) ① 협정에 따라 체약상대국을 원산지로 하는 수입물품에 대하여 관세를 철폐하거나 세율을 연차적으로 인하하여 부과하여야 할 관세(이하 "협정관세"라 한다)의 연도별 세율·적용기간·적용수량 등은 협정에서 정하는 관세의 철폐·인하비율·수량기준 등에 따라 대통령령으로 정한다.
　② 「관세법」 제83조 및 제84조의 규정은 협정관세에 관하여 이를 준용한다.
[5] 배출가스 자기진단장치(OBD: On-Board Diagnostics)는 자동차 배출가스 관련부품의

의 장착의무를 2008년 말까지 면제하고 있다(제9장 부속서한).

우리나라는 2009년부터 소규모 제작사(연간 판매량 1만 대 이하)에 대한 배출가스 허용기준을 기존보다 2배가량 강화된 기준을 적용할 방침이었으나, 한·미 FTA에서 평균배출량 제도(FAS)를 도입함으로써, 미국산 수입차에 대해서는 당초 방침의 절반가량 수준에서 배출가스 허용기준을 유지해 주기로 하고 있다. 그 결과 국내 자동차 제작사에게는 기존 방침대로 강화된 수준의 배출 허용가스 기준을 적용하면서 미국산 수입차에 대해서만 특혜를 부여하여 국내산 자동차와의 역차별을 유발함은 물론 정부 스스로 환경개선정책의 흐름에 역행하는 조치를 취하고 있다는 지적이 있다.

한편, 양 당사국은 자동차 표준(안전 및 환경 기준)과 관련하여 양국 정부 및 국제기구에서의 협력을 강화하기 위하여 자동차표준 작업반(Automotive Working Group)을 설치·운영하기로 하고 있다.

IV. 안전기준

자동차의 안전기준과 관련하여서는 제9장의 부속서한에서 미국산 수입차에 대해서도 한국의 안전기준을 적용할 수 있도록 하되, 6,500대 이하로 한국에서 판매되는 수입차에 대해서는 한국기준과 미국기준을 선택해서 사용토록 허용하고, 제작사별 한국 판매량이 6,500대를 초과하는 경우에는 예외 없이 한국기준만을 적용하기로 하고 있다. 한편, 추가협상을 통하여 25,000대 이하 제작사에 대해서는 미국기준 충족 시 우리기준을 충족하는 것으로 수정하였다.

우리나라의 안전기준은 2003년 1월 형식승인제도(type approval)[6]에서

오작동으로 인해 배출가스가 증가할 경우, 차내 계기판의 정비지시등(Check Engine 등)을 점등시켜 운전자에게 알려주는 장치이다. 우리나라의 경우 2003년 말 대기환경보전법 시행규칙을 개정해 OBD 부착을 의무화하는 법적 근거를 마련했고, 2004년 6월 관련 고시를 확정했다.

미국식 자기인증제도(self-certification)[7]로 전환되었으나, 미국산 수입차에 대해서는 1995년과 1998년에 체결된 「한·미 자동차 MOU」에 따라 사전·사후 검사 시 한국의 안전기준이 적용되지 않고 있었다. 제9장의 부속서한에서 그동안 「한·미 자동차 MOU」에 근거하여 미국산 수입차에 대해 미국 안전기준의 적용을 허용해 오던 것을 한·미 FTA의 체결을 통해 앞으로는 원칙적으로 한국기준을 적용토록 전환하였다는 점에 그 의의가 있다.

그러나 추가협상을 통하여 25,000대 이하 제작사에 대해서는 미국기준 충족 시 우리기준을 충족하는 것으로 수정하고 있는바, 이는 점차 안전기준을 강화한다는 정책방향이 미국산 수입자동차에 대해서는 사실상 후퇴한 셈이라는 비판이 제기되고 있다.

V. 자동차작업반

각 당사국의 대표자로 구성되는 자동차작업반(Automotive Working Group)을 설치하며, 한국의 외교통상부와 미국 무역대표부의 대표가 조정자(Coordinators) 역할을 한다(부속서 9-나). 작업반은 표준, 기술규정 및 적합성 평가절차의 개발·이행 및 집행에 대하여 협의한다. 또한 자동차 규제문제를 다루는 다자간 포럼에서 양 당사국 간 협력을 증진하기 위하여 노력한다(제9.7조제1항).

작업반은 최소 매년 1회 이상 소집되며, 통상적으로 국제연합 유럽경제위원회의 자동차규제 조화를 위한 세계포럼(WP. 29) 및 양 당사국 모두가 참여하고 자동차 규제문제를 다루는 그 밖의 양자간 또는 다자간 포럼의

---

6) 형식승인제도는 유럽, 일본 등 대부분 국가들에서 시행되고 있는 제도로서 자동차 판매 이전에 안전기준을 충족하는지 여부를 정부가 사전검사하는 제도이다.

7) 자기인증제도는 제작자가 자율적으로 안전기준을 충족시키게 하고 차량 판매를 허용하되, 정부는 사후적합성 검사를 하고 문제가 있을 경우 강제로 리콜(recall)하는 제도이다.

회의와 연계하여 개최된다(부속서 9-나. 제3항). 당사국이 비정부 전문가 또
는 이해당사자에게 자국이 개발 중인 관련 표준, 기술규정 또는 적합성평가
절차 등에 대한 의견제시를 요청하며, 그 정보를 작업반에 제공한다(부속서
9-나. 제4항).

VI. 자동차 분쟁해결 절차와 스냅백(Snap Back)

자동차 분쟁해결 절차와 관련하여서는 제22장의 부속서 22-가에서 양 당
사국이 협정의 일반적인 분쟁해결 절차보다 신속한 분쟁해결 절차를 적용하
기로 하고 있다(부속서 22-가).

신속분쟁해결 절차는 총 14개월 내외의 기간이 소요되는 일반적인 분쟁
해결 절차기간의 1/2수준인 약 7개월 미만으로 단축되는 것으로서, 구체적
으로는 ①일반 양자간 협의 생략, ②공동위원회(Joint Committee)협의를
60일에서 30일로 단축, ③패널설치 후 최초보고서 제출기간을 180일에서
120일로 단축, ④최종보고서 제출기간을 45일에서 21일로 단축하여 진행되
는 것 등이다.

그리고 패널이 당사국의 특정조치가 협정에 위반되거나 또는 관련 이익
을 무효화·침해하여 심각하게 판매 및 유통 등에 영향을 미친다고 판정한
경우에는, 관세철폐를 FTA 이전으로 복귀가 가능하도록 허용하는 스냅백
(Snap Back) 제도를 규정하고 있다(부속서 22-가. 제5항). 스냅백 관련 규
정은 일반승용차(HS 8703)[8]에 해당되는 상품에 대해서만 적용된다. 협정
문상으로는 양국 모두가 이 제도를 이용할 수 있다. 이 경우 한국은 미국산
승용차에 대하여 8% 관세를, 미국은 한국산 승용차에 대하여 2.5%의 관세
를 환원하여 부과할 수 있다. 그런데 자동차부문 협상이 사실상 미국의 관

---

8) HS 8702는 10인 이상 수송용 자동차, HS 8704는 화물자동차, HS 8705는 특수용도차
량을 말한다.

세장벽 대 한국의 비관세장벽의 맞교환 형식을 취하고 있다. 따라서 협정 위반으로 인한 피소의 가능성은 관세 외에 비관세장벽까지 양허한 한국이 미국보다 상대적으로 높다. 그러므로 스냅백 제도는 형식상으로는 상호주의를 취하고 있으나, 우리에게 특히 불리한 제도라는 비판이 가능할 것이다.

한편, 문제가 된 협정 위반 조치가 시정된 경우에는 관세 환원 조치는 다시 철회되며, 신속분쟁해결절차는 10년간 활용되지 않는 경우에는 동 절차가 자동으로 종료된다(부속서 22-가. 제8항).

VII. 자동차 긴급수입제한조치(Safeguard)

자동차 긴급수입제한조치(Safeguard)는 발동대상이 자동차에 국한되고, 발동기간은 최장 4년(2년+2년)이며, 그리고 발동횟수에 제한이 없을 뿐만 아니라, 최초 2년간은 보상에 대한 합의가 없더라도 보복이 금지되고, 발동 가능기간은 관세철폐 이후 10년간 발동이 가능하다(추가협상 서한교환. 제4절).

반면에, 한·미 FTA에서 일반 긴급수입제한조치는 발동기간이 최장 3년 (2년+1년)이고, 발동이 1회에 한정되며, 조치 1년 이후 점진적으로 규제수준을 낮추어야 하며, 조치가능기간이 협정발효 후 10년간(관세철폐기간이 10년 이상이면 그 기간)이다.

추가협상의 발동가능기간이 관세철폐기간 이후 10년간 발동이 가능하므로 한국산 자동차의 대미자동차 시장에 대한 접근이 상당 기간 추가적으로 제한을 받을 수 있다.[9] 그리고 일반 긴급수입제한조치는 발동 이후 30일 이내에 보상에 관하여 합의하지 못하면, 상대국은 실질적으로 동등한 무역

---

9) 트럭의 경우 추가협상에 따라 연기된 7년을 포함하여 17년 뒤에 관세가 완전철폐되는데, 이 경우 그 이후 또 10년이 지난 협정발효 후 27년이 지나야 실질적인 제한 없는 접근이 가능하다. 한편, 승용차의 경우는 관세철폐시한이 4년 연기됨으로써 4년 이후 관세의 즉시철폐 이후 10년이 지난 14년이 지나야 한다.

〈표 4〉 긴급수입제한조치의 비교

	한·미 FTA 일반 SG	자동차 SG
발동기간	2년+1년	2년+2년
발동횟수	1회 한정	제한 없음
잠정조치	최소 20일 공고 및 최소 45일 조사	-
점진적 자유화	조치 1년 후 점진적 자유화	-
보상	보상에 대한 협의 후 보복행사 가능	최초 2년간 보복 금지
조치가능	발효 후 10년(10년 이상 관세철폐인 경우에는 해당기간)	관세철폐기간+10년

효과를 가지는 양허의 적용을 정지할 수 있으나(제10.4조), 추가협상에 의하여 자동차의 경우 2년간은 이러한 보복이 제한된다.

또한 동일한 자동차 품목에 대하여 긴급수입제한조치를 취할 수 있는 횟수에 제한을 두지 않고 있으나, 일반 긴급수입제한조치는 1회에 한정된다. 반덤핑관세나 상계관세 및 세이프가드 등 무역구제조치에 대한 조사가 개시되는 경우 최종 판정에 관계없이 수입선에 적지 않은 변화가 생겨서 최소 10% 이상의 수입이 감소하는 일명 냉각효과(chilling effect)가 발생하는 것으로 알려져 있다.[10]

[10) 손기윤, "한·미 FTA 추가협상의 통상법적 분석: 자동차특별세이프가드 규정을 중심으로,"『법학논총』제35권 제2호(2011. 12), p.430.

3

농업

 농산물도 상품의 일종이나, 한·미 FTA 협정에서는 제2장(상품에 대한 내국민대우 및 시장접근)에 규정하지 않고, 제3장(농업)으로 별도로 규정하고 있다. 협정문안의 구성을 보면, 관세율할당의 운영 및 이행(제3.2조, 부록 2-나-1), 농업 긴급수입제한조치(제3.3조, 부속서 3-가), 그리고 농산물 무역위원회의 설치(제3.4조) 등을 규정하고 있다.

 우리나라는 주요 민감품목에 대해 양허제외(쌀), 현행관세 유지, 계절관세, 세번분리, 농산물 세이프가드 도입 등 예외적인 취급과 함께 15년 이상의 관세철폐기간을 확보하고 있다.

 그러나 WTO 농업협정에서 우리나라의 쌀의 관세화 유예조치는 2014년 종료되게 된다. 그러므로 WTO 농업협정에 의거 2015년부터 쌀의 관세화를 단행하여야 할 것이다. 한편, 현행관세를 유지하면서 관세율할당(TRQ)이 적용되는 일부 품목은 5년 차부터 무관세 TRQ 물량이 3%로 복리로 종료기한 없이 증가하게 된다. 또한 농산물 긴급수입제한조치(ASG)는 30개 품목으로 제한되며 이 중 13개 품목은 무관세물량으로 할당되어 있다.

I. 농산물의 양허

농업분야 양허 현황을 보면, 총 1,531개 농수축산물(HS 10단위) 가운데 37.8%인 578개 품목에 대해 관세를 즉시 철폐(수입액 기준 55.3%)하고, 87.7%인 1,342개 품목의 수입관세를 10년 이내에 철폐하기로 하는 등 약 97.3%인 1,490개에 해당하는 품목의 수입관세를 한·미 FTA 발효 15년 이내에 철폐하기로 하였다.

한편, 주요 민감품목에 대해 양허제외(쌀), 현행관세 유지, 계절관세, 세

〈표 1〉 주요 품목의 양허유형별 구분

양허 유형	주요 품목
양허 제외	쌀
현행관세, TRQ	오렌지(성출하기), 식용대두, 식용감자, 탈지·전지분유, 연유, 천연꿀
계절관세	포도(성출하기 17년, 비출하기 5년), 칩용 감자(출하기 7년 유예 후 8년, 비출하기 즉시철폐)
장기철폐, 세번분리	사과(후지 20년, 기타 10년), 배(동양배 20년, 기타 10년)
장기철폐, 세이프가드	쇠고기(15년), 돼지고기(냉장, 10년), 고추·마늘·양파(15년), 인삼(18년), 보리(15년), 맥주맥·맥아(15년), 전분(10~15년)
15년	호두(미탈각), 밤, 감귤, 송이버섯, 표고버섯, 필터담배
12년	닭고기(냉동가슴살, 날개), 냉동양파, 수박, 보조사료
10년	복숭아, 감, 단감, 감귤주스, 잎담배, 자두
6~9년	신선 딸기(9년), 맥주·살구·팝콘용 옥수수·아이스크림(7년), 돼지고기(2014. 1. 1.까지, 냉동육 등), 호두(탈각)·옥수수유(6년)
5년 이내	완두콩·감자(냉동)·토마토주스·오렌지주스·위스키·브랜디(5년), 해조류(3년), 아보카도·레몬(2년)
즉시 철폐	오렌지주스(냉동), 산 동물, 화훼류, 커피, 포도주, 밀, 사료용 옥수수, 채유용 대두, 아몬드

* 괄호안의 숫자는 관세철폐기간
자료: 기획재정부, 『한·미 FTA 산업별 보완대책 안내』(2008. 4)

〈표 2〉 농산물 분야 한·EU, 한·미 FTA 양허비교

양허 유형	한·EU FTA				한·미 FTA			
	한국 양허		EU 양허		한국 양허		미국 양허	
	품목(%)	수입액(%)	품목(%)	수입액(%)	품목(%)	수입액(%)	품목(%)	수입액(%)
즉시 (A)	42.1	19.5	91.8	88.3	37.8	55.3	58.7	82.0
2-3년 (B)	1.2	17.9	0.5	0.9	2.5	0.2	0.6	0.1
3년 내 (A)+(B)	43.3	37.4	92.3	89.2	40.3	55.5	59.3	82.1
5년 (C)	19.2	27.9	5.8	10.3	22.0	11.9	22.1	2.0
5년 내 (A)+(B)+(C)	62.5	65.3	98.1	99.5	62.3	67.4	81.4	84.1
6~7년	3.3	4.1			2.9	4.1	5.1	13.8
10년	19.9	21.9			22.5	4.7	9.9	2.0
10년 초과	11.5	8.5			10.2	15.7	3.6	0.0
양허제외/ 현행관세	2.8	0.2	1.9	0.5	2.0	8.1		
합계	100.0	100.0	100.0	100.0	100.0	100.0	100.0	100.0

농업세이프가드, 수입쿼터 등은 관세철폐연도에 따라 분류
자료: 관계부처합동, 『한·EU FTA 주요내용』(2010. 10); 관계부처합동, 『한·미 FTA 주요내용』
(2012. 6)

번분리, 농산물 세이프가드 도입 등 예외적 취급과 함께 15년 이상의 관세
철폐기간을 확보하고 있다.

먼저, 쌀 및 쌀 관련 제품(16개 세번)은 양허대상에서 제외하였다. 현행
관세 유지 및 수입쿼터 제공인 감귤, 출하기의 오렌지, 식용감자, 식용대두
및 천연꿀 등의 관세는 기존의 현행관세를 그대로 유지하되, 대신 무관세
쿼터를 제공하고 있다. 세번분리[1]는 양국의 주력 품종이나 용도가 구분되

---

1) 한·미 FTA 양허협상은 HS 10단위를 기준으로 하였으나, 양국의 주력 품종이나 용도

는 경우, 우리나라에서 생산되는 농산물을 보호하기 위하여 관세율표상 세
번(품목분류번호)을 분리하였는 바, 감자와 대두의 경우 식용은 현행관세를
유지하되 가공용은 관세를 철폐하였으며, 사과와 배는 우리나라에서 주로
생산되는 후지(사과)와 동양배 품종은 20년에 걸쳐 관세를 철폐하기로 하
되, 기타 품종은 10년에 걸쳐 관세를 철폐하기로 하였다.

그리고 계절관세와 관련하여 민감품목 중 수확·유통 기간이 비교적 뚜렷
하게 구분되는 포도(5월~10월), 오렌지(9월~2월), 칩용감자(5월~11월) 등
은 수확·유통기간을 분리하여 관세를 차별화하였다. 한편, 농산물 긴급수
입제한조치에 대해서는 쇠고기, 돼지고기, 사과 등 민감품목과 고추, 마늘,
양파, 인삼, 보리 등 고관세 적용 품목에 대하여 관세철폐로 인해 일정 물량
이상 수입이 급증할 경우 관세를 다시 올려 국내시장의 교란을 방지하는
완충장치로 도입하고 있다.

II. 관세율할당(TRQ)의 도입과 무관세 허용

한·미 FTA 농업(제3장)에서는 관세율할당(TRQ: Tariff Rate Quotas)을
도입하면서, 품목별로 규정된 물량에 대하여는 무관세를 허용하고 있다(제
3.2조, 부록 2-나-1). 즉, TRQ가 적용되는 품목은 19개 품목인데, 식용유장
의 9년에서 수삼과 백삼의 17년까지 시차를 두고 무관세 TRQ를 도입하고
있다.

원래 관세율할당(TRQ)이란 특정품목에 적용하는 관세를 고율관세와 저
율관세로 구분하여 일정물량에 대해서는 저율관세를 적용하고 이를 초과하
는 물량에는 고율관세를 적용하는 제도를 말한다.

가 구분되는 경우, 우리나라에서 주로 생산되는 부분을 보호하기 위해 HS 10단위 특정
품목을 두 개로 구분하여 각각의 양허유형을 차별화하였다(예를 들어 신선사과를 후지
와 기타로 구분하여 후지의 경우 20년간 관세를 철폐하기로 하고, 기타 품종은 10년간
관세를 철폐하기로 함).

〈표 3〉 관세율할당 및 무관세 물량 도입품목

① 넙치류(11년), 1년(1,530톤)~11년(3,303톤)/12년 차 무제한
② 명태(14년), 1년(4,000톤)~14년(12,263톤)/15년 차 무제한
③ 민어(11년), 1년(1,000톤)~11년(1,629톤)/12년 차 무제한
④ 분상의 밀크 또는 크림, 버터밀크 등, (1년(5,000톤)~5년(5,628톤))/
    5년 차 후 3% 복리로 증가
⑤ 식용유장(9년), 1년(3,000톤)~9년(3,800톤)/10년 차 무제한
⑥ 버터와 우유추출 기타 유지방(9년), 1년(200톤)~9년(253톤)/10년 차 무제한
⑦ 치즈(14년), 1년(7,000톤)~14년(10,280톤)/15년 차 무제한
⑧ 천연꿀, (1년(200톤)~5년(225톤))/5년 차 후 3% 복리로 증가
⑨ 신선 또는 냉장 감자, (1년(3,000톤)~5년(3,377톤))/5년 차 후 3% 복리로 증가
⑩ 오렌지, (1년(2,500톤)~5년(2,814톤))/5년 차 후 3% 복리로 증가
⑪ 보리(14년), 1년(2,500톤)~14년(3,234톤)/15년 차 무제한
⑫ 맥아 및 맥주맥(14년), 1년(9,000톤)~14년(11,642톤)/15년 차 무제한
⑬ 옥수수 전분(14년), 1년(10,000톤)~14년(14,685톤)/15년 차 무제한
⑭ 식용대두, (1년(10,000톤)~5년(26,523톤))/5년 차 후 3% 복리로 증가
⑮ 수삼 및 백삼(17년), 1년(5.7톤)~17년(9.1톤)/18년 차 무제한
⑯ 사료용 식물(기타)(14년), 연간(200,000톤)/15년 차 무제한
⑰ 조제분유 및 기타(9년), 1년(700톤)~9년(887톤)/10년 차 무제한
⑱ 보조사료(11년), 1년(5,500톤)~11년(7,392톤)/12년 차 무제한
⑲ 덱스트린(11년), 1년(14,000톤)~11년(18,815톤)/12년 차 무제한

주: 괄호 속의 연도 표시는 관세철폐기간을 말하고, 톤은 무관세가 허용되는 물량을 말하며 관세철
    폐 기간까지 일정 비율로 매년 증가함
자료: 한·미 FTA 부록 2-나-1. 대한민국관세율할당. 재정리

협정에서 일정 기간을 정하여 무관세 TRQ 물량을 허용한 품목은 넙치류
(11년), 명태(14년), 민어(11년), 식용유장(9년), 버터와 우유추출 기타 유지
방(9년), 치즈(14년), 보리(14년), 맥아 및 맥주맥(14년), 옥수수 전분(14
년), 수삼 및 백삼(17년), 사료용 식물(기타)(14년), 조제분유 및 기타(9년),
보조사료(11년), 덱스트린(11년) 등이 있다.

그리고 이 외에 현행관세를 유지하면서 TRQ가 적용되는 품목은 TRQ가

종료되는 시점이 없다. 즉, 언제까지 들여와야 하는지가 명시되어 있지 않다. 이들 품목은 분상의 밀크 또는 크림과 버터밀크 등, 천연꿀, 신선 또는 냉장감자, 오렌지, 식용대두 등의 품목으로, 5년 차부터 무관세 TRQ 물량을 매년 3%씩 복리로 증량하고 있다. 이러한 무관세 물량의 5년 차 이후의 3% 복리 증가는 증가되는 물량이 현행관세 유지의 의미를 상실시킬 수 있다.

III. 농산물 긴급수입제한조치(ASG)

농산물 긴급수입제한조치(ASG: Agricultural Safeguard Measures)는 부속서 3-가에 따라 각 품목의 연도별 발동기준 물량을 정하여 이를 초과할 경우 추가관세를 적용할 수 있도록 하고 있다(제3.3조제1항). 농업 긴급수입제한조치는 제10장(무역구제)상의 긴급수입제한조치, 그리고 GATT(1994) 제19조 및 WTO 긴급수입제한조치에 관한 협정상의 조치와 함께 적용되지 않는다(제3.3조제4항). 그리고 농업 긴급수입제한조치는 부속서 3-가의 양허표에 기재된 기간이 만료되면 적용할 수 없다(제3.3조제7항).

이는 적용대상 품목이 30개로 한정하고 있으며(〈표 6〉 농산물 긴급 수입 제한 조치(ASG) 및 무관세할당 적용품목 참조), 발동 60일 이내에 상대국에 서면으로 통보하도록 하고, 요청이 있는 경우 그 조치의 적용에 관하여 상대국과 협의하도록 규정하고 있으며, 일반 세이프가드조치와는 달리 발동횟수에 제한이 없다.[2]

그런데 이 조치를 발동할 수 있는 요건은 품목별로 과거 대미 최대수입량보다 높은 수준에서 발동하도록 하는 등 가격기준을 배제하고, 물량기준만이 적용되도록 하고 있다. 이는 WTO 농업협정의 특별긴급수입제한규정(SSG: Special Safeguard Provisions)[3]에서의 가격과 물량 두 가지를 발동

---

[2] 일반 상품의 세이프가드 조치(Safeguard Measures)는 동일 품목에 대해 1회에 한하여 발동이 가능하도록 규정하고 있다.

〈표 4〉 WTO 세이프가드조치의 비교

구분	WTO SG	WTO 농업 SSG
발동요건	• 세이프가드협정 제4조제2항에 예시되는 여러 요인에 대하여 반드시 고려 • 국내산업 피해와의 인과관계 검토 필요	• 가격기준 수입가격하락과 수량기준 수입량증가 이외에는 고려가 필요 없음 • 인과관계 검토 불필요
발동 시 고려사항	• 반덤핑, 보조금 상계관세와는 달리 세이프가드와 특별세이프가드 둘 다 공익(public interest) 조항이 없음. 즉 생산자들이 입게 되는 피해 측면만 관심을 갖고, 소비자들의 반응을 살펴보는 단계가 없음	
조치내용	• 조치로는 관세인상 혹은 수량제한조치 모두가 가능. 단, 두 개의 조치 중 어느 것이 적합한 것인지에 대한 적절한 근거를 제시해야 함	• 관세인상조치만 허용
발동기간	• 4년까지 하되, 최대 8년 (개도국은 10년)까지 가능	• 수량기준의 경우 해당연도 말까지 가능. 단, 조건이 맞으면 매년 갱신 • 가격기준은 엄밀한 기준이 없음
보상의무	• 보상의무. 단, 수출국에 대한 보상의무를 3년 동안 정지	• 보상의무 없음
최소수입 비중	• 시장비중에서 3% 이하에 해당하면 발동할 수 없음	• 최소수입비중이 없음
잠정조치 등	• 잠정조치(provisional measures)나 중간검토(mid-term review)에 대하여 규정	• 규정 없음

기준으로 하는 점과 다르다. WTO 농업협정상의 특별세이프가드는 해당연도의 관련상품 수입량이 특정수준(certain trigger level)을 초과하거나 혹은 수입품의 가격이 특정가격(trigger price) 이하로 떨어지는 경우 별도의 산

---

3) SSG는 농산물에만 적용하는 농업 특별세이프가드로 수입물량이 일정 수준을 초과하거나 국제가격이 일정수준 이하로 하락하면 별도의 산업피해나 인과관계에 대한 조사 없이 발동되는 특징을 가지고 있다.

〈표 5〉 쇠고기 긴급수입제한조치 발동수준

이행 연도	1	3	5	6	11	15	16
발동수준(톤)	270	282	294	300	330	354	해당없음
긴급수입제한조치 관세율(%)	40.0	40.0	40.0	30.0	24.0	24.0	0

자료: 부속서 3-가. 농업 긴급수입제한조치. 대한민국양허표

업피해나 인과관계에 대한 조사 없이 자동 발동된다는 특징을 갖고 있다. 따라서 미국 농산물의 영향으로 국내산 가격이 크게 떨어져 농가소득이 급감하더라도 발동 기준물량에 도달하지 못하면 세이프가드를 발동할 수 없도록 규정한 것은 농산물 시장보호 측면에서 일정한 한계가 있을 것으로 보인다.

쇠고기의 경우 농산물 긴급수입제한조치(ASG)를 발동하기 위해서는 1년 차에 27만 톤 이상에서 매년 6천 톤씩 증량하여 15년 차에 35만 4천 톤 이상이 수입되어야 가능하게 되어 있다. 그런데 이 물량을 초과하는 경우 추가관세가 부과되는데 쇠고기의 관세율 40%는 우리나라의 양허관세율인 바, 1년 차부터 5년 차까지는 이 관세율이 적용되므로 5년 차까지 추가관세율에 의한 규제는 실효성이 문제된다.

또한 조치의 대상품목은 HS 10단위 기준 75개로 제한하고 나머지 농산품들은 일반상품과 마찬가지로 일반 세이프가드를 적용하여야 한다. 이는 HS 10단위 기준 1,531개 중 75개 품목으로 4.9%에 불과하다. WTO 농업협정에서의 특별긴급수입제한규정에서도 농산물 HS 10단위를 기준으로 121개 품목이 포함되었다는[4] 점을 감안할 때, 다자간 협상에서 인정하는 범위보다

---

4) WTO 농업협정 제5조에서는 농산물을 개방하는 조건으로 관세율을 국내외 가격차(TE: Tariff Equivalent)로 양허한 품목에 대하여 특별긴급수입제한(SSG: Special Safeguard)을 허용하였다. 당시 우리나라는 121개 품목(HSK 10단위 기준)이 TE세율 양허품목이

낮은 수준으로 농산물의 급격한 수입증가에 따른 피해를 방지하기에는 한계가 있을 수 있다.

한편, 농산물 긴급수입제한조치는 대상품목의 대부분은 관세철폐기간 종료 이후에는 발동할 수 없도록 하되, 사과(후지품목에 한함), 고추, 마늘, 양파 등 일부품목에 한하여 관세철폐 이후 약 3년 동안(설탕의 경우 4년) 발동할 수 있도록 규정하고 있다.

IV. ASG의 적용품목 중 일부 무관세 할당

한·미 FTA에서는 30개 품목을 농산물 긴급수입제한조치(ASG) 적용대상으로 규정하고 있다. 그런데 30개 품목 중 콩류, 고구마 등 13개 품목과 관세율할당(TRQ)이 적용되는 맥아 및 맥주맥 등 4개 품목 등 총 17개 품목은 일정량이 무관세로 할당되어 있다. 이 무관세 물량은 선착순에 따라 무관세로 들어온다(부속서 3-가 제3항).

규정된 일정량 이하 물량이 무관세로 규정된 13개 품목은 ⑥ 콩류(검정녹두, 팥, 녹두), ⑦ 고구마, ⑧ 기타 뿌리 및 괴경(塊莖)류, ⑭ 팝콘, ⑮ 옥수수, ⑯ 메밀, ⑰ 곡류·곡물의 분쇄물·가공곡물, ⑱ 감자의 분·조분·분말·플레이크·입 및 펠리스, ⑳ 감자전분, ㉑ 매니옥 전분, ㉒ 고구마 전분, ㉓ 기타 전분 그리고 ㉙ 주정 등 13개 품목이다.

이와 함께 TRQ로 할당된 물량이 무관세로 들어오는 품목은 ⑫ 맥아 및 맥주맥, ⑬ 보리, ⑲ 옥수수 전분, ㉚ 덱스트린 등 4개 품목이다. ASG 적용대상 30개 품목 중에서 17개 품목은 할당된 일정량 이하의 경우 무관세로 들어올 수 있게 규정하고 있다.

원래 긴급수입제한 조치(Safeguard Measures)는 수입량 급증 또는 수입가격 하락으로 국내의 동종 품목에 심각한 피해를 초래한 경우 이를 보호하

었다.

〈표 6〉 농산물 긴급수입제한조치(ASG) 및 무관세 할당 적용품목

---

① 쇠고기(15년, 40%), ② 돼지고기(10년, 22.5%), ③ 양파(18년, 135%), ④ 마늘(18년, 360%), ⑤ 고추(18년, 270%), ⑥ 콩류(검정녹두, 팥, 녹두)(15년, 595·412%/55%/0%)/일정한 ASG 발동조치 이하 물량은 무관세, ⑦ 고구마(10년, 373%/55%/0%)/일정한 ASG 발동조치 이하 물량은 무관세, ⑧ 기타 뿌리 및 괴경류(10년, 373%/0%)/ASG 발동조치 이하 물량은 무관세, ⑨ 사과(23년, 45%)/11년 차부터는 후지사과만 적용, ⑩ 녹차(18년, 513.6%), ⑪ 생강(18년, 377.3%), ⑫ 맥아 및 맥주맥(15년, 502·263%/0%)/ASG 발동조치 이하 물량(TRQ와 동일)은 무관세, 단 15년 차는 무제한, ⑬ 보리(15년, 317·293%/0%)/ASG 발동조치 이하 물량(TRQ와 동일)은 무관세. 단, 15년 차는 무제한, ⑭ 팝콘(7년, 601%/55%/0%)/일정한 ASG 발동조치 이하 물량은 무관세, ⑮ 옥수수(기타)(7년, 313%/55%/0%)/일정한 ASG 발동조치 이하 물량은 무관세, ⑯ 메밀(15년, 251·783%/55%/0%)/일정한 ASG 발동조치 이하 물량은 무관세, ⑰ 곡류, 곡물의 분쇄물, 가공곡물(15년, 783%/55%/0%)/일정한 ASG 발동조치 이하 물량은 무관세, ⑱ 감자의 분, 조분, 분말, 플레이크, 입 및 펠리스(10년, 294%/0%)/ASG 발동조치 이하 물량은 무관세, ⑲ 옥수수 전분(15년, 221%/0%)/ASG 발동조치 이하 물량(TRQ와 동일)은 무관세, 단 15년 차는 무제한, ⑳ 감자 전분(15년, 445%/0%)/일정한 ASG 발동조치 이하 물량은 무관세, ㉑ 매니옥 전분(15년, 445%/0%)/일정한 ASG 발동조치 이하 물량은 무관세, ㉒ 고구마 전분(15년, 236%/0%)/일정한 ASG 발동조치 이하 물량은 무관세, ㉓ 기타 전분(15년, 783%/0%)/일정한 ASG 발동조치 이하 물량은 무관세, ㉔ 낙화생(18년, 230.5%), ㉕ 참깨(18년, 630%), ㉖ 인삼(20년, 222.8%/754.3%/754.3%), ㉗ 참기름(18년, 630%), ㉘ 설탕(20년, 50%), ㉙ 주정(15년, 264%/55%/0%)/일정한 ASG 발동조치 이하 물량은 무관세, ㉚ 덱스트린(12년, 375%/0%)/ASG 발동조치 이하 물량(TRQ와 동일)은 무관세. 단, 12년 차는 무제한

주: 괄호 속의 연도는 관세철폐기간을 말하며, %는 관세율인데 발동수준별로 단계화하고 있음
자료: 한·미 FTA 부속서 3-가. 농업 긴급수입제한조치. 대한민국양허표 재정리

기 위하여 발동된다. 그러나 한·미 FTA ASG는 물량 기준만 적용하여, 가격기준은 배제하고 있다. 특히 ASG 발동조치 이하 물량은 무관세로 함으로써 ASG 효과가 반감될 수 있다. 특히 맥아 및 맥주맥, 보리, 옥수수 전분,

덱스트린 등 4개 품목은 TRQ로 발효 1년 차부터 ASG 기준물량이 무관세로 들어오면서 이들 품목은 즉시 개방과 같은 결과를 초래하여 ASG가 무력화 될 수 있을 것으로 보인다.

V. WTO 농업협정에서 개도국 지위와 한·미 FTA

우리나라는 WTO 농업협정에서 개도국의 지위를 유지하였고, WTO 출범 이후 2001년 시작된 DDA(Doha Development Agenda) 협상에서도 개도 국 지위 유지를 위하여 노력하였다.

WTO 농업협정에서 개도국의 우대내용을 보면, 관세 및 보조금의 감축 폭이 선진국의 감축 폭에 비해 2/3 수준이었고, 그 이행기간도 선진국의 6 년 대비 10년으로 4년이 더 길었다.

한편, DDA 농업협상에서도 WTO 농업협정에서 비관세장벽이 관세로 전환된 결과 관세감축이 가장 중요한 쟁점으로 떠오르게 되었다. DDA 농 업협상은 3개 주요의제, 즉 시장접근(market access), 국내보조(domestic

〈표 7〉 WTO 농업협정에서의 개도국 우대 내용

항목	선진국	개도국	최빈개도국	비고
• 관세			감축의무 면제	
- 감축 폭	36%	24%		
- 감축 이행기간	6년	10년		
• 보조금			감축의무 면제	
- 수출보조금 감축 폭	36%	24%		
- 국내보조금 감축 폭	20%	13.3%		
- 감축 이행기간	6년	10년		

자료: 외교통상부, 『DDA가 걸어온 길』(2004), p.129

support), 수출경쟁(export competition)으로 나누어 진행되었다. DDA 협상과 관련하여 2004년 8월 자유화세부원칙(modalities)의 윤곽을 결정하는 기본골격합의(framework agreement)가 타결되었다. 관세감축은 높은 관세일수록 더 많이 감축하며, 민감품목(sensitive products)과 개도국에 대한 특별품목(special products)의 개념을 도입하여 개도국의 우대를 합의하였다. 개도국에 특별품목이 인정되므로 이는 민감품목보다도 더 많은 융통성이 주어질 것이다.

여기서 특별품목의 범위와 관련하여 선진국과 개도국 간의 입장차이가 극명하며, 또 하나의 중요 쟁점인 농산물의 관세상한과 관련하여서도 농산물 수입국인 우리나라의 입장은 농산물 수출 선진국과는 다르다. DDA에서도 개도국의 우대조치가 유지됨으로써 우리나라도 개도국 지위 유지를 위하여 노력하였다.

그런데 한·미 FTA(2012)와 한·EU FTA(2011) 등 선진 농산물 수출 경제권과의 FTA 체결은 우리나라의 WTO와 DDA에서 개발도상국 지위유지를 물거품화시킨다. 한·미 FTA(2012) 농업관련 내용은 WTO 농업협정에서 우리나라가 개발도상국 대우로 우대되어 있는 농산물의 관세를 발효즉시에서 쇠고기 10년, 보리 15년, 인삼 18년까지 시간차를 두고 있지만 결국은 모두 철폐시킨다. 물론 관세화 예외 품목인 쌀이 있다. 또한 현행관세를 유지하면서 TRQ가 적용되는 식용대두, 식용감자, 탈·전지분유 및 연유 천연

〈표 8〉 FTA별 농산물 양허 제외 및 즉시철폐 비교

(단위: 개, %)

구분	한·칠레	한·싱가포르	한·EFTA	한·아세안	한·미
양허 제외	412(29%)	484(33.3%)	956(65.8%)	448(30.9%)	16(1%)
즉시철폐	224(15.6%)	232(16.0%)	204(14.1%)	533(36.8%)	576(37.6%)

자료: 국회외교통상상위원회 수석전문위원, 『대한민국과 미합중국간의 자유무역협정 비준동의안 검토보고서』(2008. 11), p.252

꿀이 있으나, 이들 품목은 5년 차부터 무관세 물량이 3% 복리로 증가하게 된다.

한·미 FTA에서 관세화 예외품목은 쌀 및 쌀 관련 제품 16개 품목으로 이는 농산물 전체 1,531개 품목의 1%에 불과하다. 한편, 한·칠레 FTA의 경우는 412개로 29%, 한·싱가포르 FTA의 경우 484개인 33.3%, 한·EFTA FTA의 경우 956개인 65.8%, 한·아세안 FTA는 448개인 30.9%였다. 또한 즉시철폐 품목의 비율을 보면, 한·미 FTA는 총 1,531개 품목 중 37.6%인 576개 품목이었고, 한·칠레 FTA의 경우 224개인 15.6%, 한·싱가포르 FTA의 경우 232개인 16%, 한·EFTA FTA의 경우 204개인 14.1%, 한·아세 안 FTA의 경우 533개인 36.8%이었다.

VI. WTO 농업협정에서 쌀의 관세화

WTO 농업협정은 농산물에 대한 시장접근과 관련하여 예외 없는 관세화 (exceptionless tariffication)[5]에 의한 시장개방을 기본원칙으로 하되, 당장 관세화가 어려운 특정농산물에 대해서는 일정 기간 그 관세화의 유예를 인 정하되 국내소비량의 일정부분을 반드시 개방하게 하였다. 농업협정 제4조 제2항에서는 협정 제5조와 부속서5에 의한 비관세조치를 취할 수 있는 특별 대우(special treatment)[6][7]를 인정하고 있다.

---

5) 관세화(tariffication)란 용어는 UR 농업협상에서 새로 만들어진 용어로서 비관세장벽 을 철폐하고 모든 무역제한의 조치를 관세제도로서만 운영한다는 의미이다.

6) 「농업협정」 부속서5는 예외 없는 관세화를 원칙으로 인정하면서 이를 도저히 수용할 수 없는 한국과 일본의 특별한 사정을 고려한 타협의 결과라 할 수 있는데, 입안 과정 에서 일반화 되어 조건이 맞는 어느 회원국이나 원용할 수 있게 되었다. 그러나 엄격한 조건상 이를 원용한 국가는 한국, 일본, 필리핀, 이스라엘 등 4개국에 그쳤다.

7) 부속서5의 특별대우는 일반조항(Section A)과 개발도상국 조항(Section B)으로 나뉘 어지는데, 관세화를 유예할 수 있는 공통적인 조건은 ① 식량안보 및 환경보호와 관련 된 비교역적 관심사항을 반영할 수 있는 품목, ② 수입량이 기준연도(1996년) 이후

우리나라는 쌀에 대해 관세화 예외조치를 인정받아 1995부터 2004년까지 10년간(개발도상국 지위인정으로 일본보다 4년간 연장) 관세화가 유예되고, 대신 최소시장접근(MMA: Minimum Market Access Agreement)물량을 의무적으로 수입하게 되었다. MMA 물량에 대해서는 5%의 낮은 관세가 부과된다. 이행 첫해인 1995년에는 기준기간(1988~1990년)의 국내 쌀 소비량의 1%(5만 1,000톤)를 수입하고, 그 후 1999년까지는 매년 0.25%씩, 그리고 2000년부터 2004년까지는 연간 0.5%씩 의무수입량을 확대하여 유예 최종 연도인 2004년에는 외국쌀을 20만 5,000톤(국내소비량의 4%)을 수입하였다.

관세화 유예기간 10년이 지난 2004년에 다시 농업협정 부속서5의 제8항[8])에 의거 특별대우의 연장을 위하여 연장 의사를 2004년 1월 WTO에 통보하였다. 그리고 이해 관계국과의 부가적인 사항에 대한 양자 합의[9]) 후, 2005년 국회의 비준동의를 받아 2005년부터 2014년까지 10년간 추가 연장[10])하였다. 쌀의 의무수입물량(MMA)은 2005년 22만 5,575톤('88~'90년

수출보조금의 지급이 이루어지지 않았을 것, ③ 기준연도 이후 수출보조금이 지급되지 않았을 것, ④ 해당 관세화 유예 품목에 대하여 효과적인 국내 생산제한조치가 적용되어 왔거나 현재에도 적용 등이다.

8) 「농업협정」 부속서5
   ⑧ 이행기간의 개시로부터 제10차년도가 종료된 이후 제7항에 명시된 특별대우의 계속이 가능한지 여부의 문제에 관한 협상은 이행기간 개시 이후 제10차년도 그 해의 시간 범위 내에 개시되고 종료된다.

9) 「농업협정」 부속서5
   ⑨ 제8항에 언급된 협상의 결과 회원국이 특별대우를 계속 적용할 수 있도록 합의가 이루어지는 경우 동 회원국은 동 협상에서 결정된 바에 따라 추가적이고 수락 가능한 양허를 부여한다.

10) 한국과 함께 필리핀, 일본은 쌀 관세화 유예로 최소시장접근을 견지하였다. 먼저 일본은 1차 관세화유예 종료기간인 2000년에 앞서 1999년 4월 쌀의 조기관세화를 단행하였고, 한국과 필리핀은 1차 관세화 유예가 종료되던 2004년에 추가협상을 통해 쌀 관세화를 2차 유예하였다. 당시 필리핀은 2012년 6월까지, 한국은 2014년 12월까지 연장되었다. 필리핀은 2012년 2차 유예기간 이후 3차 추가 유예를 위하여 「WTO 설립을 위한 마라케시 협정」에 의한 2012년 이후 5년간의 의무면제(waiver)를 추진하고 있다(이주명, "필리핀 쌀 관세화 유예 추가협상 동향과 시사점," 『(월간) 세계

〈표 9〉 쌀의 연도별 의무수입물량

(단위: 톤)

구분	'05	'06	'07	'08	'09	'10	'11	'12	'13	'14
국가별 쿼터	205,228	205,228	205,228	205,228	205,228	205,228	205,228	205,228	205,228	205,228
-중국	116,159	116,159	116,159	116,159	116,159	116,159	116,159	116,159	116,159	116,159
-미국	50,076	50,076	50,076	50,076	50,076	50,076	50,076	50,076	50,076	50,076
-태국	29,963	29,963	29,963	29,963	29,963	29,963	29,963	29,963	29,963	29,963
-호주	9,030	9,030	9,030	9,030	9,030	9,030	9,030	9,030	9,030	9,030
총량 쿼터	20,347	40,694	61,042	81,389	101,736	122,083	142,430	162,778	183,125	203,472
총계	225,575	245,922	266,270	286,617	306,964	327,311	347,658	368,006	388,353	408,700
밥쌀용 (비율)	22,557 (10%)	34,429 (14%)	47,928 (18%)	63,055 (22%)	79,810 (26%)	98,193 (30%)	104,297 (30%)	110,401 (30%)	116,505 (30%)	122,610 (30%)

자료: 농림수산식품부

소비량의 4.4%)에서 2014년 408,700톤(7.96%)까지 매년 20,347.2톤씩 균등 증량하기로 하였다. 2004년 현재의 최소수입물량 205,228톤은 2001~2003년간의 무역실적을 감안하여 4개국에, 즉 중국 116,159톤, 미국 50,076톤, 태국 29,963톤, 호주 9,030톤이 나라별 쿼터로 할당되면서, 4개국 쿼터 물량을 제외하고 매년 증량되는 물량은 최혜국대우원칙에 따라 공개경쟁입찰 방식에 의한 총량쿼터(global quota)를 적용하기로 하였다.

이행기간 중도에 관세화를 하거나 또는 이행기간이 종료된 경우에는 나라별 할당량이 소멸되고 전량 최혜국대우원칙에 의한 총량쿼터로 전환된다. 또한 의무수입물량은 가공용과 밥쌀용으로 구분하고 밥쌀용은 2005년 MMA 물량의 10%에서 2010년 이후부터 30%로 확대하기로 하였다.

2015년 이후에는 쌀의 관세화를 단행하여야 할 것이다. WTO 농업협정

농업』 제159호(2013. 11), pp.1-11).

에서 특별대우는 2004년의 10년 추가 연장으로 종료된다고 해석된다. 특별
대우의 추가연장과 관련하여 농업협정 부속서5의 제8항에서는 "특별대우의
계속이 가능한지의 문제에 대한 협상은 이행기간 개시 이후 제10차연도 그
해의 시간 범위 내에서 개시되고 종료된다."라고 규정하고 있다. 즉, 2004년
에 협상을 타결하고 추가 연장기간을 설정하였어야 한다. 우리나라는 2004
년에 2014년을 최종으로 하는 추가 연장기간을 유예받았다. 그러므로 WTO
농업협정에서의 유예기간을 모두 소진하였다고 해석하고 있다.[11]

쌀의 관세화 시에는 관세화 당시의 의무수입물량(MMA)은 그대로 유지된
다. 즉, 2014년의 경우 408,700톤은 그대로 저율관세(5%)를 유지하고, 나머
지는 농업협정에 의한 관세상당치의 일반관세가 적용된다. WTO 농업협정
양허안에 우리나라의 쌀의 관세상당치 계산은 1988년부터 1990년까지 국내
쌀값과 수입쌀값의 차이로 하기로 하였다. 그런데 1988년부터 1990년까지
우리나라는 쌀을 수입한 자료가 없기 때문에 인접한 국가의 적절한 평균
수입가격을 활용토록 하고 있다. 그러므로 관세화 전환 시 쌀의 관세상당치
를 보다 크게 인정받도록 협상력을 발휘해야 하는 이유가 여기에 있다.

한편, DDA 농업협상에서는 관세율할당(TRQ: Tariff Rate Quotas)의 증
량문제, 관세율의 대폭 삭감, 또는 농산물에 대한 관세상환의 설정 여부 등
이 우리나라의 개도국 지위 유지 여부에 따라서 쌀 관세화에 큰 영향을 미
칠 수 있는 변수 요인이다. 개도국의 지위를 유지하는 경우는 TRQ 증량문
제가 면제되어 DDA 농업협정에서의 특별품목으로 지정될 수 있을 것이다.
그렇지 않고 쌀이 선진국의 민감품목으로 지정되면 관세율의 감축과 추가적
인 TRQ 증량이 결정될 것이다.[12]

---

11) 최원목·이재형, "2015년 이후에도 쌀 관세화 유예 가능한가?"『시선집중 GS&J』
   (2010. 11. 15), pp.1-7; 이주명, 앞의 글, pp.1-11.

12) 쌀 관세화 문제와 관련하여서는 다음 자료 참조: 이신규, "쌀 관세화유예의 평가와
   과제,"『관세학회지』제10권 제1호(한국관세학회, 2009), pp.283-303; 류병운, "국제
   가격과 DDA협상을 고려한 쌀 조기 관세화 방안,"『홍익법학』제11권 제2호(2010),
   pp.481-497.

4

섬유 및 의류

한·미 FTA 협정 제4장(섬유 및 의류)은 양자긴급조치(제4.1조), 원산지 규정 및 관련 사항(제4.2조), 섬유 및 의류 상품에 관한 세관협력(제4.3조), 그리고 섬유 및 의류 무역 사안에 관한 위원회 설치(제4.4조) 등으로 구성되어 있다.

관세양허 현황을 보면, 양국은 교역대상 섬유 및 의류에 대해 상당 부분 관세의 즉시 철폐에 합의하였는바, 한국은 품목수 기준 97.6%, 수입액 기준 72%에 달하는 품목에 대해 수입관세를 즉시 철폐하고, 나머지 품목에 대해서는 3년 내지 5년의 기간 내에 단계적으로 수입관세를 철폐하기로 하였다. 한편 미국은 품목수 기준 86.8%, 수입액 기준 61.2%에 달하는 품목에 대해 수입관세를 즉시 철폐하고, 나머지 품목에 대해서는 5년 내지 10년의 기간 내에 단계적으로 수입관세를 철폐하기로 하였다.

〈표 1〉 섬유분야 양허안 비교

(단위: 백만 달러, %)

양허 유형	한국				미국			
	품목수	비중	수입액	비중	품목수	비중	수입액	비중
즉시	1,265	97.6	170	72	1,387	86.8	1,654	61.2
3년	7	0.5	32	13.4	-	-	-	-
5년	24	1.9	34	14.6	149	9.3	504	18.6
10년	-	-	-	-	62	3.9	548	20.2
합계	1,296	100.0	236	100.0	1,598	100.0	2,706	100.0

주: 수입액은 2003~2005년 3개년 평균
자료: 관계부처합동, 『한·미 FTA 주요내용』(2012. 1. 6.)

I. 양자긴급조치

관세철폐로 인한 완충장치의 하나로 섬유 긴급조치(Emergency Actions)를 도입하고 있는바, 이는 특혜관세의 적용에 따른 수입증가로 산업피해가 발생하는 경우에 특혜관세의 인하를 정지하거나 최혜국대우 세율 내에서 관세를 인상할 수 있도록 하는 것이다(제4.1조제1항).

섬유 양자긴급조치(Bilateral Emergency Actions)는 WTO 긴급수입제한조치(Safeguards)와는 달리 수량제한을 할 수 없고, 수출국의 보복조치가 허용되며, 품목별 관세철폐 후 10년 내에만 발동할 수 있고, 1회 발동기간은 최초 발동 시 2년으로서 최대 2년까지만 존속이 가능하며, 동일품목에 대해서는 재발동이 금지되는 등의 특징이 있다. 이 긴급조치는 제10장의 긴급수입제한조치(Safeguard Measures: 일반SG) 또는 GATT(1994) 제19조 및 WTO 긴급수입제한조치(WTO 일반SG)와 함께 취하거나 유지될 수 없다(제4.1조제7항).

〈표 2〉 섬유 세이프가드조치의 비교

구분	한·미 FTA 섬유 EA*	한·미 FTA 일반SG**	WTO 일반SG
발동 기간	2년+2년	2년+1년	4년+4년
존속 기간	이행기간 만료일로부터 10년	이행기간	없음
발동 요건	동종 또는 직접 경쟁적인 섬유상품을 생산하는 국내산업에 심각한 피해(serious damage) 또는 피해의 실질적 우려를 야기(cause actual threat)할 만큼 증가된 수량으로 수입	동종 또는 직접 경쟁적인 상품을 생산하는 국내산업에 심각한 피해(serious injury) 또는 그 우려(threat)의 실질적 원인(substantial cause)을 구성(constitute)할 정도로 수입 증가	국내생산에 비해 증가된 수입량으로 인해 동종 또는 직접 경쟁적인 상품을 생산하는 국내산업에 심각한 피해(serious injury)를 야기하거나 야기할 우려(cause or threaten to cause)가 있을 정도로 수입 증가
조치 수단	양허정지 또는 최혜국 실행 관세로 복귀	양허정지 또는 최혜국 실행 관세로 복귀(계절 관세 특례 있음)	관세조치 및 수량제한
보상 조치	발동국은 실질적으로 상응한 섬유상품의 양허로써 보상	발동국은 발동 대상국과 협의하여 실질적으로 상응하는 보상을 결정	보상합의
보복 조치	발동 대상국은 보상이 없을 경우 어떠한 상품에 대하여서도 보복 가능. 다만, 보상과 보복은 발동기간 내에 한함	발동 대상국은 보상이 없을 경우 실질적으로 상응한 양허정지 가능. 다만, 보상과 보복은 발동기간 내에 한함	동등한 양허나 의무 정지. 다만, 이는 수입품의 절대적 증가로 취해진 경우는 3년간 유예

* EA(Emergency Actions: 긴급조치)
** SG(Safeguards: 세이프가드)

II. 원산지기준으로서의 원사기준

섬유의 원산지기준으로서 원사기준(yarn-forward)이 채택되었다. 원사기준은 섬유제품의 원산지를 구별할 때, 그 제품에 사용된 원사의 생산국을 원산지로 인정하는 방식을 의미한다. 우리 섬유업계는 원사가 아니라 제직단계부터 시작해 염색과 봉제공정까지를 원산지로 인정하는 직물기준(fabric forward) 규정을 채택할 것을 요구하였으나, 최종적으로 원사기준이 채택되었다.

섬유·의류산업은 미국에 있어서 매우 민감한 산업이다. 따라서 미국은 동 산업을 보호하기 위하여 기존 FTA에서 원사기준이라는 엄격한 원산지기준을 적용해 왔다. 원사기준이란 직물이나 의류 생산 시 반드시 역내에서 생산된 원사를 이용하여야 하는 요건이다.

섬유·의류를 만드는 제조공정을 보면, 먼저 섬유원료(fiber)를 방적하여 원사(yarn)를 만들고, 원사를 제직 또는 편직하여 직물(fabric)을 만들고, 직물을 재단 또는 봉제하여 의류(apparel)를 생산하게 된다. 따라서 원사기준이란 실을 만드는 단계에서부터 역내에서 수행되어야 한다는 것이다. 원사 및 직물을 역외국으로부터 수입, 가공하여 수출할 경우에는 원산지로 특혜관세 혜택을 받을 수 없다.

〈그림 1〉 섬유·의류 제조공정별 원산지 인정방식

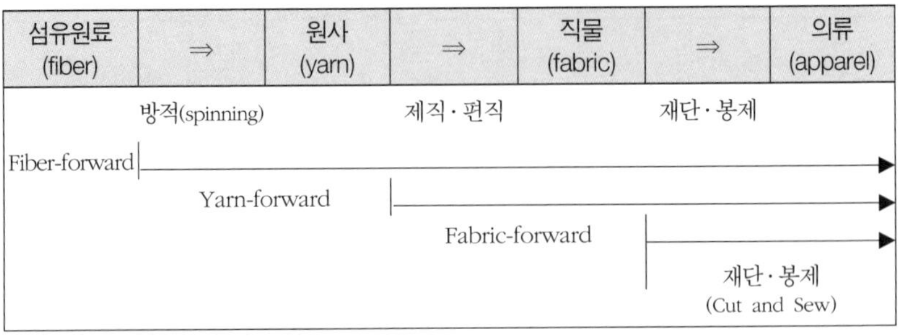

자료: 관계부처합동, 『한·미 FTA 상세 설명 자료』(2007. 5. 25)

  우리나라가 체결한 기존의 FTA에서는 섬유·의류제품에 대하여 원칙적으로 재단·봉제기준을 적용하여 왔다. 즉, 제3국에서 실이나 직물을 수입하여 제품을 수입하더라도 원산지기준을 충족하는 것으로 하여 왔다.

  한·미 FTA에서 한국은 리넨직물, 합성 여성재킷 및 합성 남성셔츠, 폴리에스터 섬유, 폴리에스터사, 기타 순견직물, 기타 합성섬유 등 33개 품목(HS코드 10단위)에 대해서는 원사기준의 예외를 인정받았다(부속서 4-가). 그리고 레이온 등 일부 원사공급 부족분야와 원료의 역내 공급이 부족한 경우에는 일정한 요건하에서 역외산 원사로 만든 직물과 의류에 대해 각각 1억 SME(Square Meter Equivalent)[1]까지는 특혜관세를 부여받을 수 있는 예외를 두고 있다. 이 제도의 존속기간은 발효 후 5년간인데, 연장 여부에 대한 협의는 가능하다(부속서 4-나). 그런데, 리넨직물 등 예외 품목의 대미 수출 금액은 2003~2005년 평균 약 1억 3,500만 달러로 전체 대미수출의 약 5%에 해당하며, 예외를 인정받은 투입재인 레이온, 리오셀, 아크릴 등은 스웨터·편물 등 대미수출의 최대 11% 상당(311개 품목)에 사용되는 것으로 추정되고 있다.

  미국은 기존에도 다른 국가들과 체결한 FTA에서 원산지 예외 쿼터(TPL: Tariff Preference Levels)[2]를 부여하고 있는데, 한국의 경우는 관세특혜를 받기 위하여 우선적으로 원료의 공급부족을 인정받는 절차를 거쳐야 한다는 점에서 차이를 보이고 있다. TPL이 적용되는 절차를 보면, 이해관계인이 특정 원료·원사·원단의 공급이 부족하여 상업적으로 이용가능하지 않다는 사실과 관련정보를 수입국에 제공하고, 수입국은 이에 기초하여 공급부족 여부를 판정하게 된다(부속서 4-나 제1항).

---

1) 섬유제품의 계산단위를 제곱미터로 환산한 단위 평방미터를 말한다.
2) 관세특혜수준이라고도 하며 NAFTA를 비롯한 미국이 체결한 다수의 FTA에서 협정상 원산지규정을 충족하지 못한 섬유 및 의류에 대해 제공된 예외적인 특혜쿼터를 의미한다.

III. 섬유 및 의류 상품의 세관협력

양 당사국은 원산지 검증에 관련된 세관협력을 강화하기로 합의하였다. 이에 따라 한국의 섬유수출품에 관련된 한국 기업의 생산정보 제공, 수출국 세관의 원산지 검증업무 수행 및 통보의무, 우회수출 방지를 위한 사전고지 없는 기업실사, 원산지 위반 및 불법 교역행위에 대한 수입국의 특혜관세 적용중지 등 조치권한 등이 규정되었다(제4.3조).

이러한 세관협력 관련 규정은 상호주의 원칙에 입각하여 한미 양국에 공통적으로 적용되는 것이나, 섬유수출 관련 기업의 생산정보 제공과 같은 경우에는 한국만 그 의무를 부담하고 있어 형평성의 문제가 있고, 기업의 정보제공과 사전고지 없는 실사제도 등은 기업의 자유로운 영업활동을 침해할 소지가 있다는 지적이 제기되고 있다.

또한 미국에 섬유를 수출하는 기업은 소유주·임원의 명단 및 직위, 근로자 수 및 업무, 일반기술과 생산능력 기계 대수 및 가동시간, 제품명세 및 생산능력, 납품기업 명단, 미국 바이어 연락처 등 기밀성 정보까지 제공해야 하며, 한국 정부는 권한 있는 당국으로 하여금 이 정보를 획득하고 매년 갱신하여 미국 측에 매년 제공하여야 한다(제4.3조제2항). 비록 이 규정은 중국산 우회수출을 방지하기 위한 목적에서 이루어졌다고 하더라도 지나친 면이 없지 않은 것으로 보인다. 한편, 국내적으로 한·미 FTA 협정의 세관협력사항을 이행하기 위하여 2009년 4월 「대외무역법」에 자료제출 요구권을 신설하였다.[3]

---

3)「대외무역법」제9조(무역에 관한 조약의 이행을 위한 자료제출) ① 지식경제부장관은 우리나라가 체결한 무역에 관한 조약의 이행을 위하여 필요한 때에는 대통령령으로 정하는 바에 따라 관련 공공기관, 기업 및 단체 등으로부터 필요한 자료의 제출을 요구할 수 있다.
② 제1항에 따라 무역에 관한 조약의 이행을 위하여 필요한 자료를 직무상 습득한 자는 자료 제공자의 동의 없이 그 습득한 자료 중 기업의 영업비밀 등 비밀유지가 필요하다고 인정되는 기업정보를 타인에게 제공 또는 누설(漏泄)하거나 사용 목적 외의 용도로 사용하여서는 아니 된다 [전문개정 2009. 4. 22.].

한·미 FTA에서는 수입국 정부의 요청에 의한 수출국 정부의 원산지 검증(이른바 간접검증)을 도입하였는바, 수입국 정부는 합리적 의심이 있는 경우에 수출국 정부에게 섬유·의류 무역에 관한 조사를 요청할 수 있으며, 또한 수입국이 수출국을 방문하여 공동으로 현장실사를 실시할 경우에 사전 예고 없이 실사를 할 수 있도록 하였다(제4.3조제3항).

5

의약품 및 의료기기

한·미 FTA 협정에서 의약품과 의료기기는 상품의 일부분으로 상품(제2장) 부분에 그 양허안이 규정되어 있다. 그러나 의약품 및 의료기기는 단순히 상품 양허안뿐만 아니라 전반적인 제도부문까지도 포함되어, 의약품 및 의료기기(제5장)와 지적재산권(제18장) 등에 함께 규정되어 있다.

이 중 제5장(의약품 및 의료기기)에서는 일반규정(제5.1조), 혁신에의 접근(제5.2조), 투명성(제5.3조), 비윤리적 영업관행 금지(제5.5조) 등이 규정된 본문과, 한국 측의 독립적 의약품 또는 의료기기의 가격산정과 급여에 관한 권고 또는 결정을 검토하는 기구의 구성과 역할에 대해 미국 측이 확인하는 2개의 확인서한으로 구성되어 있으며, 제18장의 지적재산권 분야에서는 의약품의 자료보호(제18.9조)와 허가·특허연계(제18.9조제5항) 규정이 있다.

I. 혁신에의 접근

양국 중앙정부는 의약품 및 의료기기에 대한 보험급여 등재 여부와 급여액을 결정하는 절차를 운영하거나 유지하는 데 있어 절차와 규칙 등이 공평하고 합리적이며 비차별적이도록 보장할 것을 규정하고 있다(제5.2조 가호). 그리고 의약품 및 의료기기에 대한 급여액 결정과 관련해서는 그러한 결정이 경쟁적 시장도출가격(competitive market derived prices)에 기초하도록 하고, 의약품의 가격이 시장경쟁체제와 다른 절차와 규정으로 결정되는 경우 특허의약품 및 의료기기의 적절한 가치를 인정하고, 기준이 되는 약물과 비교하거나, 새로운 안전성과 유효성에 기초하여 약가 인상을 신청할 수 있도록 하고 있다(제5.2조 나호).

협정문에서는 의약품 또는 의료기기에 대한 급여액을 경쟁적 시장도출가격에 기초하여 결정하도록 하고 있다. 여기서 경쟁적 시장도출가격이란 정부가 규정하는 가격이 아니라 시장가격이라는 의미이므로 이는 선진국 시장가격에서의 평균가격을 의미한다.[1] 그리고 당사국이 경쟁적 시장도출가격에 기초하여 가격을 산정하지 않는 경우에는, 특허의약품 및 의료기기의 가치를 적절히 인정(appropriately recognize)하며, 비교 제품이 있는 경우에는 안전성 및 유효성에 대한 증거자료를 기초로 하여 비교 제품보다 높은 약가를 신청할 수 있도록 규정하고 있다. 이는 경쟁적 시장도출가격을 적용하지 않을 경우 특허의약품과 의료기기의 적절한 가치를 인정함으로써 특허의약품과 의료기기 전체에 대하여 가격상승을 초래할 수 있을 것이다.

또한 약가가 시장가격으로 결정되지 않은 경우에, 약가가 결정된 이후에도 추가적인 안전성 및 유효성에 대한 증거자료를 기초로 하여 더 높은 가격을 신청할 수 있도록 하고 있다(제5.2조 나호).

---

1) 한·미 FTA 졸속체결에 반대하는 국회비상시국회의 정책자문단, 『한·미 FTA 협정문 분석 종합 보고서』(2007. 6. 20), p.69.

II. 투명성

양 당사국은 의약품 및 의료기기의 가격 및 규제에 관련된 법·규정·절차 등을 신속하게 공개하고, 이와 관련하여 채택하려는 모든 조치를 사전에 공표하며, 이해관계인 및 상대 당사국에게 의견을 제시할 기회를 제공하도록 규정하고 있다(제5.3조). 그리고 직접적으로 영향을 받는 신청자의 요청에 따라, 자국 중앙정부나 보건의료 당국으로부터 독립된 의약품 또는 의료기기의 가격산정과 급여에 관한 권고 또는 결정을 검토하는 기구를 설치·유지하여야 한다(제5장 부속서한).

이는 의약품 및 의료기기에 대하여 보험급여 여부와 급여액을 결정할 때나 식약청의 허가와 같은 규제를 하는 경우 모든 조치를 사전에 공표함으로써 예측가능성을 보장하고, 이해관계인과 당사국에게 의견을 제시할 기회를 제공함으로써 행정절차상의 투명성을 제고하기 위한 것이다. 또한 보험급여 대상 등재 여부와 보험급여액의 결정에 직접적으로 영향을 받는 이해당사자의 요청이 있는 경우, 독립된 재심기구를 통하여 재심을 받을 기회를 제공함으로써 약물경제성 평가과정과 약가 협상과정에서 투명성과 공정성을 제고하기 위한 것으로 보인다.

그러나 재심기구의 지위를 자국 중앙정부의 보건의료 당국으로부터 독립되도록 설치함으로써, 보건복지가족부의 관리·감독으로부터 벗어난 독립적인 기구로 운영하게 되어 보험급여대상 등재 결정과정과 보험급여액의 협상과정에 많은 영향을 끼치게 될 것으로 보인다. 만약, 이 기구의 재심 결정이 원결정을 기속하는 방식으로 운영될 경우에는 결국 우리나라의 경제성 평가에 의한 약가협상 방식인 약제비 적정화방안이 무력화될 수도 있을 것이다.

6

원산지 규정 및 절차

FTA 협정에서의 원산지 규정은 FTA 특혜관세의 적용을 위하여 중요한 의미가 있다. 한·미 FTA 협정 제6장에서는 FTA 협정의 특혜관세 적용 및 제3국을 우회한 수출입 여부를 판정하는 데 필요한 기본원칙과 원산지 증명 방식과 검증방식에 대해 규정하고 있으며 부속서에는 개별 품목별로 구체적인 원산지 판정기준을 규정하고 있다.

원산지 판정기준으로 완전생산기준, 실질변형기준 등 특혜 원산지 판정 기준의 일반원칙을 채택하고(제6.1조), 제품제조 시 역외산 원부자재의 가격비율이 10% 이하일 경우 원산지 인정 요건이 충족되지 않더라도 예외적으로 원산지를 인정하는 미소기준(de minimis)을 도입하였다(제6.6조). 곡물 및 석탄 등과 같은 대체사용 가능한 재료 및 물품을 이용하여 생산된 품목에 대하여는 선입선출법, 후입선출법 등과 같은 재고관리법에 따라 원산지를 판정하는 방식을 도입하였다(제6.7조).

또한 원산지 자율증명방식을 도입(제6.15조)하여, 수출업체·생산업체 또는 수입업자가 원산지 증명서류를 자율적으로 발급하도록 하였다. 그리고 원산지 직접검정방식(제6.18조)을 규정하였다. 즉, 수입국 세관당국이 수출국의 수출업체 또는 생산자를 대상으로 서면조사 또는 방문조사의 방법으로 원산지의 적정 여부를 확인토록 하는 원산지 직접검증방식[1]을 도입하고 원산지 현지방문조사에 필요한 세부절차는 별도 협의하여 정하도록 규정하였다.

I. 원산지 결정의 일반기준

원산지를 결정하는 기본원칙으로는 완전생산기준(wholly obtained or entirely produced)과 실질변형기준(substantially transformation)을 사용하고 있다. 완전생산기준은 주로 농수산물에 적용되며, 제품의 전부를 생산하거나 획득한 경우에 제품의 원산지로 인정한다. 실질변형기준은 제품이 2개국 이상에 걸쳐 생산·가공 또는 제조된 경우에 이 제품의 본질적인 특성을 부여하기에 충분한 정도의 실질적인 변형이 최종적으로 수행된 국가를 원산지로 인정하는 기준이다.

실질변형기준은 세번변경기준, 부가가치기준, 특정공정기준 등이 사용되며, 이들 기준은 장단점을 동시에 가지고 있어 절대적 기준은 없다. 한편, 이러한 원산지기준의 단점을 보완하기 위하여 다양한 보충기준이 사용되고 있다. 즉, 미소기준(de minimis), 누적기준(cumulation), 원산지불인정공정(non-qualifying operation) 또는 최소공정기준(minimal operation) 등이 있다.

원산지 규정을 엄격하게 규정할 경우에는 원산지 증명절차와 관련하여 과다한 행정비용이 발생하고, 기술요구수준(technical criteria)을 충족하기 위해 저렴한 역외국가의 부품 대신 역내산 부품을 사용하는 무역전환을 야

---

[1] 한·칠레, 한·싱가포르 FTA에서 직접검증방식을 도입한 사례가 있고, 미국도 여타국과의 FTA에서 예외 없이 동 방식을 도입하였다.

〈표 1〉 원산지기준의 주요 내용

구분		개념 및 의미
완전생산기준		• 당사국 영역에서 완전히 생산되었을 때 원산지를 인정하는 기준 • 생산활동이 글로벌 한 현재에는 적용에 한계
실질변형기준	세번변경기준	• 수입원료를 사용하여 제품을 생산한 경우 수입원료의 세번(HS 번호)과 제품의 세번이 일정단위(예: HS 2단위, 4단위, 6단위) 이상 변경되어야 원산지를 인정하는 기준 • 일반적으로 HS 6단위 기준이 사용됨 • HS 품목번호(세번)에 근거하므로 객관적인 판정이 가능
	부가가치기준	• 수입원료를 사용하여 제품을 생산할 경우 가공과정에서 일정 수준 이상(예: 45%)의 부가가치가 발생해야 원산지를 인정하는 기준 • 논리적으로 가장 합리적인 기준이나 환율 등 가격변수의 변동에 민감하다는 단점
	특정공정기준	• 화학반응, 정제공정, 블렌딩공정 등 특정한 공정을 거쳐 생산된 경우에 원산지를 인정하는 기준 • 가장 객관적인 기준임

기하는 문제점이 발생할 수도 있다. 결국, 교역증대와 우회수입방지 중 어느 것에 비중을 두느냐에 따라 원산지기준과 그 적용 수위가 결정된다.

세번변경기준은 가장 널리 쓰이는 실질변형기준이다. 품목번호의 기준으로 주로 HS코드(Harmonized Commodity Description and Coding System)가 사용된다. HS코드는 6단위까지 국제적으로 통일되어 있으며, 2단위(류), 4단위(호), 6단위(소호)순으로 분류체계가 통일된다. 세번변경기준은 일반적으로 류변동(CC: Change of Chapter), 호변동(CTH: Change of Tariff Heading), 소호변동(CTSH: Change of Tariff Subheading) 순으로 높은 수준에서 낮은 수준으로 실질적인 변동을 요한다.

세번변경기준에서 가장 큰 품목분류의 변동을 요하는 경우는 2단위 류변동을 규정한 경우이다. 농수산물인 경우에 실질적으로 어떤 다른 류에 속한 비원산지 재료에서도 최종제품이 속한 류로 변동이 불가능한 경우도 있다.

류변동(CC)이 가장 높은 수준의 품목분류의 변동을 요구한다. 일반적으로 가장 높은 수준의 품목분류의 변동이 가장 높은 수준의 재료에서 제품으로의 실질적인 변형과 대략 상응한다고 볼 수 있다. 그러나 물리적으로 류변동이 발생할 수 없는 경우에 류변동을 규정하는 것은 해석상 혼돈을 일으킬 수 있다. 산 동물(제1류)인 경우에 물리적으로 비원산지 재료의 류변동을 통해서 생산이 불가능하다. 따라서 류변동 기준은 산동물의 원산지기준으로서 완전생산기준과 동일한 결과를 가지고 온다.

한·칠레, 한·EFTA, 한·아세안, 한·EU FTA에서는 품목별원산지규정에서 실질적으로 완전생산기준을 요구하는 경우에 류변동 대신에 완전생산기준으로 규정하고 있다. 반면에 한·싱가포르 FTA, 한·미 FTA의 경우에는 이와는 반대로 류변동으로 규정하고 있다.

그런데 쇠고기, 돼지고기 등을 포함한 제2류(육과 식용 설육)의 품목에 대한 품목별원산지규정을 류변동으로 한 경우에는, 이 제품이 국내산 원산지 재료만을 사용해야 하는 완전생산기준을 의미하는 것이 아니라는 것이다. 역외국 소 또는 돼지를 수입하여 가공(도축)하였을 경우에 소 또는 돼지가 제1류(산 동물)에 속하기 때문에 류변동이 일어난다.

따라서 쇠고기, 돼지고기 등의 원산지가 류변동인 경우에는 완전생산기준과는 거리가 멀다. 비원산지 재료인 수입소, 돼지를 도축한 경우에도 도축

〈표 2〉 한·미 FTA 부속서 6-가 품목별 원산지 규정

제1류	산 동물
01.01~01.06	다른 류에 해당하는 물품에서 제0101호 내지 제0106호에 해당하는 물품으로 변경된 것
제2류	육과 식용 설육
02.01~02.10	다른 류에 해당하는 물품(제0105호의 닭을 제외한다)에서 제0201호 내지 제0210호에 해당하는 물품으로 변경된 것

* 0201: 쇠고기, 0203: 돼지고기, 0204: 면양, 산양고기, 0205: 말, 당나귀, 노새와 버새고기, 0210: 육과 식용 설육

국의 원산지가 인정된다. 한·미 FTA에서 닭고기를 제외한 쇠고기, 돼지고기 등의 원산지를 도축국으로 함으로써 역외국에서 수입된 소나 돼지가 미국에서 도축된 경우에도 특혜관세의 적용을 받게 되므로 국내 쇠고기 수입량 및 시장교란 요인은 그만큼 증대할 것으로 보인다. 반면에, 한·EU FTA의 경우에는 완전생산기준을 규정하고 있다.

<표 3> 한·EU FTA 부속서 2

제1류	산 동물	제1류의 모든 동물은 완전 획득되어야 함
제2류	육과 식용 설육	사용된 제1류와 제2류의 모든 재료는 완전 획득되는 생산

II. 주요 품목별 원산지기준

1. 농산물의 원산지기준

통상적으로 농수산물, 특히 기초농수산물[2]에 대해서는 기본적으로 완전생산기준(wholly obtained or produced)에 근접한 원산지기준을 적용한다. 완전생산기준이란 전적으로 어느 한쪽 또는 양 당사국의 영역에서 완전하게 획득되거나 생산된 제품을 의미한다(제6.22조). 신선 농산물인 화훼, 채소, 과실, 곡물류는 당사국에서 재배하고 수확된 농산물에 대해서만 특혜관세를 받을 수 있다. 가금류는 당사국에서 출생하고 사육된 동물의 경우에 특혜관세가 적용된다. 그리고 살아 있는 동물로부터 획득한 상품, 예컨대

---

[2] HS코드 2단위 기준으로 1류부터 97류까지 분류되는데, 농수산물은 1류~24류가 해당된다. 여기서 실무상 1류부터 14류까지의 기초 농산물(또는 신선농산물)과 15류부터 24류까지의 가공농산물로 구분한다.

우유나 달걀 등도 특혜관세의 적용대상이 된다.

그런데 육류에 관하여는 품목별로 달리 적용된다. 닭고기는 완전생산기준이 적용되지만, 쇠고기와 돼지고기 등의 육류는 제3국산 소 또는 돼지를 수입하여 도축한 경우에도 도축을 행한 국가를 원산지로 인정하는 이른바 도축국 기준을 적용하고 있다(부속서 6-가. 제2류 육과 식용 설육). 다만, FTA 원산지기준은 수입가능성 여부를 결정하지는 않는다는 점을 협정문에 명시3)함으로써 FTA 원산지기준은 특혜관세 부여 여부만을 결정할 뿐이지 그 이외의 위생·검역조건 등은 별도의 절차를 통하여 그 수입 여부가 판정된다.

가공농산물에 대해서는 원칙적으로 당사국에서 실질변형이 일어나는 경우에는 원산지를 인정하기로 하면서, 양 당사국에 민감한 품목은 역내산 재료만을 사용하도록 규정하여 엄격한 원산지기준을 마련하고 있다. 곡물의 분(제11류)의 경우 원산지기준을 류변동으로 규정하고 있으나, 쌀(제1006

〈표 4〉 농축산물 품목별 원산지기준

대상품목	원산지기준
쇠고기, 돼지고기	도축기준
닭고기	역내국에서 부화되어 자란 것
쌀 관련 제품	역내산 재료 사용
설탕	역내산 조당 사용
소주	역외산 주정 사용 허용
담배	역내산 재료 사용을 원칙으로 하고, 일정 조건하에 예외적인 쿼터 부여

자료: 관계부처합동, 『한·미 FTA 상세설명자료』(2008. 10)

---

3) 제16.1조 각주
   보다 명백히 하기 위하여, 상품의 원산지 상품 여부가 그 상품의 반입허용 여부까지를 결정하는 것은 아니다.

호)을 가공하여 만든 쌀가루는 류변동에서 제외하여 당사국의 원산지를 인정하지 않는다(제11류 11.02-11.04). 그러므로 제3국에서 수입한 쌀을 미국에서 제분한 쌀가루, 또는 쌀가루가 들어간 가공식품, 찐쌀은 미국산 원산지로 인정하지 않는다. 반면에 밀, 옥수수, 보리 등 다른 곡물은 역외산 곡물을 수입해서 가루를 만들어도 원산지가 인정된다.

설탕류에 대하여는 류변동으로 엄격한 원산지기준을 규정하여 역내산 재료만을 사용하도록 규정하고 있다(제17류. 당류와 설탕과자). 설탕의 원산지를 류변동으로 규정함으로써 설탕의 원당인 사탕수수당(cane or beat sugar)을 수입하여 기타 당류로 가공하는 우리나라의 설탕 제품은 특혜관세 혜택에서 제외된다. 소주의 경우 호변경(CTH)으로 완화된 규정을 두고 있다(제22류 22.08). 그러므로 역외산 수입 주정으로 제조된 소주도 원산지가 인정된다. 이는 우리나라의 산업특성이 반영된 것이다. 담배의 경우 역내산 재료 사용을 원칙으로 하고, 일정조건하에 예외적인 쿼터를 부여하고 있다(제24류 24.02).

2. 수산물의 원산지기준

한·미 FTA에서는 수산물의 완전생산기준과 관련하여 어느 한쪽 또는 양 당사국의 영역에서 수행된 수렵·덫사냥·어로 또는 양식으로부터 획득된 상품, 또는 어느 한쪽 당사국에 등록되거나 등기되고 그 당사국의 국기를 게양한 선박에 의하여 어느 한쪽 또는 양 당사국의 영역 밖의 바다·해저 및 하부토양에서 잡힌 어류·패류와 그 밖의 해양생물로 규정하고 있다(제6.22조).

수산물에 대하여는 배타적경제수역(Exclusive Economic Zone)에서 잡은 어류 등 수산물의 원산지 판정이 문제된다. 통상적으로 바다는 영해와 공해, 그리고 영해 밖에 인접한 수역으로서 연안국의 배타적이고 주권적 권리가 미치는 구역인 배타적경제수역으로 구분된다. 배타적경제수역에서 잡은 수산물에 대한 원산지 판정은 선박의 국적에 따라 원산지를 판정하는 기국주의와 선박의 국적과 관계없이 연안국을 원산지로 인정하는 연안국주의가 있다.

한·미 FTA에서는 배타적경제수역에서 획득한 수산물에 대하여 연안국주의를 규정하고 있다(제6.22조). 영역의 범위에 배타적경제수역이 포함되기 때문에 수산물의 완전생산기준을 함께 보면, 당사국의 영해 또는 배타적경제수역 내에서 어로로 획득한 상품의 경우에는 어로행위를 한 선박의 국적과 관계없이 연안국이 원산지가 되며, 공해에서 잡은 어획물의 경우에는 어로 행위를 한 선박 국적국의 원산지가 인정된다. 즉, 미국(또는 한국)의 배타적경제수역에서 어로행위를 한 선박의 국적이 미국(또는 한국)이 아니더라도 한국(또는 미국) 수출 시 특혜관세를 받게 된다.

3. 자동차에 대한 원산지기준

한·미 FTA에서는 자동차제품에 대하여 순원가법(Net Cost)과 공제법(Build-Down) 또는 집적법(Build-Up)을 역내부가가치 계산방식으로 사용될 수 있도록 허용하였으며, 수출입업자가 동 방식 중에서 선택할 수 있도록 하였다(제6.2조).

미국은 NAFTA(1994) 이래 자동차와 엔진, 엔진 부품, 차체 등 주요부품

〈표 5〉 자동차 원산지 결정방식

순원가법 = $\dfrac{\text{순원가-비원산지 재료}}{\text{순원가*}}$	
공제법 = $\dfrac{\text{조정가치-비원산지 재료}}{\text{조정가치**}}$	집적법 = $\dfrac{\text{원산지 재료}}{\text{조정가치}}$

* 순원가: 총비용-(마케팅 비용+로열티+운송비용 등)
** 조정가치: 제품가치에서 필요시 수출국으로부터 수입지까지 제품의 국제수송에 수반되는 운송, 보험 및 관련 서비스에 대하여 발생한 모든 비용·부과금 및 경비를 제외하도록 조정된 가치를 말함

에 대한 역내가치 포함비율을 계산하는 방식에 있어서 순원가법이라고 하는
독특한 방법을 고수해 오고 있었다. NAFTA에서는 자동차에 대한 별도의
원산지 규정을 통해 자동차 업체들로 하여금 자동차엔진 등 주요 부품을
역내에서 생산토록 유도하였다. 그 주요 내용으로 역내부가가치 계산 시 순
원가법을 사용하고 원산지 판정을 받기 위한 역내부가가치 수준을 상향조정
하였다. NAFTA에서는 1994년 발효 시 50%였던 역내부가가치 비율을 8년
차인 2002년부터는 승용자동차, 경자동차 및 그 엔진, 트랜스미션은 62.5%,
기타 자동차 및 부품들은 60% 이상으로 상향조정하였다. 반면에 우리나라
는 자동차 제품에 대한 역내부가가치 계산을 위한 별도의 방식을 두지 않고,
일반적인 부가가치 계산 방식인 집적법과 공제법을 적용하여 왔다.

한·미 FTA에서는 자동차 및 그 부품과 부속품의 역내부가가치 수준을
순원가법 35%, 집적법 35%, 공제법 55% 이상으로 합의하여 규정하였다(부
속서 6-가. 품목별원산지규정. 제87류). 자동차제품의 역내부가가치 기준은
일반적인 원산지 역내판정기준인 부가가치 40% 이하까지 원산지가 통용됨
으로써 자동차 부품의 해외 수입 증대 기반이 확장될 것으로 해석된다. 반
면에 국내산 부품 및 완성차의 미국 수출의 기회가 증대하는 긍정적인 효과
도 있을 것이다.

III. 개성공단 제품의 원산지 인정문제

한·미 FTA에서 개성공단 제품과 관련하여서는 원산지 인정 여부를 협의
할 위원회를 설치하고 있다. 즉, 한반도 역외가공지역위원회(Committee on
Outward Processing Zones on the Korean Peninsula)를 설립하고, 협정
발효 1주년이 되는 날에 회합하며, 그 후 매년 1회 회합한다(부속서 22-
나).[4]

---

4) 2013. 11. 4.~11. 5. 미국 워싱턴 D.C.에서 한반도 역외가공지역위원회가 개최되어

위원회는 생산제품이 한·미 FTA 협정에서의 원산지상품으로 간주되는 역외가공지역(OPZ: Outward Processing Zone)을 일정 기준에 따라 지정한다. 이 기준에는 ① 한반도 비핵화 진전, ② 역외가공지역 지정이 남북관계에 미치는 영향, ③ 역외가공지역 내 일반적인 환경기준, 근로기준 및 관행, 임금관행, 영업 및 경영관행, 그 외 지역의 경제상황, 관련 국제규범 등이 포함되어야 한다(부속서22-나 제3항). 또한 위원회는 역외가공지역의 원산지 최종상품의 최대한도를 설정한다(부속서22-나 제4항).

〈표 6〉 FTA에서 개성공단제품 특례 비교

	한·싱가포르	한·EFTA	한·미, 한·EU
적용방식	ISI방식, OP방식	OP방식	위원회방식
적용조건	ISI방식: 한국에서 선적 후 수출	역외부가가치 40% 이하, 역내산 재료비 60% 이상	협정발효 후 1년 시점에 구성되는 위원회에서 일정 기준에 따라 구체적인 내용을 결정
	OP방식: 역외부가가치 40% 이하, 역내산 재료비 45% 이상		
적용 품목 수	ISI방식: 4,625개(HS6 단위)	267개(HS6 단위)	
	OP방식: 134개(HS10 단위)		
참고사항	싱가포르는 북한산 제품에 대해서도 거의 모든 품목에 이미 무관세를 적용하고 있어 큰 반대 없이 우리 측 요구를 대부분 반영	적용대상으로 '개성공단'을 명시하지는 않되, 시범단지 15개 업체의 생산 예정 품목을 대상품목으로 적시	위원회의 결정은 양 당사국에 권고되며, 입법적 승인을 받아야 함

* ISI(Integrated Sourcing Initiatives)방식: 실제 원산지 여하를 불문하고 당사국에서 선적되어 수출되는 일정 상품에 대해서 역내산으로 인정
* OP(Outward Processing)방식: FTA 체결 당사국 내에서 생산한 반제품을 제3국에서 가공한 후 다시 반입하여 최종 제품을 상대 당사국에 수출
자료: 관계부처합동, 『한·EU FTA 설명자료』(2010. 10)

개성공단 및 남북협력 현황에 대해 의견을 교환하였다.

한편, 역외가공지역에 관한 위원회의 결정은 양 당사국에 권고되며, 양 당사국은 역외가공지역에 대하여 이 협정의 개정을 위한 입법적 승인을 받아야 한다(부속서 22-나 제5항).

참고로 미국은 북한과의 교역에 관하여서는 미국 재무부의 허가가 없는 한 모든 수입을 금지하고 있다. 이는 2011년 4월 18일 오바마 대통령의 행정명령(13570)에 그대로 이어지고 있다. 이 명령 제1조에서는 북한에서 미합중국 내로의 물품, 서비스, 기술의 수입은 금지된다. 그런데 이 명령의 발효 이전에 체결된 계약 또는 부여된 허가나 승인에 불구하고 금지된다.

2011년 10월 「한·미 FTA 이행법률」과 함께 제출된 "행정조치성명"에서도 이러한 내용을 규정하고 있다. 즉, 국제비상경제권한법(International Emergency Economic Powers Act)을 포함하여 미합중국 법률은 현재 미국 재무부 해외자산통제국(OFAC: Office of Foreign Assets Control)의 허가가 없는 한, 북한으로부터 모든 상품, 서비스 및 기술의 직접 및 간접적인 수입을 금지한다. 이 광범위한 금지는 또한 제3국에서 완성품의 구성요소로 사용되거나 실질적으로 변형되는 북한의 상품, 서비스 및 기술에 대해서도 적용한다. OFAC는 해당 수입이 미국의 국제적 의무와 미국 법률, 국가안전보장 및 해외정책목적에 부합하는 경우에 한하여 수입면허를 발급한다. 협정과 이 이행법안은 2011년 4월 18일의 행정명령(Executive Order) 제13570호에 따라 부과되는 무역제재를 포함하여 북한에 대한 미국의 제재를 변경하지 아니한다. 미국의 제재를 위반하는 자는 상당한 민사 및 형사벌칙의 대상이 된다(미합중국과 대한민국 간의 자유무역협정 이행법률 행정조치성명. 제1장·제21장·제22장·제23장·제24장. 2. 행정조치)고 규정하고 있다.

IV. 원산지 자율증명

한·미 FTA는 원산지 자율증명제도를 도입하여, 수출업체·생산업체 또는 수입업체가 원산지 증명서류를 자율적으로 발급하도록 규정하였다(제 6.15조).

원산지 증명방식에는 자율증명제와 기관증명제가 있다. 자율증명제는 수출업자 등이 스스로 원산지임을 증명하는 방법으로 절차와 비용 측면에서 편리하나 공신력이 떨어지는 단점이 있고, 반면 기관증명제는 공신력은 있으나 시간과 비용, 절차 측면에서 기업들에게 부담이 되고 있다.

미국의 경우에는 NAFTA에서 수출자 자율증명제도를 도입하였으나, 최근 체결한 FTA에서는 무역규제 완화차원에서 수입자 원산지 자율증명제를 일관되게 도입하고 있다. 수입자를 포함한 자율증명제를 도입할 경우, 수입자 입장에서는 통관절차상의 편의가 제고되고, 관세행정 측면에서도 수입자에게 이상 유무에 대하여 직접 해명을 요구할 수 있다는 점에서 부담이 경감되는 효과가 있을 것으로 예상된다.

한편, 원산지 증명서식은 필수사항만 기재하면 그 형식은 얽매이지 않도록 하고, 유효기간은 4년으로 하였으며, 대규모 분할선적물품에 대해서는

〈표 7〉 FTA별 원산지 증명방식 비교

구분	한·칠레	한·싱가포르	한·EFTA	한·아세안	한·EU	한·미
증명방식	자율증명	기관증명	자율증명	기관증명	자율증명	자율증명
증명주체	수출자	한국(세관, 상공회의소), 싱가포르(세관)	수출자, 생산자	한국(세관, 상공회의소), 아세안(국가별 지정기관)	인증 수출자	수출자, 생산자, 수입자
증명방법	양국간 통일 증명서식	양국 각자 증명서식	인보이스 신고방식	양국간 통일 증명서식	인보이스 신고방식	무형식 (필수사항만 기재)
유효기간	2년	1년	1년	6개월	1년	4년

12개월의 범위 내에서 1건으로 갈음하도록 하였다(제6.15조).

V. 원산지 직접검증

한·미 FTA에서는 수입국 세관당국이 수출국의 수출업체 또는 생산자를 대상으로 서면조사 또는 방문조사의 방법으로 원산지의 적정 여부를 확인토록 하는 원산지 직접검증방식을 도입하고, 원산지 현지방문조사에 필요한 세부절차는 별도 합의하여 정하도록 규정하였다(제6.18조). 또한 원산지 조사결과 및 특혜관세 인정 여부에 관한 최종결정을 조사대상자에게 통보하여 조사절차의 투명성을 확보하고, 무역업자의 권익확보 장치를 마련하고 조사대상업체의 조사거부·기피, 증빙서류 미제출, 허위증명서류의 제출 등의 경우에는 특혜관세를 배제토록 하여 협정이행의 실효성을 확보하고 있다(제6.18조제6항).

한편, 섬유·의류산업에 대한 원산지 검증방식은 제4장(섬유 및 의류)에 별도로 규정하고 있다. 섬유·의류산업에 대해서는 서면조사 및 서면동의를 거치지 않으며, 수입국의 요청에 의거 수출국이 검증을 실시하는 간접검증 방식과 수출국과 수입국이 함께 사업장을 방문하여 검증하는 공동검증을 규정하고 있다(제4.3조).

먼저, 간접검증 방식으로 수입당사국의 요청이 있는 경우, 수출 당사국은 수입 당사국이 섬유 또는 의류 상품에 대한 원산지 신청이 정확하다는 것을 결정할 수 있도록 하기 위한 목적으로 검증을 수행한다(제4.3조제3항). 또한 수입국 정부는 합리적 의심이 있는 경우 수출국 정부에게 섬유·의류 무역에 관한 불법행위에 관한 조사요청이 가능하다(제4.3조제5항). 그리고 공동검증 방식으로 수입 당사국은 수출 당사국과 공동으로 원산지 검증을 위한 공동현장 검증이 가능하며, 이 경우에는 사전통보 없이 이루어져야 한다. 수입 당사국의 방문을 거부하는 경우는 수출 당사국에 의한 검증이 완료될 수 없으며, 특혜관세대우를 부인하는 등 수입 당사국의 자국법에 따른 적절한 조치가 가능하다(제4.3조제6항).

<표 8> FTA별 원산지 검증방식 비교

구분			한·칠레	한·싱가포르	한·EFTA	한·아세안	한·미
증명방식			직접검증제	직접검증제	제한적 간접검증제	선 간접검증 후 직접검증	직접검증제 (섬유, 의류는 간접검증 및 공동검증)
직접검증	서면조사	회신기간	서면질의를 요청 받은 날로부터 30일 이내	서면질의를 요청 받은 날로부터 30일 이내	-	-	-
	현지조사	조사주체	수입국 세관	수입국 세관	수출국 세관 (수입국 세관직원 참여)	선 수출국 세관 후 수입국 세관	수입국 세관 (섬유, 의류 수출국 세관 및 수입국 세관)
		서면동의	현장검증 통보 후 30일 이내 서면동의, 1회 연기 가능	현장검증 통보 후 30일 이내 서면동의, 1회 연기 가능	-	현장검증 통보 후 30일 이내 서면동의, 1회 연기 가능	-
간접검증			-	-	10개월	2개월	-

7

관세행정 및 무역원활화

한·미 FTA 협정 제7장(관세행정 및 무역원활화)은 상품의 수출입 과정에서 수반되는 통관의 절차적 내용을 규정하고 있다. 이는 정보기술 이용을 더욱 확대하고, 분쟁 해결을 위한 절차를 확립하며, 리스크 관리 노력 및 당사국 간 협력 증진을 통하여 상품의 통관 절차를 용이하게 하는 데 그 목적이 있다.

이를 위해 통관절차를 신속·간소화하여 원칙적으로 수입화물은 공항·항만에 도착된 후 48시간 이내에 반출하고, 특송화물은 통관서류 제출 후 4시간 이내에 반출토록 하고 있다(제7.2조). 그리고 수입자에게 관세결정에 대한 불복청구권을 보장하고, 이와 관련하여 수출국의 수출자 또는 생산자가 소명자료를 제출할 경우 수입자를 거치지 않고 관세당국에 직접 제출할 수 있도록 하였다(제7.8조). 또한 한·미 양국간 통관협력소위원회를 설치하여 관세협력 및 통관신속화에 관한 사항을 협의하도록 하였다(제7.5조). 그리고 특혜관세 적용에 필요한 품목분류·원산지·쿼터 세율 등 의문사항에 대해 세관당국이 미리 심사하여 알려주는 사전심사결정 제도를 도입하였다(제

7.10조).

그런데 WTO 차원의 무역원활화(trade facilitation) 문제는 1996년 12월 싱가포르에서 열린 제1차 WTO 각료회의에서 투자, 경쟁, 정부조달의 투명성 등과 함께 새로운 이슈로 제기되었다. 그 이후 DDA 협상에서는 2004년 투자, 경쟁, 정부조달 투명성 등 3개 이슈를 제외한 무역원활화만을 정식의제에 포함시켰다. DDA 무역원활화협상은 GATT 제5조(통과의 자유), 제8조(수출입 절차 및 수수료), 제10조(무역규정의 공표 및 시행)를 중심으로 통관절차를 개선하여 무역거래 비용을 줄이고 무역을 촉진하는 무역원활화 규범을 수립하는 것을 목표로 진행되고 있다. 이와 더불어, 개발도상국에 대한 기술지원 및 능력배양 방안에 대한 논의도 무역원활화 협상의 다른 한 축을 형성하고 있다.

I. 통관절차의 원활화

무역원활화를 위하여 각 당사국은 상품의 효율적인 반출을 위한 간소화된 통관절차를 채택한다. 즉, 가능한 한 상품 도착 후 48시간 내에 상품을 반출하고, 상품 도착 전에 통관정보가 전자적으로 제출되고 반출하게 하는 절차, 상품을 이동시키지 아니하고 도착지점에서 상품의 반출허용, 그리고 세액결정 이전에 상품의 반출을 허용하는 절차를 채택하여야 한다(제7.2조).

각 당사국은 상품의 반출을 위한 절차를 신속하게 하는 정보기술을 활용하고, ① 세관사용자에게 전자시스템 접근권 부여, ② 국제표준 사용, ③ 국제무역데이터의 교환 원활화를 위하여 호환성 있는 전자시스템의 개발, ④ 세계관세기구의 관세데이터모델(Customs Data Model)에 따른 공통 데이터요소 및 처리절차를 개발하도록 노력한다(제7.3조). 그리고 각 당사국은 전자적이고 자동화된 위험관리시스템을 도입하여, 고위험 화물은 중점검사 하되, 저위험 화물은 반출을 간소화 하여야 한다(제7.4조).

한편, 양 당사국은 통관제도 개선, 부정무역 단속 관련 정보교환, 세관기술지원, 공동 훈련프로그램, 세관 분석기법의 교환 등 관세행정 전반에 걸쳐 상호 협력한다. 그리고 양국 세관당국 간 접촉창구(contact point)를 설치하여 신속·안전한 정보교환 및 원활한 협조를 도모한다. 또한 상품무역위원회 산하에 통관소위원회(Subcommittee on Customs Matters)를 설치하여, 신속반출절차를 포함한 물품반출제도 및 통관협력에 관한 사항을 추후 지속적으로 협의할 수 있도록 하고 있다(제7.5조). 특송화물의 통관서류를 최소화하는 등 통관절차를 대폭 간소화하여, 원칙적으로 통관서류 제출 후 4시간 이내에 국내반출 허용 및 신고서류의 전자제출 등을 규정하고 있다(제7.7조). 한편, 수입업자에게 관세결정에 대한 불복청구권을 보장하고, 수출국의 수출자 또는 생산자가 소명자료를 제출할 경우 수입업자를 거치지 않고, 관계당국에 직접 제출1)할 수 있도록 보장하고 있다(제7.8조).

II. 사전심사결정

특혜관세 적용에 필요한 품목분류, 관세평가기준의 적용, 관세환급, 상품의 원산지 여부, 재반입 상품 여부, 상품의 쿼터 또는 관세율할당 적용 여부 등에 대하여 세관당국의 사전심사결정을 도입하고 있다. 세관당국이 사전심사 요청을 받은 때에는 원칙적으로 90일 이내에 결정을 하여야 한다. 그리고 심사결정에 이의가 있는 경우에는 행정적 재심을 요청할 수 있도록 한다(제7.10조). 심사결정 내용은 인터넷 게재를 의무화하여 투명성을 강화하고, 신청인이 허위의 정보를 제공한 경우에는 수입당사국은 민사·형사 및 행정적 조치, 금전상의 벌칙 등을 포함한 적절한 조치를 할 수 있다. 이는 영세한 중소무역업체에 대한 통관컨설팅 제공을 보장함으로써 특혜관세 신

---

1) 원산지 소명자료는 수출자 또는 생산자의 제품원가 등 기업기밀을 포함하고 있어 거래관계에 있는 수입업자에게 제출하기 곤란하여 직접 제출근거를 마련하고 있다.

청에 따른 시간과 비용을 절감하며, 무역활동의 예측가능성을 제공해 주는
효과가 있을 것으로 보인다.

8

위생 및 식물위생조치

    한·미 FTA 협정 제8장(위생 및 식물위생조치)에서는 인간·동물 또는 식물의 생명이나 건강을 보호하고, WTO「위생 및 식물위생 조치의 적용에 관한 협정」(SPS)의 이행을 증진하며, 이러한 사안을 다루기 위한 위생 및 식물위생 사안에 관한 위원회 설치 등을 규정하고 있다.

    먼저, 양 당사국은 WTO SPS 협정상의 자국의 권리와 의무를 재확인하고, 위생 및 식물위생조치에 관련된 분쟁에 대하여는 WTO 분쟁해결절차에 따르도록 하고 있다(제8.2조 및 제8.4조). 그리고 위생 및 식물위생 사안을 담당하는 위원회를 설치하기로 합의하였다(제8.3조).

    한편, 한·미 FTA 위생 및 식물위생조치 협정과는 별개로 한·미 FTA 협상과정에서 2007년「농업생명공학 양해서(Understanding on Agricultural Biotechnology)」와「동물 위생과 축산 제품의 검역조치에 관한 양해서(Understanding on Animal Health and Livestock Products Sanitary Measures)」가 체결[1]되었다.

I. 위생 및 식물위생 사안에 관한 위원회

위생 및 식물위생조치의 적용에 관한 협정의 이행을 증진하고, 인간·동물 또는 식물의 생명이나 건강을 보호하며, 위생 및 식물위생 사안에 관한 협의를 증진하고, 양 당사국의 무역을 촉진하는 목적으로 위생 및 식물위생 사안에 관한 위원회(Committee on Sanitary and Phytosanitary Matters)가 설치된다(제8.3조제2항).

위생 및 식물위생 사안의 해결은 과학 및 위험에 근거한 평가에 의존하여야 하고, 양자간 기술적협력 및 협의를 통하여 최적으로 달성되어짐을 인정한다(제8.3조제3항). 그럼으로써 과학적 위험평가 및 기술협의가 우선되어야 한다는 이 규정에 의거 과학적 근거를 제시하지 못할 경우 검역기준이 완화될 우려도 있는 것으로 보인다.

위원회는 무역에 영향을 미치거나 미칠 수 있는 위생 및 식물위생조치의 개발 또는 적용에 관련된 사안에 관하여 협의해야 하며(제8.3조제3항 다호), WTO SPS위원회, 국제식품규격위원회(CODEX), 국제식품보호협약(IPPC), 국제수역사무국(OIE) 그리고 식품안전과 인간·동물 및 식물의 건강에 관한 그 밖의 국제 및 지역포럼의 회의를 위하여 문제·입장 및 의제에 관하여 협의(shall consult)해야 한다(제8.3조제3항 라호). 이와 같이 입장 및 의제 협의 사항이 의무사항(shall consult)[2]으로 규정됨으로써, 우리 정부가 미국 정부의 정책과 입장이 다른 독자적인 의견제출 등을 하는 경우에 상당한

---

1) 미국은 한·미 FTA 제3차협상(2006년)에서 무역현안에 관한 기술협의를 개최할 것을 요구하였다. 그리하여 2006년 10월 30일부터 11월 1일까지 동물검역 한미 전문가 협의를 진행하였으며, 2006년 11월 1일부터 11월 3일까지 한미 식물검역 전문가 기술협의를 그리고 곧 이어서 한미 생명공학분야 전문가 기술협의를 개최하였다. 이들 기술협의는 2007년 3월까지 진행되었으며, 그 결과 「농업생명공학 양해서」와 「동물위생과 축산제품의 검역조치에 관한 양해서」가 체결되었다.

2) FTA 협정문에서 shall은 당사국의 의무사항을 의미하며, 이를 준수하지 않을 시에는 협정위반이 된다(외교통상상위원회 수석전문위원, 『대한민국과 미합중국 간의 자유무역협정 비준동의안 검토보고서』(2008. 11), p.47).

제약이 있을 수 있다고 보인다.

II. 농업생명공학 양해서

「농업생명공학 양해서(Understanding on Agricultural Biotechnology)」
는 2007년 3월 개최된 기술협의에서 체결되었으며, 유전자변형생물체
(LMOs)[3] 및 그 제품의 수입과 관련된 한국의 법, 제도 및 정책을 확인하고
있다. 그런데 유전자변형생물체(LMO)의 인체 및 환경 위해성 평가에 대해
규정하고 있는 동 양해서의 내용에 대해서도 논란이 있다.[4]

〈표 1〉 농업생명공학 양해서

영어본	한국어본
Understanding on Agricultural Biotechnology	농업생명공학 양해서
During the technical meetings held in March 2007 between the Government of the Republic of Korea(Korea) and the Government of the United States of America (United States). Agricultural Biotechnology issues were discussed. As a result of these technical meetings, Korea and the United States confirm the following understanding.	대한민국 정부(한국)와 미합중국 정부(미국) 간 2007년 3월 개최된 기술협의에서 농업 바이오텍 의제들이 논의되었다. 동 기술협의 결과, 한국과 미국은 다음 양해사항을 확인한다.

---

3) 유전자조작유기체(GMO: Genetically Modified Organism)는 유전자재조합기술로 만들어진 새로운 형질의 유기물을 말하며 유전자변형생물체(LMO: Living Modified Organism)는 GMO와 거의 같은 의미로 다른 생물체 또는 미생물로부터 유용한 유전자를 취해 특정 생물체에 삽입해 새로운 형질을 갖는 생물체를 의미한다.

4) 한·미 FTA 졸속 체결에 반대하는 국회 비상시국회의 정책자문단, 『한·미 FTA 협정문 분석 종합보고서』(2007. 6), pp.572-590; 민주사회를 위한 변호사 모임, 『한·미 FTA 협정문 분석보고서』(2007), pp.88-89; 강기갑 의원, 「한·미 FTA 농업·위생검역 협상, 무엇이 문제인가?」, 한·미 FTA 농수축산비대위 토론회 발표문, pp.9-11.

영어본	한국어본
The United States requested clarification on the Korean laws, regulations and policies regarding the importation of living modified organisms(LMOs) and their products. Korea confirmed that:	미국은 유전자변형생물체(LMOs) 및 그 제품의 수입과 관련된 한국의 법, 제도 및 정책의 명료화를 요청했으며, 한국은 다음과 같은 내용을 확인했다.
1. Korea bases its environmental safety assessments for imports for food, feed, and processing on risk criteria relative and appropriate to the intended use of the imported product.	1. 한국은 식용, 사료용, 가공용 LMO 수입품에 대한 환경위해성 평가 시 수입품의 사용 용도에 관련되고 그에 적합한 위해성 기준을 근거로 한다.
2. Korea ensures that its regulatory review process, when applicable to multiple trait crops produced by traditional cross-breeding of two or more individually approved crops, shall be based on risk assessments of the previously authorized traits. To this end, Korea agrees that multiple trait crops containing previously authorized traits shall not be subject to additional risk assessments unless there is reason to believe multiple trait products introduce additional scientific risks of concern to human, animal or plant life or health.	2. 후대교배종이 사람, 동식물의 생명 및 건강에 추가적인 과학적 위험을 유발하지 않는 경우 추가적인 위해성평가의 대상이 되지 않기로 한다.
3. Korea ensures that its labeling requirements for LMOs and their products will be transparent and predictable.	3. 한국은 LMO 및 그 제품에 대한 표시 요건이 투명하고 예측가능 하도록 한다.
Korea and the United States agree to utilize bilateral communication channels to address issues that are expected to disrupt trade. Korea and the United States agree not to unnecessarily impede trade between the two countries of products covered by this Understanding. To this end, at such time when Korea accedes to the Cartagena Protocol on Biosafety(CPB), it will implement the Protocol between Korea and the United States in this manner.	한국과 미국은 교역에 장애가 될 것으로 예측되는 이슈를 다루기 위하여 양자간 의사소통 채널을 활용한다는 것에 의견을 같이 한다. 한국과 미국은 동 양해사항에 적용되는 품목의 양자간 교역에 불필요한 장애를 초래하지 않을 것에 합의한다. 이를 위해 한국은 카르타헤나 바이오안전성의정서에 가입할 경우 동 의정서를 이러한 방식으로 운영해 나가기로 한다.

영어본	한국어본
The United States will provide information to Korea on changes to its regulations for agricultural biotechnology.	미국은 농산물 바이오텍 관련 규정 개정 사항에 대한 정보를 한국에 제공한다.

자료: 외교통상통일위원회 수석전문위원,『대한민국과 미합중국 간의 자유무역 협정 비준동의안 검토보고서』(2008. 11), pp.245-249

1. 수입품의 사용용도에 관한 위해성평가

양해서 제1항에서는 한국은 식용, 사료용, 가공용 LMO 수입품에 대한 환경위해성 평가 시 수입품의 사용 용도에 관련되고 그에 적합한 위해성 기준을 근거로 한다고 하고 있다.

이는 우리나라의 「유전자변형생물체의 국가간 이동 등에 관한 법률」(2001. 3. 28. 제정, 2008. 1. 1. 발효) 현행 규정과 동일한 내용이다. 그런데 현행 규정에서도 유통목적으로 수입되는 식용, 사료용, 가공용 LMO에 적합한 위해성 기준과 재배용 LMO와 같이 토양재배실험을 통해 환경방출[5]로 인한 환경위해성 평가의 가능 여부에 대하여 명확하게 규정되어 있지 않다. 향후 LMO의 용도별 위해성 평가기준과 관련하여 식용 등의 목적으로 수입되는 LMO의 환경방출가능성을 대비하기 위한 토양재배실험이 환경위해성 평가 기준에 포함될지에 대하여 논란의 소지가 있을 수 있다.[6]

---

5) 「유전자변형생물체의 국가간 이동 등에 관한 법률」
   제2조(정의)
   2. "환경방출"이란 유전자변형생물체를 시설, 장치, 그 밖의 구조물을 이용하여 밀폐하지 아니하고 의도적으로 자연환경에 노출되게 하는 것을 말한다.
6) 민주사회를 위한 변호사 모임의 「한·미 FTA 협정문 분석 보고서」에서도 동 양해서 제1항이 예정된 사용 용도에 맞는 적절한 평가 기준을 사용하도록 하고 있어 한국의 제도가 위축된다고 분석하고 있다.

2. 후대교배종의 위해성평가 대상

양해서 제2항에서는 후대교배종의 위해성평가와 관련하여 기존에 승인된 유전자변형작물의 전통적인 교잡에 의해 생산된 후대교배종이 사람과 동식물의 생명 및 건강에 추가적인 과학적 위험이 없을 경우에는 위해성 평가의 대상에서 제외한다고 규정하고 있다.

국내의 유전자 후대교배종의 심사방식은 안전한 것과 안전한 것의 합은 그 결과도 안전하다는 결론을 내는 방식으로 GMO 옥수수를 예로 들면 옥수수의 안전성과 옥수수에 삽입하는 유전자의 안전성, 이 2가지가 확인되면 안전한 것과 안전한 것의 합이니 그 결과도 안전하다는 결론을 내는 방식이다.

이는 현재 식품의약품안전청의 심사방식을 확인한 것으로 추가적인 위해성 평가는 추가적인 과학적 위험이 있을 때만 가능하다는 것이다. 그러나 유전자 공학은 끊임없이 새로운 유전자 작물을 만들어 내고 있으므로, 새로운 LMO의 과학적 위험성이 증명되지는 않았으나 확인이 어려워 인체 위해가 우려되는 경우[7]가 있을 수 있을 것이다.

WTO SPS 협정 제5조제7항[8]와 같이 과학적 정보가 불충분한 경우 일정한 조건하에서 잠정적인 위생 또는 식물위생 조치를 채택할 수 있는 회원국

---

7) 「식품위생법」 제15조에 따라 고시된 「유전자재조합식품의안전성평가심사등에관한규정」 제8조(심사의뢰서의 보완 등) 제3항 제2호에서는 "안전성 및 건전성 등이 결여되었거나 또는 확인이 어려워 인체 위해가 우려되는 경우" 심사의뢰서를 반려할 수 있도록 규정하고 있고, 동 규정 제11조(재심사) 제2항에서도 재심사 결과 "안전성 및 건전성 등이 결여되었거나 또는 확인이 어려워 인체 위해가 우려되는 경우"에는 유전자재조합식품의 승인을 취소할 수 있도록 규정하고 있다.

8) WTO SPS 제5조(위험평가 및 위생 및 식물위생 보호의 적정수준 결정)
   7. 관련 과학적 증거가 불충분한 경우, 회원국은 관련 국제기구로부터의 정보 및 다른 회원국이 적용하는 위생 또는 식물위생 조치에 관한 정보를 포함, 입수 가능한 적절한 정보에 근거하여 잠정적으로 위생 또는 식물위생 조치를 채택할 수 있다. 이러한 상황에서, 회원국은 더욱 객관적인 위험평가를 위하여 필요한 추가정보를 수집하도록 노력하며, 이에 따라 합리적인 기간 내에 위생 또는 식물 위생 조치를 재검토한다.

의 권리가 보장되어 있다. 그런데 동 양해서에서 이러한 제도적 장치가 고려되지 않고 과학적 위험성이 확인된 경우에 한해 후대교배종의 위해성 평가를 할 수 있도록 함은 유전자변형생물체의 안전성 측면에서 국가의 권리를 후퇴시키는 것으로 보인다.9)

3. 카르타헤나 바이오안전성의정서와의 관계

양해서에서 한국과 미국은 동 양해사항에 적용되는 품목의 양자간 교역에 불필요한 장애를 초래하지 않을 것에 합의하였다. 이를 위해 한국은 「카르타헤나 바이오안전성의정서(CPB: Cartagena Protocol on Biosafety)」에 가입할 경우 동 의정서를 이러한 방식으로 운영해 나가기로 하였다.

GMO의 안전성 확보를 위한 국제적인 노력으로 2000년 1월 「카르타헤나 바이오안전성의정서(CPB)」10)라는 국제규범이 만들어졌다. 이 의정서를 통해 특정 GMO 또는 LMO가 수입국의 안전성 심사를 받지 않았거나 수입국이 수입 GMO가 안전하지 않다고 결정하는 경우 수입을 금지할 수 있는 권리가 부여되었다(제10조). 이러한 권리는 환경방출용 GMO에 대해 사전통보 합의절차(AIA: Advanced Informed Agreement)의 적용을 명시한 제7조

---

9) 동 양해서뿐만 아니라 한·미 FTA 제8장(위생 및 식물위생조치)에서도 이러한 잠정적 예방조치에 대해서는 별도의 명시규정이 없다. 다만, 협정문 제8.2조(양 당사국의 권리 및 의무)에 따라 WTO SPS협정상의 잠정적 예방조치를 준용할 수 있는 여지는 있으나, 동 양해서와의 해석상 충돌 논란의 소지가 있는 것으로 보인다.

10) 「카르타헤나 바이오안전성의정서」는 생물다양성협약(CBD: Convention on Biological Diversity)의 부속의정서로서, 2000년 1월 29일 CBD 당사국총회에서 채택되었으며, 2003년 9월 11일 발효되었다. 바이오안전성의정서의 채택 목적은 현대생명공학기술로부터 탄생된 유전자변형생물체의 안전한 이동, 취급 및 사용분야에 있어 생물다양성의 보전 및 지속가능한 이용에 부정적 영향을 미칠 가능성과 인간건강에 대한 위해를 고려하고, 특히 국가 간 이동에 초점을 두어 적절한 보호수준을 보장하는 데 있다. 우리나라는 2000년 9월에 동 의정서에 서명(signature)하였으며, 2007년 10월 3일 바이오안전성의정서 당사국에 143번째로 비준서를 기탁하였다. 이로써 의정서의 국내 이행을 위해 제정(2001. 3. 28 제정, 효력은 의정서 가입 후)한 「유전자변형생물체의 국가간 이동 등에 관한 법률」이 2008년 1월 1일 시행되게 되었다.

의 규정을 근거로 하고 있다. 미국은 사전예방원칙(precautionary principle)을 수용한 이 의정서에 가입을 하지 않았다. 반면에 우리나라는 2007년 10월 가입하였다.

「바이오안전성의정서」 제10조제6항[11])에서는 과학적 정보 및 지식이 불충분하여 과학적 확실성이 결여되었다고 하더라도, 잠정적인 수입금지 조치를 취할 수 있도록 규정하고 있다. 그리고 이 의정서를 이행하기 위한 국내입법인 「유전자변형생물체의 국가간 이동 등에 관한 법률」 제14조[12])에서도 잠정적 예방적 조치로 유전자변형생물체의 수입이나 생산의 금지를 규정하고 있다.

양해서의 한국이 「카르타헤나 바이오안전성의정서(CPB)」에 가입할 경우 동 의정서를 이러한 방식으로 운영해 나가기로 한다는 규정은 WTO SPS나

---

11) 「바이오안전성의정서」
　　제10조(결정절차)
　　6. 인체 건강에 미치는 위해에 대한 고려는 물론이고, 유전자변형생물체가 생물다양
　　　성의 보전 및 지속가능한 이용에 대해 미칠 수 있는 잠재적인 부정적 영향의 정도
　　　에 관한 과학적 정보 및 지식이 불충분하여 과학적 확실성이 결여되었다고 하더라
　　　도, 잠재적인 부정적 영향을 회피하거나 최소화하기 위하여 위 제3항에 명시된
　　　절차에 의하여 해당 유전자 변형생물체의 수입에 대해 수입당사국이 적절한 결정
　　　을 내리는 것을 막을 수 없다.
12) 「유전자변형생물체의 국가간 이동 등에 관한 법률」
　　제14조(수입 또는 생산의 금지 등) ① 관계중앙행정기관의 장은 다음 각 호의 어느
　　하나에 해당하는 유전자변형생물체(제2호의 생물체를 포함한다)의 수입이나 생산을
　　금지하거나 제한할 수 있다.
　　1. 국민의 건강과 생물다양성의 보전 및 지속적인 이용에 위해를 미치거나 미칠 우려
　　　가 있다고 인정하는 유전자변형생물체
　　2. 제1호에 해당하는 유전자변형생물체와 교배하여 생산된 생물체
　　3. 국내 생물다양성의 가치와 관련하여 사회·경제적으로 부정적인 영향을 미치거나
　　　미칠 우려가 있다고 인정하는 유전자변형생물체
　　② 관계중앙행정기관의 장은 제1항에 따라 유전자변형생물체의 수입이나 생산을
　　금지하거나 제한하는 경우에는 국가책임기관의 장에게 통보하여야 한다.
　　③ 국가책임기관의 장은 제1항 각 호에 따라 수입이나 생산을 금지하거나 제한하
　　는 생물체의 품목 등에 관하여 필요한 사항을 공고하여야 한다.[전문개정 2007.
　　12. 21.]

GMO 관련 「바이오안전성의정서」가 불필요한 무역장벽을 야기한다는 미국 측의 주장을 반영한 것으로 보인다. 이는 「바이오안전성의정서」에 의거한 우리나라의 GMO 관련제도가 미국에 대하여는 무력화될 우려가 있다고 지적되고 있다.

III. 동물 위생과 축산 제품의 검역조치에 관한 양해서

「동물 위생과 축산 제품의 검역조치에 관한 양해서(Understanding on Animal Health and Livestock Products Sanitary Measures)」는 2007년 3월 개최된 기술협의에서 체결되었으며, 육류 및 가금육 검사시스템의 동등성과 조류인플루엔자에 대한 미국 지역화 등을 확인하고 있다.

양해서 제1항13)에서 한국 정부는 한국이 현지 시스템 감사를 실시할 권

---

13) 「동물 위생과 축산 제품의 검역조치에 관한 양해서」
  1. 육류와 가금육 작업장 승인에 있어 미국의 육류와 가금육 검사시스템의 동등성 인정
    한국정부는 한국이 현지 시스템 감사를 실시할 권한을 보유한다는 조건하에 작업장 승인에 있어 돼지고기 및 가금육에 대한 미국 검사시스템의 동등성을 인정하는데 동의하였다. 예측되지 않은 사안의 경우에는 한국은 미국의 시스템을 감사할 권한을 가진다.
    시스템 감사 과정에서 만일 시스템 전반에 걸친 문제점이 발견되면 한국은 미농업부 식품안전검사처(FSIS)에 시정조치를 취하고 그 결과를 한국에 보고토록 요청할 것이다. 한국은 시정조치가 취해졌음을 확인하기 위한 시스템 감사를 다시 실시할 권한을 가진다. 시스템이 작동하지 않는 점이 있을 경우에 한국은 개별 작업장을 감사할 권한을 가진다.
    한국은 한국과 미국의 위생당국이 합의한 정보를 기재한 USDA FSIS에서 발급한 검역증명서가 동반된 가금 및 가금육제품, 돈육 및 돈육제품 수입분을 계속해서 수용할 것이다.
    미국은 미국의 쇠고기 작업장에 대한 검사시스템이 한국의 것과 동등함을 인정할 것을 요청하였다. 답변으로 한국은 이 사안은 2007년 5월로 예상되는 미국에 대한 OIE의 BSE 위험등급 평가에 관련된 현행 미국산 쇠고기 및 쇠고기 제품에 대한 수입위생조건을 미국과 협의하고 개정하는 과정에서 검토할 것임을 밝혔다.

한을 보유한다는 조건하에 작업장 승인에 있어 돼지고기 및 가금육에 대한
미국 검사시스템의 동등성을 인정하는 데 동의하였고, 예측되지 않은 사
안의 경우에는 한국은 미국의 시스템을 감사할 권한을 가진다고 규정하고
있다.

　양해서는 미국은 미국의 쇠고기 작업장에 대한 검사시스템이 한국의 것
과 동등함을 인정할 것을 요청하였고, 한국은 2007년 5월로 예상되는 미국
에 대한 국제수역사무국(OIE)의 광우병(BSE) 위험등급 평가에 관련된 현행
미국산 쇠고기 및 쇠고기 제품에 대한 수입위생조건을 미국과 협의하고 개
정하는 과정에서 검토할 것임을 확인하고 있다.

　당초 미국산 쇠고기 수입위생조건(2006년 2월) 제5항에는 수출쇠고기를
생산하는 작업장은 미국 정부가 이 수입위생조건에 따라 수출쇠고기 생산에
적합하도록 지정한 시설로서 한국 정부에 사전 통보되고 한국 정부가 현지
점검 또는 그 밖의 방법으로 승인한 작업장이어야 한다고 규정하였다. 그러
나 이 수입위생조건은 2009년 8월 미국 정부의 검사하에 운영되는 미국 내
모든 육류작업장은 그 명단을 통보하면, 한국으로 수출되는 쇠고기 및 쇠고
기 제품을 생산할 수 있다고 개정[14]되었다.

　양해서 제2항[15]에서 한국과 미국 양국 정부는 WTO SPS 협정과 OIE 지

---

14) 「미국산 쇠고기 및 쇠고기 제품 수입위생조건」(2009. 8. 25.)
　　6. 미국 농업부의 검사 하에 운영되는 미국의 모든 육류작업장은 한국으로 수출되는
　　　쇠고기 또는 쇠고기 제품을 생산할 자격이 있다. 작업장은 한국정부에 사전통보
　　　되어야 한다.
15) 「동물 위생과 축산 제품의 검역조치에 관한 양해서」
　　2. 조류인플루엔자에 대한 미국 지역화
　　　한국과 미국은 양국정부가 WTO/SPS 협정과 OIE 지침을 존중하여야 하고, 지역
　　　화 원칙이 효과적으로 적용되어야 한다는데 공통된 양해를 하였다.
　　　미국은 WTO/SPS 협정에서 인정되고 있는 지역화 개념을 한국이 적용토록 한국
　　　정부에 요청하였다.
　　　한국정부는 미국산 가금 및 가금육제품의 수입과 관련, 조류인플루엔자에 대하여
　　　미국에 대해서 지역화를 적용할 것인지를 판단하기 위해 필요한 수입위험평가를
　　　개시할 것이다.
　　　위험평가절차를 촉진하기 위하여 한국정부는 2007년 4월에 설문서를 미농무부

침을 존중하고, 지역화 원칙이 효과적으로 적용되어야 한다는 양해를 하였다. 지역화란 한 지역에서 가축 질병이 발생한 경우 그 지역의 가축은 수입이 금지되더라도 다른 지역의 가축에 대해서는 안전하다고 가정하고 수입이 가능토록 하는 제도를 말한다. 이는 WTO SPS 협정16)에 규정하고 있으며 국제수역사무국(OIE)에서도 구체적인 기준을 제정하였을 뿐만 아니라 미국, EU 등에서도 인정하고 있다.

양해서에서는 한국 정부는 조류인플루엔자에 대하여 수입위험평가를 개시하기 위하여 설문서를 2007년 4월에 미농무부 동식물검역청(APHIS)에 제시할 것이라고 구체적인 일정을 제시하고 있다.

동식물검역청(APHIS)에 제시할 것이다. USDA APHIS는 가능한 조속히 관련 정보와 문서를 제공할 것이다.
16) SPS 제6조(병충해 안전지역 및 병충해 발생이 적은 지역을 포함하는 지역적 조건에의 적용)
　　2. 특히 회원국은 병충해 안전지역과 병충해 발생이 적은 지역의 개념을 인정한다. 이러한 지역의 결정은 지리, 생태학적 체계, 역학적 감시 및 위생 또는 식물위생 관리의 효과성 등의 요소에 근거한다.

무역에 대한 기술장벽(TBT)

한·미 FTA 협정 제9장 무역에 대한 기술장벽(TBT: Technical Barriers to Trade)은 국제표준(제9.3조), 공동협력(제9.4조), 적합성 평가절차(제9.5조), 투명성(제9.6조), 자동차 표준 및 기술규정(제9.7조), TBT 위원회 설치(제9.8조) 등에 관한 사항을 규정하고 있는 본문과, TBT 위원회 및 자동차 작업반(부속서 9-나)에 관한 사항을 규정하고 있는 부속서, 그리고 부속서한에서는 배출가스허용기준 등 구체적 자동차 규제문제에 관하여 규정하고 있다.

한·미 FTA는 WTO 플러스(+) 방식으로 WTO「무역에 대한 기술장벽에 관한 협정(TBT: Agreement on Technical Barriers to Trade)」에서의 회원국으로서의 권리와 의무를 확인하고 있다(제9.1조). 기술장벽(Technical Barriers)은 수입품에 대하여 불필요하게 지나친 기술규격, 품질이나 특성뿐만 아니라, 관련 공정과 제조방법에 관한 기술규정, 국제적으로 통용되지 않는 표준, 그리고 중복적인 시험·검사·인증을 위한 적합성 판정절차 등을 요구하여 차별적인 효과를 유발하는 대표적인 비관세장벽의 하나이다. 이는 복잡한 기술과 연관되므로 무역장벽 여부의 판단이 모호하여 상대국에 잘 노출되지 않는 특징이 있다. WTO TBT 협정은 강제적인 기술규정이나 자발적인 표준 그리고 적합성 판정절차가 국제무역에 불필요한 장애가 되거나 무역을 방해하는 목적으로 채택되는 것을 방지하기 위하여 상품무역에 관한 협정의 하나로 채택되었다.

한편, TBT 위원회는 향후 제기되는 TBT 이슈에 대한 신속한 처리와 원활한 협정이행을 모니터링하기 위하여 정기적인 회의개최 및 필요시 특정분야의 작업반 구성, 적합성 평가[1] 제도 관련 양국의 정부 및 비정부기관 간의 상호협력 촉진, 상대국에서 수행한 적합성 평가결과의 수용촉진을 위한 협의 등의 기능을 수행하기 위하여 설치된다(제9.8조).

또한 통신분야의 상호인정협정(MRA: Mutual Recognition Agreement)[2]인 APEC-TEL MRA[3](Phase II[4])의 이행시기와 관련하여서는 협정 발효 후 한국 측이 1년 이내에 관련법을 개정하는 것으로 규정하고 있다(제9.5조). 이에 따라 통신기기분야 MRA의 범위가 기존 시험성적서 수준에서 제품인증서 상호수용까지 확대되어 해당 품목의 수출비용 및 시간이 대폭 절감될 수 있을 것으로 예상된다.

---

1) 적합성 평가란 제품, 공정, 서비스, 시스템 등이 관련된 요건(표준, 기술규정 등)을 충족시키고 있는지의 여부를 결정하기 위하여 행해지는 시험, 검사, 인증, 승인 또는 이들의 조합으로 이루어진 평가행위를 의미한다.

2) 상호인정협정(MRA: Mutual Recognition Agreement)이라 함은 상대국가에서 실시한 상품의 적합성 평가결과 및 절차를 자국에서 실시한 것과 동등하게 받아들이는 협정으로 중복적인 시험의 방지, 불필요한 규제비용 절감, 교역을 위한 시장접근의 용이성 향상 등의 효과가 있다.

3) APEC-TEL(APEC-Telecommunications: APEC 정보통신실무그룹) MRA는 정보통신기기분야 적합성 평가결과의 상호수용을 위하여 APEC 회원국 간 체결한 상호인정협정을 말한다.

4) 통신분야 MRA(APEC-TEL MRA)는 시험성적서 상호수용 단계인 Phase I 과 제품인증서 상호수용 단계인 Phase II로 구분되며 한·미 양국 간에는 Phase I MRA가 2005년 5월 이미 체결되어 있다.

I. 표준, 기술규정 및 적합성 평가절차의 투명성

각 당사국은 표준(standards), 기술규정(technical regulations) 및 적합성 평가절차(conformity assessment procedures)의 개발에 자국인에게 부여하는 것보다 불리하지 아니한 조건으로 상대국인의 참여를 허용 하여야 한다(제9.6조제1항). 다만, 상대국 국민의 참여보장은 일반인에 공개되는 참여과정인 경우에 허용된다(제9.6조제1항 각주).

WTO TBT 협정에서는 관련 국제표준이 존재하지 아니하거나 관련 국제표준의 기술적인 내용과 일치하지 아니한 경우에는, 회원국은 이를 적절히 공표하고, 기술규정의 목적과 합리적 이유 및 기술규정이 적용될 상품을 통보하며, 자료요청 시 상세한 내용 또는 사본의 제공 그리고 다른 회원국의 서면 의견제시권을 보장하도록 규정하고 있다(WTO TBT 제2.9조).

그런데 한·미 FTA에서는 WTO TBT 협정에서 더 나아가, 설치되는 질의처를 통하여 전자적으로 양 당사국에 통보하고 접수된 의견도 전자적 수단으로 공개하게 규정하고 있다. 그리고 양 당사국은 WTO TBT 협정과는 달리 관련 국제표준의 기술적인 내용을 따르는 새로운 기술규정과 기존의 기술규정의 개정도 공표하고 통보하여야 한다. 서면 의견제시기한은 최소 60일 이상 보장되어야 하고, 의견제시기간의 연장에 대하여도 호의적으로 고려하여야 한다(제9.6조제3항).

WTO TBT 협정에서는 지방정부기관 및 비정부기관도 중앙정부기관과 마찬가지로 WTO TBT 협정 제2.9조의 투명성 의무를 준수하도록 가능한 합리적 조치를 취하게 규정하고 있다(WTO TBT 제3조). 여기서 지방정부기관은 중앙정부 이외의 정부(예: 주, 도, 시 등), 그 부처 또는 당해 활동에 대하여 이러한 정부의 통제를 받는 모든 기관으로 정의하고 있다(WTO TBT 부속서1 7.지방정부기관). 그런데 한·미 FTA에서는 지방정부기관을 중앙정부 직하위의 지방정부(local governments on the level directly below that of the central government)로 한정하고 있다(제9.6조).

II. 무역에 대한 기술장벽위원회

한·미 FTA에서는 한국의 기술표준원과 미국의 무역대표부 대표로 구성되는 무역에 대한 기술장벽위원회(Committee on Technical Barriers to Trade)를 설치한다(제9.8조). 위원회는 매년 최소 1회 이상 회합하며, 각 당사국의 대표들로 구성되는 작업반(working groups)을 설치하고, 업무범위 및 위임사항을 결정할 수 있다(제9.8조제4항 및 제5항).

위원회는 '표준, 기술규정 또는 적합성 평가절차'의 개발·채택·적용 또는 집행과 관련하여 당사국이 제기하는 문제의 신속한 처리 및 협력증진을 도모한다. 또한 '표준, 기술규정 및 적합성 평가절차'에 관련된 활동에 관여하는 비정부 간, 지역적 및 다자적 포럼에서의 진전사항에 관한 정보교환, 그리고 '표준, 기술규정 및 적합성 평가절차'와 관련된 제3자 문제를 해결하기 위한 공동 접근방법을 도출하기 위한 정보교환 등도 포함하고 있다(제9.8조제2항). 이러한 경우 미국의 입장과는 다른 우리나라의 입장이 불가능할 것으로 보인다.

10

무역구제

한·미 FTA 협정 제10장(무역구제)은 긴급수입제한조치(Safeguard Measures)(제1절), 반덤핑 및 상계관세(Antidumping and Countervailing Duties)(제2절) 그리고 무역구제위원회(제3절) 등 8개 조문으로 구성되어 있다.

한·미 FTA에서는 WTO 협정 플러스(+) 접근의 방식을 취하고 있다. 즉, WTO 「긴급수입제한조치에 관한 협정」, 「GATT(1994) 제6조의 이행에 관한 협정」(Antidumping), 「보조금 및 상계조치에 관한 협정」을 수용하면서 일부 사항에 대하여 이를 수정·보완하여 이 협정에 통합하고 있다.

긴급수입제한조치는 특정 상품의 수입이 급증하여 수입국의 경쟁산업에 심각한 피해를 주거나, 줄 우려가 있을 때 GATT 제19조 및 WTO 「긴급수입제한조치에 관한 협정」에 의하여 당해 상품에 대하여 일시적으로 수입을 제한하는 관세 또는 비관세조치를 의미한다. 긴급수입제한조치의 내용으로는 관세인상, 관세할당, 수입수량할당, 수입허가발급제, 수입과징금의 부과 등을 들 수 있다. 그러나 긴급수입제한조치는 반덤핑이나 상계관세와는 달

리 수출국의 공정한 무역에 대한 수입제한조치이므로 발동요건이 매우 까다
롭다.

반덤핑(Antidumping)은 국내의 동종산업이 덤핑수입으로 인해 실질적
피해(material injury)를 입었거나 입을 우려가 있다고 판단되는 경우, 공정
한 경쟁관계를 확립하고 국내산업 보호를 목적으로 덤핑마진 이하에 상당하
는 관세, 즉 반덤핑관세를 부과함을 말한다. 반덤핑관세는 일반관세와는 달
리 발생원인이 수출자의 불공정한 덤핑행위이므로 그 책임이 수출국에 전가
되어 특정 수출국 혹은 특정 수출자의 물품에 대해 선별적으로 부과된다는
점에서 모든 수출국 혹은 수출자에게 무차별적으로 부과하는 일반관세와 차
이가 있다.

그런데 반덤핑제도는 수출국이나 수출자의 상품에 대해 선별적으로 적용
할 수 있고, 보상의무가 면제되며, WTO 반덤핑규정의 모호함으로 자의적
인 남용 우려가 있었다. 또한 덤핑의 산업피해 유무 조사에 있어서 각국이
조사기준을 자국의 국내산업에 유리하도록 설정하고, 조사절차 역시 복잡
하고 지나치게 장기화되도록 운용하여 비관세장벽으로 역할을 할 수 있었
다. 그리하여 1979년의 동경라운드에서 각국의 자의적인 운용절차를 제한
하기 위하여 반덤핑코드(Anti-dumping Code)를 채택하였다. 그러나 동 협
약 역시 불명확한 규정이 많아서 UR 협상에서 이를 더욱 개선하여 「GATT
(1994) 제6조의 이행에 관한 협정」(Antidumping Agreement on Imple-
mentation of Article VI of the General Agreement on Tariffs and Trade
1994), 즉 반덤핑협정이 채택되었다.

한편, 보조금은 원칙적으로 각국의 고유권한이기는 하지만, 어떤 보조금
은 특정산업이나 특정기업의 경쟁력을 변화시켜 수출을 촉진하거나 수입을
억제하는 등의 무역왜곡효과를 초래한다는 점에서 국제적 규제의 대상이 되
어 왔다. 특히 수출에 보조금[1]을 지급하는 것은 기업의 덤핑과 동일한 효과

---

1) 수출보조금에 대한 구체적 규제조항은 1955년에 마련되어 주요 선진국을 중심으로
　1962년 11월 발효되었다.

를 가질 수 있으므로 GATT 제6조에서는 수입국은 타국 정부의 수출보조금에 대하여 상계관세를 부과할 수 있다고 규정하고 있다. UR 협상에서는 보조금의 범위와 기준을 명확히 하고 상계관세의 발동절차를 분명히 하기 위하여 「보조금 및 상계조치에 관한 협정」(SCM: Agreement on Subsidies and Countervailing Measures)을 채택하였다.

I. 긴급수입제한조치

한·미 FTA에서는 관세 인하 또는 철폐의 결과로 동종 또는 직접경쟁적인 상품을 생산하는 국내산업의 심각한 피해 또는 피해 우려의 경우 관세율의 추가인하를 정지하거나, 또는 관세율을 일시적으로 인상하는 등의 긴급수입제한조치(Safeguard Measures)를 채택하고 있다(제10.1조). 또한 지연되면 회복하기 어려운 손상이 초래될 상황에서는 잠정조치(provisional measures)를 채택할 수 있다(제10.3조).

긴급수입제한조치는 동일한 상품에 대해 1회만 발동이 가능하며(제10.6조제6항), 원칙적으로 협정발효 후 10년 동안이나 관세철폐기간이 그 이상인 품목의 경우에는 관세철폐기간 종료 시까지 발동 가능하며, 조치가 발동되는 경우 최장 2년까지 유지가 가능하고, 필요시 1년 연장이 가능하다(제10.6조). 보상(compensation)과 관련하여서는 긴급수입제한조치를 적용한 후 30일 이내에 실질적으로 동등한 무역효과를 가지거나 동등한 양허의 형태로 된 적절한 무역자유화 보상에 관하여 협의를 한다. 그런데 협의 개시 후 30일 이내에 보상에 관하여 합의하지 못하는 경우는 실질적으로 동등한 무역효과를 가지는 양허의 적용을 정지할 수 있다(제10.4조).

한편, WTO 긴급수입제한조치에서는 8년까지 가능하며(WTO SG 협정 제7조제3항), 발동횟수에 대한 제한을 두고 있지 않으나, 재적용과 관련해 일부 제한2)이 있다.

한·미 FTA에서는 세이프가드 발동을 관세철폐기간에 한하여 1회만 발동

〈표 1〉 긴급수입제한조치의 비교

	WTO SG	한·미 FTA SG
조치수단	관세 또는 비관세조치	관세인하 정지 또는 관세인상
조치기간	4년+4년	2년+1년
보상, 보복	보상합의. 동등한 양허나 의무 정지. 단, 이는 수입품의 절대적 증가인 경우 3년 유예	동등한 보상, 양허의 정지
잠정조치	200일	200일 내
제도존속기간	제한 없음	협정발효일로 부터 10년. 단 관세 철폐 기간이 10년 이상이면 그 기간 동안
적용요건	심각한 피해 및 피해우려와 인과관계	심각한 피해 및 피해우려와 인과관계
발동횟수	제한 없음	1회(동일상품)

SG: Safeguard Measures

할 수 있게 하여 산업위기관리 능력을 현저히 저하시키고 있다. WTO에서는 발동횟수에 제한을 두지 않고, 재적용과 관련해서 일부 제한을 두고 있을 뿐이다. 또한 WTO 협정과 비교 시 발동기간 및 횟수에 있어서 지나치게 축소되었다. WTO 협정은 발동기한은 최장 8년까지 가능하지만 한·미 FTA는 최장 3년까지이다. WTO 협정에서는 관세율의 인상 외에 수량제한

---

2) WTO 「긴급수입제한조치에 관한 협정」 제7조 ⑤ WTO 협정의 발효일 이후에 취해진 세이프가드의 대상이었던 상품의 수입에 대해서는 이러한 조치가 이전에 적용되었던 기간만큼의 기간은 세이프가드를 재적용하지 말아야 하고, 이 경우 비적용기간이 최소한 2년이 되어야 한다.
⑥ 발동기간이 180일 이내인 세이프가드 조치는 상품의 수입에 대하여 세이프가드조치가 도입된 날로부터 최소한 1년이 경과하였으며, 동 조치가 도입된 날 이전 과거 5년 동안 동일 상품에 대해 1회만 세이프가드 조치가 적용된 경우에 한해 재적용이 가능하다.

까지 가능하나, 한·미 FTA에서는 수량제한은 할 수 없기 때문에 세이프가드의 실효성이 축소된 것으로 보인다.

한편, 한·미 FTA에서는 FTA 당사국이 WTO 다자 긴급수입제한조치(global safeguard measure) 발동 시에, FTA 상대국으로부터의 수입이 심각한 피해 우려의 실질적인 원인(substantial cause)이 아닌 경우, FTA 상대국으로부터의 수입을 적용대상에서 제외시킬 수 있다고 규정하고 있다(제10.5조). 이를 반영한 내용이 2008년 2월「불공정무역행위 조사 및 산업피해 구제에 관한 법률」개정안에 반영되었다.[3]

그런데 한·미 FTA상의 다자 긴급수입제한조치 적용배제 규정(제10.5조)은 WTO 긴급수입제한조치에 관한 협정에 위반될 수 있다고 지적되고 있다.[4] WTO 다자 긴급수입제한조치에서 FTA 상대국으로부터의 수입이 조사대상에 포함되어, 발동요건의 충족 여부를 분석한 후에 긴급수입제한조치를 적용하려고 하는 경우에 FTA 상대국의 수입량을 배제하는 것은 원산지에 관계없이 긴급수입제한조치를 적용해야 한다는 WTO「긴급수입제한조치에 관한 협정」제2조제2항[5]을 위반하는 것으로 해석될 가능성이 높다.

Argentina-Footwear(DS121, 2000년), US-Wheat Gluten(DS166, 2001년), US-Line Pipe(DS202, 2002년) 및 US-Steel Safeguards(DS248, 2003

---

3) 제22조의4(자유무역협정의 체결상대국에 대한 세이프가드조치 적용배제) ① 자유무역협정에서 자유무역협정의 체결상대국에 대하여 세이프가드조치를 적용하지 아니할 수 있도록 규정한 경우로서 무역위원회가 제16조에 따라 국내산업의 피해를 조사할 때 자유무역협정 체결상대국의 특정 물품 수입 증가로 인한 국내산업의 피해를 별도로 조사하여 국내산업이 심각한 피해를 입고 있지 아니하거나 심각한 피해를 입을 우려가 없는 것으로 판정한 경우에는 자유무역협정의 체결상대국에 대하여 제15조부터 제20조까지 및 제20조의2를 적용하지 아니할 수 있다.
② 제1항에 따른 세이프가드조치 적용배제의 대상국가, 적용배제의 요건, 조사절차 등에 관하여 필요한 사항은 대통령령으로 정한다 [본조신설 2008. 3. 21.].
4) 손기윤, "한-미 FTA의 세이프가드규정 분석,"『법학논총』제33권 제2호(2009. 12), pp.867-885.
5) WTO「긴급수입제한조치에 관한 협정」제2조.
② 긴급수입제한조치는 수입되는 상품에 대하여 출처에 관계없이 적용된다.

년) 사례에서 상소기구는 통상적으로 FTA 회원국의 수입을 조사대상에 포함시켰으나, 긴급수입제한조치 적용대상에서 배제하는 것은 WTO 「긴급수입제한조치에 관한 협정」 제2.2조를 위반하였으며, 이는 일명 병행주의(parallelism)를 위반하는 것이라고 판정한 바 있다.6)

II. 반덤핑 및 상계관세

반덤핑 및 상계관세(Antidumping and Countervailing Duties)와 관련하여 한·미 FTA에서는 WTO 「반덤핑협정」과 「보조금 및 상계조치에 관한 협정」의 당사국의 권리와 의무를 그대로 유지하면서, 일부 내용을 보완하고 있다.

먼저 반덤핑 조사신청을 접수한 때에는 자국의 법과 합치되게 상대국에 서면통보를 하고, 회의 또는 그 밖의 유사한 기회(meeting or other similar opportunities)를 다른 쪽 당사국에 부여하여야 한다(제10.7조제3항 가호). 이는 WTO 「반덤핑협정」에서보다는 진일보한 내용이다. WTO 「반덤핑협정」에서는 당사국은 덤핑조사를 개시하기 전에 관련 수출 회원국에 통보하여야 한다고만 규정하고 있다(WTO 반덤핑협정 제5.5조). 그러나 한·미 FTA에서 이 규정은 자국의 국내법에 합치(consistent with the Party's law)를 조건으로 하고 있으며, 또한 회의 또는 그 밖의 유사한 기회 제공이란 보조금 상계관세 부과 시의 협의(consult) 절차보다는 약화된 개념으로 보인다.

한편, 보조금 상계관세 조사신청을 접수한 때에는 그 접수에 관하여 상대국에 서면통보를 제공하고, 자국의 권한 있는 당국과 협의(consult)하는 회의를 제공한다(제10.7조제3항 나호). 이는 WTO 「보조금 및 상계조치에 관한 협정」에서와 같은 내용이다. 협정에서는 조사개시 사실을 통보하고 상호

---

6) 손기윤, 앞의 논문, pp.880-882.

합의된 해결책에 도달하기 위하여 협의를 하여야 한다고 규정하고 있다(WTO「보조금 및 상계조치에 관한 협정」제13.1조).

반덤핑 조사에 있어 긍정적 예비판정이 내려진 경우, 당사국은 다른 쪽 당사국 및 수출자에게 가격 약속 제안(price undertakings)에 관하여 협의를 위한 적절한 기회(adequate opportunity for consultations)를 부여하여야 한다(제10.7조제4항 나호). 한편, WTO 반덤핑협정에서는 가격약속에 대한 조사의 정지 또는 종결에 대하여 규정7)하고 있다(제8.1조). 그러나 이 제도는 조사당국이 덤핑의 피해효과가 제거되었다고 납득하는 경우에 결정되는 내용이다. 그런데 한·미 FTA에서는 협의를 위한 적절한 기회 부여로 한정하고 있으므로, 조사의 정지 또는 종결은 결국 미국의 결정에 전적으로 달려 있다.

반면에 보조금 상계관세 조사에 있어 긍정적 예비판정이 내려진 경우, 당사국은 다른 쪽 당사국 및 수출자에게 가격(price) 또는 적절한 경우 물량에(quantity) 대한 약속 제안에 관하여 적절한 고려와 충분한 협의기회를 부여하여야 한다(제10.7조제4항 다호).

---

7) WTO「반덤핑협정」제8조(가격약속)

   8.1 당국이 수출자로부터 가격을 수정하거나 당해지역에 대한 덤핑가격으로의 수출을 중지하겠다는 만족스럽고 자발적인 약속을 받아 덤핑의 피해효과가 제거되었다고 납득하는 경우 조사는 잠정조치나 반덤핑관세의 부과 없이 정지되거나 종결될 수 있다.

   8.3 수입국 당국은 가격약속의 수락이 예를 들어 실제적 또는 잠재적 수출자의 수가 너무 많거나 일반정책상의 이유를 포함하는 다른 이유로 현실성이 없다고 간주하는 경우, 제시된 가격약속을 수락할 필요가 없다.

III. 최소부과원칙 및 제로잉[8]

한·미 FTA 협정에서는 우리 업계의 반덤핑 관련 애로사항인 반덤핑협정의 투명성 제고를 위한 최소부과원칙의 적용이나 제로잉(Zeroing) 금지 등이 명확히 반영되지 않았다. 반면에, 한·싱가포르 FTA(2006)[9]에서는 최소부과원칙과 제로잉 금지를, 한·EFTA(2006)[10]와 한·EU FTA(2011)[11]에서는 최소부과원칙을 규정하고 있다.

미국의 제로잉 문제는 2007년 1월 WTO 상소기구가 일본과의 제로잉 사

---

8) 반덤핑 마진 계산 시 마이너스(-)의 마진을 0으로 계산하여 결과적으로 평균마진율을 높이게 되는 방식을 말한다.

9) 한·싱가포르 FTA 제6.2조(반덤핑 조치)
   1. 양 당사국은 1994년도 GATT 제6조 및 1994년도 GATT 제6조의 이행에 관한 협정("반덤핑에 관한 세계무역기구협정")상의 권리 및 의무를 유지한다.
   3. 제1항에 불구하고, 양 당사국은 반덤핑에 관한 세계무역기구협정의 이행에 있어 투명성을 증진하기 위하여 양 당사국 간 반덤핑 사건에 있어 다음 관행을 준수한다.
     가. 반덤핑마진이 가중평균 기초하에서 설정될 때, 모든 개별적 마진은, 양의 값이든 부의 값이든, 평균 계산에 포함되어야 한다. 그리고
     나. 반덤핑에 관한 세계무역기구협정 제9조제1항의 규정에 따라 반덤핑 관세를 부과하기로 결정을 취한 경우, 그러한 결정을 취하는 당사국은 덤핑마진보다 낮은 관세를 부과하여도 국내산업에 대한 피해를 제거하기에 충분할 경우 그러한 낮은 관세를 부과함으로써, '낮은 관세 적용' 규칙을 적용한다.

10) 한·EFTA FTA 제2.10조(반덤핑)
   1. 당사국들은 다음을 조건으로 1994년도 GATT 제6조 및 1994년도 GATT 제6조의 이행에 관한 협정(이하 "반덤핑에 관한 세계무역기구협정"이라 한다)상의 권리와 의무를 보유한다.
     나. 당사국이 반덤핑에 관한 세계무역기구협정 제9조제1항의 규정에 따라 반덤핑 관세를 부과하기로 결정하는 경우, 그러한 결정을 하는 당사국은 덤핑마진보다 낮은 관세를 부과하여도 국내산업에 대한 피해를 제거하기에 충분할 경우 그러한 낮은 관세를 부과함으로써, "낮은 관세적용" 원칙을 적용한다.

11) 한·EU FTA 제3.14조(최소부과 원칙)
   당사자가 반덤핑 또는 상계관세를 부과하기로 결정한 경우, 그러한 관세의 세액은 덤핑 또는 상계가능 보조금 마진을 초과하지 아니하고, 마진 미만의 관세가 국내 산업에 대한 피해를 제거하기에 충분할 경우 관세는 그 마진 미만이 되어야 할 것이다.

건(US-Zeroing(DS322))[12])에서 모든 반덤핑 절차에서 제로잉 사용은 그 자체로 WTO 협정 위반이라고 판정하였다. 이렇게 WTO 차원에서 제로잉이 금지되자 미국은 표적덤핑분석(Targeted Dumping Analysis)이라는 분석기법을 개발하여 2008년부터 적용하기 시작하였다. 이 기법은 제로잉을 WTO 반덤핑협정 제2조제2.4.2항[13])에서 규정하고 있는 구매자, 지역, 기간 등의 조건을 충족하는 것으로 분석하여 덤핑마진을 결정하는 방식이다. 또한 미국은 이 분석기법에서도 공격이 있자 차별가격분석(Differential Pricing Analysis)기법을 개발(Cohen's d Test)하여 2013년부터 적용하기 시작하였다.[14])

---

12) 이 사건은 미국의 Zeroing 관행에 대하여 일본이 제소한 것이다. 일본은 미국이 원조사단계와 관세 정산 절차, 일몰재심, 신규 수출자 재심 등 각종 재심절차에서 Model Zeroing, Simple Zeroing을 적용하는 것은 Zeroing 방식 자체와 그 적용사례 모두 반덤핑협정에 위반된다고 제소하였다(2005. 2.).

13) WTO 「반덤핑협정」 제2조(덤핑의 판정)
   2.4.2 제4항의 공정비교를 규율하는 규정에 따라 일반적으로 조사기간 동안의 덤핑마진의 존재를 가중평균 정상가격과 모든 비교 가능한 수출거래가격의 가중평균과의 비교에 기초하거나 또는 각각의 거래에 기초한 정상가격과 수출가격의 비교에 의하여 입증된다. 당국이 상이한 구매자, 지역, 또는 기간별로 현저히 다른 수출가격의 양태를 발견하고, 가중평균의 비교 또는 거래별 비교사용으로 이러한 차이점이 적절히 고려될 수 없는 이유에 대한 설명이 제시되는 경우에는 가중평균에 기초하여 결정된 정상가격이 개별 수출거래가격에 비교될 수 있다.

14) 심종선, "Zeroing 논쟁과 미국의 관행변화," 『국제통상연구』 제8권 제4호(2013. 12), pp.29-58.

11

투자

투자의 자유화와 투자자 및 투자 보호에 관한 사항은 한·미 FTA 협정문 제11장과 부속서 Ⅰ·Ⅱ에서 규정하고 있다. 한·미 FTA에서의 투자는 타방 당사국의 투자자 및 당사국의 영역에 있는 타방 당사국 투자자의 투자와 관련하여 당사국이 채택하거나 유지하는 조치에 적용된다(제11.1조). 한편, 제12장의 "국경간 서비스무역"의 적용범위에는 제11장(투자)의 적용대상이 되는 투자는 제외하고 있다.

WTO에서는 「무역관련 투자조치에 관한 협정」(TRIMs)에서 상품무역만 규율하고, 서비스무역은 「서비스무역협정」(GATS)의 Mode 3(상업적주재) 형태의 외국인투자를 간접적으로 규율하는 형태였다. 그런데 한·미 FTA에 서는 금융(제13장) 부문의 투자를 제외한 모든 투자가 제11장의 투자규범의 적용을 받게 된다. 그러므로 투자규범의 범위가 WTO에서와는 달리 상품과 서비스를 모두 포괄하게 된다.[1]

---

1) 김인숙, "한·미 FTA에서의 투자관련 법적쟁점과 평가,"『경기법학논총』제5호(2007.

무역과 투자의 밀접한 관계는 오래전부터 인식되어왔다. 1940년대 후반 이미 상품무역에 관한 규범과 함께 투자에 대한 규범을 제정하고자 하였다. 실제로 국제무역기구(ITO: International Trade Organization)를 설립하기 위한 "하바나 헌장"에는 외국인투자 간 차별적대우의 금지를 규정하고 있었다. 그러나 ITO의 설립 시도가 무산되면서 투자 관련 협정은 완성되지 못했다. 국제투자가 GATT 차원에서 본격적으로 제기된 것은 1986년 UR 협상이 시작되고 난 이후부터이다. 즉, 무역의 흐름을 제한 또는 왜곡할 수 있는 투자조치의 규제를 규율하기 위한 협상이 포함된 것이다. 그러나 UR 협상에서도 국제투자문제 자체가 협상의 대상이 된 것은 아니고, 다만 무역의 흐름을 왜곡하는 투자조치만을 일종의 비관세장벽 차원에서 다루었을 뿐이다.

그 결과 WTO 「무역관련 투자조치에 관한 협정」(TRIMs: Trade-Related Investment Measures Agreement)이 체결되었다. 당시 UR 협상은 협상의 대상인 교역의 범주가 상품교역뿐만 아니라 서비스교역까지 확대되었었다. 서비스교역은 국제투자와 매우 밀접하게 관련된 분야로서 서비스교역의 상당부분은 국제투자의 성격을 띠고 있다. WTO 「서비스무역협정」(GATS)은 투자를 직접적인 규율대상으로 한 것은 아니지만 국제투자와 관련된 내용을 상당 부분 담고 있다.

WTO TRIMs는 무역에 제한적 또는 왜곡적 효과를 미치는 투자조치에 대한 규제를 목적으로 하고 있다. 구체적으로 이 협정에서는 GATT 제3조(내국민대우)와 제11조(수량제한의 일반적금지)에 위배되는 무역관련 투자조치를 금지하고 있다. TRIMs는 상품무역(trade in goods)에 관련된 투자조치에만 적용되므로 서비스무역에 관련된 투자조치나 무역제한 및 왜곡효과와 무관한 일반적 투자조치는 협정의 대상에서 제외되는 한계를 가지고 있다. 한편, GATS는 서비스공급 형태를 ① 국경간공급, ② 해외소비, ③ 상업적주재, ④ 자연인의 이동 등으로 분류하고 있는데 이 중 외국인직접투자

---

12), pp.187-219.

와 가장 밀접하게 관련되어 있는 것은 상업적주재(commercial presence)
에 의한 서비스공급의 형태라 할 수 있다. 또한 다국적기업의 본사 및 자회
사 간의 인력이동 문제와 관련하여 자연인의 이동도 직접투자와 관련된 사
항이라 할 수 있다.

과거에는 투자 관련 사안을 양자간 투자협정(BIT: Bilateral Investment
Treaty)2)을 통해 다루어 왔으나, 최근에는 미국 등 상당수의 국가들은 FTA
체결 시 투자조항을 FTA에 포함하는 경향을 보이고 있다. EU의 경우는 투
자 관련 규정이 EU 회원국들이 EU 집행위원회에 위임한 권한의 범위를 넘
어서기 때문에 FTA에 투자조항을 포함시키지 않으며, 한·EU FTA에서도
투자조항이 포함되어 있지 않다. 그런데 FTA에 포함되는 투자조항은 개별
BIT에 비해 구속력이 강하고 상품, 서비스 등 다른 분야의 자유화와의 상승
효과로 인하여 상품무역 및 외국인직접투자(FDI) 유입에 미치는 영향력이
더 크다고 할 수 있다.3)

한·미 FTA에 포함된 투자규범(제11장)은 크게, 협정상의 의무를 규정하
는 부분, 투자분쟁해결절차를 규정한 부분, 그리고 각 용어에 대한 정의를
규정한 부분으로 구성되어 있다. 협정상의 의무(제1절)로는 내국민대우, 최
혜국대우, 최소기준대우, 수용 및 보상, 송금보장, 이행요건 부과금지, 고위
경영자 및 이사회의 국적제한 금지 등이 있다.

그리고 투자분쟁해결절차를 규정한 제2절에서는 투자자·국가 간 분쟁해
결제도(ISD: Investor State Dispute Settlement)4)를 도입하는 한편, ISD

---

2) 전 세계에는 1,500여 개가 넘는 양자간 투자협정(BIT: Bilateral Investment Treaty)이
   존재하고 있다.

3) M. Lesher and S. Miroudot, 「Analysis of the Economic Impact of Investment
   Provisions in Regional Trade Agreements」(OECD, 2006. 7. 11), p.38.

4) 투자자가 협정의무를 위반한 상대국을 직접 중재판정부에 제소하는 제도이다. 즉, 투
   자자가 국제투자분쟁해결센터(ICSID: International Center for the Settlement of
   Investment Disputes) 또는 유엔국제상거래법위원회(UNCITRAL: United Nations
   Commission on International Trade Law) 등의 중재판정부(3인)에 제소하여 분쟁을
   해결하는 제도이다.

관련 간접수용 인정기준을 더욱 제한하여 부동산정책 및 조세정책은 극히 예외적인 경우를 제외하고는 간접수용(indirect expropriation)을 초래하지 않는다는 것을 명시하였다(부속서 11-나 및 11-바). 또한 제11장의 부속서 및 부속서한에서는 국제관습법, 수용, 과세 및 수용, 송금 등 협정문상의 각종 개념 또는 제도를 상술하고 있으며, 한·미 FTA 부속서 I (서비스/투자)은 협정상 의무에 합치하지 않는 현존 조치의 목록인 현재유보를, 부속서 II (서비스/투자)는 향후 규제가 강화될 가능성이 있는 현존 비합치조치 또는 전혀 새로운 제한 조치가 채택될 수 있는 분야의 목록인 미래유보를 각각 규정하고 있다.

I. 협정상 의무와 예외

1. 협정상의 의무

협정상의 의무로는 내국민대우(제11.3조), 최혜국대우(제11.4조), 대우의 최소기준(제11.5조), 수용 및 보상(제11.6조), 송금 보장(제11.7조), 이행요건 부과금지(제11.8조), 고위경영자 및 이사회의 국적제한 금지(제11.9조) 등이 있다.

1) 내국민대우

내국민대우(NT: National Treatment)는 당사국의 투자자에게 동종의 상황(like circumstances)에서 자국 투자자에게 부여하는 대우보다 불리하지 아니한 대우를 부여할 의무를 말하며, 여기에는 사실상(de facto)의 차별도 금지된다. 연방제 국가인 미국에서는 내주민대우(in-state treatment)를 말한다(제11.3조).

2) 최혜국대우

최혜국대우(MFN: Most Favored Nation Treatment)란 동종의 상황에서
비당사국의 투자자에게 부여하는 대우보다 불리하지 않은 대우를 다른 쪽
당사국의 투자자에게 부여함을 말한다(제11.4조). 양국은 한·미 FTA 발효
이후 체결하는 FTA에 대하여 일부 분야를 제외하고는 최혜국대우를 부여하
기로 하였다. 한국은 ① 항공, ② 수산, ③ 해난구조를 포함한 해상 사안,
④ 편방향위성전송(DTH) 및 직접방송위성(DBS) 텔레비전 서비스 및 디지
털오디오 서비스, ⑤ 철도운송, ⑥ 시청각 공동제작에, 그리고 미국은 ①
항공, ② 수산, ③ 해난구조를 포함한 해상 사안, ④ 편방향위성전송(DTH)
및 직접방송위성(DBS) 텔레비전 서비스 및 디지털오디오 서비스에 대하여
최혜국대우 부여를 배제하고 있다(부속서Ⅱ).

3) 대우의 최소기준

대우의 최소기준(Minimum Standard of Treatment)은 공정하고 공평한
대우와 충분한 보호 및 안전을 포함하여 국제관습법[5]에 따른 대우를 말한
다. 국제관습법상의 최소기준은 적용대상 투자에 부여하여야할 대우의 최소
기준으로 규정하고 있다(제11.5조). 이는 외국인 투자에 대하여 국제관습법
(international customary law)상 인정되는 공정하고 공평한 대우 및 보호
와 안전을 보장하는 것으로서 일반적으로 적법절차(due process of law)의
원칙과 국제관습법에 따라 요구되는 수준의 경찰보호를 의미한다(부속서
11-가).

그런데 국제관습법상 최소기준대우가 구체적으로 무엇인지, 그 범위가
어디까지 인지가 확실하지 않다. 그리고 한·미 FTA에서 규정하고 있는 공
정하고 공평한 대우와 완전한 보호 및 안전한 대우의 명확한 정의가 국제관
습법상 무엇인지에 대한 일반적 합의는 존재하지 않는다.[6]

---

5) 외국인대우에 대한 국제관습법상 최소기준은 외국인의 경제적 권리와 이익을 보호하는
   모든 국제관습법상 원칙을 지칭한다(부속서Ⅱ-가(국제관습법)).

4) 수용 및 보상

수용 및 보상(Expropriation and Compensation)에서 각 당사국은 공공목적을 위하여 비차별적인 방법으로 신속하고 적절하며 효과적인 보상을 지불하고, 적법절차를 준수하는 경우에 투자자의 재산을 수용 및 국유화 할 수 있되, 수용당시의 공정한 시장가격(fair market value)으로 보상을 하여야 한다. 또한 직접수용과 동등한 정도로 재산권을 침해하는 간접수용에 대해서도 정당한 보상을 제공할 것을 규정하고 있다(제11.6조).

5) 송금 보장

송금(Transfer) 보장은 출자금, 이윤, 배당, 자본이득, 이자, 로열티 지불 등을 자유롭게, 그리고 지체 없이 송금할 수 있도록 허용할 것을 규정하고 있다(제11.7조). 다만, 외국환거래법에 의한 금융 긴급수입제한조치에 의한 제한은 인정하고 있다(부속서 11-사).

6) 이행요건 부과금지

이행요건(PR: Performance Requirements) 부과금지는 외국인투자자의 투자의 설립, 인수, 확장, 관리, 실행, 운영, 판매, 처분 등에 관하여, ① 일정 수준의 수출, ② 일정 수준의 국산재료 사용, ③ 국내 상품 사용, ④ 수출과 수입 간의 연계, ⑤ 수출과 판매 간의 연계, ⑥ 기술이전, ⑦ 특정지역으로의 독점공급 등 7가지 이행의무의 부과를 금지하고 있다(제11.8조). 다만, 생산의 입지(locate production), 서비스의 공급, 근로자의 훈련 또는 고용, 특정한 시설의 건설 또는 확장(construct or expand particular facilities), 또는 연구개발의 수행 등은 자국영역 내에서 한다는 요건 등은 부과할 수 있다(제11.8조제3항 가호). 이와 별개로 인간·동물 또는 식물의 생명이나 건강을 보호하기 위하여 필요한 조치 또는 고갈될 수 있는 생물 또는 무생물 천연자원의 보존과 관련된 조치 등은 국제무역 또는 투자에 대한 위장된

---

6) 김인숙, 앞의 논문, pp.201-203.

제한이 아니면 허용된다. 그리고 정부조달에도 적용되지 않는다(제11.8조 제3항 다호, 마호).

7) 고위경영자 및 이사회의 국적제한 금지

고위경영자 및 이사회(SMBD: Senior Management and Boards of Directors)의 임명에 국적요건을 부과하는 것을 금지하고 있다. 다만, 외국인투자기업의 이사회 또는 동 이사회산하 위원회 구성원의 과반수에 대한 국적요건 부과와 자국 영역 거주를 요구할 수는 있다(제11.9조).

2. 협정상 의무의 예외

협정상의 의무의 예외로 투자와 환경(제10.10조), 혜택의 부인(제11.11조), 비합치조치(제11.12조), 대위변제(제11.14조) 등을 규정하고 있다.

1) 투자와 환경

협정에 합치하는 범위 내에서 당사국은 외국인투자활동이 환경(environment)에 대해 민감성을 고려하면서 사업이 수행될 수 있도록 보장하기 위한 적절한 조치를 채택·유지 또는 집행할 수 있다(제11.10조).

2) 혜택의 부인

협정당사국과 정상적 경제관계를 유지하지 않고 있는 제3국인이 소유하는 타 당사국 기업, 또는 제3국인이 소유하고 당사국 내에서 실질적으로 영업하지 않는 타 당사국 기업(이른바 Paper company)에게는 협정상 혜택을 부인(denial of benefits) 할 수 있다(제11.11조).

3) 비합치조치

비합치조치(Non-Conforming Measures)란 협정상의 의무가 적용되지 않는 예외로 규정된 것이다. 먼저, 협정상의 의무에 비합치되는 조치를 부속서 I (현재유보)과 부속서 II (미래유보)에 기재한 경우에는 각각 기재된대로 협정상의 의무가 면제된다. 그런데 이 면제되는 의무는 ① 내국민대우, ② 최혜국대우, ③ 이행요건, ④ 고위경영자 및 이사회 등 4가지로 국한된다. 그러므로 협정상의 의무 중 ① 대우의 최소기준, ② 수용 및 보상, ③ 송금 등은 제외된다.

부속서 I (현재유보)은 협정상 의무에 합치하지 않는 현존 조치를 나열한 목록으로, 자유화후퇴방지 메커니즘(ratchet mechanism)이 적용된다. 즉, 현행 규제를 보다 자유화하는 방향으로 개정할 수는 있으나, 일단 자유화된 내용을 뒤로 후퇴하는 방향으로는 개정하지 못한다(제11.12조제1항 다호). 부속서 II (미래유보)는 향후 규제가 강화될 가능성이 있는 현존 비합치조치 또는 전혀 새로운 제한 조치가 채택될 수 있는 분야를 나열한 목록을 말한다.

한편, 지방정부(local level of government)[7]의 기존의 비합치조치를 특별한 유보조치 없이 서로 허용하고 있다(제11.12조제1항). 그리고 정부조달, 정부지원 융자, 보증 및 보험을 포함하여 당사국에 의하여 제공되는 보조금 또는 무상 교부는 ① 내국민대우, ② 최혜국대우, ③ 고위경영자 및 이사회 등의 3가지 의무가 적용되지 않는다(제11.12조제5항).

4) 대위변제

대위변제(Subrogation)는 국가기관[8]이 해외투자보험에 가입한 투자자가 상대국의 협정위반 조치로 인해 재산상 손실을 입은 경우에 동 국가기관이 투자자에게 보험금을 지급한 후 상대국정부를 상대로 보상을 요구할 수 있는 권리를 갖는다(제11.14조).

---

7) 한국의 경우는 지방자치법에 정의된 지방자치단체를 의미하고, 미국의 경우는 주(州)와 콜롬비아 특별구 등을 제외한 하위 자치단체를 의미한다. 미국의 경우는 주(州)가 제외되지만, 한국의 경우는 특별시 등 광역자치단체를 포함한 시·군·구의 기초자치단체 모두가 포함된다.

8) 한국은 수출보험공사(KEIC), 미국은 해외투자보험공사(OPIC)를 말한다.

Ⅱ. 수용 및 보상 그리고 간접수용

수용 및 보상(제11.6조)에서는 ① 공공목적(public purpose), ② 비차별적인 방법(non-discriminatory manner), ③ 신속·적절·효과적인 보상, ④ 적법절차와 국제관습법에 따른 대우 등을 조건으로 투자자의 재산을 수용 및 국유화할 수 있으며(제11.6조제1항), 이 경우 수용 당시의 공정한 시장가격(fair market value)으로 보상하여야 한다(제11.6조제2항). 그리고 당사국의 행위가 명의의 공식적 이전 또는 명백한 몰수 없이 직접수용에 등등한 효과를 갖는 경우인 간접수용(indirect expropriation)9)에 대해서도 정당한 보상을 제공할 것을 규정하고 있다(제11.6조, 부속서 11-나 제3항).

간접수용 해당 여부의 판단은 ① 정부행위가 투자의 경제적 가치에 부정적 효과, ② 정부행위가 분명하고 합리적인 기대를 침해, ③ 공익을 위한 투자자의 특별한 희생에 대한 수인한계 등을 고려하여 사안별로 결정하며, 그리고 공중보건(public health), 안전(safety), 환경(environment) 및 부동산가격안정화(real estate price stabilization)와 같은 공공복지 목적(public welfare objectives)의 비차별적 조치는 그 목적 또는 효과에 비추어 극히 심하거나(extremely severe) 불균형적(disproportionate)인 때와 같은 드문 상황(rare circumstances)을 제외하고는 간접수용(indirect expropriations)을 구성하지 않는다(부속서 11-나 제3항).

미국의 경우 NAFTA 투자분쟁에서 정부의 규제조치에 대한 간접수용 제소가 잇따르자, 2004년 양자간 투자협정 모델에서 간접수용의 범위와 판단법리를10) 명확히 하고, 공공복지 목적의 조치는 원칙적으로 간접수용에 해

---

9) 간접수용이란 직접수용처럼 정부가 외국인 투자자의 재산권을 박탈, 국유화하는 것은 아니나, 특정 정부 조치로 인하여 투자자가 사실상 영업을 할 수 없게 되어 투자의 가치가 직접수용과 동등한 정도로 박탈되는 경우를 말한다.

10) 2004 Model BIT, Article 6(Expropriation and Compensation)

  1. Neither Party may expropriate or nationalize a covered investment either directly or indirectly through measures equivalent to expropriation or nationalization ("expropriation"), except:

당하지 않는다는 내용의 부속서(수용)를11) 채택하여 이후 모든 FTA 및 투자협정에 이를 포함시키고 있다.

그런데 우리나라 국내법 체제에서는 아직까지 간접수용 개념이 도입되지 못한 것으로 평가되고 있다. 실무적으로는 법률에 보상규정이 있는 경우에만 수용보상이 가능한 것으로 해석한다. 그리하여 학계차원에서 보상규정이 없는 경우 수용유사침해이론이 논의되고 있는 수준이다. 간접수용이 한·미 FTA에서 처음은 아닌데, 이에 대한 우려는 미국의 활용가능성이 높고, 특히 ISD와 결합하여 간접수용의 남소 가능성이 높기 때문인 것으로 볼 수 있다.12)

한·미 FTA 협정에서는 간접수용의 판단기준으로 국제관습법상 최소기준(customary international minimum standard)을 외국인의 경제적 권리와 이익을 보호하는 모든 국제관습법상(all customary international law)의 원칙임을 규정하고(부속서 11-가), 원칙적으로 공중보건, 안전, 환경, 부동산가격안정화정책은 간접수용의 예외임을 명시하고 있으나, 드문 상황(rare circumstances)에 대한 다툼은 상존하는 것으로 보인다.

과세조치(taxation measures)가 수용을 구성하는지에 대한 결정은 사안별, 사실에 기초한 조사를 기준으로 하며, 일반적으로 조세부과는 수용을

    (a) for a public purpose;

    (b) in a non-discriminatory manner;

    (c) on payment of prompt, adequate, and effective compensation; and

    (d) in accordance with due process of law and Article 5 [Minimum Standard of Treatment](1) through (3).

11) 2004 Model BIT의 부속서(수용)에서 간접수용의 정의를 소유권 이전이나 명백한 재산권 몰수가 없더라도 이와 동등한 효력을 갖는 국가조치로 규정하고 있다. 먼저, 간접수용 해당 여부의 판단은 ① 정부행위의 경제적 영향, ② 정부행위가 명백하고 합리적인 투자자 기대이익을 침해하는 정도, ③ 정부행위의 성격 등을 고려하여 사안별로 결정하며, 보건·안전·환경 등 공공복지 목적의 비차별적 조치는 "드문 상황이 아닌 한(except in rare circumstances)" 간접수용을 구성하지 않음을 명시하고 있다.

12) 장승화, "한·미 FTA 투자관련 협상에서 나타난 몇 가지 쟁점에 관한 연구,"『국제거래법 연구』제15집 제2호(2006. 12), pp.1-25.

구성하지 않으며, 또한 비차별적으로 적용되는 과세조치는 수용을 구성할 가능성이 적다고 규정하고 있다(부속서 11-바). 그런데 제23장(예외) 제23.3조제6항에서 제11.6조(수용 및 보상)는 과세조치에 적용된다. 이 경우 투자자는 그 과세조치가 수용인지를 권한 있는 당국에 우선 회부하여야 한다(제23.3조제6항 나호).

NAFTA 투자분쟁(ISD) 중 중재판정부에 의하여 간접수용으로 판정된 사례는 Metalclad사건[13]을 들 수 있다. 즉, 중재판정부는 미국 투자자가 여전히 동 쓰레기 매립장의 법적 소유권을 가지고 있음에도 멕시코 정부의 조치로 동 매립장의 투자 가치가 박탈되었으며, 멕시코 정부가 이에 대한 유효한 보상을 제공하지 않았음을 근거로 이를 간접수용으로 판정하였다.

우리 법제에서는 개발행위에 대한 규제에 따라 발생하는 '기대되었던 개발이익의 손실'에 대하여 이를 보상 대상으로 하고 있지는 않다. 그러나 미국의 경우에는 이를 소위 '규제적 수용'[14]이라 하여 이러한 토지이용에 관한 규제에 대하여도 직접수용과 마찬가지로 보상이 가능한 법제를 가지고 있다. 우리 헌법은 공공필요에 의한 재산권의 수용·사용 또는 제한 및 그에 대한 보상은 법률로써 하되, 정당한 보상을 지급하여야 한다고 규정하고 있다(헌법 제23조제3항). 헌법은 공공목적을 위한 재산권 침해의 유형을 수용, 사용, 제한이라는 3가지 영역으로 구분하고 있다. 그런데 한·미 FTA는 한국의 헌법과 달리 개념 범주에서 직접수용과 간접수용의 두 개념을 사용하고 있다. 헌법재판소는 1998년 그린벨트사건에서 토지재산을 건축이나

---

13) 멕시코 연방정부는 미국의 Metalclad사가 인수한 멕시코의 Coterin사에 이미 유해 폐기물 보관시설 운영 허가권을 부여하고 Metalclad사가 폐기물 시설을 완공할 수 있도록 보장했으나, 지방정부가 이를 거부하고 폐기물 시설이 거의 완공된 시점에서 그 지역 일대를 환경보존지역으로 선포해 시작된 분쟁으로, NAFTA 조항 제11.10조가 금지하는 '적절한 보상이 수반되지 않은 수용'이라는 Metalclad사의 주장이 국제 중재재판에서 인정되어 1,700만 달러를 배상하게 된 사건으로서, 이는 간접수용(indirect expropriation)과 관련된 분쟁의 한 예이다.

14) 미국 법원은 미국 수정헌법 제5조는 공적부담의 공평부담을 규정한 것이므로, 정부의 규제에 의하여 재산권이 제한될 뿐 재산의 박탈에까지 이르지는 아니하여도 보상을 요하는 수용으로 인정하고 있는바, 이를 규제적 수용(regulatory taking)이라 한다.

개발목적으로 사용할 수 있으리라는 기대 가능성이나 신뢰는 원칙적으로 헌
법이 보호하는 재산권의 범위에 속하지 않는다고 판결하였다.[15]

한편, 한·미 FTA 협정문은 헌법의 보상입법주의와 상충한다. 보상이 필
요한 규제라고 판단하는 경우에도, 보상을 어떠한 방법으로 얼마나 할 것인
지는 구체적 입법정책 사항이다. 그러므로 간접수용 보상의 법제화가 필요
하다는 합의에 도달하려면 국회에서 보상조항을 입법화하는 작업이 선행되
어야 할 것이다. 더구나, 간접수용 관련 보상법률이 없는 현실에서 국내투자
자는 권리구제를 받을 수 없으나, 외국투자자는 정부를 피고로 ISD를 통하
여 수용으로 인정받아 보상을 받을 수 있으므로 국내투자자를 역차별 하는
일이 초래될 수 있다.[16]

III. 투자자·국가 간 분쟁해결제도

투자자·국가 간 분쟁해결제도(ISD: Investor-State Dispute Settlement)
는 외국인투자자가 투자유치국의 협정의무 위반 등으로 피해를 입는 경우
투자유치국 정부를 상대로 별도의 중재기관에 손해배상을 청구하는 분쟁해
결절차이다. 즉, 한·미 FTA 제11장(투자)에 규정되어 있는 각종 의무, 투자
계약 및 투자인가 등을 투자유치국 정부가 위반한 경우에 투자자는 국제중
재를 통하여 손해를 배상받을 수 있도록 하는 절차를 말한다.

이러한 ISD는 우리나라가 싱가포르, 칠레, 유럽자유무역연합(EFTA)과
체결한 FTA 협정을 포함하여 93개 국가와 체결한 양자간 투자협정(BIT)에
대부분 포함되어 있는 내용[17]임에도 불구하고, 지금까지는 피청구인으로

---

15) 헌법재판소. 2005. 9. 29. 선고 2002 헌바84·89, 2003 헌바 678·943(병합) 결정.
16) 장승화, 앞의 논문, p.14.
17) 2007년 12월 현재 93개의 양자간 투자보장협정 중 현재 발효 중인 것은 81개이고,
    81개 중 77개 협정에서 ISD를 규정하고 있으며, 77개 중 86%에 해당하는 66개 협정
    에서 사전동의조항을 규정하고 있는데, 무조건적 동의 조항 23개, 동의의무 조항 43

제소당하거나[18] 우리 투자자가 제소한 사례가 드물어서 별다른 관심이나 연구가 부족했던 것이 사실이다. ISD의 도입 및 ISD 대상이 되는 간접수용의 인정범위와 관련하여 공공정책이 훼손될 가능성이 있고, 중재절차의 불투명성 및 단심제로 인한 오판가능성 등 부작용의 우려가 있다.

1. 투자자·국가 간 분쟁해결제도 개요

투자자·국가 간 분쟁해결제도는 한·미 FTA 제11장(투자) 분야에 규정되어 있는 각종 의무, 투자계약 및 투자인가 등을 투자유치국 정부가 위반한 경우에 투자자는 국제중재를 통하여 손해를 배상받을 수 있도록 하는 절차를 말한다(제11.16조).

투자자 또는 기업은 상대국의 국내법원 또는 국제 중재재판부에 제소하는 선택권을 가진다. 당사국의 법에 따른 조치에 따라 절차를 개시하거나 계속하는 경우는 포기서를 제출하고 중재 제기를 할 수 있다(제11.16조). 다만, 미국의 투자자는 협정상의 의무위반을 제소사유로 하는 경우에는 국내법원 제소 후에는 국제 중재제소를 할 수 없다(제11-마). 이는 국내구제절차 소진의 원칙(exhaustion of local remedies)을 폐기하는 것이다. 국내구제절차 소진이라 함은 사인(私人)이 국가를 상대로 국제분쟁해결기관에 제소하기 위해서는 그 국가 내에서 가능한 국내 구제수단을 모두 사용하여야 한다는 것으로 일반적으로 국제관습법으로 받아들여지고 있다.[19]

한·미 양 당사국은 중재청구 제기에 대하여 FTA 협정문에서 사전에 포괄동의하고 있다(제11.17조). 중재의 제기는 주장되는 위반사실로 손실 또는 손해를 입었다는 사실을 청구인 또는 기업이 인지한 날로부터 3년 이내에 제기하여야 한다(제11.18조).

개, 단순 ISD 제기 가능 11개 등이다.
18) 1984년 미국 투자자(Colt사)가 우리정부를 국제투자분쟁해결센터(ICSID)에 제소하였으나, 이후 합의로 소가 취하되었다(ICSID Case No. ARB/84/2).
19) 장승화, 앞의 논문, p.8.

〈그림 1〉 ISD 절차 개요

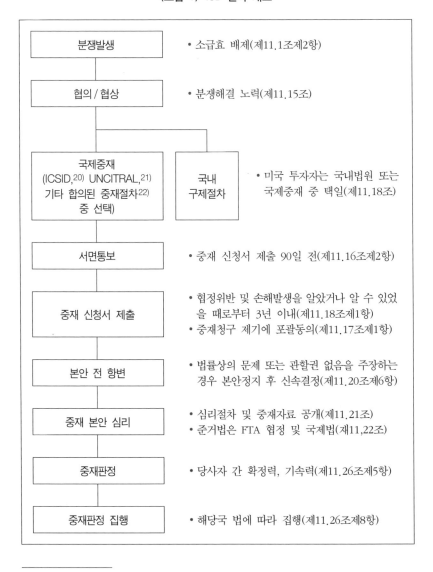

20) 국제투자분쟁해결센터(ICSID: International Center for the Settlement of Investment Disputes)는 World Bank 산하 기구로서 143개 회원국에게 투자자·국가 간 분쟁절차를 제공한다.

중재판정부(tribunal)는 달리 합의하시 않는 한 3인의 중재인(arbitrators)으로 구성되며, 분쟁당사자가 각 1인의 중재인을 임명하고, 의장이 되는 세 번째 중재인은 분쟁당사자의 합의에 의해 임명된다. 중재 제기 후 75일 이내에 중재판정부가 구성되지 않는 경우 ICSID(국제투자분쟁해결센터) 사무총장은 제3국 국적을 가진 자를 의장중재인으로 선임한다(제11.19조). 중재 절차의 투명성을 기하기 위하여 비밀정보를 제외한 모든 중재심리 및 제출서류를 일반에게 공개한다(11.21조). 중재판정부는 분쟁 당사자와 협의 후 외부조언자에게 서면입장을 제출토록 허용할 수 있다(제11.20조).

중재판정부에서 분쟁이 협정상의 의무위반에 관한 사항인 경우는 한·미 FTA 협정문과 적용 가능한 국제법에 의거하여 분쟁 중인 쟁점을 결정한다. 그리고 투자계약 또는 투자인가 위반사안은 투자계약 또는 투자인가에 규정된 법 또는 분쟁당사국 간에 합의된 법에 의거한다. 한편, 한·미 FTA 협정의 해석에 관한 공동위원회의 결정은 중재판정부에 대하여 기속력을 가지며, 중재판정부의 결정과 판정은 이 결정에 합치하여야 한다(제11.22조). 중재판정부는 환경·보건·안전 또는 그 밖의 과학적 사안에 관한 사실문제에 서면보고 하도록 1인의 전문가를 임명할 수 있다(제11.24조).

중재판정은 단심제로서 확정력을 가진다. 판정은 금전적 손해배상 그리고 재산의 원상회복 또는 원상회복 대신에 금전적 손해배상과 적용 가능한 이자와 부대비용을 조합하여 판정할 수 있다(제11.26조). 그러나 징벌적 손해배상(punitive damages)을 판정할 수는 없다(제11.26조제4항). 내려진 판정은 분쟁당사자와 그 특정사안에 대해서만 구속력을 갖는다(제11.26조제5항).

한편, 피청구국이 최종판정을 지키거나 준수하지 못하는 경우, 비분쟁당사국(non-disputing Party)의 요청에 따라 한·미 FTA 분쟁해결절차에 따

---

21) 유엔국제상거래법위원회(UNCITRAL: United Nations Commission on International Trade Law)는 국제무역법 제정을 위한 UN 산하 전문위원회로서 국제중재절차 및 규칙을 규정한다.
22) 국제상업회의소(ICC: International Chamber of Commerce) 등 제3의 절차에 양자가 합의하는 경우를 말한다.

른 패널(panel)이 설치된다. 패널은 최종판정을 지키거나 준수하지 못하는 것이 한·미 FTA 협정상의 의무위반이라는 결정(determination) 또는 피청구국이 최종판정을 준수하도록 하는 권고(recommendation)를 할 수 있다 (제11.26조제9항).

2. 국내공공정책 훼손 우려

〈표 1〉 NAFTA에서의 ISD 현황

(2010. 10. 1. 현재)

피제소국	제소 건수	제소 내용	손해 배상금	처리 현황
캐나다	28	• 자연자원(10) • 환경보호(7) • 우편 서비스(2) • 건강, 의약품(2) • 문화정책(1) • 농업(1) • 기타(5)	1억 5,700만 캐나다 달러*	• 캐나다 정부 패소(배상)(2) • 법정 외 해결(3)(2건은 배상) • 기각(4) • 중재 진행 중(3) • 계류 또는 비 진행(inactive) (12) • 제소자의 취하(4)
미국	19	• 자연자원(5) • 건강, 식품안전, 의약품(5) • 환경보호(3) • 주 법원 관결(3) • 정부조달(1) • 기타(2)	0	• 기각(7) • 중재 진행 중(1) • 계류 또는 비 진행(9) • 제소자의 취하(2)
멕시코	19	• 부동산, 부동산개발(6) • 환경보호(4) • 농업과 식품(4) • 금융, 조세(2) • 도박(1) • 기타(1)	1억 8,710만 미 달러	• 멕시코 정부 패소(배상)(5) • 기각(6) • 계류 또는 비 진행(8)

* 캐나다의 1억 5,700만 캐나다 달러 배상액은 관결된 2건과 배상 합의된 2건을 포함한 4건의 배상액수임
주: ( ) 숫자는 건수임
자료: Scott Sinclair, "NAFTA Chapter 11 Investor-State Disputes," Canadian Centre for Policy Alternatives(2010. 11)

ISD는 투자자가 직접 국가를 상대로 국제법에 따라 국내분쟁을 해결하는 절차이다. 그 결과 국가의 공공정책을 변경하도록 중재판정이 내려질 수 있다. 즉, 투자자의 개인적인 이해관계를 위해 국가정책의 존폐가 결정되는 문제를 낳는다.

원래 국제투자분쟁해결센터(ICSID), 유엔국제상거래법위원회(UNCITRAL) 등 국제중재판정기관은 사인 간 또는 사인과 국가 간의 국제적인 상사적분쟁을 처리하기 위해 만들어진 기관으로 국가의 공공정책을 판정하는 기관으로는 부적절하다. 그럼에도 불구하고 국재중재판정기관이 투자유치국 정부의 각종 국내정책이나 규제조치에 대해 판정하므로 국가의 공공정책이 훼손될 우려가 있다. NAFTA에서의 ISD 현황을 보면, 국내공공정책 영역에 대한 투자자들의 제소가 많은 부문을 차지하고 있음을 알 수 있다.

3. 투자자의 모국(비분쟁당사국) 개입

중재판정은 분쟁당사자만을 구속하는 효력이 있고, 중재 비당사국(non-disputing Party)인 투자자의 모국은 중재판정의 구속을 받지 않는 제3자에 불과하다. 그런데 한·미 FTA에서는 중재절차의 투명성을 이유로 중재절차 진행과 관련된 정보를 모두 공유하며, 중재판정을 송부받으며(제11.21조), 더 나아가서 FTA 협정문의 해석에 대해 중재판정부에 의견 제출권을 갖는(제11.20조제4항) 등 분쟁의 당사자와 거의 동등한 권리를 향유하고 있다.

원래 국제중재 관행은 재판에 의한 판결과 달리 비공개를 기본으로 하고 있다. 비밀성은 중재만이 갖는 장점이기도 하다. 투자자 모국의 개입은 이러한 중재의 비밀성에 반한다. 그리고 국제투자분쟁해결센터(ICSID)는 당사자들의 동의 없이는 중재판정을 인쇄하지 않는다고 규정하고 있고, 유엔국제상거래법위원회(UNCITRAL)에서도 중재판정은 당사자들의 동의하에서만 공개된다고 규정하고 있는바, 이러한 국제중재규칙과도 충돌한다. 이와 같은 비분쟁당사국(투자자의 모국)의 중재절차 개입은 무역과 투자에 있어 외교적 보호권(diplomatic protection)을 행사하던 과거로 돌아가는 퇴

행적 조항이라는 비판이 제기된다.23)

한편, 중재판정부의 판정에 대하여 피청구국이 판정을 지키거나 준수하지 못하는 경우에는 비분쟁당사국(투자자의 모국)의 요청에 의해 한·미 FTA 분쟁의 패널(panel)이 설치된다. 이는 결국 투자자와 국가 간의 분쟁이 국가 간의 분쟁화 되는 것이다. 패널에서는 패널보고서에 따라 최종판정의 이행을 권고하거나, 또는 최종판정을 준수하지 못하는 것이 한·미 FTA 협정 위반이라는 결정을 할 수 있다(제11.26조제9항).

4. 중재청구 제기의 대상

ISD 청구 제기의 대상으로는 한·미 FTA 제11장(투자)의 의무, 투자계약24) 및 투자인가 위반 등이다(제11.16조). 제11장(투자)의 의무는 내국민대우, 최혜국대우, 최소기준대우, 수용 및 보상, 송금보장, 이행요건 부과금지, 고위경영자 및 이사회의 국적제한 금지 등이다. 그리고 제11.17조는 각 당사국은 이 협정에 따라 중재를 제기하는 것에 동의한다고 규정하여 ISD 제기에 대하여 포괄동의를 하고 있다.

한편, 정의규정에서 당사국의 투자자는 다른 쪽 당사국의 영역에 투자하려고 시도하거나, 투자 중이거나, 이미 투자한 당사국 또는 그 공기업, 또는 당사국의 국민 또는 기업으로 규정하고 있다(제11.28조). 그런데 아직 계약상 권리의무관계가 형성되지도 않은 상태로 투자하려고 시도하는 자까지 투자자로 포함하고 있다.

그리고 협정상 의무위반과는 별개로 투자자 사인과 투자유치국 정부 간의 사법적 계약사항이라고 할 수 있는 투자계약을 동등하게 취급하고 있는

---

23) 장승화, 앞의 논문, pp.1-25.

24) 투자계약은 외국인투자자가 상대국 중앙정부(지방정부 및 국영기업체 제외)와 자원채굴, 발전, 상수도 등 공공서비스공급계약, 인프라 건설과 관련하여 체결하는 투자계약을 의미하고, 투자인가는 당사국의 외국인투자당국이 적용대상투자 또는 다른 쪽 당사국의 투자자에게 부여한 인가를 말한다(제11.28조).

데, 이는 국내 투자자에 비하여 외국 투자자를 차별적으로 더 보호하는 역차
별대우를 초래한다. 더구나, 투자계약의 대상은 자원채굴, 발전, 상수도 등
공공서비스 공급계약과 국가기간산업에 해당하는 인프라 건설 등을 포함하
고 있는데(제11.28조), 이러한 산업부문과 관련한 분쟁이 발생하여 국제중
재기관의 판정을 받는다면 그 효과는 국가 전체적으로 상당한 영향을 미칠
우려가 있다.

한편, 조세부과는 일반적으로 수용을 구성하지 않으나(부속서 11-바), 수
용 또는 투자계약이나 투자승인의 위반이라고 주장되는 과세조치는 ISD 중
재 제기 대상이 된다(제23.3조제6항 가호).

5. 공동위원회의 협정문 해석 권한

중재판정부는 이 협정(Agreement)과 적용 가능한 국제법상의 원칙(appli-
cable rules of international law)에 따라 판정하며, 협정의 해석에 대한
공동위원회(Joint Committee)의 결정은 중재판정부를 구속한다(제11.22조
제3항). 그리고 협정위반이라고 주장되는 조치가 부속서의 유보항목이라고
주장하는 경우는 공동위원회가 중재판정부의 요청에 따라 이에 대한 해석을
하고, 이러한 해석은 중재판정부를 구속한다(제11.23조).

ISD 분쟁과 관련하여 FTA 조문의 최종적 해석권한이 양국 통상장관을
의장으로 하는 공동위원회에 있고, 이는 중재판정부를 구속하도록 규정(제
11.22조, 제11.23조, 제22.2조제3항 라호)하고 있다. 이는 우리나라의 경우
에 헌법 제6조제1항에 의거하여 국내법과 동일한 효력을 갖는 한·미 FTA
협정문의 해석이 사법부가 아닌 행정부에 의해서 이루어지는 모순이 발생
한다.

IV. 투자 관련 규제권한의 미래유보

우리나라는 한·미 FTA 부속서II의 유보목록에서 투자와 관련하여 「외국인투자촉진법」 제4조의 공공질서(public order) 유지를 위해 필요한 조치, 즉 투자제한 등의 규제권한을 미래유보하고 있다. 그런데 이 규제권한은 제13장(금융서비스)이 대상인 경우는 적용을 배제하고 있으며, 발동 시에는 미국에 서면통지와 여러 요건 충족을 조건으로 하고 있다. 이는 ① 외국인투자촉진법 등 법의 절차적 요건에 따른 적용, ② 사회의 근본적 이익에 진정하고 충분한 심각한 위협, ③ 자의적이거나 정당화될 수 없는 방식 아님, ④ 투자에 대한 위장된 제한이 아님, ⑤ 달성하고자 하는 목적과 비례하여야 하는 요건을 충족하여야 한다(부속서II 2).

이러한 공공질서 유지를 위한 조치는 투자자·국가 간의 분쟁해결(ISD)에 따른 중재 대상이 되고, 청구인이 조치로부터 손실 또는 손해를 입은 경우 중재를 제기할 수 있으며, ISD 분쟁에서 우리나라는 그 취한 조치에 대하여 요건충족을 입증하여야 한다(부속서II 2).

한편, 현행 「외국인투자촉진법」 제4조[25]는 투자제한 사유로 공공질서 외에도 보건, 환경, 공서양속을 두고 있음에도 불구하고, 한·미 FTA에서는 공공질서의 경우만을 허용하고 있다. 그런데 WTO GATT 제20조와 GATS 제14조는 각 규범의 예외로 공중도덕 보호와 공공질서 유지, 그리고 인간·동물 또는 식물의 생명과 건강을 보호하기 위하여 필요한 조치를 취할 수 있는 회원국의 권리를 규정하고 있다. 한·미 FTA 협정 제23.1조(일반적 예외)에서도 GATT 제20조와 GATS 제14조를 각각 일부 변경하여 이 협정에 통합하고 있는데, 이 협정 제5장(의약품 및 의료기기), 제10장(무역구

---

[25] 「외국인투자촉진법」 제4조 ②외국인은 다음 각호의 1에 해당하는 경우를 제외하고는 이 법에 의한 외국인투자를 제한받지 아니한다.
  1. 국가의 안전과 공공질서의 유지에 지장을 초래하는 경우
  2. 국민의 보건위생 또는 환경보전에 해를 끼치거나 미풍양속에 현저히 반하는 경우
  3. 대한민국의 법령에 위반되는 경우

제), 제11장(투자), 제13장(금융), 제16장(경쟁 관련 사안), 제17장(정부조달), 제18장(지적재산권), 제19장(노동), 제20장(환경) 등에는 이의 적용을 배제시키고 있다(제23.1조제1항 및 제2항).

한·미 FTA에서는 한국 정부가 공공질서 유지를 위하여 취한 조치가 ISD 제기로 중재기관에 회부된 경우, 한국 정부가 그 조치를 취하기 위한 요건을 충족하였는지에 관한 입증책임을 지도록 하고 있다. 이러한 입증책임의 부담으로 공공질서 유지라는 정부의 국내규제권이 무력화될 수 있다는 지적이 있다. WTO 분쟁해결절차의 경우를 보면, 제소국 또는 피제소국 중에서 특정 쟁점에 대하여 주장이나 사실관계를 제기하는 측이 입증책임을 진다. 즉, 제소국은 자신들이 제기한 주장이 사실이라는 추정이 가능하도록 충분한 수준의 증거자료를 제시할 수 있어야 하며, 피제소국이 이를 반박하기에 충분한 수준의 증거자료를 제시하지 못하면 제소국의 주장이 채택되는 것이다.

V. 서문에서의 투자보호 규정

한·미 FTA의 서문은 한·미 양국 간 동반자관계의 인정과 경제관계 강화, 무역 및 투자의 확대·자유화, 투자의 보호, 무역장벽의 제거, 노동 및 환경 법·정책의 개발과 집행강화 그리고 아시아태평양지역에서의 경제적 지도력 증진을 목적으로 자유무역지대를 창설함을 밝히고 있다.

그런데 서문의 내용 중 투자자 보호와 관련하여, 이 협정에서의 보호수준이 미국 내 수준을 상회할 경우 외국인투자자는 미국 내에서 내국인투자자보다 더 큰 권리를 부여받지 않는다고 규정하고 있다. 이는 두 차례의 추가 협상(2007. 6. 21.~22. 및 2007. 6. 25.~26.)에서 반영된 내용으로 미국의 신통상정책에 따라 추가된 것으로 알려지고 있다.

미국의 「2002년 무역법」(Trade Act of 2002) 제2102조(b)(3)[26]은 미국

---

26) (3) 해외 투자: 미국법이 전체적으로 국제법에서 요구되는 수준에 맞게 혹은 그 이상

〈표 2〉 투자보호 관련 서문의 문안

한국어본	영어본
......	......
국내법에 따른 투자자 권리의 보호가 미합중국에 있어서와 같이 이 협정에 규정된 것과 같거나 이를 상회하는 경우, 외국 투자자는 국내법에 따른 국내 투자자보다 이로써 투자보호에 대한 더 큰 실질적인 권리를 부여받지 아니한다는 것에 동의하면서, ...	Agreeing that foreign investors are not hereby accorded greater substantive rights with respect to investment protections than domestic investors under domestic law where, as in the United States, protections of investor rights under domestic law equal or exceed those set forth in this Agreement; ......

내에서는 내국인 투자자들에 비해서 외국인 투자자들에게 더 나은 실질적 권리를 부여하지 않도록 하며, 반면에 해외투자의 경우는 미국의 법과 관행에서 향유하는 미국인 투자자의 권리에 필적할 권리를 보장해 준다고 명시하고 있다.

한·미 FTA 서문에서의 투자보호 규정도 미국에서는 한국 투자자에게 미국법에 따른 미국 투자자보다 더 나은 권리를 부여하지 않으면서도, 한국에서는 미국 투자자에게 한국 국민보다 더 나은 권리, 즉 미국법에 상응하는 대우를 보장하는 불평등한 내용을 담고 있다고 지적되고 있다.[27] 그리고

으로 투자를 높은 수준에서 보호하고 있음을 인식하면서, 해외 투자 분야에 대한 미국의 원칙적 협상 목표는, 투자 보호에서, 미국 내의 미국인 투자자들에 비해서 미국 내의 외국인 투자자들에게 더 나은 실질적 권리를 부여하지 않는다는 것을 확실히 하는 한편, 해외 투자에 대한 인위적이고 무역 왜곡적인 장벽을 낮추거나 혹은 제거하는 것, 그리고 미국의 법 원리와 관행 아래에서 미국인 투자자가 향유할 수 있는 그런 중요 권리들에 필적할 권리를 미국인 투자자에게 보장해 주는 것이다. 그 방법은 (A) 내국인 대우의 원칙에 대한 예외를 줄이거나 제거하는 것

27) 송기호, "서문에 불평등 문구 추가됐다,"『프레시안』, 2007년 7월 4일. "… 미국에서는 외국인 투자자에게 미국인보다 더 나은 권리를 제공하지 않으면서도, 미국 이외의 곳에 있는 미국인 투자자에게 현지인보다 더 나은 권리, 미국법에 상응하는 대우를 보장 받게 하는 구조 …."

내용 중 미합중국에 있어서와 같이(as in the United States)는 이러한 국내법의 적용을 미국에만 한정하려는 의도로 보인다고 지적되고 있다.[28] 그러므로 한·미 FTA의 이행결과 외국투자자에게 국내법에 따른 국내 투자자보다 더 큰 실질적인 권리가 부여되는 경우, 미국은 그 한도 내에서 미국 내 한국 투자자에 대하여 투자보호 관련 규정의 적용을 제한할 수 있는 반면, 한국은 그와 같은 내용을 명시하지 않은 이상 한국 내 미국 투자자에 대하여 동 협정상 투자보호 관련 규정을 제한 없이 적용해야 한다는 것이다.

한편, 서문의 투자보호 규정이 투자자·국가 간 분쟁해결제도(ISD)에 대한 미국 내 반발에 따라 추가된 것인 만큼, 미국 내 한국 투자자들이 미국을 국제중재에 회부하는 데 장애가 될 소지가 있다는 지적도 있다.[29] 이와 관련하여 ISD 중재에서 미국의 어떤 주(州)의 법이 문제가 되어도 이를 근거로 미국 내에서 보상이 쉽지 않을 것이라는 지적도 있다. 미국의 「한·미 FTA 이행법안」 제102조에서 주법과의 관계를 보면, 어떤 주법의 규정이나 적용이 FTA 협정에 불합치하다는 이유로 효력이 없다고 선언할 수 없다고 규정하고 있다.[30]

---

28) 김익태, 『한·미 FTA, 소송 당하는 대한민국: FTA를 둘러싼 9가지 진실』(꿈꾸는터, 2012), pp.129-148.

29) 송기호, 앞의 글.

30) 김익태, 앞의 글, pp.175-192.

12

국경간 서비스무역

한·미 FTA 협정 제12장(국경간 서비스무역(Cross-Border Trade in Services))은 국경간 서비스무역에 영향을 주는 것으로 당사국이 채택하거나 유지하는 모든 조치에 적용된다. 다만, 금융서비스,[1] 정부조달, 항공서비스, 정부지원 융자, 보증 및 보험을 포함하여 당사국이 제공하는 보조금 또는 무상교육, 정부권한 행사로 공급되는 서비스 등은 적용에서 제외된다(제12.1조). 또한 도박 및 배팅서비스의 국경간 무역도 적용대상에서 제외된다(제12장. 서한).

국경간 서비스무역의 일반적의무사항으로 내국민대우(제12.2조), 최혜국대우(제12.3조), 시장접근(제12.4조), 현지주재(Local Presence) 부과금지(제12.5조) 등의 4가지를 규정하고 있다. 다만, 이러한 의무에 부합하지 않는 규제를 유지하고자 한다면 비합치조치(Non-Conforming Measure)에 의거하여 유보안에 규정한 경우만 가능하다(제12.6조). 유보안은 현재유보(부

---

1) 금융서비스는 별도의 금융서비스(Financial Services) 부문(제13장)에서 규정하고 있다.

속서Ⅰ)와 미래유보(부속서Ⅱ)가 있는바, 현재유보는 협정상 의무에 합치하지 않는 현존 조치를 나열한 목록으로 자유화후퇴방지 메커니즘(ratchet mechanism)이 적용된다. 미래유보는 향후 규제가 강화될 수 있는 현존 비합치조치 또는 전혀 새로운 규제가 도입될 수 있는 분야를 나열한 목록이다.

한·미 FTA에서 국경간 서비스무역은 네거티브(Negative)방식을 채택함에 따라 현재유보 또는 미래유보에 나열되어 있지 않은 분야는 규제가 없는 분야로 간주되어 4가지 일반적 의무가 적용된다. 한국은 총 91개[2](현재유보 47개, 미래유보 44개)를, 미국은 총 18개(현재유보 12개, 미래유보 6개)를 유보하고 있다.

Ⅰ. 서비스산업의 개방과 한·미 FTA

우리나라 서비스산업의 개방은 1994년 WTO 서비스무역협정(GATS)에서 본격화되어 2003년, 2005년 도하개발아젠다(DDA)에서 그 폭이 확대되었다. 이보다 더 나아가 2011년 한·EU FTA, 2012년 한·미 FTA로 이어지면서 그 개방 폭은 더욱 확대되었다.

1. WTO GATS(1994)

1993년 12월 타결된 UR 협상의 최종협정문인 WTO 설립협정의 부속서 1B에 「서비스무역에 관한 일반협정」(GATS: General Agreement on Trade in Services)이 채택되어 있다. GATS는 상품무역을 규율하는 부속서 1A 및 부속서 1C인 「무역관련 지적재산권에 관한 협정」(TRIPs: Agreement on Trade Related Aspects of Intellectual Property Rights)과 함께 WTO 체

---

2) WTO에서는 서비스분야를 12개 부문 155개 하위 부문(업종)으로 분류하고 있는데, 한·미 FTA 유보분야는 이러한 분류에 의하지 않으므로 숫자상의 대비는 의미가 없다.

제하의 세계무역질서를 규율하는 3대 축이라 할 수 있다.

WTO GATS에서는 서비스교역을 그 공급방식을 기준으로 ① 국경간 공급 (Mode 1: cross-border supply), ② 해외소비(Mode 2: consumption abroad), ③ 상업적 주재(Mode 3: commercial presence), ④ 자연인의 주재(Mode 4: presence of natural persons)의 4가지 형태로 정의하고 있다. 그리고 WTO 사무국은 서비스산업을 ① 사업, ② 커뮤니케이션, ③ 건설, ④ 유통,

〈표 1〉 WTO 서비스산업의 분류

분야	하위 분야
총 12개 서비스	155개 업종
사업서비스(46)	전문직(11)(법률, 의료, 공인회계, 건축설계, 수의료 등), 컴퓨터(5), 연구개발(3)(인문·사회과학·자연과학 R&D), 부동산(2), 임대(5)(선박, 항공기임대 등), 기타사업(20)
커뮤니케이션 서비스(24)	통신(15), 시청각(6)(TV, 라디오, 영화, 비디오 등) 우편(1), 송달(1), 기타(1)
건설서비스(5)	건설(5)(일반건설, 전문건설, 일반토목 등)
유통서비스(5)	유통(5)(도매, 소매, 중개, 프랜차이즈 등)
교육서비스(5)	교육(5)(초등, 중등, 고등, 성인교육, 기타교육)
환경서비스(4)	환경(4)(하수, 폐기물, 방역 등)
금융서비스(17)	금융(17)(생명, 손해보험, 예금업, 대출업, 지급 및 송금업, 금융정보 등)
보건·사회 서비스(4)	보건·사회(4)(병원, 기타의료업, 사회복지 등)
관광서비스(4)	관광(4)(호텔, 여행알선, 관광안내 등)
오락·문화· 스포츠서비스(5)	오락·문화·스포츠(5)(오락, 도서관, 박물관, 스포츠 등)
운송서비스(35)	해운(6), 내륙운송(6), 항공(5), 우주(1), 철도(5), 도로(5), 파이프라인(2), 운송보조(4)(창고, 화물운송대리 등), 기타(1)
기타서비스(1)	기타(1)

주: 괄호 속의 숫자는 업종 수

⑤ 교육, ⑥ 환경, ⑦ 금융, ⑧ 보건·사회, ⑨ 관광, ⑩ 오락·문화·스포츠, ⑪ 운송, ⑫ 기타 서비스 등 12가지로 분류하고 이를 다시 155개의 하위 서비스분야로 분류하고 있다.

WTO GATS(1994)에는 97개 회원국이 구체적 약속을 담은 양허표를 제출하였는데, 선진국은 평균 106개 분야, 개발도상국은 53개 분야, 최빈국은 24개 분야를 양허하였다. 양허표(Schedules of Specific Commitments)는 양허협상을 통하여 합의된 바에 따라 각 회원국이 행한 구체적인 약속(Specific Commitments)을 명시한 표를 말한다. 이러한 양허표는 GATS에 부속되어 GATS의 필수적인 부분으로 법적 구속력을 가진다(GATS 제20

〈표 2〉 WTO 회원국의 GATS(1994) 양허 현황

양허 개수	해당 국가
100 이상	오스트리아, EU(110), 일본(105), 스위스, 미국(107)
81~100	호주, 캐나다, 체코, 헝가리, 아이슬란드, 노르웨이, 슬로바키아, 스웨덴
71~80	핀란드, 홍콩, 한국(78), 리히텐슈타인, 남아공, 뉴질랜드, 태국, 터키
61~70	도미니카, 말레이시아, 멕시코
51~60	아르헨티나, 폴란드, 싱가포르, 베네수엘라
41~50	브라질, 콜롬비아, 이스라엘, 쿠웨이트, 모로코, 니카라과, 필리핀, 루마니아
31~40	칠레, 쿠바, 파키스탄, 가나, 인도, 자메이카
21~30	아루바, 브루나이, 이집트, 엘살바도르, 케냐, 네덜란드령 안틸레스, 나이지리아, 페루, 세네갈, 우루과이
11~20	안티구아, 베닌, 코스타리카, 코트디부아르, 가봉, 과테말라, 기니, 온두라스, 모리셔스, 모잠비크, 토바고, 튀니지, 잠비아, 짐바브웨
1~10	알제리, 바레인, 방글라데시, 바베이도스, 볼리비아, 파소, 카메룬, 콩고, 키프로스, 도미니카, 피지, 그레나다, 인도네시아, 마다가스카르, 몰타, 미얀마, 나미비아, 칼레도니아, 니제르, 루시아, 스리랑카, 빈센트, 수리남, 스와질란드, 탄자니아, 우간다

자료: Atlinger & A. Enders, "The Scope and Depth of GATS Commitments," *The World Economy*, Vol.19, No.3(1996), pp.307-332

조). 각 회원국이 행한 구체적인 약속은 양허표상에 명시된다. 양허표는 크게 수평적 양허(horizontal commitments)와 분야별 양허(sector-specific commitments)로 나뉜다. 수평적 양허는 모든 서비스분야에 걸쳐 적용되며, 분야별 양허는 특정 서비스분야 또는 업종에 대하여 적용된다. 그리고 양허표상에는 그러한 약속이 행해진 서비스분야에 대하여 시장접근(Market Access)에 대한 제한, 내국민대우(National Treatment)에 대한 제한, 그리고 그 외 서비스교역에 영향을 미치는 추가적 약속(Additional Commitment)을 서비스 공급형태별로 기재한다(제20조제1항).

우리나라는 WTO GATS(1994)에서 155개 하위분야 중에서 78개 업종을

〈표 3〉 우리나라의 WTO GATS(1994) 양허 현황

서비스분야		양허 현황		비고
분야	하위 분야	양허	비양허	
합계(12)	155	78	77	
사업서비스	46	31	15	
커뮤니케이션서비스	24	9	15	
건설서비스	5	5	0	
유통서비스	5	4	1	
교육서비스	5	0	5	
환경서비스	4	3	1	
금융서비스	17	14	3	
보건·사회서비스	4	0	4	
관광서비스	4	3	1	
오락·문화·스포츠서비스	5	0	5	
운송서비스	35	9	26	
기타서비스	1	0	1	

자료: 외교통상부(2005)

양허하였고, 77개 업종에 대하여는 양허하지 않았다. 서비스분야 별로 보면, 사업서비스는 총 46개 업종에서 31개 업종을 양허하고 15개 업종은 양허하지 않았는데, 법률, 의료, 치과, 수의사, 간호사서비스 등 전문직서비스와 연구개발 및 부동산서비스 등이 양허되지 않았다. 커뮤니케이션은 24개 업종 중 9개 업종을 양허하고, 15개 업종을 양허하지 않았다. 커뮤니케이션 세부업종별로 보면 전신, 전화, 인터넷접속 등 기간통신서비스와 방송 등 시청각서비스 모든 업종이 양허되지 않았다. 건설서비스와 유통서비스는 전 업종이 양허되었고, 교육서비스는 전체 업종이 양허되지 않았다. 금융서비스는 금융정보 중개 및 금융데이터 처리를 제외한 거의 전업종이 양허되었다. 병원 등 의료서비스는 전부 양허되지 않았고, 운송서비스에서 내륙수상운송, 항공운송, 우주운송, 철도운송, 도로운송서비스 등 많은 세부업종이 양허되지 않았다.

2. DDA(2003, 2005)

2001년 WTO 출범 이후의 새로운 다자간 무역협상인 도하개발아젠다(DDA)[3]가 출범하였다. DDA에서는 WTO GATS(1994)에서의 개방 수준이 미진하다고 생각하여 서비스분야에 대한 추가적인 협상이 시작되었다. WTO 회원국들은 2002년 6월까지 각국이 관심 있는 다른 회원국에게 시장개방을 요청하는 1차 양허요청서(Initial Request)를 제출하고, 이에 대하여 어느 정도 수용할 것인지를 2003년 3월까지 1차 양허안(Initial Offer)의 형태로, 그리고 2005년 2월까지 2차 양허안으로 제출하여야 하였다.

우리나라는 2003년 3월에 법률, 국제배달, 고등교육 등 18개 업종을 새로이 양허하고, 금융, 건설, 유통, 해운 등의 분야에서 기존양허를 개선하는

---

3) 2001년 11월 카타르의 수도 도하에서 열린 제4차 WTO 각료회의에서 도하개발아젠다(DDA: Doha Development Agenda)로 명명된 새로운 다자간 무역협상이 출범하였다.

1차 양허안을4) 제출하였다. 그리고 2005년 5월 자연인의 이동(Mode 4) 중 1차 양허안에 포함되지 않은 계약서비스공급자5)의 양허에 중점을 둔 2차 양허안을6) 제출하면서, 더불어 1차 양허안 내용의 기술적 명확화와 투명성을 기하였다. 그러나 국내적으로 민감한 시청각서비스 중 영화·비디오 상영서비스와 라디오·TV서비스, 보건의료, 뉴스제공업 등은 2차 양허안에도 포함되지 않았다.

2003년 3월 제출된 1차 양허안에 새롭게 포함된 세부업종을 보면, 먼저 사업서비스의 전문직분야에서 법률 및 수의(가축)사 서비스, 연구개발분야에서 자연과학 R&D와 학제 간 R&D분야의 국경간 공급(Mode 1)과 해외소비(Mode 2)가 포함되었다. 그리고 부동산분야에서 중개·감정서비스, 임대분야의 기타서비스에 속하는 개인 및 가정용 장비 임대서비스, 기타 사업서비스분야에서 제조업부수, 에너지유통, 인력알선, 출판, 전문디자인서비스 등이 양허되었다.

커뮤니케이션서비스에서 항공·선박·육상운송수단을 복합적으로 연계·사용하는 쿠리어서비스가 양허되었다. 한편, 교육서비스에서 고등교육과 성인교육이 제한적으로 양허되었다. 즉, 고등교육은 비영리법인에 한하여 설립이 허가되며, 보건·의료관련대학, 교육대학, 사범대학, 방송통신대학, 원격대학, 기능대학 등은 제외되었다. 또한 성인교육은 학위과정과 관련된 과정, 정부지원을 받는 직업훈련 및 방송을 통한 성인교육 등은 제외하고 양허되었다.

오락·문화·스포츠서비스에서 엔터테인먼트서비스가 뮤지컬, 연극, 라이

---

4) 외교통상부, 『WTO DDA 서비스협상 1차 양허안(Initial Offer) 해설자료』(2003. 3. 31.).
5) 계약서비스공급자는 서비스교역의 4가지 형태 중 하나인 자연인이동(Mode 4)의 한 범주로 우리나라에 상업적주재를 하지 않는 외국법인에 소속되어 국내법인과의 서비스공급계약을 이행하기 위해 일시적으로 체류하여 서비스를 공급하는 자연인을 말한다.
6) 외교통상부, 『WTO DDA 서비스협상 2차 양허안(Revised Offer) 해설자료』(2005. 5. 31.).

〈표 4〉 우리나라의 DDA GATS(2003) 양허 현황

서비스분야		양허 현황		비고
분야	하위 분야	양허(+추가)	비양허	
합계(12)	155	94(+18)	61	
사업서비스	46	40(+11)*	6	
커뮤니케이션서비스	24	10(+1)	14	
건설서비스	5	5	0	
유통서비스	5	4	1	
교육서비스	5	2(+2)	3	
환경서비스	4	3	1	
금융서비스	17	14	3	
보건·사회서비스	4	0	4	
관광서비스	4	3	1	
오락·문화·스포츠서비스	5	1(+1)	4	
운송서비스	35	12(+3)	23	
기타서비스	1	0	1	

* 사업서비스분야의 기타사업서비스 중 출판 및 기타(전문디자인)는 GATS(1994)에서 양허되었음

브랜드, 오페라 등 개인 및 단체공연에 일부 제한을 두고 양허되었다. 운송
서비스에서 여객운송, 화물운송서비스에 기존철도 운송사업에 대한 참여는
불허하면서, 신규 철도운송사업을 경제적수요심사를 조건으로 양허하였고,
LPG를 제외한 석유의 파이프라인 운송서비스를 양허하였다.

그런데 DDA에서의 양허안은 아직도 협상이 타결되지 않은 잠정안에 불
과하며 여기에 법적으로 구속받아야 할 이유는 없을 것이다. 그러므로 우리
나라가 WTO 출범 이후 서비스시장 개방화 정책에 따라 자발적으로 서비스
분야 자유화 조치를 취한 분야가 있다면, 이는 국내법에 의한 일방적 조치이
지 WTO GATS 양허를 통한 개방은 아니다.

3. FTA에서 서비스산업의 양허

FTA는 WTO 기본원칙인 비차별성의 원칙(최혜국대우)의 예외로 인정되는데, 상품 관련은 GATT 제24조, 서비스 관련은 GATS 제5조에 그 근거를 두고 있다. FTA 규범내용은 WTO 규범보다 더 광범위한 분야를 포함하고 있으며 자유화의 폭이 더 크다. 즉 DDA에서는 신이슈로 경쟁정책, 환경, 노동 등을 논의하고 있으나, 한·미 FTA에서는 경쟁정책, 환경, 노동 등의 내용을 담고 있다. WTO 서비스산업은 한·EU FTA(2011)와 한·미 FTA(2012)를 거치면서 당초 50% 수준의 개방이 85% 수준까지 다다르고 있다.

서비스산업의 개방방식은 크게 WTO GATS형과 NAFTA형으로 구분할 수 있다. WTO GATS형은 양허표에 기재된 내용만 개방하는 포지티브(Positive) 방식이고, 반면에 NAFTA형은 유보하지 않은 모든 사항을 개방하는 네거티브(Negative)방식이다. 우리나라가 체결한 FTA에서 한·EU는 GATS형이고, 한·미 FTA는 NAFTA형이다.

1) 한·EU FTA

우리나라가 체결한 FTA에서 서비스산업의 양허수준은 DDA(2003, 2005)에서의 양허안 수준보다 더 확대되어 있다. 한·EU FTA(2011)에서는 DDA(2003, 2005) 양허안에 비하여 19개 업종이 추가 양허되고 있다.

사업서비스에서 건물청소서비스가 양허되었고, 커뮤니케이션서비스의 통신서비스에서 전신, 전화, 인터넷접속 등 DDA에서 양허되지 않았던 8개 업종 전부가 다 양허되었다. 한편, 시청각서비스에서는 영화 및 비디오 제작, 배급, 음반제작 등 WTO GATS(1994)에서 이미 양허되었던 업종이 다시 비양허로 돌아섰다. 그리고 금융서비스에서 금융정보의 중개 및 금융데이터의 처리서비스가 양허되었고, 운송서비스의 해운서비스에서 선박임대 등 10개7) 업종이 추가로 양허되었다. 그 결과 총 155개 업종 중 113개 업종

---

7) 운송서비스의 추가양허는 해운 +3, 항공운송 +1, 철도운송 +2, 도로운송 +3, 기타운송

〈표 5〉 우리나라 서비스산업의 양허(비양허) 현황

서비스분야		GATS(1994)		DDA(2003)		한·EU FTA(2011)		한·미 FTA(2012)	
분야	하위분야	양허	비양허	양허(+추가)	비양허	양허(+추가)	비양허	양허(+추가)	비양허
합계(12)	155	78	77	94 (+18)	61	113 (+19)	42	131 (+18)	24
사업	46	31	15	40 (+11)	6	41 (+1)	5	44 (+3)	2
커뮤니케이션	24	9	15	10 (+1)	14	16 (+6)	8	23 (+7)	1
건설	5	5	0	5	0	5	0	5	0
유통	5	4	1	4	1	4	1	5 (+1)	0
교육	5	0	5	2 (+2)	3	2	3	2	3
환경	4	3	1	3	1	3	1	4 (+1)	0
금융	17	14	3	14	3	16 (+2)	1	17 (+1)	0
보건·사회	4	0	4	0	4	0	4	0	4
관광	4	3	1	3	1	3	1	4 (+1)	0
오락·문화·스포츠	5	0	5	1 (+1)	4	3 (+2)	2	4 (+1)	1
운송	35	9	26	12 (+3)	23	19 (+7)	16	22 (+3)	13
기타	1	0	1	0	1	1 (+1)	0	1	0

* DDA(2003)는 외교통상부의 『WTO DDA 서비스협상 1차 양허안 해설자료』(2003. 3. 31.)를 근거로 작성함
* 한·EU FTA(2011)는 한·EU FTA 부속서 7-가-4(우리나라 양허표)를 근거로 작성하였고, 한·미 FTA(2012)는 한·미 FTA 부속서Ⅰ, 부속서Ⅱ(우리나라 유보목록)를 근거로 GATS 방식으로 작성하였음

+1 등 +10이었으나, 운송부수서비스에서 비양허 3개 업종은 이미 GATS에서 양허된 것으로 이를 포함하다 보니 운송서비스의 추가양허는 +7로 표기되어 있다.

이 양허되었고 42개 업종이 양허되지 않았다.

2) 한·미 FTA

한·미 FTA에서는 개방화의 방식으로 네거티브(Negative)방식을 채택하고 있다. 이 방식은 먼저, 서비스산업분야 전체를 양허한다는 전제하에 당사국의 일반적의무사항으로 내국민대우, 최혜국대우, 시장접근, 현지주재 등 4가지를 규정하고 이 의무에 합치하지 않는 현존 규제를 비합치조치(Non-Conforming Measure)로 유보안에 규정하는 방식이다. 즉, 유보안에 규정되지 않으면 비합치조치가 없으므로 이는 조건 없는 개방을 의미한다.

유보안은 현재유보와 미래유보가 있는데, 현재유보는 일반적의무에 합치하지 않는 현재의 규제조치를 나열한 목록인데 이는 자유화후퇴방지 메커니즘(ratchet mechanism)[8]이 적용되고, 미래유보는 일반적의무에 합치하지 않는 현존의 규제를 유지하거나, 새로운 규제를 도입하거나 또는 규제를 강화할 수 있는 분야를 나열한 목록이다. 한·미 FTA에서 우리나라는 현재유보 47개, 미래유보 44개를 유보하고 있는데, 이 숫자는 WTO GATS에서의 155개 서비스업종에 일치되는 개념이 아니다.

한·미 FTA에서 현재유보 47개와 미래유보 44개를 WTO GATS형으로 정리해 보면, 총 155개 업종에서 대략 24개 업종이 비합치조치(유보안)로 개방에서 제외되고 있다. 그러므로 나머지 131개 업종은 부분적인 품목의 제외는 있으나 대략적으로 양허된다고 보인다.

이는 한·EU FTA에 비하여 외형상으로는 18개 업종이 더 추가되고 있는 모양이다. 그러나 이는 네거티브방식에 따른 영향도 있어 보인다. 한·EU FTA에서 비양허 42개 업종내역을 보면, 9개 업종은 각각의 서비스분야별로

---

8) 자유화후퇴방지 메커니즘이란 국경간 서비스무역, 투자, 금융서비스 분야에서 현재유보사항(협정상 일반적의무를 배제시키는 부속서에 현재유보로 나열한 세부분야별 조건과 제한을 말함)의 경우, 이를 자유화하는 방향(세부분야별 조건과 제한을 완화)으로 개정할 수는 있으나, 내용을 뒤로 후퇴하는 방향(세부분야별 조건과 제한을 강화)으로는 개정할 수 없다는 원칙을 말한다.

세부 기타서비스였고, 6개 업종(시청각 2, 항공 2, 운송 2개 업종)은 GATS
에서 양허되었던 업종이었다. 그러므로 한·EU FTA에 비하여 실질적으로
는 10개 내외의 업종이 더 추가된 것으로 보인다.

한·EU FTA(2011)와 비교하여 한·미 FTA(2012)에서는 전문직서비스에
서 변리사를 제외한 의료·치과의사, 간호·조산사 등이 양허되었고, 커뮤니
케이션에서도 시청각서비스가 부분적인 유보를 두고 양허되고 있다. 그리고
우편서비스에서 특급배달서비스를 현행 시장개방수준에서 양허하고 있다.
교육서비스는 한·EU FTA와 마찬가지로 고등교육과 성인교육을 부분적으
로 양허하며, 환경서비스에서는 사적 계약에 의한 음용수의 처리 및 공급,
생활폐수의 수집 및 처리, 생활폐기물 수집운반 및 처리 등이 양허되고 있
다. 보건·사회서비스에서 보건의료서비스는 양허에서 제외되나, 경제자유
구역 및 제주특별자치법에 의한 의료기관, 약국, 원격의료서비스 등은 양허
된다.

II. 네거티브방식의 서비스시장 개방

WTO GATS 협정은 포지티브(Positive)방식에 따라 회원국은 자유화하고
자 하는 서비스 분야를 자국의 양허표에 기재하여 해당 서비스 분야만을
자유화하며, 약속의 발효일로부터 3년이 경과한 후에는 양허표상의 어떠한
약속도 수정 또는 철회할 수 있다. 반면, 한·미 FTA는 GATS와 달리 네거
티브(Negative)방식을 채택하여 자유화하지 않을 분야를 유보안에 기재하
고, 기재되지 않은 분야는 자동적으로 자유화된다. 또한 유보안의 수정이
가능하지 않은데다, 현재유보에 대해서는 자유화후퇴방지 메커니즘(ratchet
mechanism)[9]이 적용되어 현존하는 규제를 보다 자유화하는 방향으로 개

---

9) 중앙정부, 지역정부 또는 지방정부가 유지하는 비합치조치의 개정은 12.2조(내국민대
   우), 12.3조(최혜국대우), 12.4조(시장접근), 12.5조(현지주재)와 그 개정 직전에 존재

정할 수는 있으나 일단 자유화된 내용을 다시 후퇴시키는 방향으로는 개정할 수가 없다.

네거티브방식은 포괄적인 개방을 유도하여 개방의 투명성과 연속성을 높이고, 서비스 자유화에 대한 예측가능성 및 법적 안정성으로 서비스교역 및 투자를 촉진하며, 자유화후퇴방지 메커니즘은 해당 서비스산업의 자유화를 강화하는 효과가 있는 것으로 분석된 바 있다. 그러나 현재는 존재하지 않는 미래의 새로운 서비스분야의 경우, 포지티브방식에서는 당연히 개방이 되지 않지만, 네거티브방식에서는 당연히 개방됨으로써 정부의 규제권한이 없어진다. 물론 양 당사국은 새로운 국내규제를 도입할 수 있는 권리가 있으나(제12.7조), 이 국내규제는 시장접근에 대한 수량제한 등은 도입할 수 없고, 단지 자격이나 능력에 관한 객관적 기준 등에 의한 규제도입만을 의미한다.

그리고 다른 한편으로 한·미 FTA에서는 유보안의 수정에 관한 규정이 없으므로 FTA 협정문의 개정절차만 가능한데다가, 현재유보로 기재된 분야에 관해서는 향후 자유화에 역행하는 조치를 취할 수 없기 때문에 GATS에 비해 서비스산업에 대한 정부의 규제권한이 축소되는 결과를 초래할 수 있다.

한편, 한·미 FTA(2012) 이전에 서비스시장에 대한 개방의 폭은 WTO GATS(1994) 양허안에 의해 규율되고 있다. DDA 협상은 아직 타결되지 않았기 때문에 법적인 효력은 없는 상태이다. 한·미 FTA에서는 WTO GATS (1994)에서의 양허안을 수용하되, 이를 한·미 FTA 현재유보 목록에 의해 변형하여 수용하고 있다. 즉, 한·미 FTA 현재유보에서 '시장접근에 대한 유보'를 두고 있는 서비스부문에 대하여만 GATS(1994) 양허안에 서비스공급 형태별로 이를 반영하고 있다(부속서 II8). 그런데 WTO GATS(1994) 양허안은 공급 형태별(Mode 1~Mode 4)로 시장접근에 대한 제한이 기재되었고, 양허된 서비스부문도 Mode 3(상업적 주재)은 양허되어도 Mode 1(국경

―――――――――

하였던 조치의 합치성을 감소시키지 않아야 함(제12.6조비합치조치 제1항).

간 공급)의 경우는 양허가 되지 않은 경우가 많았다. 그런데 한·미 FTA에
서는 시장접근에 대한 유보는 대다수가 Mode 3(상업적 주재)에 해당됨으로
써 결과적으로 Mode 1의 개방이 더 많이 확대되고 있다.

III. 자유화후퇴방지 메커니즘

자유화후퇴방지 메커니즘(ratchet mechanism)이란 국경간 서비스무역,
투자, 금융서비스 분야에서 현재유보사항(협정상 일반적의무를 배제시키는
부속서에 현재유보로 나열한 세부분야별 조건과 제한을 말함)의 경우, 이를
자유화하는 방향(세부분야별 조건과 제한을 완화)으로 개정할 수는 있으나,
내용을 뒤로 후퇴하는 방향(세부분야별 조건과 제한을 강화)으로는 개정할
수 없다는 원칙을 말한다(제11.12조제1항 나호, 제12.6조제1항 다호, 제
13.9조제1항 다호).

그런데 더 나아가서 회원국의 추가적인 자유화 조치가 있는 경우에 WTO
GATS에서는 회원국 간의 협상에 의거 양허안에 반영됨으로써 의무화되는
데, 이 방식은 당사국에 자동적으로 적용되고 그 수준에서 자유화 수준을
동결시켜 서비스산업의 자유화를 유지·강화한다. 즉, 미·FTA의 현재유보
수준에서 국내조치에 의해 자유화가 더 진행되면, 그 수준에서 의무화됨으
로써 당초의 유보수준으로 되돌아오지 못한다. 그러므로 공공성이 높은 분
야나 민감 분야는 미래유보(부속서II)에 포함시켜서 정부의 규제권을 확보
해야 할 것이다.[10]

자유화후퇴방지 메커니즘은 국내 시장에 대해 아직 불신을 가지고 있는
외국투자자에 대하여 투자에 대한 예측가능성을 보장해 줄 수 있다는 측면
에서 그 타당성을 인정할 수 있을 것이다. 그러나 자유화후퇴방지 메커니즘
은 일단 유보를 한 후에는 그 자유화를 후퇴하는 방향으로 개정할 수 없도

---

10) 대외정책연구원 외,『한·미 FTA 경제적 효과 재분석』(2011. 8. 5.), pp.65-66.

록 함으로써, 미래유보되지 않은 서비스부분의 향후 국내사정에 의한 정부의 정책자율성을 제약하는 결과를 가져온다.

IV. 지방정부의 비합치조치

지방정부(local level of government)11)는 투자(제11장), 서비스무역(제12장), 금융서비스(제13장) 부분에서 현존하는 비합치조치를 특별한 유보조치 없이 서로 허용하고 있다(제11.12조, 제12.6조, 제13.9조). 즉, 한국의 광역·기초자치단체와 미국의 주정부를 제외한 자치단체의 경우, 일반적의무(내국민대우, 최혜국대우 등)에 합치하지 않는 현존 비합치조치12)를 유보목록에 기재하지 않고 일괄적으로 상호 허용하고 있다. 그러나 이 경우에도 자유화후퇴방지 메커니즘은 적용된다. 또한 미국 주정부(지역정부: regional level of government)의 비합치조치는 현재유보(부속서 Ⅰ)에 예시목록으로 기재되어 유보되어 있다(부록 Ⅰ-가).

결과적으로 한·미 FTA에서는 발효시점에 한국과 미국의 지방자치단체 (주정부도 포함)의 일반적의무에 불일치되는 조치를 상호인정하고 있다. 그런데 한국의 경우는 한·미 FTA 협정문의 국회 비준동의로 국내법과 같은 효력으로 국내법 체계에 편입시키고 있다. 그 결과 FTA 규범과 불일치하는 기존의 국내법을 개정하여 FTA 협정문에 일치시키고 있다. 이 경우 FTA에 일치된 법률과 FTA에 불일치하는 지자체의 조례 문제가 있을 수 있다. 즉, 한·미 FTA에서는 투자, 서비스무역, 금융서비스 부문에서는 FTA의 일반적

---

11) 한국의 경우는 지방자치법에 정의된 지방자치단체를 의미하고, 미국의 경우는 주(州)와 콜롬비아 특별구 등을 제외한 하위 자치단체를 의미한다. 미국의 경우는 주(州)가 제외되지만, 한국의 경우는 특별시 등 광역자치단체를 포함한 시·군·구의 기초자치단체 모두가 포함된다.

12) 2006년 11월 정부는 지방자치단체의 현행 조례 중 일반적의무 사항과 상충될 가능성이 있는 조례의 경우는, 임원에 외국인을 제외하는 지방공기업 임원 선임, 국내농산물 우선사용의 학교급식지원 등 10여 개라고 발표한 바 있다.

의무에 불일치하는 조례를 서로 인정하고 있기 때문이다.

우리 「헌법」은 법령의 범위 안에서 자치에 관한 규정을 제정할 수 있다고 규정(제117조제1항)13)하고, 「지방자치법」에서 지방자치단체는 법령의 범위 안에서 그 사무에 관하여 조례를 제정할 수 있다고 규정(제22조)14)하고 있다. 법률에 반하는 조례는 존재할 수 없으며 조례가 법률에 위배될 경우는 무효사유가 된다. 그러므로 한·미 FTA를 이행하기 위하여 국내 법률을 개정할 경우 국내 법률 규정과 불일치하는 조례의 존재 여부를 감안하여 개정안에 조례로 달리 정할 수 있도록 명시하여 규범 간 출동 문제 내지 해석상의 오해를 방지할 필요가 있을 것이다.

한편, 지역정부에 의하여 적용되는 부속서 I 의 비합치조치가 자국의 서비스공급이나 투자에 중대한 장애를 초래할 경우에는 그 조치에 대하여 협의를 요청할 수 있다(부속서 12-다).

V. 전문직 자격상호인정 및 비자쿼터 확보

인력이동과 관련되는 전문직서비스 자격상호인정 및 전문직 비자쿼터 설정과 관련하여서는 전문직서비스 작업반(Professional Services Group) 구성에 머무르고 있다. 우리나라에 대한 전문직 비자쿼터 설정은 미국의 이민법이 의회의 관할사항이라 이와 관련한 협상권한이 없다는 미국측의 입장으로 전혀 반영되지 못하였다. 미국은 외국인 전문직의 미국 취업용으로 연간 6만 5,000명의 H-1B 비자쿼터를 유지하고 있고, 칠레, 싱가포르는 FTA를 체결하면서 각각 1,500명과 5,000명의 전문직 비자쿼터를 확보하였으며,15)

---

13) 「헌법」 제117조 ①지방자치단체는 주민의 복리에 관한 사무를 처리하고 재산을 관리하며, 법령의 범위 안에서 자치에 관한 규정을 제정할 수 있다.

14) 「지방자치법」 제22조(조례) 지방자치단체는 법령의 범위 안에서 그 사무에 관하여 조례를 제정할 수 있다. 다만, 국민의 권리 제한 또는 의무 부과에 관한 사항이나 벌칙을 정할 때에는 법률의 위임이 있어야 한다.

호주는 H-1B 비자와는 별개로 보다 취업조건이 유리한 E-3 비자를 만들어 무려 연간 1만 500명의 전문직 일시입국자에 대한 쿼터를 확보한 선례가 있다.16)

---

15) 외교통상통일위원회 수석전문위원, 앞의 검토보고서(2008. 11), pp.57-58.

16) 미국「테러 방지를 위한 신분확인 일원화에 관한 법률」(REAL ID Act of 2005)(Public Law 109-13) 제501조(호주국적자를 위한 상호비자)에 전문직 종사 목적으로 입국하는 호주국적자에게 회계연도마다 10,500건의 신청을 승인한다고 규정하였다. 이 법은 2005년 3월 Jerry Lewis 하원의원이 발의(H.R. 1268(109th))하였고, 2005년 5월 대통령이 서명하였다.

13

주요 서비스산업의 양허

WTO에서는 서비스산업을 12분야 즉, ① 사업서비스, ② 커뮤니케이션서 비스, ③ 건설서비스, ④ 유통서비스, ⑤ 교육서비스, ⑥ 환경서비스, ⑦ 금 융서비스, ⑧ 보건·사회서비스, ⑨ 관광서비스, ⑩ 오락·문화·스포츠서비 스, ⑪ 운송서비스, ⑫ 기타 서비스 등으로 분류하고 이를 다시 155개의 하위 서비스분야로 분류하고 있다.

〈표 1〉 주요국 서비스산업의 GDP 비중 현황

(단위: 십 억 달러, %)

구분	한국	일본	미국	영국	프랑스	독일
경상 GDP	914	5,441	13,450	2,018	2,624	2,936
제조업	30.6	19.9	13.2	11.4	10.6	20.9
서비스산업	58.2	71.4	78.8	77.2	79.4	72.0

주: 경상가격 기준이며 프랑스는 2009년, 그 외 국가는 2010년 기준임
자료: OECD

〈표 2〉 주요국 제조업과 서비스산업의 고용 비중

(단위: %)

구분	한국	일본	미국	영국	프랑스	독일
제조업	16.9	16.7	10.3	9.8	13.1	20.0
서비스산업	68.8	71.1	81.1	79.7	75.0	70.1

주: 2011년 기준임
자료: OECD

서비스산업의 무역규모는 2010년 기준 상품무역(30조 6,390억 달러)의 23.5%인 7조 2,037억 달러이나, 서비스의 본질적 특성상 국내경제에서 차지하는 비중은 훨씬 크다. 서비스산업이 경상GDP에서 차지하는 비중은 2010년 기준으로 한국은 58.2%로 미국(78.8%), 프랑스(79.4%), 일본(71.4%), 영국(77.2%) 등 선진국과는 10%p 이상의 차이를 보이고 있다.

한편, 전체 고용에서 서비스산업이 차지하는 비중은 우리나라의 경우 2011년 기준으로 68.8%로 일본(71.1%), 독일(70.1%)과는 비슷한 수준을 보이고 있으며 미국(81.1%), 영국(79.7%) 등과는 10%p 이상의 차이를 보이고 있다.

I. 전문직서비스

1. 전문직서비스산업 양허 개요

전문직서비스산업은 11개 세부업종으로 구성되어 있는데, GATS(1994)에서 6개 업종이 양허되고 5개 업종이 양허되지 않았었다. DDA(2003)에서 법률 및 수(가축)의료의 2개 업종이 추가 양허되었고, 의료 및 치과, 간호 및 조산사 등의 3개 업종에 대하여는 양허되지 않았다. 이러한 DDA(2003)

〈표 3〉 전문직서비스산업의 양허(비양허) 현황

WTO GATS (1994)		WTO DDA (2003)	한·EU FTA (2011)		한·미 FTA (2012)
양허	비양허	양허(추가)	비양허 업종	양허업종 중 비양허 품목	비양허 업종 또는 비양허 품목
공인회계, 세무, 건축설계, 엔지니어링, 종합엔지니어링, 도시계획 및 조경설계 (6개 업종)	법률, 의료·치과, 수(가축) 의료, 간호·조산사, 기타 (5개 업종)	법률, 수(가축) 의료 (2개 업종)	의료·치과, 간호·조산사, 기타 (3개 업종)		변리사 유보 (부속서 I 23)

에서의 양허 기조가 그대로 한·EU FTA(2011)에 반영되어 있다. 그런데 한·미 FTA(2012)에서는 네거티브방식으로 양허를 하면서, 한국의 변리사만 개인사무소 또는 특허법인을 설립할 수 있게 유보(NT 제한)하고 있다. 한·미 FTA에서는 한·EU에서 비양허된 의료 및 치과의사, 간호사 및 조산사서비스에 대하여는 특별한 유보를 하지 않아서 이들 업종을 추가로 양허하고 있다.

2. 전문직서비스산업 양허의 주요 내용과 이해

1) 법률서비스

한·미 FTA에서 법률서비스는 3단계로 구분하여 시장을 개방하고 있다 (부속서 I 21, II 39). 즉, ① 협정 발효와 동시에 미국법 및 국제공법에 대한 자문과 미국 로펌의 사무소 개설을 허용하고, ② 협정 발효 2년 내에 미국 로펌과 국내 로펌의 업무제휴를 허용하며, ③ 협정 발효 5년 내에 미국 로펌과 국내 로펌이 합작 사업체를 설립하고, 동 사업체가 국내변호사를 고용하는 것을 허용한다.

〈표 4〉 법률서비스 관련 유보 내용

분야 〈관련의무〉	유보 내용	유보 분야
부속서 I 21(현재유보) 전문직서비스(법률) 〈시장접근, 현지주재〉	① 협정 발효 이전, 미국 법무회사(로펌)의 대표사무소(외국법자문법률사무소) 설립 허용하고 미국법 및 국제공법의 자문 ② 협정발효 2년 이내, 외국법자문법률사무소가 국내 법무법인과 공동처리 약정 ③ 협정발효 5년 이내, 미국 법무회사와 국내법무회사의 합작투자기업 설립 및 국내변호사 고용	국경간 서비스 무역
부속서 II 39(미래유보) 법률서비스(외국법 자문사) 〈내국민대우, 고위경영진, 현지주재〉	외국 법률전문가 또는 외국 법무법인의 한국 내에서 법률서비스 제공, 법무법인 등과의 제휴, 국내변호사 등의 고용, 고위경영진 등의 제한에 관한 조치 권리를 유보함. 다만 이에 불구하고, ① 협정 발효이전에, 미국 법무회사(로펌)의 대표사무소(외국법자문법률사무소) 설립을 허용하고 미국법 및 국제공법의 자문 ② 협정발효 2년 이내, 외국법자문법률사무소가 국내 법무법인과 공동처리 약정 ③ 협정발효 5년 이내, 미국 법무회사와 국내법무회사의 합작투자기업 설립 및 국내변호사 고용	국경간 서비스 무역 및 투자

한·미 FTA에서 한국의 법률서비스 시장이 미국에 개방되고 있는데, 이는 미국 로펌에 큰 기회가 될 것으로 미국국제무역위원회(USITC)는 분석하고 있다. 더 나아가 USITC는 부속서 12-가의 전문직서비스 규정에 따라 법률서비스의 상호인정으로 그 기회가 더 확대될 수 있다고 분석하고 있다.[1]

법률시장이 개방되면 법률서비스의 주된 수요자인 국내 기업들의 편익 향상, 국내 법무법인 시스템의 선진화 등을 기대할 수 있지만, 다른 한편으로는 규모와 자금력 등에서 우위를 가지고 있는 미국 로펌에 국내 로펌이

---

1) 미국 국제무역위원회(USITC), 「한·미 FTA: 경제전반 및 부분에 미치는 잠재적 영향 (U.S.-Korea Free Trade Agreement: Potential Economy-wide and Selected Sectoral Effects)」(2007. 9.)(전국금속노동조합. 2008. 8. 번역본), pp.128-132.

종속되고,[2] 변호사 및 법무직원 고용시장에 불안정을 초래할 수 있다는 우려도 제기되고 있다. 한편, 미국의 로펌이 한국 로펌과 합작기업을 설립하여 수익, 비용 및 역할을 분담하는 방식을 택할 경우에 고가시장(해외업무를 하는 기업을 상대로 하는 분야)은 미국 변호사가, 저가시장은 국내 변호사가 각각 담당하게 됨으로써 변호사 업계의 국제적인 분업화가 가속화될 가능성이 높다는 의견도 제기되고 있다.[3]

또한 Mode 1(국경간 공급)에 의해 법률서비스를 제공하면서, 국내기업에서 신뢰를 쌓은 미국 로펌이 국내 법률서비스 시장까지 잠식할 경우 국내 로펌은 일종의 명의대여자 내지 중개인에 그치게 되어 수익성이 악화되고 핵심인력을 빼앗겨 고사할 위협이 될 수 있다는 지적도 있다.[4]

2) 회계·세무서비스

한·미 FTA에서 회계·세무서비스는 2단계로 나누어 개방하고 있다(부속서 I 24, I 25, II 40, II 41). 즉 ① 협정 발효와 동시에 미국 회계·세무 자문 및 미국회계·세무법인의 사무소 개설을 허용하고, ② 협정 발효 5년 내에 국내 회계·세무법인에 대한 외국 회계사·세무사의 출자를 허용(단, 49%까지 그리고 1인 10% 미만)한다. 이 경우는 한국 공인회계사(세무사)가 한국 회계(세무)법인의 의결권 있는 주식 또는 출자지분의 최소 50%를 초과하여 보유해야 하고, 미국 공인회계사(세무사) 1인이 보유할 수 있는 한국 회계(세무)법인의 의결권 있는 주식 또는 출자지분의 상한을 10%로 제한하

---

2) 미국 및 영국 로펌의 경우 전 세계 로펌 중 매출액 및 소속 변호사 수 기준 모두에서 상위 20위까지를 독식하고 있고, 로펌의 국제화 수준을 알 수 있는 지표로서 당해 로펌의 전 세계 법률사무소 진출국 수와 로펌 소속 전체 변호사 중 본국 외 변호사의 비율 역시 영미계 로펌이 상위 20위를 독식하고 있다(고준성 외, 「WTO 도하개발아젠다협상 법률서비스분야의 논의동향과 대응방향」(대외경제연구원, 2002)).
3) 한·미 FTA 졸속 체결에 반대하는 국회 비상시국회의 정책자문단, 『한·미 FTA 협정문 분석 종합보고서(2007. 6. 20.)』, pp.342-345.
4) 김범수, "한·미 FTA 체결과 법률시장의 확대개방에 따른 대응 방향,"『법조』 제56권 제12호(2007. 12), p.90.

〈표 5〉 회계·세무서비스 관련 유보 내용

분야 〈관련의무〉	유보 내용	유보 분야
부속서 I 24(현재유보) 전문직서비스(회계·감사) 〈시장접근, 현지주재〉	① 협정 발효 이전, 미국 공인회계사 또는 회계법인이 국내 사무소 설립으로 미국법 및 국제회계법의 회계컨설팅 제공 및 미국 공인회계사의 국내회계법인 근무 허용 ② 협정 발효 5년 이내, 국내 회계법인에 투자 허용(단, 49%까지 및 공인회계사 1인이 10% 미만만)	국경간 서비스 무역
부속서 I 25(현재유보) 전문직서비스(세무사) 〈시장접근, 현지주재〉	① 협정 발효 이전, 미국 세무사 또는 세무법인이 국내 사무소 설립으로 미국법 및 국제세법의 세무컨설팅 제공 및 미국 세무사의 국내세무법인 근무 허용 ② 협정 발효 5년 이내, 국내 세무법인에 투자 허용(단, 49%까지 및 세무사 1인이 10% 미만만)	국경간 서비스 무역
부속서 II 40(미래유보) 전문직서비스(외국 공인회계사) 〈내국민대우, 고위경영진, 현지주재〉	외국 공인회계사 또는 회계법인의 국내 공인회계사 고용, 감사서비스 제공, 고위경영진 등의 제한 관련 조치 권리를 유보. 다만, 이에 불구하고 ① 협정 발효 이전, 미국 공인회계사 또는 회계법인이 국내 사무소 설립으로 미국법 및 국제회계법의 회계컨설팅 제공 및 미국 공인회계사의 국내회계법인 근무 허용 ② 협정 발효 5년 이내, 국내 회계법인에 투자 허용(단, 49%까지 그리고 공인회계사 1인이 10% 미만만)	국경간 서비스 무역 및 투자
부속서 II 41(미래유보) 전문직서비스(외국 세무사) 〈내국민대우, 고위경영진, 현지주재〉	외국 세무사 또는 세무법인의 국내 세무사 고용, 세무조정 및 세무대리서비스 제공, 고위경영진 등의 제한 관련 조치 권리를 유보. 다만, 이에 불구하고 ① 협정 발효 이전, 미국 세무사 또는 세무법인이 국내 사무소 설립으로 미국법 및 국제세법의 세무컨설팅 제공 및 미국 세무사의 국내세무법인 근무 허용 ② 협정 발효 5년 이내, 국내 세무법인에 투자 허용(단, 49%까지 그리고 세무사 1인이 10% 미만만)	국경간 서비스 무역 및 투자

고 있다.

회계시장의 경우 국내 주요 회계법인들이 미국의 대형 회계법인들과 제휴
계약을 맺고 있는 등 이미 국내시장이 상당 부분 개방되어 있어 한·미 FTA
를 통한 추가 개방수준은 높지 않은 것으로 보인다. 또한 기업의 투자 및
구조조정 등에 관한 자문 업무의 경우에도 기존의 국내 대형 회계법인뿐
아니라 국제적인 자문업체들이 이미 국내시장을 상당 부분 점유하고 있어
회계시장의 개방은 국내업계에 큰 영향을 미치지 않을 것으로 보인다.

다만, 현재 국내 회계법인의 지분이 다수의 출자자에게 분산되어 있어 1
인당 지분율이 평균 2~5% 내외라는 점, 그리고 미국회계법인의 노하우나
명성 등이 국내 법인에 비해 높다는 점을 고려할 때, 미국 회계법인이 출자
를 통해 국내 회계법인의 최다지분보유자가 되고 실질적으로 경영권을 외국
출자자가 확보하게 될 가능성도 배제할 수 없다고 한국공인회계사회에서는
분석하고 있다.[5]

3) 그 외 전문직서비스

노무자문서비스는 2인 이상의 공인노무사가 인가를 받아 법인을 설립하
여야 하고, 한국의 변리사만이 법인설립이 가능하고, 통관서비스 및 수의사
및 수산질병관리사도 국내에 사무소를 개설하여야 한다.

〈표 6〉 기타 전문직서비스 관련 유보 내용

유보 분야 〈관련의무〉	유보 내용	유보 분야
부속서 I 22(현재유보) 전문직서비스(노무 자문서비스) 〈현지주재〉	① 2인 이상의 공인노무사가 인가를 받아 국내에 사무소 설치	국경간 서비스 무역

---

5) 한국공인회계사회, 『한·미 FTA 체결에 따른 회계서비스 시장에 대한 영향 및 대책』
(2007).

유보 분야 〈관련의무〉	유보 내용	유보 분야
부속서 I 23(현재유보) 전문직서비스(변리사) 〈시장접근, 현지주재〉	① 한국 변리사만이 개인사무소 또는 특허 법인 설립(NT 제한) ② 1인 1 사무소 설립	국경간 서비스 무역
부속서 I 26(현재유보) 전문직서비스(통관서비스) 〈시장접근, 현지주재〉	① 국내 사무소 개설 ② 관세사 또는 허가 받은 통관취급법인만 이 통관서비스공급	국경간 서비스 무역
부속서 I 37(현재유보) 수의사 및 수산질병관리사 (물고기전문 수의사)서비스 〈현지주재〉	① 국내 사무소 개설	국경간 서비스 무역

3. 전문직의 면허와 자격

전문직서비스공급자의 면허와 자격은 제12장 부속서 12-가에서 규정하고 있다. 다른 쪽 당사국의 요청을 받으면 당사국은 전문직서비스공급자의 면허와 검증(certification)에 대한 기준과 표준을 상담할 적절한 규제기관이나 그 밖의 기관을 포함하여 관련 정보를 제공하여야 한다(부속서 12-가 제1항).

그리고 양 당사국이 합의하면, 각 당사국은 엔지니어링, 건축, 수의(가축)서비스를 제공하는 전문직서비스공급자들의 면허와 검증에 대해 상호수용 가능한 기준과 표준을 개발하고, 상호인정에 대한 권고를 공동위원회에 하며, 타방 당사국의 전문직서비스공급자에게 임시 면허를 부여하는 절차를 개발하도록 독려하여야 한다(부속서 12-가 제2항).

이러한 활동을 원활화하기 위하여, 양 당사국의 대표들로 구성되는 전문직서비스작업반(Professional Services Group)을 설치하며, 발효한 후 1년 이내에 상호합의하에 회합한다. 이 작업반은 상호인정 협정 및 면허부여와 검정을 촉진하기 위한 절차의 개발, 시장접근과 내국민대우와 부합하지 않은 지방정부 차원의 조치의 처리, 전문직서비스공급에 영향을 미치는 다른 상호 관심사에 대한 논의를 포함한다. 또한 이 작업반은 전문직서비스에 관런된 양자협정, 복수협정, 다자간 협정을 적절한 경우 고려하여야 한다(부속서 12-가 제4항, 제5항).

II. 커뮤니케이션서비스

1. 커뮤니케이션서비스산업의 양허 개요

커뮤니케이션서비스산업은 24개 세부업종, 즉 통신(15개), 시청각(6개), 우편(1개), 송달(1개), 기타(1개)서비스 등으로 구성되어 있다. WTO GATS (1994)에서는 이 중 9개 업종이 양허되었고, 15개 업종이 양허되지 않았다. 주요 양허되지 않은 업종은 통신서비스에 있어서 전신, 전화, 인터넷접속 등 8개 업종과 시청각서비스의 라디오, TV 등 4개 업종, 그리고 우편, 송달 서비스 등이다. 이어 DDA(2003)에서는 송달(쿠리어)서비스가 추가로 양허 되었다.

한·EU FTA(2011)에서는 추가적으로 통신서비스에서 전신, 전화, 인터 넷접속 등이 양허되어 15개 업종 전체가 모두 양허되었지만, 시청각서비스 에서는 GATS(1994)에서도 양허된 영화 및 비디오 제작·배급 등 2개 업종 을 포함하여 전체 6개 업종이 양허되지 않았다. 즉, 시청각서비스 6개 업종 전부가 양허에서 제외되었다. 한편, 한·미 FTA(2012)에서는 한·EU FTA (2011)와 달리 시청각서비스를 부분적으로 양허하고 있다. 즉, 종합편성, 보도·홈쇼핑 채널을 제외한 방송채널사용사업(PP: Program Provider)에 간 접투자 방식으로 100% 투자를 허용하고 있다.

〈표 7〉 커뮤니케이션서비스산업의 양허(비양허) 현황

분야	WTO GATS(1994)		DDA(2003)	한·EU FTA(2011)		한·미 FTA(2012)
	양허	비양허	양허(추가)	비양허 업종	양허업종 중 비양허 품목	비양허 업종 또는 비양허 품목
총 24개 업종	9개 업종	15개 업종	1개 업종	8개 업종		1개 업종
통신 (15개)	전자메일, 음성메일, 온라인 정보검색, 전자적 데이터교환, 고도 부가가치 팩시밀리, 코드 및 프로토콜 변환, 온라인 정보처리 (7개 업종)	음성전화, 패킷 교환 데이터 전송, 회선 교환 데이터 전송, 텔렉스, 전신, 팩시밀리, 사설전용 회선, 기타 (8개 업종)	-	(전 업종 양허)		
시청각 (6개)	영화 및 비디오제작·배급, 음반 제작 (2개 업종)	영화기획, 라디오·TV, 라디오·TV 전송, 기타 (4개 업종)	-	영화 및 비디오제작·배급(9611), 영화기획(9612), 라디오·TV(9613), 라디오·TV 전송(7524), 음반 제작, 기타 (6개 업종)		• 보도채널, 종합편성, 홈쇼핑 채널은 제외(부속서 I 44) • 방송통신융합 관련 가입자기반의 비디오서비스공급자 관련 유보 (부속서 II 23)

분야	WTO GATS(1994)		DDA(2003)	한·EU FTA(2011)		한·미 FTA(2012)
	양허	비양허	양허(추가)	비양허 업종	양허업종 중 비양허 품목	비양허 업종 또는 비양허 품목
시청각 (6개)				* 영화 및 비디오제작·배급(9611), 음반제작은 GATS에서 양허됨		
우편 (1개)	(전 업종 비양허)	우편 (1개 업종)	–	우편 (1개 업종)		• 비독점 우편서비스에서 군복무자의 우체국지원, 차량 정수의 결정과 배정의 불승인 등 유보 (부속서 II 21)
송달 (1개)	(전 업종 비양허)	송달 (1개 업종)	송달 (1개 업종) * 철도, 도로 등 육상운송만으로 연결되어 배달되는 서비스는 양허대상에서 제외 * 우편법상 한국의 우정당국이 배타적인 권리를 갖는 신서의 수집, 처리 및 배달 서비스는 제외	(양허)	• 우편법상 한국의 우정당국이 배타적인 권리를 갖는 신서의 수집, 처리 및 배달서비스는 제외	
기타 (1개)	(전 업종 비양허)	기타 (1개 업종)	–	기타 (1개 업종)		

2. 커뮤니케이션서비스산업 양허의 주요 내용과 이해

1) 통신서비스

한·미 FTA 부속서 I (현재유보)에서 기간통신사업의 허가는 외국정부, 외국인 또는 의제외국인을[6] 모두 합하여 그 법인의 의결권 있는 발행주식 총수의 100분의 49를 초과하여 보유할 수 없다고 유보하고 있다. 다만, 협정발효 2년 내에, 의제외국인이 KT와 SK텔레콤을 제외하고 기간통신사업자의 의결권 있는 발행주식 총수의 100%를 보유하거나, 발행주식 총수의 100%까지 보유한 기간통신사업 허가를 취득하거나 보유하는 것을 허용하고 있다(부속서 I 16).

한편, 제12장(국경간 서비스무역)의 부속서한에서 통신서비스 허가시의 공익심사와 관련하여 양 당사국 간에 합의된 양해(understanding)를 확인하고 있다. 즉, 공중통신서비스(public telecommunications)를 공급하기 위한 허가와 관련하여 그러한 서비스공급이 공익에 부합할 것이라는 결정을 조건으로 하는 경우, ① 결정 및 결정을 내리는 절차가 투명할 것, ② 허가를 부여하는 것이 공익에 부합할 것이라는 결정에 유리한 추정을 할 것, 그리고 ③ 제14.20조(투명성)에 합치하는 규범을 제정할 것 등의 내용을 확인하고 있다(제12장 서한).

우리나라의 통신시장 자유화는 국내 통신시장의 발전에 따라 진행된 부분도 있지만 대외적인 요소 즉, 미국의 시장개방 압력과 WTO 기본통신협정 체결 등 국제적 추세에 영향을 받은 면이 더 크다고 할 수 있다.[7] 1997년 기본통신협정 이후 단계적으로 외국인 지분참여에 대한 제한 완화를 단

---

6) 의제외국인이란 외국정부 또는 외국인(증권거래법 제36조 제3호의 규정에 의한 특수관계인을 포함한다)이 최대주주이고, 의결권 있는 발행주식 총수의 100분의 15 이상을 그 외국정부 또는 외국인이 소유하고 있는 대한민국 법에 따라 설립된 법인을 말한다. 다만, 그 법인이 기간통신사업자의 의결권 있는 발행 주식 총수의 100분의 1 미만을 보유하고 있는 경우를 제외한다(부속서 I 16).

7) 정인억 외, 『한·미 통신외교 10년사』(정보통신정책연구원, 1997).

〈표 8〉 통신서비스 관련 유보 내용

분야 〈관련의무〉	유보 내용 등	유보 분야
부속서 I 16(현재유보) 통신서비스 〈내국민대우, 시장접근, 현지주재〉	① 기간통신사업에 대한 투자제한(49%) ② 기간통신사업의 의결권 주식 보유 제한 (49%), 그리고 KT의 최대주주금지 및 KT에 대한 투자 제한(5%) ③ 협정발효 2년 후, 기간통신사업 100% 보유 가능(단, KT와 SK텔레콤은 제외) ④ 무선국 허가의 취득 및 보유 금지 ⑤ 국경간 서비스공급(mode 1) 금지. 다만, 공중통신서비스공급자와 상업적약정을 통한 경우는 제외	국경간 서비스 무역 및 투자
제12장 부속서한	허가와 관련하여 그러한 서비스공급이 공익에 부합할 것이라는 결정을 조건으로 하는 경우, ① 결정 및 결정을 내리는 절차가 투명할 것 ② 허가를 부여하는 것이 공익에 부합할 것이라는 결정에 유리한 추정을 할 것 ③ 제14.20조(투명성)에 합치하는 규범을 제정할 것	

행하였는 바, 1999년 7월에 외국인 지분참여 한도를 49%까지 허용하였고, KT의 경우에는 1998년 9월부터 33%까지 외국인 지분참여가 허용되었다. 또한 민영화계획에 따라 2001년 4월부터 KT에 대한 외국인 지분참여가 49%로 동일하게 시작하였으며, 별정통신서비스에 대해서도 1998년 9월부터 외국인 지분참여를 49%까지 허용하였고, 2001년부터는 100%까지 허용하고 있다. 한편, 2004년 「전기통신사업법」 개정[8]으로 외국인 지분제한에

---

8) 「전기통신사업법」 제6조(외국정부 또는 외국인의 주식소유 제한) ① 기간통신사업자의 주식(의결권 있는 주식에 한하며 주식예탁증서 등 의결권을 가진 주식의 등가물 및 출자지분을 포함한다. 이하 같다)은 외국정부 또는 외국인 모두가 합하여 그 발행주식 총수의 100분의 49를 초과하여 소유하지 못한다.
  ② 외국정부 또는 외국인(「증권거래법」 제36조제3호의 규정에 의한 특수관계인을

있어 기간통신사업자에 대한 지분제한만을 유지하고 있으며, 동 사업자에 대해서는 직접투자 49%와 최대주주에 의한 간접투자 15%의 제한이 있다.

한·미 FTA에서 외국인지분제한 완화와 관련하여서는 먼저, 간접투자의 100% 허용은 외국기업의 간접투자방식에 의한 기간통신사 인수를 유도함으로써 국제전화, 인터넷전화,9) 기업고객을 대상으로 한 국제전용회선 등 국제 통신시장에 외국기업의 본격적인 진출이 예상되어 동 분야에서 상당한 경쟁효과(요금인하 압력 등)가 기대되는 바, 이는 소비자 후생 측면에서 긍정적으로 평가할 수 있다. 그러나 KT와 SKT를 제외한 하나로텔레콤 및 LG 텔레콤, 데이콤, KTF 등 주요 기간통신사업자의 경우 외국인의 간접투자를 100% 허용함에 따라 한국의 통신시장과 정책에 미국자본의 개입 가능성이 커지게 된 것으로 보인다. 또한 통신인프라 확대를 위하여 기간통신사업자에게 부여하던 각종 혜택과 공공성 유지를 위한 각종 보편적 서비스 제도가 외국인 소유의 통신사업자에게 차별적 정책이라는 시비의 대상이 되어 통신정책의 혼란과 공공성 약화를 초래할 수도 있을 것이다.

한편, 공익성심사제도는 양국 모두에게 원칙적으로 내·외국인에 비차별적이어야 할 것이다. 그러나 부속서한에서는 이에 대한 언급이 없다. 이는 미국의 액슨-폴로리오(Exon-Florio) 수정법에 의한 미국 통신법 제310조 (b)(4)에 의거하여 시행 중인 공익성심사10)와 한국의 「전기통신사업법」에

포함한다. 이하 같다)이 최대주주인 법인으로서 발행주식 총수의 100분의 15 이상을 그 외국정부 또는 외국인이 소유하고 있는 법인(이하 "외국인의제법인"이라 한다)은 외국인으로 본다.

③ 기간통신사업자의 발행주식 총수의 100분의 1 미만을 소유한 법인은 제2항의 요건을 갖춘 경우에도 외국인으로 보지 아니한다.

9) 인터넷 전화의 경우 최근 번호이동성으로 사업전망이 개선될 여지가 높아지고 있다.

10) 미국의 외국인투자위원회(CFIUS: Committee on Foreign Investment in the United States)는 해당 거래가 추진 예정이든지, 현재 추진 중이든지 또는 완결되었는지 여부와 관계없이 외국인에 의한 인수, 합법 거래에 대해 미국 국가안보에 위협이 되는지를 심사한다. 이것이 통신법(The Communications Act of 1934) 제310조(b)(4)에 의거 연방통신위원회(FCC: Federal Communications Commission)가 CFIUS에 판단을 의뢰하는 공익성심사이다.

외국인의제 면제를 위한 공익성심사가 국가안보 또는 공공의 안녕, 질서라
는 예외적 공익수호를 목적으로 하는 것임에도 불구하고, 기본적으로 외국
인에게만 적용이 되는 정성적 규제임을 부인할 수 없기 때문인 것으로 보
인다.11)

그리고 부속서 I 의 우리나라의 유보목록에서 기간통신사업은 허가제로
규정하고 있지만, 허가요건과 관련되는 공익성심사에 관한 사항은 시장접근
제약사항으로 유보되어 있지 않다. 이는 향후 운영과정에서 부속서한의 공
익부합 추정과 함께 기간통신사업의 허가제 운영을 제약할 수도 있을 것으
로 보인다.12)

2) 방송서비스

한·미 FTA에서는 방송채널사용사업자(PP: Program Provider)에 대한 국
내 프로그램 쿼터를 일부 완화하고, 협정 발효 3년 내에 일부영역을 제외하
고 100% 투자를 허용한다. 그리고 편방향위성전송(DTH: One-way satellite
transmission of direct-to-home) 및 직접방송위성(DBS: Direct Broad-
casting Satellite) 텔레비전과 디지털오디오서비스 등의 상호주의에 의한 국
가 간 차등유지 및 매체 간 교차소유 제한 등에 대하여 현재유보 또는 미래
유보하고 있다(부속서 I 44, 부속서 II 10, II 22, II 23, II 24, II 25).

먼저 외국인투자와 관련하여서는, 종합편성 또는 보도·홈쇼핑을 제외한
방송채널사용사업자(PP) 시장이 간접투자 방식으로 100% 개방된다. 즉, 협
정발효 3년 내에 의제외국인이 종합편성 또는 보도·홈쇼핑 등을 제외한 방
송채널사용사업을 하는 법인의 주식 또는 지분 총수의 100%까지 보유할
수 있도록 허용하고 있다(부속서 I 44). 하지만 직접투자와 관련하여서는,
방송채널사용사업자(종합유선방송사업자·전송망사업자 또는 종합편성 또

---

11) 이한영, "통신서비스분야 공익성심사에 관한 고찰: 한·미 제도 및 한·미 FTA 양허,"
  『정보통신정책연구』 제4권 제4호(2007. 12), pp.95-141.
12) 이와 관련 양국이 공익성심사를 국내규제(domestic regulation)의 일환으로 공감하
  였다는 것을 의미한다는 주장도 있다. 이한영, 위의 글, p.132.

〈표 9〉 방송서비스 관련 유보 내용

분야 〈관련의무〉	유보 내용	유보 분야
부속서 I 44(현재유보) 커뮤니케이션서비스 (방송서비스) 〈내국민대우, 이행요건, 고위경영진, 시장접근, 현지주재〉	① 외국인은 방송채널사용사업자(종합유선방송사업자·전송망사업자 또는 종합편성·보도에 관한 전문편성 사업자 제외) 지분 49% 초과 보유 제한 및 위성방송사업자 지분 33% 초과 보유 제한 ② 협정 발효 3년 이내, 방송채널사용사업자(종합편성·보도 또는 홈쇼핑 제외)의 지분 100% 보유 허용 ③ 개인은 지상파방송사업자 또는 종합편성이나 보도에 관한 전문편성 방송채널사업자 지분의 30% 초과를 제한. 다만, MBC는 제외 ④ 방송 쿼터(한국 콘텐츠) 설정 지상파방송·지상파채널사용사업자는 전체방송시간의 80%, 종합유선방송·위성방송사업자는 50%, 지상파방송, 채널을 제외한 방송채널사업자는 50% ⑤ 지상파방송사업자의 한국 콘텐츠 쿼터 설정 애니메이션 45%, 영화 25%, 음악 60% ⑥ 음악프로그램(종합유선, 위성방송, 방송채널사용사업자)의 60% 한국 콘텐츠 쿼터 설정 ⑦ 협정 발효 이전, 종합유선방송, 위성방송 또는 방송채널사용사업자의 쿼터 설정 애니메이션 30%, 영화 20% ⑧ 종교, 교육 또는 지상파이동멀티미디어방송사업자는 별도의 콘텐츠 요건 적용. 위성이동멀티미디어방송사업자는 위성방송사업자의 콘텐츠 쿼터 요건 적용 ⑨ 협정 발효 이전에, 지상파방송, 종합유선방송, 위성방송 또는 방송채널사용사업자의 1개국 콘텐츠(1개 국가에서 제작) 한도는 80% 또는 그 이상 ⑩ 방송서비스 편성책임자, KBS와 EBS의 이사는 한국국적자 ⑪ 방송서비스의 면허 요건 등 규정	국경간 서비스 무역 및 투자
부속서 II 10(미래유보) 커뮤니케이션서비스 (방송) 〈최혜국대우〉	① 편방향위성전송(DTH) 및 직접방송위성(DBS) 텔레비전과 디지털오디오서비스 관련 국가 간 차등대우 유지. 다만, 이는 상호주의에 의거 미국 연방통신위원회가 그 여부를 결정(미국 부속서 II 커뮤니케이션)	국경간 서비스 무역 및 투자

분야 〈관련의무〉	유보 내용	유보 분야
부속서 II 21(미래유보) 커뮤니케이션서비스 (비독점 우편) 〈내국민대우〉	① 다음의 조치 권리 유보 　군복무자의 우체국 지원서비스 공급, 차량 정수의 　결정과 배정에 승인 불필요	국경간 서비스 무역 및 투자
부속서 II 22(미래유보) 커뮤니케이션서비스 (방송) 〈내국민대우, 이행요건, 고위경영진, 시장접근, 현지주재〉	다음 권리에 대해 조치 권리 유보 ① 매체 간 교차 소유를 제한하는 조치 ② 의제외국인[13] 여부 판정기준 지분의 최소비율 설 　정(다만, 종합편성·보도·홈쇼핑은 제외) ③ 방송서비스 공급자 이사의 국적 제한 ④ 플랫폼사업자(종합유선방송 또는 위성방송사업자) 　가 지상파방송채널의 재송신 또는 공익채널 전송 　을 요구하는 조치 ⑤ 지상파방송에 국내신규제작 애니메이션 편성 요구 　조치. 다만, 2007.4 현재[14] 미국산 애니메이션의 　시장접근을 손상시키지 않을 것 ⑥ 애니메이션을 주로 편성하거나 종합편성 방송채널 　사업자에 일정비율 국내제작 신규 애니메이션 쿼 　터 요구. 다만, 부속서 I 의 유보수준보다 더 많은 　외국콘텐츠 허용 ⑦ 외주제작 콘텐츠 쿼터, 국내물에 대한 제작비 요건 　또는 주시청시간대의 쿼터 부과 조치. 다만, 부속 　서 I 의 유보 수준보다 더 많은 외국 콘텐츠 허용 ⑧ 주문형비디오(VOD) 방송서비스 공급자에 한국 콘 　텐츠 쿼터 요구 ⑨ 특정분야에서 외국방송 재송신서비스 제한하거나 　금지 조치. 다만, 부속서 I 의 외국인 지분제한조 　치가 철폐되는 경우에 한하고, 또한 협정 서명일 　이전의 외국방송 재송신서비스 공급자에는 적용되 　지 않음	국경간 서비스 무역 및 투자
부속서 II 23(미래유보) 커뮤니케이션서비스 (방송 및 통신) 〈내국민대우, 이행요건, 고위경영진, 시장접근, 현지주재〉	① 방송통신융합 관련 가입자기반의 비디오서비스 공 　급자에 대한 조치 권리 유보 ② 다만, 이는 　1) 외국인 지분제한과 관련하여서는 부속서 I 의 　　통신서비스의 기간통신사업자에 적용되는 조 　　치와 부속서 I 커뮤니케이션(방송)의 종합유선 　　방송사업자의 조치보다 불리할 수 없음. 다만,	국경간 서비스 무역 및 투자

분야 〈관련의무〉	유보 내용	유보 분야
	이는 제11.12조 제1항 다호(ratchet mechanism) 가 적용됨 2) 국내 콘텐츠 쿼터 부과와 관련하여 부속서 I 의 커뮤니케이션서비스(방송)의 종합유선방송사 업자 허용 비율보다 높지 않도록 설정. 다만, 이는 제11.12조제1항 다호(ratchet mechanism) 가 적용됨	
부속서 II 24(미래유보) 커뮤니케이션서비스 (방송 및 시청각) 〈최혜국대우, 이행요건〉	① 영화 또는 텔레비전 프로그램 제작에 특혜를 주는 공동제작 약정 채택 및 유지 권리 유보. 공동제작 약정의 대상 작품은 내국민대우 부여	국경간 서비스 무역 및 투자
부속서 II 25(미래유보) 커뮤니케이션서비스 (방송 및 시청각) 〈내국민대우, 이행요건〉	① 방송 또는 시청각 프로그램이 한국 콘텐츠 여부에 대한 기준을 정하는 권리 유보. 다만, 이는 부속서 I 과 부속서 II 의 관련 유보와 불일치하지 않아야 함	국경간 서비스 무역 및 투자

는 보도에 관한 전문편성 제외)의 지분 49%를 초과한 보유가 제한되고, 위
성방송사업자는 33%를 초과하는 보유가 제한된다(부속서 I 44).

방송쿼터와 관련하여서는, 협정발효와 함께 종합유선방송, 위성방송 또는
방송채널사용사업자에 채널별로 적용되는 국내제작 프로그램 의무편성비율
은 영화의 경우 20%(현행 25%), 애니메이션의 경우 30%(현행 35%)로 완화
된다. 반면에, 지상파방송사업자의 한국콘텐츠 쿼터는 현행 그대로 애니메
이션 45%, 영화 25%, 음악 60%로 유보되어 있다. 그러나 1개국 쿼터한도

---

13) 의제외국인이란 외국정부나 외국인이 합하여 그 법인의 발행주식 또는 지분 총수의
100분의 50을 초과하여 보유하거나, 외국정부나 외국인이 최대주주인 대한민국 법에
의하여 설립된 법인을 말한다(부속서 II 22 커뮤니케이션서비스).

14) 방송법에 따라 방송위원회는 방송사업자의 연간 방송시간의 1000분의 15의 범위 내
에서 일정비율을 국내신규제작 애니메이션 프로그램으로 편성토록 정할 수 있다.
2007년 4월 30일 현재 방송위원회는 한국방송(KBS), 문화방송(MBC) 및 서울방송
(SBS)에 대해 연간 방송시간의 1000분의 10, 그리고 교육방송(EBS)에 대해 연간 방
송시간의 1000분의 3을 국내신규제작 애니메이션으로 편성하도록 요구한다.

〈표 10〉 한·미 FTA 방송서비스 관련 주요 내용

〈외국인 투자지분〉
- 방송채널사용사업(PP)에 대한 직접투자는 현행 49% 유지
- 국내법인 설립을 통한 PP투자는 종합편성·보도·홈쇼핑을 제외하고 100%까지 허용(발효 후 3년 내)

〈방송쿼터〉
- PP 등에 적용되는 국산프로그램 쿼터 완화
  - 애니메이션 부문: (현행) 35% → (발효 시) 30%
  - 영화 부문: (현행) 25% → (발효 시) 20%
  * 지상파방송에 적용되는 방송쿼터(애니메이션 45%, 영화 25%, 음악 60%)는 현행대로 유지
- 1개국 쿼터: (현행) 60% → (발효 시) 80%
  * 1개국 쿼터란 특정국가의 프로그램이 전체 외국산 프로그램 방영 비율의 특정 비율(현행 60%) 이상을 점유하지 못하게 하는 규제
  * 1개국 쿼터 완화는 지상파, 위성방송, 케이블(SO)에도 적용됨

는 지상파방송, 종합유선방송, 위성방송 또는 방송채널사용사업자는 수입방송물에 대한 1개국 콘텐츠 한도를 80%(현행 60%) 또는 그 이상으로 확대되었다(부속서 I 44).

또한 한국콘텐츠 쿼터로, 지상파방송·지상파채널사용사업자는 전체방송시간의 80%, 종합유선방송·위성방송사업자는 50%, 지상파방송채널을 제외한 방송채널사업자는 50%를 설정하고 있으며, 종교, 교육 또는 지상파이동멀티미디어 방송사업자는 별도의 콘텐츠 요건을 적용하며, 위성이동멀티미디어 방송사업자는 위성방송사업자의 콘텐츠 쿼터 요건을 적용한다. 그리고 방송서비스 편성책임자, KBS와 EBS의 이사는 한국국적자로 제한하고, 방송서비스의 면허 요건 등을 규정할 수 있다.

한편, 편방향위성전송(DTH) 및 직접방송위성(DBS) 텔레비전과 디지털오디오서비스 등과 관련하여 국가 간 차등대우를 유지할 권리를 미래유보하고 있다(부속서 II 10). 그러나 이는 미국 연방통신위원회가 그 여부를 결정하는 상호주의에 의한다(부속서 II 미국 커뮤니케이션). 그리고 매체 간 교

차소유 제한, 방송서비스공급자의 국적 제한, 국내 제작 신규 애니메이션 쿼터, 외주제작 콘텐츠 쿼터, 주문형비디오(VOD: Video on demand) 방송 서비스공급자에 콘텐츠 쿼터, 방송통신융합 관련 가입자기반의 비디오서비스공급자에 대한 권리, 영화 또는 텔레비전 프로그램 제작에 공동제작 약정 채택, 한국 콘텐츠 여부에 대한 기준을 정하는 권리 등을 미래유보 하고 있다(부속서 II 22, II 23, II 24, II 25).

그런데 방송채널사용사업(PP)에 대한 간접투자 허용은 협상타결(2007. 4. 2.)15) 직전에 종합편성·보도·홈쇼핑을 제외한 방송채널사용사업자에 대해 서는 외국자본이 50% 이상 또는 최대지분을 차지하고 있는 국내법인이라도 100%까지 출자 또는 출연을 할 수 있도록 하였다. 이는 당초의 개방불가 입장에서 면밀한 검토나 영향평가 없이 방송채널사용사업에 대한 외국인 간접투자 제한을 철폐하기로 합의한 것으로 문제가 있다고 지적받고 있다.16)

간접투자 허용은 외국자본이 50%를 넘거나 외국인이 최대주주인 국내법 인을 더 이상 외국인으로 의제하지 않기로 함으로써 미국의 미디어그룹이 국내법인을 설립하여 국내 방송채널사용사업자의 지분을 전부 보유할 수 있게 되었다. 그 결과 외국자본이 국내에서 방송채널사용사업을 영위하게 되면 미국 미디어그룹이 제작한 경쟁력 있는 프로그램과 콘텐츠가 국내 방송

---

15) 한·미 FTA는 2006년 2월 3일 미국 워싱턴에서 그 추진을 공식 발표한 이후 2006년 6월부터 2007년 3월까지 8차례의 협상을 거쳐 2007년 4월 2일 협상의 타결이 선언되었으나, 미국의 신 통상정책에 따라 두 차례(2007년 6월 21일~22일 및 2007년 6월 25일~26일)의 추가협의를 거쳐 2007년 6월 30일 서명되었다. 이후 한·미 FTA 비준 동의안은 양국 내 정치적인 상황으로 인하여 각각 비준 및 발효가 지연되고 있다가, 2010년 미국의 요구에 의하여 2010년 11월 30일~12월 3일 추가협상이 개시되었고, 자동차 및 돼지고기 관세철폐 일정 변경, 의약품 허가·특허 연계 도입 유예 등 한·미 FTA의 내용이 변경되었다.

16) 2007년 6월 27일 국회 문화관광위원회에서는 영화·저작권·방송부문 등 FTA 청문회 를 개최하였으며, 방송채널사용사업의 간접투자 개방에 대한 질의가 많이 제기되었 다. 이에 대해 방송위원회 부위원장은 협상 당시 방송은 개방하지 않겠다는 입장이었 기 때문에 정확한 피해액을 산정하고 직접투자와 간접투자를 비교하지는 못했다고 답변하였다.

채널사용사업자를 거치지 않고 직접 공급될 수 있다. 이는 방송에서 상업적 판매기능을 확대시키고, 반면에 방송의 무료·보편의 공공서비스 제공기능을 상당 부문 위축시킬 가능성이 크다고 보인다.

특히, 국내 방송채널사용사업자 중 미국 프로그램을 주로 편성하고 있는 영화, 스포츠, 애니메이션, 다큐멘터리 분야 등은 콘텐츠 구입 곤란, 가격 상승 등에 따른 피해가 불가피할 것으로 보인다. 또한 1개국 쿼터제도가 국제문화 수용의 다양성을 보장하기 위한 것임을 고려할 때 1개국 쿼터의 상한을 현행 60%에서 80% 또는 그 이상으로 높인 것은 향후 특정국가 편중 현상을 심화시켜 제도 도입의 취지가 퇴색할 우려가 있다.[17]

편방향위성전송(DTH) 및 직접방송위성(DBS) 텔레비전 서비스와 디지털 오디오 서비스와 관련하여, 한국이 미국의 서비스공급자에게 실질적인 경쟁 기회를 부여하는지를 미국 연방통신위원회(FCC: Federal Communication Commission)가 결정하도록 하고 있다(부속서 II 미합중국유보목록. 커뮤니케이션). 이와 관련 미국이 한국의 방송정책을 실질적으로 관리·감독하는 권한을 갖게 되었다는 우려가 제기되고 있다.[18]

한편, 시청각서비스 관련 내용은 제12장의 국경간 서비스무역뿐만 아니라 제18장의 지적재산권에도 포함되어 있다. 미국 국제무역위원회(USITC)는 한·미 FTA가 국내콘텐츠 쿼터와 외국인 소유지분을 대부분 최소화하거나 동결하여, 한국 시청각서비스 시장에서 더욱 우호적인 국경간 무역 및 투자환경이 제공될 것이라고 분석하였다. 또한 미국 국제무역위원회(USITC)는 한국이 영화관에서 비디오촬영을 불법화하는 지적재산권 보호를 포함하여 세계지적재산권기구(WIPO)의 디지털협정 이행을 약속하고, 통관 관리

---

17) 왕상한, "한·미 FTA와 공공서비스: 방송, 의료, 교육서비스를 중심으로," 『국제거래법연구』 제15집 제2호(2006. 12), pp.27-45; 박상호, "방송시장 개방 콘텐츠 시장 비상," 『방송문화』 제308호(2007. 4), pp.38-45; 하윤금, "한·미 FTA와 한국방송시장의 전망과 대응," 『방송과 콘텐츠』 통권 제4호(2007. 8), pp.110-141; 강태영, "한·미 FTA가 미디어 시장개방에 미치는 영향," 『정보법학』 제2호(2006. 12), pp.155-207.

18) 한·미 FTA 저지를 위한 시청각미디어공동대책위원회, 『한·미 FTA 문화분야 협상결과 검토 의견서』(2007. 6. 12.).

에게 불법복제 제품을 압수할 권한 부여, 기술적보호조치의 보호를 포함하고 있다고 지적하였다.[19)

3) 우편 및 송달서비스

한·미 FTA에서 우편서비스는 현행 시장개방수준 유지, 우정당국의 독점지위 남용금지, 교차지원금지 노력 등을 규정하고, 이와 별도로 국제특송의 경우 현행 「우편법 시행령」상 무역관련 서류 등에만 한정하고 있는 우정당국의 독점예외를 국제서류까지 확대하여 개방하고 있다(제12.1조제3항 나호, 부속서12-나, 확인서한, 부속서 II 21).

제12장의 부속서에서는 특급배달서비스(EDS: Express Delivery Service)에 대한 정의규정을 새롭게 도입하되, 다만 협정문 각주[20)에 「우편법 시행령」 제3조(신서독점의 예외)에 규정된 것 이외의 우편서비스는 EDS에 포함되지 않음을 명시하고 있다(부속서 12-나). 그 외에 EDS 시장개방 수준의 악화를 금지하는 규정, 독점 우편사업자의 독점지위 남용을 금지하는 규정,[21) 독점사업 수익으로 경쟁사업에 대한 보조를 금지하는 규정을 두고 있다. 그리고 특급배달서비스와 관련된 분쟁은 투자자·국가 간 분쟁해결제도(ISD)의 대상에서 제외하고 있다(제12.1조제3항 나호).

한편, 협정 발효일까지 우편법상 독점의 예외, 독점배제 영역을 국제서류

---

19) 미국 국제무역위원회(USITC), 『한·미 FTA: 경제전반 및 부분에 미치는 잠재적 영향 (U.S.-Korea Free Trade Agreement: Potential Economy-wide and Selected Sectoral Effects(2007. 9)』(전국금속노동조합. 2008. 8. 번역본), pp.132-135.

20) 보다 명확히 하기 위하여 특급배달서비스는 다음을 포함하지 아니한다.

　가) 미합중국의 경우, 민간특급배달법규(미합중국 법전 제18권 제1693조 이하, 제39권 제601조 이하)의 적용 대상이 되는 신서배달. 그러나 극도로 긴급한 신서의 민간배달을 허용하는, 그 법규의 예외 또는 그 법규에 따라 공포된 시행유예의 적용대상이 되는 신서배달은 포함한다. 그리고

　나) 대한민국의 경우, 우편법상 대한민국 우정당국이 배타적 권리를 가지는 신서의 수집, 처리 및 배달. 그러나 우편법 시행령 제3조의 적용대상이 되는 상업서류의 수집, 처리 및 배달은 포함한다.

21) 민간업체의 EDS 취급 시 내국민대우(NT) 위반 없이 보장함을 의미한다.

〈표 11〉 우편·송달서비스 관련 유보 내용

구분 〈관련의무〉	유보 내용 등
부속서 12-나 특급배달서비스	① 협정서명일에 존재하는 특급배달서비스 시장개방수준 유지 ② 우편서비스 독점공급자가 독점권리 밖의 특급배달서비스 공급에 있어 독점지위 남용 금지 ③ 독점 우편서비스로부터 도출된 수익을 특급배달서비스로 전용금지
제12장 서한	① 협정 발효일까지 우편법 시행령 제3조를 개정하여 모든 국제 서류 배달서비스를 우정당국의 독점 예외에 포함
부속서 I 15(현재유보) 쿠리어(courier)서비스 〈시장접근, 현지주재〉	① 국제쿠리어서비스 공급 시 국내 사무소 설치 ② 화물운송업 면허 취득 시 해당 지역에 사무소 설치 ※ 면허에 경제적수요심사 ③ 국내쿠리어서비스공급자를 인수하려는 자가 피인수자의 면허와 동일한 요건하에 영업 영위 시 신규 화물운송업 면허 불필요
부속서 II 21(미래유보) 커뮤니케이션서비스 (비독점우편) 〈내국민대우〉	① 대한민국은 다음 사항과 관련한 조치 채택 및 유지 권리 유보 　1) 군복무자 또는 이와 동등한 신분을 지닌 자가 우체국에 대한 지원서비스 공급 　2) 지식경제부장관이 차량 정수의 결정과 우체국에 차량을 배정함에 있어서 국토해양부장관의 승인 불필요
한·미 FTA 서한(비구속)	① 우정당국의 독점 예외를 점진적으로 확대 　1) 5년 이내에 우편법, 관련 법률 또는 그 하위 규정에 대한 개정을 통하여, 중량·가격 등의 객관적 기준에 기초하여 우정당국의 독점에 대한 예외 확대 ② 우편 및 특급배달서비스의 규제체계 독립성 문제 검토 　1) 특급배달서비스의 규제기관은 모든 우편 또는 다른 배달서비스의 공급자로부터 분리

배달서비스 전반으로 확대하기 위한 「우편법 시행령」 제3조를 개정하기로 하였다(확인서한). 그리고 공용차량을 이용한 우편물 운송, 공익근무요원의 우편업무 지원 등 우정당국의 사업수행의 특수성 인정은 내국민대우를 제한하는 조건을 미래유보에 규정하고 있다(부속서 II 21). 또한 비구속 서한[22]에서는 5년 이내에 「우편법」과 관련 법률 또는 그 하위 규정에 대한 개정을

통하여 중량·가격 등의 객관적 기준에 기초하여 우정당국의 독점에 대한 예외를 점진적으로 확대하기로 하고 있다(한·미 FTA 서한).

현행법상 우편물은 통상우편물(서신, 통화, 소형포장우편물)과 소포우편물(서신과 통화 외의 물건을 포장한 우편물)로 분류되고 있다. 그중 서신에 대해서는 우정당국이 독점하도록 하되, 「우편법 시행령」 제3조23)에서 이의 예외를 규정하고 있었다.

한·미 FTA는 기본적으로 우정당국의 독점권이 인정되지 않는 우편서비스에 대하여 경쟁을 보장하여 우정당국의 독점권을 축소하고 있다. 한·미 FTA를 이행하기 위한 「우편법 개정안」(2011. 10.)에서는 신서(개정안은 서신으로 변경)에 대하여 정의를 재규정하고 독점에 대한 예외를 확대하여 우정당국의 독점범위를 축소하고 있다.

그런데 우편서비스 관련 한·미 FTA에서는 공공영역에 대한 축소를 의미하는 우정당국의 독점영역의 점진적 축소 내용을 협정문의 비구속서한에 담아서 이를 협정문의 일부로 구속시킴으로써 결과적으로 이를 한·미 FTA 제24.1조24)에 의거 협정문 본문과 동일한 효력을 갖게 하였다. 이는 국내

---

22) 서한의 내용에 자유무역협정의 일부임을 기재(예: 본인은 이 서한과 귀 정부가 이 양해를 공유한다는 것을 확인하는 귀하의 회답 서한이 자유무역협정의 불가분의 일부를 구성함을 제안하는 영광을 가지는 바입니다.)하고 있지 않은 서한을 비구속 서한으로 보고 있으나, 한·미 FTA 협정문에 부속됨으로써 협정 제24.1조에 의거 부록으로 이 협정의 불가분의 일부를 구성함으로써 구속서한이 되는 것으로 보인다.
23) 「우편법시행령」 제3조(신서송달의 예외) 「우편법」(이하 "법"이라 한다) 제2조제2항 단서에 따른 신서송달의 범위는 다음과 같다.
  1. 화물에 첨부하는 봉하지 아니한 첨장 또는 송장
  2. 외국과 수발하는 수출입에 관한 서류
  3. 외국과 수발하는 외자 또는 기술도입에 관한 서류
  4. 외국과 수발하는 외국환 또는 외국환에 관한 서류
  5. 국내에서 회사(「공공기관의 운영에 관한 법률」에 따른 공공기관을 포함한다)의 본점과 지점간 또는 지점상호간에 수발하는 우편물로서 발송 후 12시간이내에 배달이 요구되는 상업용 서류
  6. 외국과 특급배달서비스를 이용하여 수발하는 서류
24) 제24.1조(부속서, 부록 및 각주)
  이 협정의 부속서(Annexes), 부록(Appendices) 및 각주(footnotes)는 이 협정의 불

정책적 변경사항인데, 이러한 내용이 과연 무역자유화를 위한 교역장벽 제거 차원의 대상이 되는지 의문이다. 또한 우정당국의 독점사업 수입의 경쟁사업에 대한 교차보조 금지 등은 보편적 우편업무 수행이라는 우정당국의 공공성을 많이 훼손할 우려가 있는 것으로 보인다.

III. 유통서비스

1. 유통서비스산업의 양허 개요

유통서비스산업은 5개 세부업종으로 구성되어 있으며, WTO GATS(1994)

〈표 12〉 유통서비스산업의 양허(비양허) 현황

WTO GATS(1994)		DDA (2003)		한·EU FTA(2011)	한·미 FTA(2012)
양허	비양허	양허〈추가〉	비양허 업종	양허 업종 중 비양허 품목	비양허 업종 또는 비양허 품목
중개, 도매, 소매, 프랜차이징 (4개 업종)	기타 (1개 업종)	-	기타 (1개 업종)	• 중개서비스(621)에서 농산물 및 산 동물(62111), 식음료 및 담배(62112), 선물계약의 위탁중개인 서비스 등은 제외 • 도매서비스(622)에서 곡물, 고기·가금류(62223), 홍삼도매 등은 제외 • 소매서비스(613)에서 LPG 관련 소매와 주유소 사업 등은 제외 • 소매서비스(631)에서 담배, 쌀, 홍삼 등은 제외	• 중개, 도매, 소매서비스에서 쌀, 인삼, 홍삼 제외(부속서II 16) • 가축시장, 공용도매시장, 공판장 제외 (부속서 I 43)

가분의 일부를 구성한다.

에서 기타업종을 제외한 전체업종이 양허되었다. 이는 DDA(2003), 한·EU FTA(2011), 한·미 FTA(2012)에서도 일부 품목에 대한 제한의 차이는 있지만 그대로 유지되어 왔다.

2. 유통서비스산업의 양허 내용과 이해

한·미 FTA 유통서비스에서는 유통서비스 5개 업종 모두가 다 개방되었다. 다만, 일부 품목에 대하여 부속서에서 시장접근, 내국민대우 등에 조건을 붙이거나 제약을 가하는 유보를 하고 있다.

먼저, 부속서 I(현재유보)에서 일부 품목의 시장접근, 현지주재 등에 대한 제약을 규정하고 있다. 담배·주류의 도·소매유통서비스 온라인(On-line) 판매는 금지되어 국내 사무소를 개설하여야 하고, 주류 도매업은 경제적수요심사(ENTs: Economic Needs Tests)에[25] 의해 허가제로 운영된다(부속서 I 4). 의약품·의료기기·기능성식품 도매수입업, 식품과 식품첨가물 운반·판매 및 보존·식품공급, 식품검사·마약류 도소매유통 등은 국내사무소를 개설하여야 하고, 한약재의 도매유통은 수급조절이 가능하게 운영된다. 특정주류와 마약류 도·소매는 허가제로 운영된다(부속서 I 7). 그리고 중고차판매도 개설 시 경제적수요심사의 대상이다(부속서 I 3). 의약품(한약재 포함) 소매유통은 국내에 약국을 설치하되, 1인 1개 약국의 설치(회사 형태 금지)만 허용된다(부속서 I 8).

---

25) 경제적수요심사는 일반적으로 시장의 수급상황을 감안하여 특정한 서비스공급이 경제적으로 필요한지를 판단하는 일종의 국제통상에 있어서 규제의 하나이다. 우리나라는 WTO에 제출한 경제적수요심사의 기준으로, ① 합리적인 가격형성, ② 수요와 공급 균형하의 공급자 수와 영향, ③ 산업의 건전성, ④ 정연한 거래질서의 형성, ⑤ 인구 밀집성, ⑥ 교통, ⑦ 환경오염, ⑧ 지역상황 및 지역의 특성, ⑨ 공공이익 등을 들고 있다(2005. 11. 28. TN/S/W/56). 그런데 경제적수요심사가 자유재량행위는 아니라고 보고 있다. 즉 자유재량에 따라 허가를 주기도 하고 안 주기도 한다면, 이는 경제적수요심사로 볼 수 없다는 것이다. 이 경우는 시장접근 약속을 할 수 없다고 보고 있다(한철수, 『서비스산업개방과 WTO』(박영사, 1994), p.183).

〈표 13〉 유통서비스 관련 유보 내용

분야 〈관련의무〉	유보 내용	유보 분야
부속서 I 4(현재유보) 유통서비스(담배·주류 도· 소매 유통) 〈시장접근, 현지주재〉	① 국내 사무소 개설 ② 주류도매업은 경제적수요심사 ③ 온라인(On-line) 판매 금지	국경간 서비스 무역
부속서 I 7(현재유보) 도·소매유통서비스 〈시장접근, 현지주재〉	① 다음 도·소매업은 국내 사무소 개설 　1) 의약품, 의료기기, 기능성식품 도매수입업 　2) 식품과 식품첨가물 운반·판매 및 보존, 식품 　　공급, 식품검사, 마약류 도소매유통 ② 한약재의 도매유통은 수급조절 가능 ③ 특정주류와 마약류 도·소매는 허가	국경간 서비스 무역
부속서 I 8(현재유보) 의약품(한약재 포함)소매 유통서비스 〈시장접근, 현지주재〉	① 국내에 약국 설치 ② 1인 1개 약국 설치(회사 형태 금지)	국경간 서비스 무역
부속서 I 43(현재유보) 유통서비스(농축산업) 〈내국민대우, 시장접근〉	① 육류도매업에 대한 투자 제한(49%) ② 축산업협동조합만이 가축시장을 개설 및 관리 ③ 지방정부만이 공용도매시장을 개설 ④ 농산물유통 및 가격안정에 관한 법률의 생산자 　단체 및 공익법인만이 공판장 개설 ⑤ WTO TRQ는 그대로 유지	국경간 서비스 무역 및 투자
부속서 II 16(미래유보) 유통서비스(농축산물 중개, 도매 및 소매) 〈내국민대우, 이행요건, 현지주재〉	① 쌀, 인삼, 홍삼의 중개, 도매(수입을 포함), 소매 　서비스와 관련된 권리 유보	국경간 서비스 무역 및 투자

　농축산업 유통서비스의 세부 내용을 보면, 육류도매업 투자가 49%까지 제한되며, 축산업협동조합만이 가축시장을 개설 및 관리할 수 있고, 지방정부만이 공용도매시장을 개설할 수 있다. 또한「농산물유통 및 가격안정에 관한 법률」의 생산자단체 및 공익법인만이 공판장을 개설할 수 있다. 그리고 WTO 농업협정에서의 관세율할당(TRQ)은 그대로 유지된다(부속서 I 43).

한편, 부속서II(미래유보)에서는 쌀, 인삼, 홍삼의 중개, 도매(수입을 포함), 소매서비스와 관련된 내국민대우 등을 제한하는 유보를 하고 있다. 즉, 우리 정부는 이들 품목의 도·소매업에 외국인의 진입을 제한할 수 있는 규제권을 갖고 있다(부속서II 16).

3. 유통서비스산업 개방과 국내규제

1) 한·미 FTA 서비스산업의 개방과 방식

한·미 FTA의 국경간 서비스무역은 서비스무역에 영향을 주는 당사국이 채택하거나 유지하는 모든 조치에 적용된다. 다만, 금융서비스, 정부조달, 항공서비스, 정부지원 융자, 보증 및 보험을 포함하여 당사국이 제공하는 보조금 또는 무상교육, 정부권한 행사로 공급되는 서비스, 도박 및 배팅서비스 등은 적용에서 제외된다(제12.1조, 제12장 서한).

국경간 서비스무역의 일반적의무사항은 내국민대우, 최혜국대우, 시장접근, 현지주재 부과금지 등이다. 만약 이러한 의무에 부합하지 않는 규제를 유지하고자 한다면 비합치조치에 의거하여 유보안에 규정하여야만 가능하다(제12.6조). 유보안은 현재유보(부속서I)와 미래유보(부속서II)가 있는바, 현재유보는 협정상 의무에 합치하지 않는 현존 조치를 나열한 목록으로 자유화후퇴방지 메커니즘(ratchet mechanism)이 적용되며, 미래유보는 향후 규제가 강화될 수 있는 현존 비합치조치 또는 전혀 새로운 규제가 도입될 수 있는 분야를 나열한 목록이다.

한·미 FTA 국경간 서비스무역은 네거티브(Negative)방식을 채택함에 따라 현재유보 또는 미래유보에 나열되어 있지 않은 분야는 규제가 없는 분야로 간주되어 4가지 일반적의무가 적용된다. 우리나라는 총 91개(현재유보 47개, 미래유보 44개)를, 미국은 총 18개(현재유보 12개, 미래유보 6개)를 유보하고 있다.

2) 유보안(비합치조치)과 국내규제

한·미 FTA 유보목록에 시장접근, 내국민대우 등의 제한이 규정된 경우에는 그 규정된 내용대로의 국내규제 도입이 가능하다. 또한 유보목록에서 양허를 제외시킨 업종 또는 품목은 당사국에 아무런 의무가 발생하지 않으므로 어떠한 국내규제도 도입이 가능하다. 유보목록에서 내국민대우를 제약하는 것은 내·외국인의 차별이 가능하고, 시장접근을 제약하는 것은 시장접근과 관련된 국내조치가 가능하다.

유통서비스산업에서 내국민대우에 비합치 되는 조치가 가능하여 미국을 차별할 수 있는 업종 또는 품목을 보면, 먼저 현재유보(부속서Ⅰ)에서 한국의 축산업협동조합만이 가축시장을 개설 및 관리할 수 있으며, 한국의 지방정부만이 공용도매시장을 개설할 수 있다. 또한 「농산물유통 및 가격안정에 관한 법률」의 생산자단체 및 공익법인만이 공판장을 개설할 수 있다(부속서 Ⅰ 43). 그리고 미래유보(부속서Ⅱ)에서 농축산물 중개, 도매 및 소매에서 쌀, 인삼, 홍삼의 중개, 도매(수입을 포함), 소매서비스와 관련된 내국민대우를 제한하고 있다. 그러므로 이들 가축시장, 공용도매시장, 공판장의 개설과 그리고 쌀, 인삼, 홍삼 등 품목을 개방에서 제외시키는 국내규제 조치가 가능해진다.

한편, 양허를 하되 시장접근 등을 제약할 수 있는 품목을 보면, 담배·주류 도·소매유통서비스는 온라인(On-line) 판매는 금지되어 국내 사무소를 개설하여야 하고, 주류 도매업은 경제적수요심사에 의한 허가제로 도입이 가능하다(부속서 Ⅰ 4). 농축산업 유통서비스에서 육류도매업에 대한 투자는 49%까지 제한된다(부속서 Ⅰ 43). 의약품·의료기기·기능성식품 도매수입업, 식품과 식품첨가물 운반·판매 및 보존, 식품공급, 식품검사, 마약류 도소매유통 등은 국내사무소를 개설하여야 하고, 한약재의 도매유통은 당국에 의한 수급조절이 가능하다. 그리고 특정주류와 마약류 도·소매는 허가제로 운영된다(부속서 Ⅰ 7). 그리고 중고차판매업도 경제적수요심사의 대상이다(부속서 Ⅰ 3). 의약품(한약재 포함) 소매유통은 국내에 약국을 설치하여야 하고, 1인 1개 약국의 설치(회사 형태 금지)만이 허용된다(부속서 Ⅰ 8).

이와 같이 유보목록에 규정된 내용대로 업종별 또는 품목별로 시장접근
의 제한, 현지주재 부과, 경제적수요심사에 의한 허가제 등의 국내규제 조치
가 가능하다.

3) 유보안(비합치조치)에 규정되지 않은 업종·품목의 국내규제

(1) 당사국의 규제신설 권리

한·미 FTA에서도 WTO GATS에서와 마찬가지로 당사국의 국가정책목
적에 합치하기 위하여 서비스공급을 규제하고 서비스공급에 대한 새로운 규
제를 도입할 수 있는 권리를 인정하고 있다(제12.7조).

WTO GATS는 전문26)에서 국가정책목표를 충족시키기 위하여 자기나라
의 영토 내의 서비스공급을 규제하고 새로운 규제(new regulations)를 도입
할 수 있는 회원국의 권리를 인정하고, 이와 관련 GATS 제6조27)에서는 자
격요건 및 절차, 기술표준, 면허요건 등을 정당한 국내규제의 대표적인 것으
로 규정하면서 이러한 규제들의 제정기준과 운영방식에 대하여 규정하고
있다.

그런데 한·미 FTA 유보안에 비합치조치로 규정되어 있지 않은 경우, 협

---

26) GATS 전문
··· 국가정책목표를 충족시키기 위하여 자기나라의 영토 내의 서비스공급을 규제하고
신규규제를 도입할 수 있는 회원국의 권리를 인정하고, ···

27) GATS 제6조(국내규제)
1. 구체적 약속이 행하여진 분야에 있어 각 회원국은 서비스무역에 영향을 미치는
일반적으로 적용되는 모든 조치가 합리적이고 객관적이며 공평한 방식으로 시행
되도록 보장한다.
4. 자격요건과 절차, 기술표준 및 면허요건과 관련된 조치가 서비스무역에 대한 불필
요한 장벽이 되지 아니하도록 보장하기 위하여 서비스무역이사회는 자신이 설치
할 수 있는 적절한 기관을 통하여 모든 필요한 규율을 정립한다. 이러한 규율은
특히 다음을 보장하는 것을 목적으로 한다.
(a) 서비스를 공급할 자격 및 능력과 같은 객관적이고 투명한 기준에 기초할 것
(b) 서비스의 질을 보장하기 위하여 필요한 정도 이상의 부담을 지우는 것이 아닐 것
(c) 허가 절차의 경우 그 자체가 서비스공급을 제한하는 조치가 아닐 것

정문 제12.7조에 의한 국내규제의 도입은 일반적 의무의 범위 내에서 도입되어야 할 것이다. 즉, 도입되는 국내규제는 제12.7조(국내규제)의 요건과 서비스산업에 대한 양적규제를 규정하고 있는 제12.4조(시장접근) 및 질적규제를 규정하고 있는 제12.2조(내국민대우)의 규정내용을 함께 충족시켜야 할 것이다. 여기서 제12.7조에 의한 국내규제 조치는 제12.4조의 시장접근을 제약할 수 있을 것이나, 내·외국인 간의 비차별 대우가 제12.4조 시장접근과 제12.7조 국내규제의 면책사유가 되지는 않을 것으로 보인다.[28]

(2) 제12.7조(국내규제)에의 합치성

한·미 FTA에서는 국가정책목적에 합치하기 위하여 서비스공급을 규제(regulate)하고 서비스공급에 대한 새로운 규제(introduce new regulation)를 도입할 수 있는 권리를 인정하면서, 자격요건 및 절차(qualification requirements and procedures), 기술표준(technical standards), 그리고 면허요건(licensing requirements)과 관련된 조치가 서비스무역에 대한 불필요한 정책을 구성하지 아니하도록 보장하기 위하여, 이들 규제들에 대한 기준을 규정하고 있다. 즉, 이들 규제조치가 서비스를 공급할 수 있는 자격 및 능력과 같은 객관적이고 투명한 기준에 기초할 것, 그리고 면허 절차의 경우, 그러한 조치 자체가 서비스 공급에 대한 제한이 아니어야 한다(제12.7조제2항).

이와 같이 제12.7조는 국내규제의 신설을 인정하고 자격요건 및 절차, 기술표준, 면허요건 등을 정당한 국내규제의 대표적인 것으로 예정하면서 이러한 규제들의 기준에 대하여 규정하고 있다. 또한 WTO GATS에서 새로운 기준이 정해질 경우에는 이를 받아 이 조항을 수정하기로 하고 있다(제12.7조제3항). WTO GATS는 서비스무역에 대한 기술적 장벽의 심사를 위해 자격요건과 절차, 기술표준 및 면허요건에 관련된 국내조치가 서비스무역에 대한 불필요한 장벽이 되지 않도록 보장하기 위하여 적절한 기관을 통하여

---

28) 왕상한, 『유통업개방의 반성과 대안』(법문사, 2007), pp.135-138.

모든 필요한 원칙(disciplines)을 제정하도록 하고 있다(GATS 제6조제4항).

제12.7조(국내규제)

1. (생략)

2. 국가정책목적에 합치하기 위하여 서비스공급을 규제하고 서비스공급에 대한 새로운 규제를 도입할 수 있는 권리를 인정하면서, 자격요건 및 절차, 기술표준, 그리고 면허요건과 관련된 조치가 서비스무역에 대한 불필요한 정책을 구성하지 아니하도록 보장하기 위하여, 각 당사국은 개별 분야에 적절한 경우 다음을 보장하도록 노력한다.

   가. 그러한 조치가 서비스를 공급할 수 있는 자격 및 능력과 같은 객관적이고 투명한 기준에 기초할 것, 그리고

   나. 면허절차의 경우, 그러한 조치 자체가 서비스공급에 대한 제한이 아닐 것

3. GATS 제6조제4항과 관련된 협상의 결과(또는 양 당사국이 참여하는 그 밖의 다자포럼에서 수행된 유사한 협상의 결과)가 발효하는 경우, 그 결과를 이 협정하에서 발효되도록 하기 위하여 당사국 간의 협의 후에 적절한 경우 이 조는 수정된다.[29]

한편, 제12.7조에 의한 국내규제 조치는 제12.4조의 시장접근제약 조치와는 구분되어야 한다. 서비스산업에 대한 양적 제한조치는 제12.4조 시장접근의 규율을 받고, 일종의 질적인 접근은 제12.7조 국내규제의 규율을 받는다. 그러므로 제12.7조에 의한 국내규제 조치가 서비스무역에 대한 불필요한 장벽이 되지 않는다면, 이러한 국내규제는 제12.4조의 시장접근을 제

---

29) 보다 명확히 하기 위하여, 제12.7조의 어떠한 규정도 제12.7조의 적용대상이 되는 사안에 대하여 그 밖의 모든 포럼에서 어느 한쪽 당사국의 입장을 저해하지 아니한다.

약할 수도 있다. 예컨대, 타방 당사국이 제12.7조에 의한 국내규제 기준을 따르지 못할 경우, 이 경우에는 관련 시장에 대한 접근이 제한된다는 측면에서 시장접근을 제약하는 것과 같은 효력이 나타난다고 볼 수 있다.

(3) 제12.4조(시장접근)에의 합치성

한·미 FTA 유보안에 시장접근(market access)에 대한 제한을 규정하지 않아서 아무런 조건이나 규제 없이 양허한 경우에는 제12.4조에 규정된 각종 시장접근에 대한 조치를 취할 수 없다. 즉, 유보목록에 시장접근에 대한 제한 또는 조건이 규정되어 있지 않다면, 제12.4조에 규정된 제한조치를 위배하지 않아야 할 것이다.

먼저, 제12.4조에서는 시장접근과 관련하여 지역적 소구분(regional sub-division) 또는 자국의 전 영역(entire territory)에 걸쳐 채택하거나 유지할 수 없는 조치를 규정하고 있다. 이들 규정들은 한정적인 열거목록(exhaustive list)으로 본다.[30] 따라서 열거된 유형에 해당하지 않는 제한조치는 제12.4조의 적용을 받지 않으므로 시장접근에 대한 제한조치가 아니며, 당사국의 재량에 속하는 사항이라 할 수 있다.

그리고 제12.4조는 가호에서 4개의 양적 제한조치 유형과 나호에서 법인형태 또는 지분참여 제한조치를 규정하고 있다. 양적 제한조치로는 서비스공급자의 수, 서비스거래 또는 자산의 총액, 서비스영업의 총수 또는 서비스총산출량, 서비스공급에 필요하고 직접 관련되는 자연인의 총수 등을 규정하고 이를 제한할 수 없다고 규정하고 있다. 여기서 양적(quantitative) 제한조치란 수치(numerical)제한과는 다르다. 즉, 양적 제한조치는 수량쿼터로 표시될 수도 있고, 독점이나 진입금지 또는 경제적수요심사 등과 같이 숫자로 표시되지 않을 수도 있다. 그러므로 숫자로 표시된 제한조치가 모두 양적 제한조치라고도 할 수 없다. 그리고 4개의 양적 제한조치는 최대한도의 제한(maximum limitation)을 의미한다. 즉, 회사설립 시의 최소 자본금

---

30) 미국-도박서비스 사건. 패널보고서(2004. 11. 10. WT/DS285/R).

요건과 같은 최소요건은 시장접근에 대한 제한조치가 아니다.

제12.4조(시장접근)
어떠한 당사국도 지역적 소구분(regional subdivision)에 기초하거나
자국의 전 영역(entire territory)에 기초하여 다음의 조치를 채택하거
나 유지할 수 없다.
가. 다음에 대한 제한을 부여하는 것
　　1) 수량쿼터, 독점, 배타적 서비스공급자 또는 경제적수요심사 요
　　　건의 형태인지에 관계없이, 서비스공급자의 수
　　2) 수량쿼터 또는 경제적수요심사 요건의 형태로, 서비스거래 또는
　　　자산의 총액
　　3) 쿼터 또는 경제적수요심사 요건의 형태로, 지정된 숫자단위로
　　　표시된 서비스영업의 총 수 또는 서비스의 총 산출량,31) 또는
　　4) 수량쿼터 또는 경제적수요심사 요건의 형태로 특정 서비스 분야
　　　에 고용될 수 있거나 서비스공급자가 고용할 수 있으며, 특정
　　　서비스의 공급에 필요하고 직접 관련되는, 자연인의 총 수, 또는
나. 서비스공급자가 서비스를 공급할 수 있는 특정 유형의 법적 실체
　또는 합작투자를 제한하거나 요구하는 것

한편, 제12.4조의 시장접근은 내·외국인 간 무차별조치와 차별적조치를
모두 포함하기 때문에 제12.22조(내국민대우)에 의한 무차별조치도 제12.4
조의 시장접근 제한32)에 해당될 수 있다.

(4) 제12.2조(내국민대우)에의 합치성
제12.2조에서는 당사국은 동종의 상황에서 자국의 서비스공급자에게 부

---

31) 이는 서비스공급을 위한 투입요소를 제한하는 당사국의 조치를 대상으로 하지 않는다.
32) 한철수, 『서비스산업 개방과 WTO』(다산출판사, 1994), pp.173-184.

여하는 것보다 불리하지 아니한 대우를 다른 쪽 당사국의 서비스공급자에게 부여한다는 내국민대우(NT) 원칙을 규정하고 있다.

제12.2조(내국민대우)

1. 각 당사국은 동종의 상황에서 자국의 서비스공급자에게 부여하는 것보다 불리하지 아니한 대우를 다른 쪽 당사국의 서비스공급자에게 부여한다.

2. 제1항의 규정에 따라 당사국이 부여하는 대우라 함은, 지역정부에 대하여는, 동종의 상황에서 그 지역정부가 자신이 일부를 구성하는 당사국의 서비스공급자에게 부여하는 가장 유리한 대우 보다 불리하지 아니한 대우를 말한다.

각 당사국은 자국의 유보안에 규정된 분야에서 규정된 조건과 제한의 차별대우를 할 수는 있으나, 그 외의 차별대우는 내국인대우 위반이 된다. 그리고 유보안에 아무런 규정이 없는 경우, 내·외국인 간의 비차별대우가 제12.4조(시장접근)와 제12.7조(국내규제)의 면책사유가 되는 것은 아니다.

여기서 차별에는 형식상의 차별조치뿐만 아니라 사실상의 또는 실질적인 차별조치도 포함된다. 사실상의 차별 여부를 판정하는 기준은 경쟁조건(conditions of competition)이다. 즉, 형식적으로 동일한 대우라 하더라도 자국의 서비스 및 서비스공급자에게 유리하도록 경쟁조건을 변화시키면 불리한 대우로 간주된다(GATS 제17조제3항).[33]

---

33) GATS 제17조(내국민대우)

　3. 형식적으로 동일하거나 상이한 대우라도 그것이 그 밖의 회원국의 동종서비스 또는 서비스공급자와 비교하여 회원국의 서비스 또는 서비스공급자에게 유리하도록 경쟁조건을 변경하는 경우에는 불리한 대우로 간주된다.

IV. 교육서비스

1. 교육서비스산업의 양허 개요

교육서비스산업은 5개 세부업종으로 구성되어 있으며, WTO GATS(1994)
에서는 업종 전체가 다 양허되지 않았다. 이어 DDA(2003)에서 처음으로
고등교육과 성인교육의 2개 업종이 제한적으로 양허되었다. 이러한 기조는
그대로 한·EU FTA(2011)에 반영되어 고등교육과 성인교육서비스를 양허
하면서, 고등교육서비스에서는 ① 보건의료 관련, ② 유아, 초등, 중등교원
양성, ③ 법학전문대학원, ④ 방송통신 및 사이버대학 등은 제외하였고, 성

〈표 14〉 교육서비스산업의 양허(비양허) 현황

WTO GATS(1994)		DDA(2003)		한·EU FTA(2011)	한·미 FTA(2012)
양허	비양허	양허 (추가)	비양허 업종	양허 업종 중 비양허 품목	비양허 업종 또는 비양허 품목
(전 업종 비양허)	초등교육, 중등교육, 고등교육, 성인교육, 기타교육 (5개 업종)	고등교육, 성인교육 (2개 업종)	초등교육, 중등교육, 기타교육 (3개 업종)	• 고등교육서비스 (923)에서, ① 보건의료 관련, ② 유아, 초등, 중등교원양성, ③ 법학전문대학원, ④ 방송통신 및 사이버대학 등은 제외 • 성인교육서비스 (924)에서, ① 학위인정 또는 연계, ②「고용보험법」,「근로자직업능력개발법」,「선원법」에 따른 정부지원 직업훈련, ③ 방송교육, ④ 정부위임에 의한 직업훈련서비스 등은 제외	• 유아·초등 및 중등교육, 의료·보건관련 고등교육, 유아·초등 및 중등교원양성 고등교육, 법학전문대학원, 모든 교육 수준의 원격교육(비학위 과정의 성인교육 제외), 기타 교육서비스 관련 유보. 다만, 해외용도를 위한 교육테스팅의 운영은 제외(부속서 II 34) • 방송통신 고등교육기관 제외(부속서 I 34)

인교육서비스에서는 ① 학위인정 또는 연계, ②「고용보험법」,「근로자 직업능력개발법」,「선원법」에 따른 정부지원 직업훈련, ③ 방송교육, ④ 정부위임에 의한 직업훈련서비스 등은 제외하였다. 이러한 한·EU FTA(201)에서의 양허 내용이 그대로 한·미 FTA(2012)에도 반영되어 있다.

2. 교육서비스산업 양허의 내용과 이해

한·미 FTA 교육서비스에서는 고등교육[34]과 성인교육[35] 서비스를 양허

---

34) 한·EU FTA에서 고등교육기관의 형태는 다음과 같다(한·EU FTA 부속서 7-가-4. 첨부1).
   1. 전문대학: 고등교육법에 따라 2년부터 3년까지의 교과과정을 제공하고 전문학사 학위를 수여하는 고등교육기관
   2. 대학: 고등교육법에 따라 4년부터 6년까지의 교과과정을 제공하고, 학사학위를 수여하는 고등교육기관
   3. 산업대학: 고등교육법에 따라 산업 사회에 필요한 지식과 기술에 대한 교육을 제공하고, 학사학위를 수여하는 고등교육기관
   4. 기술대학: 고등교육법에 따라 전문인력을 훈련시키기 위하여 2년의 교과과정을 제공하고 전문학사학위 및 학사학위를 수여하는 고등교육기관
   5. 사내대학: 평생교육법에 따라 근로자를 교육하고 전문대학 또는 대학과 동등한 학위 또는 졸업장을 수여하기 위하여 사업주가 설립·운영하는 고등교육기관
35) 한·EU FTA에서 성인교육기관의 형태는 다음과 같다(한·EU FTA 부속서 7-가-4. 첨부2).
   1. 학원이란 학원의 설립·운영 및 과외교습에 관한 법률에 따라 30일 이상의 기간 동안 10명 이상에게 평생교육 또는 직업교육 관련된 다음의 과목을 교습하는 서비스를 제공하는 시설을 말한다. 학교, 도서관, 박물관, 직원에게 교육서비스를 제공하는 사업장 등의 시설, 평생교육법에 따른 평생교육시설 및 운전학원은 제외된다.
      (a) 산업기반기술: 기계, 자동차, 금속, 화공 및 세라믹, 전기, 통신, 전자, 조선, 항공, 토목, 섬유 및 의복, 광업 자원, 국토 개발, 농림, 해양, 에너지, 공예, 환경, 교통, 안전관리
      (b) 산업응용기술: 디자인, 이·미용, 식음료, 포장, 인쇄, 사진, 피아노조율
      (c) 산업서비스: 속기, 전산회계, 전자상거래, 직업상담, 사회조사, 컨벤션기획, 소비자상담, 텔레마케팅
      (d) 일반서비스: 애견미용, 장의, 호스피스, 항공승무원, 병원코디네이터
      (e) 컴퓨터: 컴퓨터, 게임, 로봇, 정보처리, 통신기기, 인터넷, 소프트웨어

하면서 시장접근에 대한 제한 등을 규정하고 있다. 먼저, 고등교육은 허가를 받은 비영리 학교법인만이 고등교육기관 설립할 수 있고, 사립고등교육기관 이사 1/2 이상은 한국국민이어야 한다. 다만, 기본재산의 1/2 이상을 외국인이 출연한 경우는 2/3 미만까지 외국국적이 가능하다. 그런데 의료인·약사·수의사·한약사·의료기사, 유아·초등·중등교원 및 수도권 고등교육기관의 학생정원을 제한할 수 있고, 초등교원양성 고등교육기관은 중앙정부와 지방정부만이 설립할 수 있으며, 방송을 통한 고등교육기관은 중앙정부만이 설립할 수 있다. 또한 의료·보건 관련 고등교육, 유아·초등 및 중등교원양성 고등교육은 양허에서 제외한다(부속서 I 34).

한편, 유아·초등·및 중등교육, 의료·보건관련 고등교육, 유아·초등 및 중등교원양성 고등교육, 법학전문대학원, 모든 교육 수준의 원격교육(비학위 과정의 성인교육 제외), 기타 교육서비스 등에 대하여는 한국의 규제권을 미래유보 하고 있다. 다만, 해외용도를 위한 교육테스팅의 운영은 제외한다(부속서 II 34).

그리고 양 당사국은 국내 고등교육기관이 외국정부나 외국 공인평가인정 기구의 평가인정을 받은 외국 고등교육기관과 교육과정을 공동으로 운영할 수 있음을 서로 양해하고 있다(제12장. 서한).

성인교육과 관련하여서는, 성인대상의 평생 및 직업교육 관련 학원의 설

(f) 문화 및 관광: 출판, 영상 및 음반, 영화, 방송, 캐릭터상품, 관광
(g) 간호보조: 간호조무사
(h) 경영 및 사무관리: 금융, 보험, 유통, 부동산, 비서, 경리, 펜글씨, 부기, 주산, 속셈, 속독
(i) 국제: 성인대상 어학, 통역, 번역
(j) 인문사회: 대학 편입, 행정, 경영, 회계, 통계, 성인고시
(k) 기예: 국악, 전통무용, 서예, 꽃꽂이, 꽃공예, 만화, 연극, 모델, 화술, 마술, 실용음악, 성악, 현대무용, 바둑, 웅변
(l) 독서실: 학교 교과 교습 학원 교습 과정에 속하지 아니하는 독서실
2. 평생교육시설이란 평생교육법에 따라 교육과학기술부의 인가, 등록 또는 신고를 받은 시설을 말한다. 평생성인교육시설은 성인을 위하여 설립된 것으로서, 사업장, 시민단체, 학교, 그리고 언론기관에 부설된 평생교육시설, 지식 및 인력개발 관련 평생교육시설 및 온라인 평생교육시설을 말한다.

〈표 15〉 교육서비스 관련 유보 내용

분야 〈관련의무〉	유보 내용 등	유보 분야
부속서 I 34(현재유보) 교육서비스(고등교육) 〈내국민대우, 시장접근, 고위경영진〉	① 사립고등교육기관 이사 1/2 이상은 한국국민. 다만, 기본재산의36) 1/2 이상을 외국인이 출연 한 경우는 2/3 미만까지 외국국적 가능 ② 허가를 받은 비영리 학교법인만이 고등교육기관 설립 ③ 의료인·약사·수의사·한약사·의료기사, 유아· 초등·중등교원 및 수도권 고등교육기관의 학생 정원 제한 ④ 초등교원 양성 고등교육기관은 중앙정부와 지방 정부만이 설립 ⑤ 방송을 통한 고등교육기관은 중앙정부만이 설립	국경간 서 비 스 무역 및 투자
부속서 II 34(미래유보) 교육서비스(유아·초등·중 등·고등·기타) 〈내국민대우, 최혜국대우, 이행요건, 고위경영진, 현 지주재〉	① 유아·초등 및 중등교육, 의료·보건 관련 고등교 육, 유아·초등 및 중등교원양성 고등교육, 법학 전문대학원, 모든 교육 수준의 원격교육(비학위 과정의 성인교육 제외), 기타 교육서비스 관련 조치 권리 유보. 다만, 해외용도를 위한 교육테 스팅의 운영은 제외	국경간 서 비 스 무역 및 투자
부속서 I 35(현재유보) 교육서비스(성인교육) 〈내국민대우, 시장접근〉	① 성인대상의37) 평생 및 직업교육 관련 학원 설립 가능 ② 협정 발효 이전에, 사업장, 시민사회단체, 학교 및 언론기관 부설 교육시설 및 지식·인력개발 사업 관련 교육시설 그리고 온라인 평생교육시 설은 비학위과정의 성인평생교육시설로 설립 ② 성인대상 학원 강사는 학사학위 이상 또는 동등 자로 국내 거주 요건	국경간 서 비 스 무역 및 투자
부속서 I 36(현재유보) 교육서비스(직업능력개발 훈련) 〈현지주재〉	① 국내 사무소 개설	국경간 서 비 스 무역
제12장 서한 〈내국민대우〉	① 국내 고등교육기관이 외국정부나 외국 공인평가 인정기구의 평가인정을 받은 외국 고등교육기관 과 교육과정을 공동으로 운영할 수 있음	

립이 가능하며, 협정 발효 이전에 사업장, 시민사회단체, 학교 및 언론기관 부설 교육시설 및 지식·인력개발사업 관련 교육시설, 온라인 평생교육시설 은 비학위과정의 성인평생교육시설로 설립이 가능하다. 그리고 성인대상 학 원 강사는 학사학위 이상 또는 동등 학력소지자로 한국에 거주하여야 한다 (부속서 I 35). 직업능력개발 훈련서비스는 국내에 사무소를 개설하여야 한 다(부속서 I 36).

이러한 한·미 FTA에서의 고등교육 양허와는 별개로 2002년 12월 30일 제정된 「경제자유구역의 지정 및 운영에 관한 특별법」에 따라 외국학교법 인이 교육과학기술부장관의 승인을 얻어 경제자유구역에 외국교육기관을 설립할 수 있고(제22조제1항), 「제주특별자치도 설치 및 국제자유도시 조성 을 위한 특별법」에 따라 외국학교법인이 제주자치도에 외국교육기관을 설 립할 수 있다(제182조제1항). 그리하여 이들 교육기관의 설립과 운영에 관 한 필요 사항을 규정하기 위하여 2005년 5월 31일 「경제자유구역 및 제주 국제도시의 외국교육기관 설립·운영에 관한 특별법」이 제정되었다.

이 특별법에서의 외국교육기관은 외국의 학교법인이 국내에 학교법인을 설립하지 않고 외국법인 이름 그대로 법인의 지점 형태로 학교를 설립하므 로, 「초·중등교육법」에서의 각종학교에 해당되는 외국인학교와는 구분된 다. 「사립학교법」 제3조에 따르면 학교법인이 아닌 자는 사립학교를 설치· 경영할 수 없으나, 외국교육기관은 외국학교법인만이 학교를 설립[38]할 수 있으므로 국내에 학교법인을 만들 필요가 없이 분교형태로 설립할 수 있다. 그리고 외국교육기관은 국내의 「초·중등교육법」 및 「고등교육법」의 적용 을 받지 아니하므로 「초·중등교육법」 제60조의2에 따른 외국인학교와는 별개이다.

---

36) 기본재산은 부동산, 정관에 의하여 기본재산으로 되는 재산, 이사회의 결의에 의하여 기본재산에 편입되는 재산 및 학교법인의 회계연도 세계잉여금 중 적립금을 말한다.

37) 성인대상 학원이라 함은 30일 이상의 기간 동안 10명 이상에게 평생 또는 직업교육 관련 과목에 관한 교습서비스를 제공하는 시설을 말한다(부속서 I 35).

38) 외국교육기관을 설립할 수 있는 자는 외국학교법인에 한한다(특별법 제4조).

「초·중등교육법」에 의한 외국인학교는 국내에 설립되는 우리나라 학교 중 특별히 외국인이 자국민의 교육을 위하여 설립한 학교로서 여전히 한국의 교육관계법령의 준수의무가 있다. 그러나 특별법에 의한 외국교육기관은 한국의 법인이 아닌 외국의 학교법인으로서 우리나라의 교육관계법령이 적용될 여지가 없다.[39]

한·미 FTA(2012) 체결(한·EU FTA 포함) 이전에는 이러한 국내법(특별법)에 의한 외국교육기관의 설립문제는 전적으로 국내 정책사항이고, 설립지역은 경제자유구역이라는 지역적 범주 내로 한정되었다. 그런데 한·미 FTA(2012)에서 양허되는 고등교육은 우선 지역적 한계를 갖지 않아 전국적 범주로 외국교육기관이 설립될 수 있고, 나아가 FTA 이행사항으로 규범화되었다. 다만, 허가를 받은 비영리학교법인 만이 고등교육기관을 설립할 수 있는 제약은 있다. 그리고 한·미 FTA에서는 자유화후퇴방지 메커니즘(ratchet mechanism)이 적용되어 현재의 개방수준이 뒤로 후퇴할 수 없는 정책제약을 받게 된다.

V. 환경서비스

1. 환경서비스산업 양허의 개요

환경서비스산업은 4개의 세부업종으로 구성되어 있는데, WTO GATS(1994)에서는 3개 업종이 양허되고, 하수처리 및 관련서비스 1개 업종이 양허되지 않았다. 이는 DDA(2003)와 한·EU FTA(2011)에까지도 그대로 유지되었다. 그런데 한·EU FTA(2011)에서는 하수처리 및 관련서비스와 자연경관 및 조경보호서비스를 관련법에 의한 사적계약인 경우 내국민대우를 부여하

---

39) 이 법에 의하여 설립되는 외국교육기관은 이 법에 따라 따로 정한 경우를 제외하고는 「유아교육법」, 「초·중등교육법」, 「고등교육법」 및 「사립학교법」의 적용을 받지 아니한다(특별법 제3조).

〈표 16〉 환경서비스산업의 양허(비양허) 현황

WTO GATS(1994)		DDA (2003)	한·EU FTA(2011)			한·미 FTA(2012)
양허	비양허	양허 (추가)	비양허 업종	양허업종 중 비양허 품목		비양허 업종 또는 비양허 품목
폐수, 폐기물 처리, 기타 (3개 업종)	하수처리 및 관련 (1개 업종)		하수처리 및 관련 (9403) (1개 업종)	• 폐수서비스에서 비산업 폐수 수집 및 처리 서비스(9401)는 5년 이내에 관리계약을 위한 경쟁참여에 EU의 비차별적 대우를 부여 • 하수처리 및 관련 서비스(9403), 자연경관 및 조경보호서비스(9406)는 관련법에 의한 사적계약인 경우 내국민대우를 부여		• 환경서비스 미래유보. 다만, 사적공급이 허용되는 한도에서 민간 당사자 간의 계약에 따른 해당 서비스 공급은 제외 (부속서 II 12) * 환경서비스는 음용수의 처리 및 공급, 생활폐수의 수집 및 처리, 생활폐기물의 수집·운반 및 처리, 위생 및 유사서비스, 자연경관서비스(환경영향평가는 제외)를 말함

여 부분적으로 양허를 하고 있다.

한편, 한·미 FTA(2012)에서는 음용수의 처리 및 공급, 생활폐수의 수집 및 처리, 생활폐기물의 수집·운반 및 처리, 위생 및 유사서비스, 자연경관 서비스(환경영향평가는 제외) 등은 양허를 제한하는 미래유보를 하고 있다. 그러나 이 경우에도 이들 서비스 중 민간 당사자 간의 계약에 따른 서비스 공급은 제외하고 있다.

2. 환경서비스산업 양허의 내용과 이해

한·미 FTA에서는 환경서비스를 양허하면서 여러 업종의 서비스에 대하

〈표 17〉 환경서비스 관련 유보 내용

분야 〈관련의무〉	유보 내용	유보 분야
부속서 I 38(현재유보) 환경서비스 〈현지주재〉	① 국내 사무소 개설 * 환경서비스는 폐수처리, 폐기물관리, 대기오염처리, 환경오염방지시설, 환경영향평가, 토양 및 지하수 정화, 유독화학물질 관리서비스 등임	국경간 서비스 무역
부속서 II 12(미래유보) 환경서비스 〈내국민대우, 이행요건, 현지주재〉	① 환경서비스에 대한 어떤 조치를 채택하거나 유지할 권리 유보. 다만, 사적공급이 허용되는 한도에서 민간 당사자 간의 계약에 따른 해당 서비스 공급은 적용되지 않음 * 환경서비스는 음용수의 처리 및 공급, 생활폐수의 수집 및 처리, 생활폐기물의 수집·운반 및 처리, 위생 및 유사서비스, 자연 및 경관보호서비스(환경영향평가서비스는 제외) 등임	국경간 서비스 무역 및 투자

여 현지주재 조건을 붙이고 있다. 즉, 폐수처리, 폐기물관리, 대기오염처리, 환경오염방지시설 사업, 환경영양평가, 토양 및 지하수정화, 유독화학물질 관리 서비스 등은 한국에 사무소 개설을 하여야 한다(부속서 I 38).

한편, 음용수의 처리 및 공급, 생활폐수의 수집 및 처리, 생활폐기물의 수집·운반 및 처리, 위생 및 유사서비스, 자연경관서비스(환경영향평가는 제외)는 내국민대우 등을 제약할 수 있는 미래유보를 하고 있다. 다만, 사적 공급이 허용되는 한도에서 민간 당사자 간의 계약에 따른 해당 서비스공급 은 제외하고 있다(부속서 II 12).

음용수의 처리 및 공급 등 미래유보 된 이들 환경서비스는 지금은 양허에 서 제외되어 있으나, 우리나라 자체의 민영화 계획에 의한 투자계약으로 미 국투자자의 진입이 가능하고, 진입이 된 경우에는 자유화후퇴방지 메커니즘 이 적용되어 되돌릴 수 없을 뿐만 아니라 투자자·국가 간 분쟁해결제도 (ISD)의 대상도 될 것이다.

VI. 보건·사회서비스

1. 보건·사회서비스산업의 양허 개요

보건·사회서비스산업은 4개 세부업종으로 구성되어 있으며, WTO GATS (1994)에서는 업종 전체가 다 양허되지 않았었다. 이러한 기조는 DDA (2003), 한·EU FTA(2011), 한·미 FTA(2012)에도 그대로 이어져 왔다. 그런데 한·미 FTA(2012)는 부속서Ⅱ(미래유보)에서 경제자유구역 및 제주특별자치도 법(「경제자유구역의 지정 및 운영에 관한 특별법」 및 「제주특별자치도 설치 및 국제자유도시 조성을 위한 특별법」)에 규정된 의료기관, 약국 및 이와 유사한 시설의 설치와 원격의료서비스에 대한 우대조치를 제외하고 있다.

〈표 18〉 보건·사회서비스산업의 양허(비양허) 현황

WTO GATS(1994)		DDA (2003)	한·EU FTA(2011)	한·미 FTA(2012)
양허	비양허	양허 (추가)	비양허 업종	비양허 업종 또는 비양허 품목
(전 업종 비양허)	병원, 기타 의료서비스, 사회복지, 기타 (4개 업종)	–	병원(9311), 기타 의료(9319), 사회복지(933), 기타 (4개 업종)	• 보건의료서비스 유보. 다만, 경제자유구역 및 제주특별자치도 법에 규정된 의료기관, 약국 및 이와 유사한 시설의 설치와 원격의료서비스에 대한 우대조치는 제외(부속서Ⅱ35)

2. 보건·사회서비스산업 양허의 내용과 이해

한·미 FTA에서 보건의료서비스는 전체 업종을 다 양허하지 않았으나, 경제자유구역법, 제주특별자치도법에 규정된 의료기관, 약국 및 이와 유사

〈표 19〉 보건·사회서비스 관련 유보 내용

유보 분야 〈관련의무〉	유보 내용	유보 분야
부속서 II 35(미래유보) 사회서비스(보건의료) 〈내국민대우, 최혜국대우, 이행요건, 고위경영진, 현지주재〉	① 보건의료서비스와 관련하여 조치 권리 유보. 다만, 경제자유구역 및 제주특별자치도 법에 규정된 의료기관, 약국 및 이와 유사한 시설의 설치와 원격의료서비스에 대한 우대조치는 제외	국 경 간 서 비 스 무 역 및 투자
부속서 II 7(미래유보) 사회서비스 〈내국민대우, 최혜국대우, 현지주재, 이행요건, 고위 경영진〉	① 법집행 및 교정서비스, 사회서비스에 대한 조치 권리 유보 * 사회서비스는 소득보장 또는 보험, 사회보장 또는 보험, 사회복지, 공공훈련, 보건, 보육 등임	국 경 간 서 비 스 무 역 및 투자

한 시설의 설치와 원격의료서비스에 대한 우대조치는 제외하고 있다(부속서 II 35).

현행 경제자유구역법에 따르면, 외국인은 보건복지부장관의 허가 또는 등록을 거쳐 경제자유구역에 의료기관 또는 외국인 전용약국을 개설할 수 있고(제23조제1항 및 제2항), 제주특별자치도법에 따라 외국인이 설립하여 제주자치도에 소재를 둔 법인은 도지사의 허가를 받아 제주자치도에 의료기관을 개설할 수 있으며(제192조제1항), 도지사의 등록을 얻어 외국인 전용약국을 개설할 수 있다(제193조제1항).[40]

2013년 8월 현재, 경제자유구역 또는 제주특별자치도에 외국인에 의해 개설된 의료기관이나 외국인 전용약국은 아직 없으나,[41] 앞으로 경제자유구역 지정이 확대될수록 이들 법에 의한 의료기관이 확대[42]될 수 있다.

---

40) 교육의 경우도「경제자유구역의 지정 및 운영에 관한 특별법」에 따라 외국학교법인이 교육과학기술부장관의 승인을 얻어 경제자유구역에 외국교육기관을 설립할 수 있고(제22조제1항),「제주특별자치도 설치 및 국제자유도시 조성을 위한 특별법」에 따라 외국학교법인이 제주자치도에 외국교육기관을 설립할 수 있다(제182조제1항).

41) 제주특별자치도의 경우 2007년 7월에 2건(미국, 일본)의 MOU를 체결하였으며, 인천 송도지구에 2005년 말부터 뉴욕·장로교(NYP)병원 유치를 추진하고 있다.

그리고 향후 법률의 개정으로 현행 수준을 후퇴시켜 시장접근을 제약하는 규제의 도입은 한·미 FTA 협정 위반을 초래하게 될 것이다. 즉, 한·미 FTA 비준 이전에는 경제자유구역에서 외국의료기관의 개설과 관련된 개정사항이 순수한 국내정책결정사항이었으나 한·미 FTA 이후는 현행법의 규정은 한·미 FTA 협정의 이행사항으로 된다. 이 경우 보건복지부장관의 허가권은 자유재량행위가 아닌 병원이라는 특수성에 따른 요건 등을 규정하는 인가권(즉 의사면허취득자의 진료 등)으로 변질될 것으로 보인다.

또한 한·미 FTA 유보안에서는 외국의료기관의 개설요건에 관한 어떠한 한국의 규제권도 규정하고 있지 않고 있다. 즉, 병원설립의 투자자 요건(예컨대 금융업은 자국에서의 금융업을 영위하는 법인만, 경제자유구역에서의 외국교육기관은 외국학교법인만 가능) 또는 국내의사의 고용비율 등에 관한 규제권이 규정되어 있지 않으므로 향후 외국의료기관의 개설요건과 관련하여 문제화될 소지가 있을 것으로 보인다. 한·미 FTA 이후에는 투자에서의 내국민대우(제11.3조) 및 서비스무역에서의 시장접근(제12.4조) 의무가 적용됨으로써 국내병원과 다른 차별대우를 하지 못하며, 또한 외국인 의사의 숫자를 규제하는 등의 수량규제는 불가능할 것으로 보인다.

한편, 법집행 및 교정서비스, 사회서비스에 대하여 내국민대우 등 일반적 의무사항을 제한하는 유보를 하고 있다. 여기서 사회서비스는 소득보장 또는 보험, 사회보장 또는 보험, 사회복지, 공공훈련, 보건, 그리고 보육 등을 말한다(부속서 II 7).

---

42) 경제자유구역 지정은 2003년 인천, 부산·진해, 광양만권 등 3곳에서, 2008년 황해, 새만금·군산, 대구·경북 등 3곳이 추가되었고, 이어 2013년 2월 동해안, 충북 등 2곳이 추가 지정되었다.

VII. 운송서비스

1. 운송서비스산업 양허의 개요

운송서비스산업은 35개 세부업종으로, 해운(6개), 내륙수상운송(6개), 항공운송(5개), 우주운송(1개), 철도운송(5개), 도로운송(5개), 파이프라인운송(2개), 운송부수(4개), 기타(1개)서비스로 구성되어 있다.

WTO GATS(1994)에서는 35개 업종 중에서 9개 업종이 양허되고 26개 업종이 양허되지 않았었다. 개괄적으로 보면, 해운, 운송부수서비스 등에서는 부분양허만 있었지만, 내륙수상운송, 항공운송, 우주운송, 철도운송, 도로운송, 파이프라인운송 등 대다수 운송서비스는 양허되지 않았었다. DDA(2003)에서는 철도운송에서 여객운송, 화물운송과 파이프라인운송에서 연료운송 등 3개 업종이 추가로 양허되었으나, 그 외의 대다수의 비양허 서비스는 그대로 유지되었다.

한·EU FTA(2011)에서는 해운에서 3개, 철도운송에서 2개, 도로운송에서 3개의 세부업종에 대한 추가양허가 있었다. 그러나 한·EU FTA(2011)에서도 내륙수상운송, 항공운송, 우주운송 등은 비양허 업종으로 남겨져 있었고, GATS(1994)에서 양허가 이루어진 운송부수서비스의 창고, 화물운송대리, 기타 등 3개 업종이 비양허로 돌아섰다. 그러나 GATS(1994)에서 양허된 것을 한·EU FTA(2011)에서 양허에서 제외함은, EU 회원국이 곧 WTO 회원국임으로 법적으로 또는 사실상 실익이 없을 것으로 보인다.

한편, 한·미 FTA(2012)에서도 한·EU와 마찬가지로 내륙수상운송, 항공운송, 우주운송서비스 등 대다수의 운송서비스가 양허에서 제외되어 있다. 그리고 해운서비스에서는 해상도선서비스, 철도운송서비스에서 철도유지 및 보수서비스, 도로운송서비스에서 화물운송서비스 등을 부분적으로 양허에서 제외하고 있다. 특히, 항공운송서비스는 제12장 국경간 서비스무역의 적용대상에서 제외시키고 있다(제12.1조제4항 다호).

〈표 20〉 운송서비스산업의 양허(비양허) 현황

분야	WTO GATS(1994)		DDA(2003)	한·EU FTA(2011)		한·미 FTA(2012)
	양허	비양허	양허〈추가〉	비양허 업종	양허업종 중 비양허 품목	비양허 업종 또는 비양허 품목
총 35개 업종	9개 업종	26개 업종	3개 업종	16개 업종		13개 업종
해운 (6개)	외항여객운송, 외항화물운송, 선박유지 및 수선 (3개 업종)	선박임대, 견인 및 예선, 기타 해운부수 (3개 업종)	-	(전 업종 양허)	• 여객 및 화물운송서비스(7211, 7212)에서 연안운송은 제외	• 해상도선서비스는 제외(부속서 I 11)
내륙 수상 운송 (6개)	(전 업종 비양허)	내륙수상여객운송, 내륙수상화물운송, 선박유지 및 수선, 승무원이 포함된 선박임대, 견인 및 예선, 내륙 수상운송 부수 (6개 업종)	-	내륙수상여객운송, 내륙수상화물운송, 선박유지 및 수선, 승무원이 포함된 선박임대, 견인 및 예선, 내륙 수상운송 부수 (6개 업종)		• 내륙수로운송서비스 유보(부속서 II 19) • 연안해상운송서비스는 유보(부속서 II 44)
항공 운송 (5개)	항공운송부수(746) (1개 업종)	여객운송, 화물운송, 승무원 포함 항공기 임대, 항공기 유지 및 수선 (4개 업종)	-	여객운송(731), 화물운송(732), 항공운송부수 (3개 업종) * 항공운송부수서비스(746)는 GATS에서 양허		• 국내 및 국제항공운송서비스를 포함하는 항공서비스 및 관련서비스는 제외. 다만, 항공기 보수 및 유지, 특수항공서비스는 제외(제12.1조제4항다호)

분야	WTO GATS(1994)		DDA(2003)	한·EU FTA(2011)		한·미 FTA(2012)
	양허	비양허	양허〈추가〉	비양허 업종	양허업종 중 비양허 품목	비양허 업종 또는 비양허 품목
우주운송(1개)	(전 업종 비양허)	우주운송 (1개 업종)	–	우주운송 (1개 업종)		• 우주운송서비스 유보(부속서 II 19)
철도운송(5개)	(전 업종 비양허)	여객운송, 화물운송, 견인 및 예차, 철도유지 및 보수, 철도운송부수 (5개 업종)	여객운송, 화물운송 (2개 업종)	철도운송부수 (1개 업종)	• 철도유지 및 보수서비스(8868 중)는 민간소유 철도시설에만 적용 • 견인 및 예차서비스(7113)에서 철도운송부수서비스는 민간소유 철도시설에만 적용	• 2005. 6. 이전 건설노선 유보. 다만, 2005. 7. 이후 건설노선에 대하여 경제적수요심사에 의한 면허 법인이 철도운송서비스 공급 가능(부속서 I 9) • 철도유지 및 보수서비스 유보. 단, 민간투자법에 의한 법인(BOT 계약)은 철도건설 가능 (부속서 I 9)
도로운송(5개)	화물운송 (1개 업종)	여객운송, 승무원이 포함된 버스 및 승합차 임대, 도로장비 유지 및 수선, 도로운송부수 (4개 업종)	–	도로운송부수(744) (1개 업종)	• 화물운송서비스(7123) 중 컨테이너 화물운송서비스(71233)는 내륙운송에서 제외	• 여객운송서비스에서 택시, 정기도로여객운송서비스는 제외(부속서 II 17) • 화물운송서비스 유보. 단, 국제해운회사의 컨테이너화물과 쿠리어 도로운송은 제외 (부속서 II 18)

분야	WTO GATS(1994)		DDA(2003)	한·EU FTA(2011)		한·미 FTA(2012)
	양허	비양허	양허 〈추가〉	비양허 업종	양허업종 중 비양허 품목	비양허 업종 또는 비양허 품목
파이프 라인 운송 (2개)	(전 업종 비양허)	연료운송, 기타물품 운송 (2개 업종)	연료운송 (1개 업종)	기타 물품 운송 (1개 업종)	• 연료 운송 서 비 스 (7131)는 석유제품 운 송에만 한정 되고, LPG 운송은 제외	
운송 부수 (4개)	창고, 화물 운송대리, 화물취급 창고, 기타 (4개)	(전 업종 양허)	–	창고(741), 화물운송대 리(748), 기타 (3개 업종) * 창고(741), 화물운송대 리(748), 기타 등은 GATS에서 양허됨	• 화물취급 창고서비스 (742)에서 농축산물에 대한 창고서 비스는 제외	• 저장 및 창고 서비스에서 쌀 관련 서비스 유 보(부속서 II 20)
기타 (1개)	(전 업종 비양허)	기타 운송 (1개 업종)	–	(양허)		

2. 운송서비스산업 양허의 주요 내용과 이해

1) 항공운송서비스

정기적인지 부정기적인지에 관계없이 국내 및 국제 항공운송서비스를 포함하는 항공서비스 및 이의 관련서비스는 제12장 국경간 서비스무역의 적용대상에서 제외하고 있다. 다만, 비 운항 기간의 항공기 보수 및 유지서비스 그리고 특수항공서비스 등은 제12장이 적용된다(제12.1조제4항).

국내항공운송서비스 및 국제항공운송서비스에는 외국인 투자가 49%까지

<표 21> 항공운송서비스 관련 유보 내용

유보 분야 〈관련의무〉	유보 내용	유보 분야
부속서 I 12(현재유보) 운송서비스(항공운송) 〈내국민대우, 고위경영진〉	① 국내운송서비스 및 국제항공운송서비스에 외국인 투자 제한(49%) ② 임원진의 국적 제한 ③ 항공기는 등록	투자
부속서 I 13(현재유보) 운송서비스(특수항공) 〈내국민대우, 고위경영진, 현지주재〉	① 항공기사용 관련서비스에 외국인 투자 제한(49%) ② 임원진의 국적 제한 ③ 항공기는 등록	국경간 서비스 무역 및 투자
부속서 I 33(현재유보) 운송서비스(항공기 유지 및 보수)〈현지주재〉	① 국내 사무소 개설	국경간 서비스 무역

로 제한되고, 임원진의 국적이 제한되며, 항공기는 등록하여야 한다(부속서 I 12). 항공기사용 관련 서비스에[43] 외국인 투자가 49%까지 제한되고, 임원진의 국적이 제한되며, 항공기는 등록하여야 한다(부속서 I 13). 그리고 항공기유지 및 보수서비스를 위해서는 국내에 사무소를 개설하여야 한다(부속서 I 33).

2) 철도운송서비스

철도운송·부수서비스에서 한국철도공사의 2005년 6월 이전 건설노선에 대한 철도운송 독점을 인정하면서, 2005년 7월 이후 건설노선은 경제적수요심사에 의한 면허 법인의 철도운송서비스공급이 가능하게 유보하고 있다. 한편, 정부 또는 한국철도시설공단만이 철도건설서비스의 공급·유지 및 보

---

43) 항공기사용서비스는 항공기를 사용하는 서비스로서 여객 또는 화물의 운송 목적이 아닌 요청에 따라 유상으로 공급되는 서비스이며 항공화재 진압, 산림화재관리, 항공광고, 비행훈련, 항공지도제작, 항공조사, 항공살포, 항공촬영 및 그 밖의 항공농업, 그리고 항공순찰 및 관측을 포함한다.

〈표 22〉 철도운송서비스 관련 유보 내용

유보 분야 〈관련의무〉	유보 내용	유보 분야
부속서Ⅰ9(현재유보) 운송서비스(철도운송 및 부수) 〈시장접근〉	① 한국철도공사의 철도운송 독점(2005. 6. 이전 건설 노선) ② 경제적수요심사에 의한 면허 법인이 철도 운송서비스 공급 가능(2005. 7. 이후 건설 노선) ③ 정부 또는 한국철도시설공단이 철도건설 서비스의 공급·유지 및 보수. 다만, 민간투자법의 법인은 철도건설서비스 공급 가능	국경간 서비스 무역
부속서Ⅱ11(미래유보) 운송서비스(철도운송) 〈최혜국대우〉	① 철도운송에 관한 국가 간 차등대우 부여 권한 유지	국경간 서비스 무역 및 투자
부속서Ⅱ2(미래유보) 모든 분야 〈내국민대우, 이행요건, 고위경영진, 현지주재〉	① 정부권한 행사로 제공되는 서비스의 전부 또는 일부를 민간에 이전하는 것과 관련하여 어떠한 조치도 채택하거나 유지할 권리를 유보. 다만, 이는 부속서Ⅰ 및 부속서Ⅱ상의 약속을 저해하지 않아야 함	국경간 서비스 무역 및 투자

수 등을 할 수 있으나, 민간투자법에 따른 법인도 철도건설서비스공급을 할 수 있게 양허하고 있다(부속서Ⅰ9). 한편, 철도운송에 관하여 국가 간 차등대우를 부여할 권한을 유보하고 있다. 즉, 최혜국대우에 대한 제한을 미래유보하고 있다(부속서Ⅱ11). 그리고 정부권한 행사로 제공되는 서비스의 민영화와 관련한 규제권한을 미래유보하고 있으나, 이에는 현재유보에서의 약속을 저해하지 않아야 한다는 전제가 붙어 있다(부속서Ⅱ2).

3) 도로운송서비스

자동차 정비·수리·판매·폐기·검사, 자동차등록 번호판교부, 중고자동차 판매·정비·수리·폐기 등은 국내사무소를 개설하여야 하고, 개설 시 경제적수요심사를 받아야 한다(부속서Ⅰ3). 그리고 택시와 노선버스를 제외한

도로여객운송서비스는 국내 당해 지역에 사무소를 개설하여야 한다(부속
서 I 10). 도로운송지원서비스는 국내 사무소를 개설하여야 하고, 개설은 경
제적수요심사에 의한다. 여기서 도로운송지원서비스는 주차장, 버스터미널
운영, 자동차 견인 및 보관서비스를 말한다(부속서 I 14).

도로여객운송서비스에서 택시, 정기 도로여객운송서비스는 일반적의무
전부에 대하여 제한이 가능하게 미래유보를 하고 있다. 즉, 택시 및 정기
도로운송서비스는 양허에서 제외되어 있다(부속서 II 17). 도로화물운송서비

〈표 23〉 **도로운송서비스 관련 유보 내용**

분야 〈관련의무〉	유보 내용	유보 분야
부속서 I 3(현재유보) 운송서비스(자동차 정비·수리· 판매·폐기·검사, 자동차등록 번 호판교부)(중고자동차 판매·정 비·수리·폐기를 포함)〈시장접 근, 현지주재〉	① 국내 사무소 개설 ② 개설 시 경제적수요심사	국 경 간 서 비 스 무역
부속서 I 10(현재유보) 운송서비스(도로여객운송)(택시 와 노선버스 제외)〈현지주재〉	① 국내 당해 지역에 사무소 개설	국 경 간 서 비 스 무역
부속서 I 14(현재유보) 운송서비스(도로운송지원) 〈시장접근, 현지주재〉	① 국내 사무소 개설 ② 개설 시 경제적수요심사 * 도로운송지원 서비스는 주차장, 버스터미널 운영, 자동차 견인 및 보관 등임	국 경 간 서 비 스 무역
부속서 II 17(미래유보) 운송서비스(도로여객운송) 〈내국민대우, 최혜국대우, 이행 요건, 고위경영진, 현지주재〉	① 택시, 정기 도로여객운송서비스 관련 조치 권리 유보	국 경 간 서 비 스 무역 및 투자

부속서 II 18(미래유보)
운송서비스(도로화물운송)
〈최혜국대우, 이행요건, 고위경
영진, 현지주재〉
	① 도로화물운송 관련 조치 권리 유보. 다만,
	  국제 해운회사에 의한 컨테이너화물(카보
	  타지(cabotage)는 제외)과 쿠리어(courier)
	  도로운송서비스는 제외
		국 경 간
		서 비 스
		무역 및
		투자

스도 내국민대우 등 일반적의무를 제한할 수 있게 유보하고 있으나, 이는 국제해운회사에 의한 컨테이너화물(카보타지는 제외)과 쿠리어 도로운송서비스는 제외하고 있다(부속서 II 18).

14

금융서비스

금융서비스산업은 WTO GATS에서는 서비스산업에 포함되어 규율되었으나, 한·미 FTA에서는 제12장 국경간 서비스무역과 분리하여 별도의 장으로 규정하고 있다.

한·미 FTA 협정 제13장(금융서비스)은 본문인 20개 조문, 4개 부속서, 확인서한 및 유보안으로 구성되어 있다. 본문에서는 내국민대우(제13.2조), 최혜국대우(제13.3조), 시장접근(제13.4조), 국경간무역(제13.5조), 신금융서비스(제13.6조), 예외(제13.10조), 금융서비스위원회(제13.16조), 금융서비스에서의 투자분쟁(제13.19조) 등에 대하여 규정하고 있다.

한편, 4개의 부속서에서는 ① 국경간 금융서비스 개방대상이 되는 보험·은행 등 금융서비스, ② 포트폴리오 운용, 정보의 이전, 분야별 협동조합 판매보험 등에 관한 구체적 약속, ③ 금융서비스위원회 및 보험작업반의 구성·임무, ④ 일반인에 대한 우정사업본부의 보험공급 등에 관하여 규정하고 있다. 그리고 유보안은 협정상 의무를 면제해 주는 예외적 경우를 기재한 표이다. 한국은 현재유보 15개, 미래유보 3개를, 미국은 현재유보 17개,

미래유보 1개를 유보하고 있다.

금융서비스(Financial Services)의 적용 범위는 ① 다른 쪽 당사국의 금융기관, ② 당사국의 영역에 있는 금융기관에 대한 다른 쪽 당사국의 투자와 투자자, ③ 국경간 금융서비스 무역에 관하여 당사국이 채택하거나 유지하는 조치에 적용된다. 다만, ① 공적퇴직연금제도 또는 법정사회보장제도를 구성하는 활동이나 서비스, ② 자국의 공공기관을 포함한 당사국의 계산·보증 또는 당사국의 금융재원을 사용하여 수행하는 활동이나 서비스 등에 관하여 당사국이 채택하거나 유지하는 조치에는 적용되지 않는다(제13.1조).

I. 금융서비스산업 양허 개요

금융서비스는 보험업을 포함하여 17개 업종으로 구성되어 있는데, GATS (1994)에서 14개 업종이 양허되고 나머지 3개 업종이 양허되지 않았었다. 이러한 기조는 DDA(2003)에서도 그대로 유지되어 왔다.

한·EU FTA(2011), 한·미 FTA(2012)에서는 기타업종을 제외한 그간 양허되지 않았던 금융정보의 중개 및 금융데이터의 처리 등을 양허하고 있다. 특히, 은행 및 그 밖의 금융서비스에서 ① 금융정보의 제공 및 이전, ② 2년 이내 금융자료처리 및 관련 소프트웨어의 제공 및 이전, ③ 중개를 제외한 자문 및 그 밖의 부수서비스 등은 Mode 1(국경간 공급)까지 양허하고 있다. 또한 보험 및 보험관련서비스에서도 ① 해상운송, 상업적 항공, 우주발사 및 화물, 국제적으로 통과 중인 화물 등에 관한 위험보험, ② 재보험 및 재재보험, ③ 컨설팅, 위험평가 등 보험부수서비스, ④ 위와 관련되는 보험중개서비스 등은 Mode 1(국경간 공급)까지 양허하였다.

〈표 1〉 금융서비스산업의 양허(비양허) 현황

WTO GATS(1994)		DDA (2003)		한·EU FTA(2011)	한·미 FTA(2012)
양허	비양허	양허 〈추가〉	비양허	양허 업종 중 비양허 품목	비양허 업종 또는 비양허 품목
생명 및 상해보험업, 손해보험업, 재보험 및 재재보험업, 손해사정 및 보험계리업, 예금업, 대출입, 금융리스업, 지급 및 송금업, 신탁업, 증권자기매매, 증권발행, 자산관리, 금융결재, 금융관련 자문업 (14개 업종)	자금중개, 금융정보 중개 및 금융데이터 처리, 기타 (3개 업종)	–	기타 (1)	• 은행 및 그 밖의 금융서비스에서, ① 금융정보의 제공 및 이전, ② 2년 이내 금융자료처리 및 관련 소프트웨어의 제공 및 이전, ③ 중개를 제외한 자문 및 그 밖의 부수서비스 등은 Mode 1(국경간 공급)로 양허됨 • 보험 및 보험관련서비스에서, ① 해상운송, 상업적 항공, 우주발사 및 화물, 국제적으로 통과중인 화물 등에 관한 위험보험, ② 재보험 및 재재보험, ③ 컨설팅, 위험평가 등 보험부수서비스, ④ 위와 관련되는 보험중개서비스 등은 Mode 1 (국경간 공급)로 양허됨	• 보험 및 보험관련서비스에서, ① 해상운송, 상업적 항공, 우주발사 및 화물, 국제적으로 통과중인 화물 등에 관한 위험보험, ② 재보험 및 재재보험, ③ 컨설팅, 위험평가 등 보험부수서비스, ④ 위와 관련되는 보험중개서비스 등은 Mode 1(국경간 공급)로 양허됨(부속서 13-가) • 은행 및 그 밖의 금융서비스에서, ① 금융정보의 제공 및 이전, ② 2년 이내 금융자료처리 및 관련 소프트웨어의 제공 및 이전, ③ 중개를 제외한 자문 및 그 밖의 부수서비스 등은 Mode 1(국경간 공급)로 양허됨(부속서 13-가)

II. 금융서비스산업 양허의 주요 내용과 이해

1. 금융서비스의 국경간 무역 허용

금융서비스의 국경간 무역(Cross-border Trade)[1]은 지점 및 현지법인의
설립 없이, 즉 상업적 주재(Mode 3) 없이 인터넷 등 통신수단을 통해 금융
서비스를 제공하는 것이다. 한·미 FTA에서는 양 당사국은 해상·항공·우
주·수출입적하보험 등 국제무역 관련 보험서비스 그리고 금융정보 제공 등
의 금융서비스를 국경간 공급(Mode 1)으로 허용하기로 하였다(제13.5조,
부속서 13-가).

먼저, 보험 및 보험관련서비스에서 ① 해상운송, 상업적 항공, 우주발사
및 화물, 국제적으로 통과 중인 화물 등에 관한 위험보험, ② 재보험 및 재
재보험, ③ 상담, 위험평가, 계리, 손해사정 등 보험부수서비스, ④ 위와 관
련되는 보험중개서비스 등은 국경간 공급(Mode 1)으로 양허된다(부속서
13-가).

그리고 은행 및 그 밖의 금융서비스에서 ① 금융정보의 제공 및 이전,
② 2년 이내 금융자료처리 및 관련 소프트웨어의 제공 및 이전, ③ 중개를
제외한 은행, 그 밖의 금융서비스에 관한 자문 및 그 밖의 부수서비스 등도
국경간 공급(Mode 1)으로 양허된다(부속서 13-가). 그 밖의 부수서비스는
한국에서 발행되는 증권과 관련한 신용평가, 신용조회 및 조사, 일반펀드사
무관리, 간접투자기구 평가 및 채권평가의 공급 등으로, 이러한 서비스의
Mode 1(국경간 공급)이 허용한도 내에서 허용된다.

한편, 각 당사국은 이러한 국경간 금융서비스의 공급자에게 건전성 규제
에 의한 등록을 요구할 수 있다(제13.5조제3항).

---

1) WTO GATS에서의 서비스교역의 형태인 국경간 공급(Mode 1) 즉, 통신이나 인터넷을
   통한 서비스의 공급을 의미한다.

〈표 2〉 금융서비스의 국경간 무역 양허 비교

분야		한국	미국
보험	① 해상·항공·우주보험	○	○
	② 수출입적하보험	○	○
	③ 재보험	○	○
	④ 보험중개·대리	①~③ 관련 보험에 한정	전면 개방
	⑤ 보험부수서비스*	○	○
은행 그 밖의 금융	① 금융정보 제공	○	○
	② 금융정보처리 및 관련 소프트웨어	2년 후 개방	즉시 개방
	③ 은행 기타 금융부수서비스**	신용평가, 신용조회·조사서비스 제외	전면 개방

* 보험자문서비스, 보험계리서비스, 위험평가서비스, 손해사정서비스 등
** 투자 및 포트폴리오 연구·자문, 기업합병·구조조정·전략수립 자문 등
자료: 관계부처합동, 「한·미 FTA 상세설명자료」(2007. 5. 25.)

2. 신금융서비스의 허용

신금융서비스(New Financial Service)[2]는 추가적인 입법행위 없이 동종의 상황에서 신금융상품을 허용하며, 이 경우는 신금융서비스가 공급될 수 있는 제도적 및 법적 형태를 결정할 수 있으며, 건전성 심사에 의한 인가(authorization)로 운영될 수 있다(제13.6조).

신금융서비스는 추가적인 입법행위 없이, 즉 현행법하에서 허용되는 신금융상품을 의미하는데 2007년 8월 제정된 「자본시장과 금융투자업에 관

---

[2] 신금융서비스는 당사국의 영역에서는 제공되지 않지만 다른 쪽 당사국 영역 내에서는 제공되는 금융서비스로서, 모든 새로운 형태의 제공방법과 그 당사국의 영역에서 판매되지 않는 금융상품의 판매를 포함한다(제13.20조(정의)).

한 법률」에서 금융상품을 기존의 열거주의(positive 방식)에서 포괄주의 (negative 방식)로[3] 개정함으로써 신금융상품이 모두 금융투자상품에 해당 될 수 있게 되어 있다. 또한 이 제정법(2007. 8.)에 의한 금융투자상품에 대한 포괄주의 규정은, 미국 금융기관뿐만 아니라 국내의 외국계 금융기관 에도 동등하게 적용되기 때문에, 현행 열거주의 법체계하에서는 공급될 수 없었던 신금융상품이 외국 금융기관의 국내 현지법인이나 지점을 통해 공급 될 가능성이 커졌으며, 그 결과 외국 금융기관은 선물, 옵션, 스왑 등을 결합 한 각종 상품을 국내에 소개하면서 국내 시장점유율을 지속적으로 높여갈 가능성이 크다고 지적된다.[4]

3. 예외적 조치의 허용

한·미 FTA 제13장(금융서비스)의 다른 규정 또는 제11장(투자), 제12장

---

3) 「자본시장과 금융투자업에 관한 법률」 제3조(금융투자상품) ① 이 법에서 "금융투자상 품"이란 이익을 얻거나 손실을 회피할 목적으로 현재 또는 장래의 특정(特定) 시점에 금전, 그 밖의 재산적 가치가 있는 것(이하 "금전 등"이라 한다)을 지급하기로 약정함 으로써 취득하는 권리로서, 그 권리를 취득하기 위하여 지급하였거나 지급하여야 할 금전 등의 총액(판매수수료 등 대통령령으로 정하는 금액을 제외한다)이 그 권리로부 터 회수하였거나 회수할 수 있는 금전 등의 총액(해지수수료 등 대통령령으로 정하는 금액을 포함한다)을 초과하게 될 위험(이하 "투자성"이라 한다)이 있는 것을 말한다. 다만, 다음 각 호의 어느 하나에 해당하는 것을 제외한다.〈개정 2011. 7. 25.〉
   1. 원화로 표시된 양도성 예금증서
   2. 수탁자에게 신탁재산의 처분 권한(「신탁법」 제46조부터 제48조까지의 규정에 따 른 처분 권한을 제외한다)이 부여되지 아니한 신탁(이하 "관리신탁"이라 한다)의 수익권
   ② 제1항의 금융투자상품은 다음 각 호와 같이 구분한다.
   1. 증권
   2. 파생상품
      가. 장내파생상품
      나. 장외파생상품
4) 노진호 외, "한·미 FTA가 국내 금융업에 미치는 영향," 『하나금융』 제201호(2007. 5.), pp.31-38.

(국경간 서비스무역), 제14장(통신), 제15장(전자상거래) 등의 제 규정에도 불구하고, 양 당사국은 투자자·예금자·보험계약자 또는 금융기관이나 국경간 서비스무역의 거래자 등의 보호 또는 금융제도의 완전성 및 안전성을 보장하기 위하여 건전성사유(prudential reasons)[5]로 필요한 조치를 채택하거나 유지할 수 있다. 다만, 이러한 조치는 당사국의 약속 또는 의무를 회피하는 수단으로 이용되어서는 아니 된다(제13.10조제1항).

또한 통화(monetary) 및 관련 신용정책(related credit policies) 또는 환율정책(exchange rate policies)을 추진함에 있어서 공공기관이 일반적으로 적용하는 비차별적 조치(non-discriminatory measures)는 취할 수 있다. 이는 다만, 제11.7조(송금), 제11.8조(이행요건), 제12.10조(지불 및 송금) 상의 당사국의 의무에 영향을 미쳐서는 아니 된다(제13.10조제2항).

그러나 제11.7조(송금) 및 제12.10조(지불 및 송금) 등의 규정에도 불구하고, 당사국은 금융기관 또는 국경간 금융서비스 공급자의 안전성 (maintenance of the safety)·건전성(soundness)·완전성(integrity) 또는 금융책임(financial responsibility)의 유지에 관한 조치의 공평(equitable)하고 비차별적이며 선의(good faith)의 적용을 통하여, 금융기관 또는 국경간 금융서비스 공급자가, 그 계열사 또는 그 기관 또는 공급자와 관련된 인에게 또는 그들의 이익을 위하여 송금하는 것을 금지하거나 제한할 수 있다(제13.10조제3항).

4. 후선업무의 위임 및 정보의 이전

금융서비스와 관련하여 양 당사국은 실행 가능한 한도에서 당사국 영역 내의 금융기관이 그 당사국의 영역 안 또는 밖에 소재한 그 기관의 본점 또는 계열사에 일부 후선업무(back-office) 기능[6]을 통합처리할 수 있도록

---

5) 건전성사유란 개별 금융기관이나 국경간 금융서비스 공급자의 안전성·건전성·완전성 또는 금융책임의 유지를 포함하는 것으로 양해된다(제13.10조 각주).

허용하고 있다. 이 후선업무 기능은 ① 확인서 및 내역서 작성을 포함한 매매 및 거래처리 기능, ② 데이터처리, 프로그래밍 및 시스템개발과 같은 기술 관련 기능, ③ 조달, 출장지원, 우편서비스, 물리적 보완, 사무실 공간 관리 및 비서서비스를 포함한 행정서비스, ④ 훈련 및 교육을 포함한 인력 관리 업무, ⑤ 은행정산업무, 예산수립, 보수, 세금, 회계조정, 그리고 고객 및 자기계정을 포함한 회계 기능, ⑥ 자문 및 소송전략의 제공을 포함한 법무기능 등을 포함하나, 이에 한정되지는 않는다(부속서 13-나. 제3절).

한편, 각 당사국은 금융기관이 일상적인 영업과정에서 데이터의 처리가 요구되는 경우 그 처리를 위하여 자국 영역 안팎으로 정보를 이전하는 것을 허용하고 있다. 한국의 경우는 협정 발효 2년 내에 이를 허용하기로 하고 있다(부속서 13-나. 제2절).

그리고 한국은 ① 금융정보의 제공 및 이전, ② 2년 이내 금융자료처리 및 관련 소프트웨어의 제공 및 이전, ③ 중개를 제외한 자문 및 그 밖의 부수서비스 등의 Mode 1(국경간 공급) 양허와 관련한 정보의 이전을 위한 규제제도를 개정한다. 이 정보의 이전과 관련하여 한국은 소비자의 민감한 정보의 보호, 그 민감 정보의 무단 재사용의 금지, 그러한 정보의 취급에 관한 금융기관의 기록에 접근할 수 있는 금융감독기관의 권한, 기술설비의 위치에 대한 요건 등을 정비하기로 하였다(제13장. 서한. 정보의 이전).

그러므로 금융산업 부문에 외국인 투자가 유치되더라도 이와 같은 기능의 통합이나 정보의 이전 때문에 우리나라에서의 고용창출 효과가 줄어들 것이라는 것을 예상할 수 있다. 오히려 구조조정이 더 남발될 소지도 안고 있다. 그리고 정보의 이전은 국내기업의 영업기밀정보가 해외로 유출될 염려도 충분히 있을 것으로 보인다.

---

6) 후선업무 기능이란 금융기관 본연의 업무인 대출, 예금, 보증 등의 업무를 제외한 인력 채용, 인사, 회계 등의 업무를 의미한다.

5. 분야별 협동조합 판매보험의 규제강화

분야별 협동조합이 제공하는 보험서비스는 동종의 민간서비스 공급자보다도 경쟁상의 혜택이 주어져서는 안 되며, 동일한 규범이 적용되어야 한다. 그리고 금융감독위원회는 규제감독권을 행사하여야 하며, 한·미 FTA 발효 3년 이내에 농업협동조합중앙회, 수산업협동조합중앙회, 새마을금고연합회 및 신용협동조합중앙회의 보험 판매와 관련된 지급능력 사안이 금융감독위원회의 규제대상이 되어야 한다(부속서 13-나. 제6절).

6. 정부조달시장의 예외적 적용대상

금융서비스 관련 정부조달이란 정부의 금융서비스 수요를 의미하는 것으로, 제13.1조제4항에서 정부의 목적으로 구매되는 정부기관의 금융서비스 조달은 제13장 금융서비스의 적용에서 제외되어 있다(제13.1조제4항).

그런데, 제13.1조제4항에도 불구하고 양 당사국은 국채관련 금융서비스(발행, 매수, 분배 등), 국고계좌개설 관련 금융서비스, 한국투자공사의 자산운용과 관련된 국경간 무역 서비스 등 3가지를 제13장 금융서비스의 적용대상으로 규정하고 있다(부속서 13-나. 제8절).

7. 우정사업본부보험의 우대금지와 감독강화

한·미 FTA에서는 한국의 우정사업본부가 일반인에게 공급하는 보험서비스는 동종 보험서비스의 민간 서비스공급자보다 경쟁상 혜택을 부여하여서는 안 되며, 또한 금융감독위원회의 규제 감독권도 동종의 민간공급자와 동일하여야 한다고 규정하고 있다(부속서 13-라). 그리고 우정사업본부의 보험이 정부에서 시행 중인 사업이라는 특수성을 인정하면서 국가기관이 운영하는 보험의 특수성에 따른 세금면제, 정부의 지급보장 등은 현행 제도를 유지하되(제13장 부속서한. 일반인에 대한 우정사업본부의 보험 공급. 제1

항) 금융위원회의 감독을 강화시키고 있다.

즉, 위험관리위원회 및 보험적립금운용심의회 등 우정사업본부 보험 관련 위원회의 위원 절반 이상을 금융위원회에서 추천하도록 하고, 우정사업본부 보험의 결산, 가입한도,[7] 상품개발 등과 관련하여 금융위원회의 확인 및 심사 절차를 강화하도록 하였다(제13장 부속서한. 일반인에 대한 우정사업본부의 보험 공급. 제2항 및 제3항).

한편, 현재 우정사업본부보험에서 취급하고 있는 상품의 수정(modify)은 허용하되, 변액생명보험(variable life insurance), 손해보험(non-life insurance) 및 퇴직보험(retirement insurance)을 포함한 새로운 상품(new products)은 출시할 수 없도록 하였고, 우정사업본부에서 특정 보험상품 광고 시 민영보험사업자와 동일한 광고심의 절차를 준수하도록 하였다(제13장 부속서한. 일반인에 대한 우정사업본부의 보험 공급. 제4항 및 제5항). 한·미 FTA에서 출시금지 상품으로 예시하고 있는 변액보험,[8] 손해보험 및 퇴직보험이 현재 우체국보험에서 취급하지 않고 있는 상품인 점 등을 감안하면 새로운 우체국보험의 종류를 신설할 수 없도록 하더라도 단기적으로는 우체국보험의 영업에 큰 영향이 없을 수도 있다.

그러나 보험업계는 최근 변액보험이 수입보험료의 25% 수준으로 성장하고 있는 등 보험시장에서 고객의 변화하는 다양한 수요에 대응하고, 은행·증권업 등과의 경쟁력을 확보하기 위하여 보장범위와 자산운용방법 등을 융합한 새로운 상품들을 개발하고 있다. 그런데 우체국보험은 민영보험사에는 허용되는 변액보험 및 퇴직보험 시장진출 기회가 차단되고, 새로운 보험종류의 신설이 금지되며, 제한적인 범위에서 기존 보험 종류의 수정[9]만 할

---

7) 현재 4,000만 원인 우체국보험 가입한도액을 증액하고자 할 경우 금융위원회와 사전에 협의해야 한다.
8) 변액보험이란 보험계약자가 납입한 보험료 가운데 일부를 주식이나 채권 등에 투자해 그 운용 실적에 따라 계약자에게 투자 성과를 나누어 주는 보험상품을 말한다.
9) 새로운 상품유형(현재 보장되는 위험 이외의 위험을 담보하는 보험상품)의 창설과 동등한 방식으로 추가적인 담보를 더하는 것과 새로운 상품의 창설과 동등한 방식으로

수 있게 되면 향후 민영보험에 비해 경쟁력이 약화되고 상대적으로 정체될 것으로 예상된다.[10] 국가가 직접 우정사업본부보험을 경영하는 것은 민영보험의 사각지대를 메우는 등 보험의 보편화를 목적으로 하는 것인데, 향후 우체국보험이 정체될 경우 이러한 보험의 보편화 기능의 저해가 초래될 수 있을 것으로 보인다.

8. 그 외 국책금융기관의 특별대우 유보 등

수출입은행, 신용보증기금, 기술신용보증기금, 예금보험공사, 한국정책금융공사, 한국자산관리공사, 한국무역보험공사, 한국투자공사는[11] 서한에서 금융기관이 아닌 정부의 자체기능으로 확인하고(제13장 부속서한), 한국산업은행, 중소기업은행, 한국주택금융공사, 농업협동조합, 수산업협동조합 등의 발행채권에 대한 보증 등 특별대우가 가능하도록 내국민대우를 제한할 수 있게 현재유보를 하고 있다(부속서III 제1절 12).

한편, 외국인 투자자가 한국에서 금융기관을 설립하거나 지배지분을 취득하기 위해서는 미국에서 동일한 금융서비스를 공급하는 금융기관을 소유하거나 지배하여야 한다(부속서III 두주). 그리고 설립된 보험회사, 은행, 증권회사 또는 그 밖의 금융기관은 관련법에 허용되고 있는 업무만 영위하여야 하며, 보험회사, 은행 및 상호저축은행은 중소기업에 대한 대출 의무가 부여되며, 국경간 금융서비스(Mode 1)에 대하여 원화로 지급을 결재하는

보험약관을 변경하는 것 등은 수정의 범위에 포함되지 않는다(제13장 서한. 제5항 각주).

10) 우체국보험은 「우체국예금 · 보험에 관한 법률 시행규칙」 제36조에 따라 계약보험금 한도액이 보험상품별(연금보험 제외)로 피보험자 1인당 4,000만 원으로 제한되고, 연금보험(연금저축 제외)의 최초 연금액은 피보험자 1인당 1년에 900만 원 이하로 제한되며, 연금저축에 해당하는 보험의 보험료의 불입금액은 피보험자 1인당 1개월에 50만 원 이하 또는 3개월에 150만 원 이하로 제한되고 있다.

11) 국제적으로 인정된 금융기관은 대한민국의 관련 규제당국이 수용 가능한 등급으로 국제신용평가기관에 의하여 평가된 금융기관 또는 대한민국의 관련 규제당국이 수용 가능한 대체방식에 의하여 그와 동등한 지위를 가지는 것으로 입증된 금융기관을 포함한다.

〈표 3〉 금융서비스 관련 유보 내용

분야 〈관련의무〉	유보 내용 등	비고
부속서Ⅲ 제1절 2(현재유보) 금융서비스(보험) 〈국경간 무역〉	① 국내에서 법적의무에 의한 보험구매에 국경간 공급에 의한 보험은 제외. 다만, 요구되는 보험이 국내보험업자로부터 구매될 수 없는 경우는 제외	Mode 1
부속서Ⅲ 제1절 3(현재유보) 금융서비스(은행 및 그 밖의 금융(보험 제외) 〈내국민대우〉	① 외국금융기관은 국제적으로 인정된 금융기관인 경우 국내 상업은행 또는 은행지주회사 지분의 10% 초과 소유 가능 ② 자연인은 국내 상업은행 또는 은행지주회사 지분의 10% 초과 소유 불가 ③ 주요사업이 금융서비스가 아닌 금융기관 이외의 기업은 상업은행 또는 은행지주회사의 지분 4% 초과할 수 없음. 다만, 의결권을 포기하면 10%까지 소유 가능	
부속서Ⅲ 제1절 9(현재유보) 금융서비스(은행 및 그 밖의 금융(보험 제외) 〈내국민대우〉	① 외국은행 또는 증권회사의 지점은 영업자금을 국내로 가져와서 유지(지점은 모 은행 또는 증권회사와는 별도의 법적실체로 간주)	
부속서Ⅲ 제1절 10(현재유보) 금융서비스(은행 및 그 밖의 금융(보험 제외) 〈시장접근〉	① 다음은 외국의 법에 따라 설립된 금융기관의 지점은 수행 불가 신용협동조합, 상호저축은행, 여신전문금융회사, 종합금융회사, 외화 및 원화자금중개회사, 신용정보회사, 일반펀드사무관리회사, 간접투자기구평가회사, 채권평가회사	
부속서Ⅲ 제1절 11(현재유보) 금융서비스(은행 및 그 밖의 금융(보험 제외) 〈시장접근〉	① 전자금융서비스를 제공하고자 하는 비금융기관은 자회사로만 설립	
부속서Ⅲ 제1절 12(현재유보) 금융서비스(은행 및 그 밖의 금융(보험 제외) 〈내국민대우〉	① 다음(통칭 정부지원기관)은 ②의 특별대우 한국산업은행, 중소기업은행, 한국주택금융공사, 농업협동조합, 수산업협동조합 ② 다음을 포함한 특별대우 1) 정부기관에 대한 대부 또는 발행 채권에 대한 보증	

분야 〈관련의무〉	유보 내용 등	비고
	2) 유사한 상태의 비정부기관보다 더 큰 규모의 채권발행 3) 정부지원기관이 입은 손실의 보전 4) 자본, 잉여, 이익, 자산에 대한 특정조세의 면제	
부속서Ⅲ 제1절 15(현재유보) 금융서비스(은행 및 그 밖의 금융(보험 제외) 〈시장접근〉	① 원화 현물환거래의 은행간 중개업은 기존의 두 개의 중개업자로 제한	
부속서Ⅲ 제2절 1(미래유보) 금융서비스(보험) 〈국경간 무역〉	① 국내에서 강제적인 제3자 보험서비스를 구매할 법적 의무 충족여부를 판정함에 외국에서의 강제적인 제3자 보험서비스는 고려하지 않을 권리를 유보. 다만, 국내 보험업자로부터 구매될 수 없을 경우 외국에서의 충족여부도 고려	Mode 1
부속서Ⅲ 제2절 3(미래유보) 금융서비스 (은행 및 그 밖의 금융(보험 제외)) 〈내국민대우〉	① 외국 투자자의 한국증권선물거래소, 증권예탁결제원의 소유권을 제한할 권리 유보 ② 한국증권선물거래소, 증권예탁결제원의 주식을 공모하는 경우 외국인의 주식보유를 제한할 권리를 유보. 다만, 공모시점에 외국인의 소유지분에 대한 이해관계가 보호되고, 공모 이후 미국 금융기관의 접근을 보장해야 함	
부속서Ⅲ 두주(頭註) 〈내국민대우, 시장접근〉	① 외국인 투자자가 한국에서 금융기관을 설립하거나 지배지분을 취득하기 위해서는 미국에서 동일한 금융서비스의 하위분야에서 금융서비스를 공급하는 금융기관을 소유하거나 지배하여야 함	
부록Ⅲ-가 〈시장접근〉	① 설립된 보험회사는 관련법에 허용되고 있는 업무만 영위 ② 보험회사는 중소기업에 대한 대출의무 부여 ③ 국경간 금융서비스에 대하여 원화결제는 불허 ④ 은행 및 상호저축은행은 중소기업에 대출 의무 부여 ⑤ 은행, 증권회사 또는 그 밖의 금융기관은 관련법에 허용하는 업무만 영위	

것은 허용되지 않는다(부속서III-가).

III. 금융서비스위원회와 보험작업반 설치

한·미 FTA에서 양 당사국은 금융서비스위원회(Financial Services Committee)를 설치한다. 위원회는 금융서비스 규정의 이행과 구체화, 위원회에 회부된 금융서비스 관련 문제의 검토, 금융서비스에 있어서 투자분쟁절차 등에 참여한다(제13.16조). 위원회는 양 당사국의 금융서비스의 공급에 영향을 미치는 중앙 또는 지방 정부에 의해 채택되거나 유지되는 조치를 포함한 여러 가지 문제에 대하여 논의한다.

또한 금융서비스 감독조직의 관련 공무원으로 구성된 보험작업반(Insurance Working Group)을 설치한다. 보험작업반은 투명성, 우정사업본부, 보험을 판매하는 분야별 협동조합과 민간 보험업자 간 동등한 경쟁을 보장하기 위하여 필요한 조치, 중앙 및 지방 정부의 규제를 포함한 금융감독, 정책변경의 개발·채택 및 검토, 양 당사국의 상이한 감독조직, 그 밖의 상호 관심사안을 다룬다(부속서 13-다).

IV. 금융세이프가드조치 발동요건

한·미 FTA에서는 한국의 「외국환거래법」 제6조에 따른 조치(measures)의 적용을 인정하고 있다(부속서 11-사(송금)). 우리나라 「외국환거래법」 제6조[12)]에 의하면 기획재정부장관은 심각한 대내외 변화 등으로 외국환 거

---

12) 「외국환거래법」 제6조(외국환거래의 정지 등)
　① 기획재정부장관은 천재지변, 전시·사변, 국내외 경제사정의 중대하고도 급격한 변동, 그 밖에 이에 준하는 사태가 발생하여 부득이 하다고 인정되는 경우에는 대통령령으로 정하는 바에 따라 다음 각 호의 어느 하나에 해당하는 조치를 할 수 있다.

래를 통제할 필요가 있을 때 6개월의 범위 안에서 외국환 거래 정지, 외국환 등 집중의무 부과, 자본거래허가, 가변예치의무 부과 등의 조치를 취할 수 있다.13) 이는 외환위기와 같은 경제위기가 발생할 경우 외화의 유·출입을 통제할 수 있는 안전장치인 단기 금융세이프가드조치(Financial Safeguard Measures)이다.

그런데 한·미 FTA에서는 이 조치를 인정하면서 발동을 위한 조건을 제약하고 있다. 먼저, ① 발동기간이 1년 이내일 것(극히 예외적인 상황일 경우에 미국 측과 조율하에 연장), ② 몰수적(confiscatory)이지 아니할 것, ③ 이중 또는 다중환율관행(multiple exchange rate practice)14) 금지, ④ 규제자산(restricted assets)15)의 한국 내에서 시장수익률(market rate of

---

〈개정 2011. 4. 30.〉
   1. 이 법을 적용받는 지급 또는 수령, 거래의 전부 또는 일부에 대한 일시 정지
   2. 지급수단 또는 귀금속을 한국은행·정부기관·외국환평형기금·금융회사 등에
     보관·예치 또는 매각하도록 하는 의무의 부과
② 기획재정부장관은 다음 각 호의 어느 하나에 해당된다고 인정되는 경우에는 대통령령으로 정하는 바에 따라 자본거래를 하려는 자에게 허가를 받도록 하는 의무를 부과하거나, 자본거래를 하는 자에게 그 거래와 관련하여 취득하는 지급수단의 일부를 한국은행·외국환평형기금 또는 금융회사 등에 예치하도록 하는 의무를 부과하는 조치를 할 수 있다.〈개정 2011. 4. 30.〉
   1. 국제수지 및 국제금융상 심각한 어려움에 처하거나 처할 우려가 있는 경우
   2. 대한민국과 외국 간의 자본 이동으로 통화정책, 환율정책, 그 밖의 거시경제정책을 수행하는 데에 심각한 지장을 주거나 줄 우려가 있는 경우
③ 제1항과 제2항에 따른 조치는 특별한 사유가 없으면 6개월의 범위에서 할 수 있으며, 그 조치 사유가 소멸된 경우에는 그 조치를 즉시 해제하여야 한다.
④ 제1항부터 제3항까지의 규정에 따른 조치는 「외국인투자 촉진법」 제2조제1항제4호에 따른 외국인투자에 대하여 적용하지 아니한다.〈개정 2009. 1. 30.〉 [전문개정 2009. 1. 30.]
13) 동 제도는 1961년에 「외국환관리법(폐지 1998. 9. 16. 법률 제5550호)」 제정시 도입된 것으로 우리나라가 칠레·싱가포르 및 EFTA(유럽자유무역연합: 스위스, 아이슬란드, 리히텐슈타인, 노르웨이로 구성)와 체결한 FTA에도 반영되었으며, 실제 발동된 적은 없다.
14) 단기적인 외환규제 방안으로 예컨대, 경상거래와 자본거래 시의 환율을 변동환율제와 고정환율제로 나누어 적용하는 외환규제의 한 방안이다.
15) 규제자산이란 대한민국의 영역 밖으로 송금되는 것이 제한된 미국 투자자에 의해 한

return)을 획득할 수 있는 투자자의 능력을 방해하지 않을 것, ⑤ 미국의 상업적(commercial), 경제적(economic) 또는 재정상(financial)의 이익에 대한 불필요한 손해를 피할 것, ⑥ 투자, 국경간 서비스무역 및 금융서비스 부문에서의 내국민대우(NT) 및 최혜국대우(MFN)에 합치, ⑦ 신속한 공표 등을 요건으로 하여야 한다고 규정하고 있다(부속서 11-사(송금) 제1항). 그리고 ① 경상거래(current transactions)를 위한 지급 또는 송금, ② 외국인직접투자(foreign direct investment)와 연계된 지급 또는 송금에 대해서는 이들 조치의 적용에서 제외한다. 다만, 경상거래를 위한 지급 또는 송금의 경우에는 IMF에서 정하는 절차에 따라 미국과 사전조율하는 경우에는 적용이 가능하다(부속서 11-사(송금) 제2항).

여기서 이 조치의 발동요건의 하나인 미국의 상업적·경제적 또는 재정상의 이익에 대한 불필요한 손해를 피할 것이라는 표현은 추상적인 개념으로 자의적으로 해석되면 사실상 이 조치가 무력화될 수 있다.

그리고 외국인직접투자[16]와 연계된 지급 또는 송금에 대해서는 이 조치의 적용을 배제하고 있는데, 이는 국내법인 현행 「외국환거래법」에서도 규정되어 있다. 그런데 외국인투자는 순기능만 있는 것이 아니라 다른 한편으로는 국제수지 불균형, 환율 불안정, 금융사정 악화 등 역기능을 야기할 수도 있다. 이 경우 이를 규제하기 위하여 국내 법률은 언제든지 입법정책적으로 개정이 가능하나, 한·미 FTA 협정은 그렇지 아니하다.

또한 경상거래를 위한 지급 또는 송금에 대해 단기 세이프가드(Safeguard)조치를 발동하기 위해서는 IMF 절차에 합치하고 미국 측과 사전 조율을 거쳐야 하는데,[17] 이는 단기 세이프가드조치의 발동 여지를 더욱 축소할 우려가 있다고 하겠다.

국에 투자된 자산만을 지칭한다(부속서 II-사(송금) 각주).

16) 「외국인투자촉진법」상의 외국인직접투자는 외국인이 내국기업과 지속적인 경제관계를 수립할 목적으로 당해 기업의 주식 총수의 10% 이상을 소유하고 의결권을 행사하는 경우로 규정하고 있다(제2조).

17) 조율(coordination)은 동의(consent)의 의미를 포함한다.

  그런데 이러한 금융긴급조치도 투자자·국가 간 분쟁해결제도(ISD)의 대
상이 된다. 이 경우는 아르헨티나의 경제위기와 관련된 ISD분쟁의 예를 참
조하여 볼 수 있다. 2001년 아르헨티나는 금융위기를 맞이하여 페소화의
가치가 40% 절하되고, 1인당 GDP가 7,000달러 수준에서 3,500달러로 떨
어지고 실업률은 25%에 달하였다. 이에 아르헨티나는 코랄리토(Corralito)
라는 긴급조치를 통하여 페소를 절하하는 한편, 금융 지불의무를 페소화로
전환하고 은행계정을 동결시켰다. 그 결과 아르헨티나가 2007년까지 ISD로
제소된 건수는 43건에 달하였다.[18]

---

18) 정태인, "금융위기 이후의 한·미 FTA,"「대한민국과 미합중국 간의 자유무역협정 및
    대한민국과 미합중국 간의 자유무역협정에 관한 서한교환 비준동의안 주요 쟁점에
    관한 공청회」(국회 외교통상통일위원회, 2011. 7. 8.), pp.51-111.

15

통신

한·미 FTA 협정에서 통신서비스에 관한 제14장은 공중통신서비스 관련 교역에 영향을 미치는 정부의 조치에 대해 적용되며, 적용범위, 공중통신망 및 서비스에 대한 접근과 이용(제1절), 공중통신서비스의 공급자(제2절), 지배적 사업자의 추가의무(제3절), 그 밖의 조치(제4절) 등 총 4개 절, 24개 조항으로 구성되어 있다. 그리고 제14장의 부속서에는 공중통신서비스 공급자 의무의 예외 및 지배적 사업자에 대한 부가적 의무의 예외를 규정하고 있다.

한편, 한·미 FTA 부속서 I (서비스/투자)에서는 협정 발효 후 2년 이내에 KT와 SK텔레콤을 제외한 기간통신사업의 100% 간접투자를 허용하고 있으며, 제12장(국경간 서비스무역)의 부속서한에서 통신서비스 허가 시의 공익심사와 관련된 양해(understanding)를 확인하고 있다.

I. 공중통신서비스 공급자의 의무와 지배적 사업자의 추가의무

양 당사국의 공중통신서비스[1] 공급자는 상대국의 사업자에게 상호접속 (interconnection), 번호이동(number portability), 동등 다이얼(number portability) 및 전화번호에 대한 접근 등을 비차별적으로 제공하여야 한다 (제14.3조).

그리고 한·미 FTA 협정에서는 통신시장에서 공정한 경쟁여건이 조성될 수 있도록 지배적 사업자(major supplier)[2]에게 일정한 의무사항을 추가 부과하고 있다. 먼저, 공중통신서비스의 이용·공급·요율 또는 품질, 상호접속을 위한 필요한 기술적 인터페이스 이용가능성 등과 관련하여 지배적 사업자가 그 자신, 자회사 또는 비계열서비스 공급자에게 부여하는 것보다 불리하지 않은 대우를 다른 쪽 당사국의 서비스공급자에게 부여하여야 한다 (제14.4조). 각 당사국은 지배적 사업자의 교차보조(cross-subsidization) 등 반경쟁적 관행을 차단하거나 금지하는 적절한 조치를 취해야 한다(제14.5조). 각 당사국은 재판매와 관련하여 불합리하거나 차별적인 조건 또는 제한을 부여하여서는 아니 된다(제14.6조).

또한 상대국 사업자에게 상호접속 또는 세분화된 망 요소[3]에 대한 접근

---

1) 공중통신서비스란 당사국이 공중에게 일반적으로 제공되도록 명시적으로 또는 사실상 요구하는 모든 통신 서비스를 말한다. 그러한 서비스는 특히 고객의 정보를 형태나 내용 면에서 종단 간의 변경 없이 둘 이상의 지점 간의 고객이 제공하는 정보를 전형적으로 수반하는 전화 및 데이터 전송을 포함할 수 있고, 부가 서비스는 제외한다(제 14.24조).

2) 지배적 사업자란 다음의 결과로 공중통신서비스의 관련 시장에서 참가조건(가격 및 공급에 관한 것)에 실질적으로 영향을 미칠 수 있는 능력을 가진 공중통신서비스의 공급자를 말한다.
   가. 필수 설비에 대한 지배, 또는
   나. 시장에서의 자신의 지위 이용(제14.24조)

3) 망세분화(unbundling)란 통신망 요소를 세분화하여 통신서비스의 제공에 이용되는 설비, 장치 등을 망요소 구입자가 일정 기간에 자신의 서비스와 결합하여 배타적인 사용권을 부여받는 것을 의미한다.

에 필요한 장비의 물리적 설비 병설을 비차별적으로 제공하되, 기술적 요인 또는 공간적 제한으로 인해 국내법에서 제한할 수 있다(제14.8조). 다만, 양측 무선분야에서 지배적 사업자의 의무 적용을 모두 배제하되, 지배적 사업자의 의무 가운데 상호접속 의무는 한국 측 무선분야에 적용하도록 하였다(부속서 14-나제1항, 제3항).

이러한 협정상의 통신사업자의 통신망 상호접속 보장, 반경쟁적인 내부 보조행위의 금지, 투명하고 공정한 통신사업 허가절차 및 분쟁해결절차 보장, 규제기관의 독립성 등은 양국의 현행 규제 제도에 대부분 반영되어 있는 사항이라고 하겠다.

그러나 이 협정에 의거하여 한국 통신시장의 네트워크 설비에 전혀 투자하지 않은 미국업체가 KT, 하나로, 파워콤 등 한국의 망과 주요 시설 등을 자유롭게 이용할 수 있게 됨으로써, 향후 한국의 기간통신업체의 시설투자 의욕을 감퇴시켜 통신인프라의 전체적인 위축을 가져올 소지가 있다고 지적되고 있다. 또한 공중통신서비스의 지배적 사업자 의무를 양측 무선분야에는 적용하지 않는 것으로 하면서도, 한국의 무선분야 지배적 사업자에게는 상호접속 의무를 적용한 것은 불평등한 결과라고 비판되고 있다.

II. 희소자원의 분배 및 이용

각 당사국은 주파수(frequencies)·번호(numbers)·선로설치권(rights-of way)을 포함한 희소통신자원(scarce telecommunications resources)의 분배 및 이용에 관한 절차를 객관적이고 시의적절(timely) 하며 투명(transparent)하고 비차별적인 방식으로 운영하여야 한다. 또한 각 당사국은 경제적으로 효율적인 전파의 사용과 공급자 간 경쟁을 장려하는 방식으로 통신서비스용 전파를 분배하고 할당하도록 노력하여야 하고, 행정적 유인가격 책정(administrative incentive pricing),[4] 경매(auctions), 비면허 사용(unlicensed use) 등 다양한 방법을 이용할 수 있다(제14.17조).

그런데 통신서비스용 전파의 분배와 관련한 경매제는 지나친 가격경쟁과 이로 인한 통신업체의 부담 및 소비자로의 부담 전가의 가능성을 지니고 있다는 점에서 그간 국내에서도 경매제 도입에 대한 찬반의견이 대립되어 왔던 만큼 국내의 상황에 대한 고려 없이 주파수 경매제를 무리하게 도입하는 것은 곤란하다는 지적도 있다.5)

III. 기술 및 표준에 관한 조치

한·미 FTA에서는 각 당사국의 정당한 공공정책의 목적을 달성하기 위한 기술 및 표준(technologies and standards)정책 권한을 인정하고 있다(제14.21조제1항). 각 당사국은 기술 또는 표준을 제한하는 조치를 취할 수 있으나, 이는 정당한 공공정책 목적으로 고안되어야 하며 무역에 대한 불필요한 장애가 되어서는 아니 된다(제14.21조제2항). 그런데 무선통신 분야의 정당한 공공정책 목적은 주파수의 효과적 또는 효율적 이용(전파간섭 방지 포함), 소비자의 국내외 네트워크 및 서비스에의 지속적인 접근 보장(이동 망에 대한 전 세계적인 접근), 법집행의 원활화 보장, 인간의 건강 또는 안전 보호 등으로 한정하고 있다(제14.21조제3항). 그리고 당사국은 규범 제정과정에서 통신사업자들에게 다양한 의견 개진 기회를 부여하여야 하며, 표준 채택 후에는 사업자의 추가 표준 허용 요구에 대하여 검토하여 서면으로 응답하여야 한다(제14.21조제5항).

한·미 FTA 협정에서 공공정책 목적 달성을 위하여 각 당사국의 기술표준정책의 권한을 인정하면서, 무선분야의 공공정책 목적의 경우, 주파수의

---

4) 국내의 대가할당(주파수의 경제적 가치와 기술적 파급효과가 크다고 인정될 때, 주파수에 대하여 경쟁적 수요가 있다고 인정될 때, 기타 전파 진흥을 위하여 필요하다고 인정될 때에 정보통신부장관이 대가를 받고 할당할 수 있게 한 제도)과 유사한 개념이다.
5) 한·미 FTA 졸속 체결에 반대하는 국회 비상시국회의 정책자문단, 『한미 FTA 협정문 분석 종합보고서』(2007. 6. 20.), pp.370-376.

효율적 이용 등 4가지로 제한하고 있는 점은 향후 정부의 기술표준정책의 추진 관련 입지를 지나치게 협소하게 만들 것이라고 평가되고 있다. 또한 기술표준 결정과정에서 이해관계자들에게 의견 개진기회를 부여하는 등 정부 정책의 투명성과 공정성을 제고할 수 있도록 한 것은 바람직하다고 하겠으나, 문제는 미국 역시 외견상으로는 시장주도적 성격과 사회적 다양성을 특징으로 하고 있으나 실질적으로는 미국 통신법이 FCC(연방통신위원회)로 하여금 ANSI(American National Standard Institute) 등 표준화단체의 활동에 참여하도록 규정하고 있어 미국 정부가 민간 표준화에 관여하고 있다는 점이다.

특정 기술표준이 선정되면 정보통신산업의 네트워크 외부성(network externality)[6] 및 잠금현상(lock-in effect)으로 인하여 승자독점(winner takes all)현상이 발생하고 시장으로의 진입 자체가 차단되는 결과가 발생한다. 따라서 기술표준선정은 사업자 간 분쟁 및 국가 간 통상현안의 주요 쟁점이 되어 왔다.

---

6) 네트워크 외부성은 어떤 재화들이 서로 연결되어 사용될 경우 그 재화들로부터 얻을 수 있는 효용이 변화하는 것을 의미한다. 즉, 한 번 기술표준이 결정되면 그 기술표준을 벗어난 제품은 시장에서 배제될 가능성이 높다.

16

전자상거래

    한·미 FTA 협정 제15장(전자상거래)은 총 9개의 조문으로 전자상거래 (Electronic Commerce) 활성화를 위한 일반조항, 의무규정 및 협력조항으로 구성되고 있다. 일반조항은 전자상거래에 관한 일반규정(제15.1조) 및 서비스의 전자적 공급(제15.2조)을 규정하고 있고, 의무규정으로는 디지털 제품(digital products)에 대한 무관세 및 비차별대우(제15.3조)를 규정하고 있으며, 협력조항은 전자인증 및 전자서명(제15.4조) 및 온라인 소비자보호 (제15.5조) 등을 규정하고 있다.

    전자상거래에 대한 국제적 논의는 OECD에서 가장 먼저 시작하여 산하 위원회 및 실무작업반을 중심으로 무역, 조세, 전자서명, 소비자보호, 프라이버시보호, 보안, 콘텐츠 등 전자상거래의 주요이슈에 대한 포괄적인 논의를 진행하고 있다.

    WTO 차원에서 전자상거래에 대한 논의는 1998년 2월 미국이 전자상거래의 무관세화에 대한 국제규범화를 공식적으로 제안함으로써 시작되었다. 그리하여 1998년 5월 제2차 제네바각료회의에서 "국제 전자상거래에 관한 선언"을 채택하였다. 이 선언에서 WTO 일반이사회가 국제 전자상거래에서 발생하는 무역과 관련된 문제에 대해 포괄적인 작업계획을 시작할 것을 촉구하면서, WTO 회원국들은 전자적 전송물에 대해서는 관세를 부과하지 않는 관행을 유지하는 것에 합의하였다.

전자상거래의 확산은 재화 및 서비스 공급자체에 대해 과세하는 소비세인 부가가치세의 과세문제를 초래한다. 전자상거래를 통한 재화와 용역의 국제적 공급에 대해 어느 국가가 부가가치세를 부과할 수 있는가에 따라 관련국가의 세수가 달라진다. 이는 부가가치세의 납세의무가 발생하는 장소가 되는 공급장소를 어디로 볼 것인지의 문제이다. 인터넷상의 경제행위는 특정장소와 연결짓기 어렵다는 특성을 가지고 있다. 결국 이러한 전자상거래의 특징들이 거래상품에 대한 국가관할하의 과세활동을 어렵게 하고 있는 것이다.

또한 인터넷에서 거래되는 콘텐츠가 상품인지, 서비스인지, 아니면 제3의 것인지의 문제가 있는바, 이도 결국 관세 또는 과세부과의 기준 문제를 초래한다. 그리고 이러한 상품의 지적재산권을 어떻게 보호할 것인지의 문제는 현실세계의 인터넷으로 전송되는 디지털제품에 대한 저작권 및 상표권 문제와 직결된다.

I. 디지털제품에 대한 무관세

한·미 FTA에서는 온라인으로 전송되는 디지털제품(digital product)에 대하여 무관세 관행1)을 유지하기로 하였다. 즉, 제15.3조(디지털제품) 제1항에서는 온라인으로 전송되는 디지털제품에 대한 무관세 관행을 유지하기

---

1) 1998년 WTO 제2차 각료회의에서 '전자상거래에 관한 WTO 각료선언'을 채택하여 전자상거래에 대한 무관세 관행을 한시적으로 유지하기로 결정하였고, 그 효력이 계속되고 있다.

로 하고, CD 등의 전달매체에 담아 오프라인으로 전달되는 디지털제품 중 양국을 원산지로 하는 물품도 무관세화하기로 하였다. 그리고 향후 디지털 제품이 실린 전달매체에 대해 이견이 발생할 경우 상품위원회[2]에서 협의하 기로 하고 있다.

여기서 디지털제품이라 함은 전달매체에 고정되는지 또는 전자적으로 전 송되는지에 관계없이 상업적 판매 또는 배포를 위해 전자적으로 부호화되고 생산된 컴퓨터 프로그램·문자열·동영상·이미지·녹음물 및 그 밖의 제품을 말한다(제15.9조). 그러므로 전자상거래의 대상이 아닌 전자화폐, E-mail 및 상업적 목적이 아닌 UCC(User Created Contents) 등은 제외된다.

온라인 전송물은 실질적으로 관세 부과가 용이하지 않으며, 1998년 WTO 각료회의에서 무관세화하기로 결정한 이후 국제적으로 무관세 관행 이 유지되고 있고, 우리나라도 무관세를 적용하고 있다. 온라인 디지털제품 거래에 대하여 과세를 하기 위해서는 거래대금의 결제과정을 추적하고 과세 하는 방안이 마련되어 있어야 하는바, 디지털제품의 온라인거래는 수출입절 차를 거치지 않음으로써 거래규모의 정확한 파악이 어려운 측면이 있다.

그런데 한·미 FTA에서 디지털제품은 전달매체에 고정되는지 또는 전자 적으로 전송되는지에 관계없이 디지털 방식으로 부호화된 제품으로 정의되 고 있는바, 이는 향후 기술의 급속한 발달로 오프라인 또는 온라인으로 전송 할 수 있는 다양한 디지털 콘텐츠가 등장함으로써 우리가 개방을 예상하지 않은 분야가 실질적으로 개방되는 결과를 가져올 수도 있다.

---

2) 양 당사국은 상품무역에 대한 관세 및 비관세문제를 논의하기 위하여 상품무역위원회 를 구성한다(제2.14조).

II. 디지털제품에 대한 비차별대우

디지털제품에 대하여도 내국민대우와 최혜국대우가 부여된다(제15.2조).
그런데 내국민대우와 관련하여서는 디지털제품이 상대국에서 단순히 저장
(stored) 또는 전송(transmitted)되었거나 상업적 조건으로 최초로 이용할
수 있게(first made available on commercial terms)된 경우와 디지털제품
의 단순 배포자(distributor)인 경우는 이를 제외하고 있다(제15.3조제2항
각주3)). 따라서 디지털제품이 상대국에서 창작·제작·발행·계약·발주되
는 경우 그 디지털제품의 저작자·실연자·개발자 또는 소유자가 상대국 국
민인 경우에만 내국민대우의 적용을 받게 된다. 일반적으로 비차별대우는
서비스 공급자의 국적을 근거로 규율하는 데 전자상거래는 그 특성상 공급
자의 국적을 판별하기 곤란함에 따라 디지털제품의 특성에 맞게 비차별대우
의 적정한 범위를 설정하고 있다.

그리고 최혜국대우와 관련하여서는 상대국 영역에서 또는 상대국 국민에
의해 창작·제작·발행·계약·발주되거나 상업적 조건으로 최초로 이용할
수 있게 된 디지털제품에 대해 비당사국 영역 또는 비당사국인의 동종 디지
털제품에 부여하는 것보다 불리한 대우를 금지하고 있다(제15.3조제3항).

한편, 디지털제품에 대한 비차별대우는 투자(제11장), 국경간 서비스무역
(제12장), 금융서비스(제13장)에서의 부속서 I II의 비합치조치(유보목록)
에는 적용되지 않으며, 또한 정부지원 융자·보증 등 보조금 또는 무상교부
그리고 정부권한 행사에 의한 서비스 등에도 적용되지 않는다(제15.3조제4
항, 제5항). 아울러, 소비자의 선택권이 없는 방송 등 시청각서비스는 공공
성 및 사회적 영향력을 고려하여 디지털제품에 대한 무관세와 비차별대우가
적용되지 않는다(제15.3조제6항).

---

3) 제15.3조제2항 각주에서 내국민대우의 적용을 받는 디지털제품을 다른 쪽 당사국의
   영역에서 창작·제작·발행·계약 또는 발주되는 그러한 디지털제품 또는 그 저작자·
   실연자·제작자·개발자 또는 소유자가 다른 쪽 당사국의 인(person)인 경우로 한정시
   키고 있다.

III. 전자인증 및 소비자보호

한·미 FTA 협정에서는 전자상거래의 활성을 위하여 전자인증수단(electronic authentication methods)을 자율적으로 선택하기로 하고(제15.4조), 소비자보호 등을 위하여 협력기반을 강화하기로 하였다(제15.5조). 양 당사국은 소비자가 전자상거래에 참여할 때에 사기적이고 기만적인 상업적 관행으로부터 보호받을 수 있도록 투명하고 효과적인 조치를 채택하여야 한다. 전자상거래의 안전성을 확보하고 비대면적인 사용자간 신뢰를 높이기 위하여 거래 상대방의 신원을 확인하고 의사표시의 진위 여부를 확인하기 위해서는 전자서명과 관련된 제도적인 뒷받침이 필요하다.

전자상거래 관련 소비자보호 문제는 OECD에서 집중적으로 논의되고 있다. 1998년 "전자상거래 소비자보호 선언"을 채택하여 시장지향의 자율규제 장려, 관련 법령의 정비, 기술의 개발, 소비자교육 및 국제협력 등 소비자정책의 기본방향을 제시하고 있다. 그리고 1999년 12월 OECD는 "전자상거래 분야에서의 소비자보호 가이드라인에 관한 OECD 이사회 권고"를 채택하였다. 동 권고에서는 정부와 기업, 그리고 소비자에 대한 완전하고 공정한 정보의 공개·공고, 불만처리, 보상과 같은 핵심소비자 원칙을 권고함으로써 소비자의 신뢰를 구축하고자 하였다.

17

경쟁 관련 사안

한·미 FTA 협정 제16장 경쟁 관련 사안(Competition-Related Matters)은 9개 조문으로 구성되어 있다. 먼저, 경쟁법의 시행과 반경쟁적 영업행위에 대한 각 당사국의 의무과 동의명령제의 도입(제16.1조), 지정독점과 공기업의 서비스공급자에 대한 비차별적대우 및 반경쟁적 행위 금지(제16.2조 및 제16.3조), 그리고 국경간 소비자보호에 관하여 규정하고 있다(제16.6조). 한편, 경쟁법과 반경쟁적 영업행위 및 국경간 소비자보호 관련 분쟁은 이 협정의 분쟁해결 절차를 따르지 않음을 규정하고 있다(제16.8조).

일반적으로 경쟁정책이란 시장에서 각종 경쟁을 저해하는 기업이나 단체 등 사업자들의 제반 기업구조와 행위 등을 규제함으로써 결과적으로 시장에서 경쟁을 촉진하기 위한 제반정책을 말한다.

WTO에서 경쟁정책이 본격적으로 논의되기 시작한 것은 1996년 12월 WTO 내에 무역경쟁작업반(Working Group on Trade and Competition Policy)이 설치되면서부터이다. WTO 회원국들은 기업의 경쟁제한행위가 외국기업의 국내시장 접근에 영향을 미치므로 경쟁정책의 효과적 집행이 국제무역 증진에 기여할 수 있다는 데 의견을 모으고, 국제카르텔에 대한 제재 및 국제합병에 관한 심사 등에 있어 경쟁당국 간 국제협력이 필요하다는데 대해서도 대체적으로 공감해 왔다. 그러나 1999년 WTO 제3차 각료회의에서 DDA에서의 경쟁정책 포함 여부를 논의했으나 합의를 하지 못하였고, 그 이후인 2003년 멕시코 칸쿤에서의 WTO 제5차 각료회의에서도 합의 도출에 실패하였다. 결국 2004년 제네바에서 개최된 WTO 일반이사회에서 경쟁이슈는 DDA에서 제외되고 더 이상 경쟁이슈 협상은 진행되지 않는다고 합의되었다.

한편, OECD는 1991년 경쟁정책을 1990년대의 새로운 통상이슈로 선정한 이후 경쟁법 및 경쟁정책위원회(CLP: Competition Law and Policy Committee)를 중심으로 무역과 경쟁정책에 관한 연구를 해 왔다. CLP는 1996년 4월 합동보고서를 채택하고 기업 등의 반경쟁적 영업관행과 정부의 반경쟁적인 각종 무역 관련 조치 및 각 정부의 상이한 규제조치들이 경쟁적인 시장의 조성과 공정한 시장접근을 저해하는 요인이라 지적하고, 1996년 5월 무역과 경쟁정책 공동작업단을 설치하였다. OECD는 회원국들로 하여금 1995년 "경쟁당국 간의 협력에 관한 권고(Recommendation on Co-operation between Antitrust Authorities)" 및 1998년 "경성카르텔을 규율하기 위한 협력에 관한 권고(Recommendation on Co-operation against Hard-core Cartels)"에 따라 주요 무역상대국과의 쌍무적 협력을 강화하도록 권고하였다.

현재 미국을 비롯한 많은 선진국들은 타국 기업의 반경쟁적 행위와 이를 자율적으로 규제하지 않는 외국정부의 정책으로 인하여 자국이 피해를 보고 있다고 생각하고 있다. 그리하여 미국은 경쟁정책 도입 초기부터 경쟁정책 주무당국의 강력한 리더십을 통해 이를 완수해 나가는 것이 필요하므로 경쟁정책에 대한 논의를 다자간이나 국제적인 규범의 틀 속에서 논의하는 것보다 양자협상이나 지역 간 협상을 통해 강력히 추진해야 한다고 하고 있다.

I. 반경쟁적 영업행위 금지와 동의명령제

양 당사국은 반경쟁적 영업행위(anticompetitive business conduct)를 금지함으로써 자국 시장에서의 경쟁과정을 증진하고 보호하는 경쟁법을 유지하고, 경제적 효율성 및 소비자 후생을 증진시키기 위하여 반경쟁적 행위에 대하여 적절한 조치를 취하기로 하였다(제16.1조제1항). 그리고 청문절차에서의 제반 적법절차를 보장하고, 관련 규칙과 결과를 공표하는 등 양국 기업이 상대국에서 공정하고 투명한 경쟁법 집행절차를 이용할 수 있도록 보장하여야 한다(제16.5조).

그리고 자국의 경쟁당국에게 집행조치의 대상자와 상호합의에 의하여 행정적 또는 민사적 집행조치를 종결하는 동의명령제(Consent Order)를 도입하고 있다(제16.1조제5항). 이 동의명령제는 미국의 당사자주의적 분쟁해결 시스템의 산물로서, 경쟁법 집행과정에서 행위의 위법성에 대한 최종적인 판단단계에 이르기 전에 피심인과 경쟁당국과의 합의에 의하여 분쟁을 해결하고 사건을 종결시키는 일련의 절차를 말한다.

동의명령제는 위법성 판단이 어렵고 사건처리에 장기간이 소요되는 경우에 이 제도를 활용함으로써 기업부담을 경감시키고 신속하고 효과적인 피해구제를 가능하게 할 수 있다. 반면에 이 제도를 오·남용하는 경우에는 대기업 등의 공정거래법 위반행위에 대해 면죄부를 주는 수단으로 악용되는 등의 폐해가 발생할 우려도 있다.

그런데 미국의 독점금지법과 한국의 공정거래법은 그 목적 자체가 상당히 다르다. 미국의 독점금지법이 경제적 효율성을 촉진하는 역할을 하는데 반하여, 한국의 공정거래법은 대기업집단의 불공정한 시장왜곡 및 시장지배를 막기 위한 제도적 장치의 역할을 담당하고 있다. 뿐만 아니라 상대적으로 열악한 위치에 있는 중소기업 및 소비자들의 권익을 보호하기 위한 목적에도 상당한 비중을 두고 있다. 그러므로 자유시장 체제에 대한 신뢰를 기반으로 형성된 미국의 독점금지법에서의 제도가 법 목적 자체가 다른 한국의 공정거래법 안에 효과적으로 수용될 수 있을지는 의문이라는 지적도 있다.[1)]

II. 지정독점 및 공기업의 의무

각 당사국은 지정독점(designated monopolies)[2] 또는 공기업(state enterprises)[3]을 설립·유지할 수 있도록 허용하되, 이러한 기업을 통하여 정부가 우회적으로 의무를 회피하거나 시장에 개입하여 경쟁제한적인 행위 등을 하지 못하도록 몇 가지 의무를 규정하고 있다. 즉, 지정독점과 공기업에 2가지 공통의무사항이 있고, 지정독점에만 추가적으로 해당하는 2가지 의무사항이 있다(제16.2조, 제16.3조).

지정독점과 공기업의 공통의무사항으로는, ① FTA 협정에 따른 제반의무사항에 합치되도록 권한을 행사, ② 상대국의 투자, 상품 및 서비스 공급자에 대해 비차별적대우가 있고, 그리고 지정독점에 대해서만 추가적으로 적용되는 2가지 의무사항으로는, ① 지정독점이 지정조건(terms of its designation)[4][5]에 따라 활동하는 경우를 제외하고는 상업적 고려(commercial considerations)[6]에 따라 활동, ② 자국영역의 비독점시장에서 상대국 기업

---

1) 한·미 FTA 졸속 체결에 반대하는 국회 비상시국회의 정책자문단, 앞의 보고서, pp. 378-400.

2) 관련시장에서 특정한 상품 또는 서비스의 유일한 공급자 또는 구매자로 지정된 기관으로 중앙정부가 소유 또는 소유지분을 통하여 통제하는 정부독점기관(정부독점) 및 정부가 지정한 민간독점기관(민간독점)이다. 예컨대, 우리 측의 경우 우편법상 독점으로 지정된 우체국이 서신배달의 독점 공급자이고, 미국의 경우 우체국, AMTRAK(철도) 등이 이에 해당한다.

3) 정부가 소유 또는 소유지분을 통하여 통제하는 기업으로, 예컨대 우리 측의 경우 주택공사, 수자원공사, 도로공사 등 공공기관 및 이들이 통제할 수 있을 만큼 상당부분 출자한 일부 자회사가 이에 해당하고, 미국의 경우 Tennessee Valley Authority, Corporation for National and Community Service 등이 이에 해당한다.

4) 이 장의 어떤 규정도 당사국이 지정조건을 개정하는 것을 금지하는 것으로 해석되지 아니한다(제16.2조 각주).

5) 지정독점이 당사국의 규제당국에 의하여 승인된 특정요금이나 그 당국에 의하여 수립된 그 밖의 조건에 따라 특정상품 또는 서비스를 공급하는 것을 금지하는 것으로 해석되지 아니한다. 다만, 그러한 요금 또는 그 밖의 조건은 비차별대우(제16.2조제1항 다호), 반경쟁적 행위(제16.2조제1항 라호)에 불합치하여서는 아니 된다(제16.2조 각주).

6) 관련 영업 또는 산업에서 민간소유 기업의 통상적인 사업관행에 합치하는 것을 말한다

의 투자에 부정적인 영향을 미치는 반경쟁적 행위를 할 수 없도록 규정하고 있다.

여기서 지정독점의 지정조건은 당사국이 개정을 할 수 있다. 그러나 지정조건은 ① 적용대상 투자, 다른 쪽 당사국의 상품, 다른 쪽 당사국의 서비스 공급자에 비차별적(제16.2조제1항다호)[7]이어야 하고, ② 자국영역의 비독점시장에서 적용대상투자에 부정적 영향을 미치는 반경쟁적 관행(제16.2조제1항라호)에 관련되지 않아야 한다(제16.2조의 각주).

그런데 국내의 많은 정부투자기관 또는 재투자기관들이 비록 당사국의 규제당국에 의해 승인된 특정요금이나 그 밖의 조건에 따라 상품 또는 서비스를 공급할지라도, 이러한 지정조건을 제약하는 2가지 조건은 지정독점의 추가적인 의무사항인 상업적 고려를 회피할 수 있는 여지를 축소 또는 제약할 것으로 보인다.[8]

III. 국경간 소비자보호

한·미 FTA에서는 소비자보호에 관한 협력의 중요성을 인식하고 양국이 소비자보호법 집행에 있어 상호 협력하도록 규정하고 있다(제16.6조). 소비자 보호정책에 관한 협의와 당사국의 소비자보호법 제정 및 운영과 관련된

(제16.9조).

7) 국가의 공공요금은 경쟁하는 사기업과 차별하지 말아야 한다는 규정이다. 비차별대우를 하지 않기 위해서는 경쟁하는 민간기업이나 미국 투자자가 운영하는 회사의 가격과 동일한 가격을 주문하고 있다(강은희, 『위험한 거래: 한미FTA의 베일을 벗긴다』(책이있는마을, 2012), p.168).

8) 한·미 FTA 제16.2조(지정독점) 중 각주내용은 국가의 공공요금 결정권을 심각하게 침해할 뿐만 아니라 공공의 이익을 위한 가격결정을 할 수 없게 할 수 있다. 이 조항은 국가의 역할과 공공정책 결정권을 사실상 무력화시킬 수 있다. 공기업의 가격결정이 경쟁업체인 사기업의 결정에 맞추어야 하는 모순에 빠진다(강은희, 위의 글, pp.168-169).

정보를 교환하고, 소비자에 대한 사기적이고 기만적인 상업적 관행을 적발하며 이를 금지하기 위한 협력을 강화한다.

그리고 국경간 차원에서 발생하는 중대한 소비자보호법 위반을 감소시키기 위한 방안에 대한 협의를 하고, OECD의 2003년 "국경간 사기적이고 기만적인 상업적 관행으로부터 위반을 보호하기 위한 OECD 가이드라인"의 이행을 지지한다.

한편, 각 당사국은 자국의 소비자보호법의 집행에 있어서 다른 쪽 당사국과의 효과적인 협력에 대한 장애를 확인하도록 노력하고, 그러한 장애를 축소하기 위하여 자국 국내 법률체제의 수정을 검토하여야 한다(제16.6조제4항).

18

정부조달

한·미 FTA 협정 제17장 정부조달(Government Procurement)은 WTO 정부조달협정(GPA: Government Procurement Agreements) 플러스(+) 방식으로 양허대상기관 및 양허하한선을 인하하는 등의 조치를 추가하고 있다.

적용대상기관을 보면, 한국은 중앙정부기관 51개[1]이고, 미국은 연방정부기관 79개[2]이다. 즉, 미국의 주정부와 우리나라의 지방자치단체 및 공기업은 제외되고 있다. 그리고 적용범위는 상품(물품), 서비스(용역), 건설서비스(건설공사) 조달에만 적용되며, 특히 민자사업계약(BOT: Built Operate Transfer)도 정부조달의 범위에 포함하고 있다(제17.2조).

양 당사국은 중앙(연방)정부의 상품 및 서비스 산업의 양허하한선을 미국

---

1) 우리나라의 경우 WTO 정부조달협정에 의한 현행 양허기관(42개) 대비 9개 기관(소방방재청, 방위사업청, 국가청소년위원회, 국가인권위원회, 방송위원회, 국가청렴위원회, 중소기업위원회, 공정거래위원회, 국민고충처리위원회)을 추가 양허하였다.
2) 미국의 경우 WTO 정부조달협정에 의한 현행 양허기관(79개)과 동일하다(Social Security Administration 추가, Uranium Enrichment Corporation은 민영화로 삭제).

은 현행 20만 달러에서 10만 달러로, 한국은 2억 원에서 1억 원으로 인하하고 있다. 또한 건설서비스 조달의 경우는 500만 SDRs(Special Drawing Rights)(원화 74억 원, 미화 740.7백만 달러)로 양허 하한선을 정하고 있다(부속서 17-가 제1절). 한편, 입찰참가 및 낙찰과정에서 조달기관이 속한 국가 내 과거실적 요구를 금지함으로써 상대국 정부조달시장 진입에 대한 제도적 장치를 마련하였다(제17.5조).

한편, 중앙정부의 재정적 지원하에 구매하는 학교급식용 식자재의 경우와 중소기업 할당분[3](미국의 경우는 소규모 또는 소수계 민족소유 기업에 대한 할당분)에 대하여는 적용을 배제하고 있다(부속서 17-가 제5절).

I. 학교급식 적용배제

한·미 FTA에서는 정부조달 대상을 중앙정부기관으로 하면서, 학교급식과 관련하여서는 한국은 급식프로그램(human feeding programs)의 증진을 위한 조달에는 제외하였고(부속서 17-가 제5절), 미국은 중앙정부기관인 농림부의 농업지원프로그램(agricultural support program) 또는 급식프로그램(human feeding program)을 증진하기 위하여 이루어지는 농산물 조달을 제외하고 있다(부속서 17-가 제1절 중앙정부기관. 미합중국의 양허표에 대한 주석).

그러므로 중앙정부의 재정적 지원하에 이루어지는 학교급식을 위한 식자재의 구입은 한·미 FTA의 정부조달규정에서 제외되므로 우리 농산물 우선 구매 등 차별적 조치가 가능[4]해진다.

그런데 정부의 "한·미 FTA 설명자료"에는 한·미 FTA 규정에 의한 급식

---

3) 이는 ① 「국가를 당사자로 하는 계약에 관한 법률」과 그 법의 대통령령에 따른 수의계약과 중소기업을 위한 할당분, ② 사회기반시설에 대한 민간투자법에 따른 중소기업을 위한 할당분을 말한다(부속서 17-가 제5절).

4) WTO 정부조달협정(GPA)에도 학교급식 예외 조항을 신설하였다(2011. 12. 15.).

〈표 1〉 2011년 학교급식예산의 부담주체별 현황

합계	보호자 부담금	교육비 특별회계	자치단체 지원금	발전기금 /기타
4조 9,373억 원 (100%)	2조 3,831억 (48.3%)	1조 8,560억 (37.6%)	6,093억 (12.3%)	889억 (1.8%)

자료: 교육과학기술부

〈표 2〉 2011년 학교급식예산의 지출항목별 현황

합계	식품비	인건비	연료비 기타	시설 유지비	시설 설비비
4조 9,373억 원 (100%)	2조 9,756억 (60.3%)	1조 2,215억 (24.7%)	3,239억 (6.5%)	381억 (0.8%)	3,782억 (7.7%)

자료: 교육과학기술부

프로그램은 정부재정 지원 부문만 해당되고, 학부모 부담분은 이의 적용대상에서 제외된다고 지적5)하고 있다. 우리나라의 학교급식예산을 보면, 2011년 기준으로 전국 초·중·고·특수학교 11,483교 중 99.9%인 11,476교에서 급식을 실시하였고, 예산규모는 총 4조 9,373억 원이었는데 이 중 보호자 부담금이 2조 3,831억 원으로 48.3%의 비중을 차지하고 있다.

반면에 미국은 농산물 정부조달을 막대한 예산이 소요되는 자국 내 농업지원프로그램과 연계하고 있다. 미국 농업법은 농산물 생산지원, 환경보전, 국내식품지원(학교급식 등과 연계), 수출증진, 해외식량원조, 농업연구개발, 임업, 에너지 등의 분야에 막대한 예산을 지출하고 있다. 또한 미국 학교급식은 급식인원이 2천7백만 명에 달하는 거대한 시장으로서 농산물의 주요 판로이다. 더욱이 학교급식에 소요되는 식자재를 미국산만 사용토록 제한하

---

5) 외교통상부, 『한·미 FTA 상세설명자료』(2011. 7.), p.142.

고 있다.[6)]

II. 중소기업 우대조치

정부조달에서 중소기업 우대조치와 관련하여, 한국은 「국가를 당사자로 하는 계약에 관한 법률」[7)]에 따른 수의계약과 중소기업 할당분 및 「사회기반시설에 대한 민간투자법」에 따른 중소기업 할당분을 정부조달의 예외로 규정하고 있다(부속서 17-가 제5절. 대한민국 양허표). 반면에, 미국은 소규모(small) 또는 소수계 민족소유(minority-owned) 업체를 위한 할당분(set-aside)을 제외하고 있다. 여기서 할당분은 상품 또는 서비스를 제공하는 배타적 권리와 같은 어떠한 형태의 특혜나 가격 특혜도 포함할 수 있다고 규정하고 있다(부속서 17-가 제5절, 미합중국 양허표).

그런데 미국의 경우는 특정한 법률을 지정하지 않고 대신 특혜의 방식으

---

6) 한·미 FTA 졸속 체결에 반대하는 국회 비상시국회의 정책자문단, 앞의 보고서, pp. 435-452.

7) 「국가를 당사자로 하는 계약에 관한 법률」 제4조(국제입찰에 의할 정부조달계약의 범위) ① 국제입찰에 의하는 정부조달계약의 범위는 정부기관이 체결하는 물품·공사·용역의 계약으로서 정부조달협정 및 이에 근거한 국제규범에 따라 기획재정부장관이 정하여 고시하는 금액 이상의 계약으로 한다. 다만, 다음 각호의 1에 해당하는 경우에는 국제입찰에 의한 정부조달계약의 대상에서 제외한다.〈개정 1997. 12. 13., 2008. 2. 29.〉

　1. (생략)

　2. 「중소기업제품구매촉진법」의 규정에 따라 중소기업제품을 제조·구매하는 경우

「중소기업제품 구매촉진 및 판로지원에 관한 법률」 제4조(구매 증대) ① 공공기관의 장은 물품·용역 및 공사(이하 "제품"이라 한다)에 관한 조달계약을 체결하려는 때에는 중소기업자의 수주(受注) 기회가 늘어나도록 하여야 한다.

② 공공기관의 장은 「국가를 당사자로 하는 계약에 관한 법률」 제4조제1항에 따라 기획재정부장관이 고시한 금액 미만의 물품 및 용역(제6조제1항에 따라 중소기업청장이 지정한 중소기업자간 경쟁 제품은 제외한다)에 대하여는 대통령령으로 정하는 바에 따라 중소기업자와 우선적으로 조달계약을 체결하여야 한다.〈신설 2012. 6. 1.〉

로 포괄적으로 규정하여 한국의 2개의 법률 제한보다도 포괄적이다. 이러한 차이는 양국이 WTO 정부조달협정(GPA)의 양허안의 범주를 벗어날 수 없었기 때문인 것으로 보인다. WTO 정부조달협정에서 우리나라는 「국가를 당사자로 하는 계약에 관한 법률」에 의한 중소기업 예외조항만을 양허하였고, 반면에 미국은 한·미 FTA처럼 소규모기업과 사회적 또는 경제적 약자들이 소유하는 기업을 예외로 양허하였다.

III. 미국의 바이 아메리카 정책

미국의 바이 아메리카(Buy America) 정책이란 자국제품우대정책으로 법 (Buy American Act)과 규정(Buy American Provisions)이 있다. 먼저, 「바이 아메리칸법(Buy American Act)」은 미연방정부의 모든 부처 및 각 기관들이 일정금액($3,000)을 초과하는 물품을 구매하는 경우[8])에 적용되는데, 공공이용(public use)을 위한 모든 원자재(unmanufactured)는 미국산이어야만 하고, 제품(manufactured)도 모두 미국산 원자재로 미국 내에서 생산된 것이어야만 한다는 자국제품우대정책을 말한다.[9]) 미국의 이러한 자국제품우대정책은 그 연원이 1930년대까지 올라간다. 1933년 제정된 「바이 아메리칸 법(Buy American Act of 1933)」[10])은 대공황기에 미국 국내의 일자리를 보호하기 위한 사회보장 차원의 정책에 바탕한 것이었다.

이러한 미국의 바이 아메리카 정책은 정부의 조달정책과 관련되고, 대외적으로는 WTO 정부조달협정, 한·미 FTA 등과의 충돌문제가 생긴다. 이에 대하여 「1979년 무역협상법(Trade Agreements Act of 1979)」[11]) 제301조[12])

---

8) 41 U.S.C. §1902; 41 U.S.C. §8302(a)(2)(C).

9) 41 U.S.C. §8302(a)1).

10) 47 Stat. 1520 (현재는 미연방법전 제41편 8301조부터 8303조(41 U.S.C. §§8301-8303)에 영구법(permanent law)으로 입법되어 있다).

11) Pub.L. pp.96-39 (19 U.S.C. 2501, et seq.).

는 NAFTA 및 무역협정 체결국가들에 대하여 정부 조달과 관련하여 외국제품차별조항의 적용을 배제할 수 있는 권한을 대통령에게 부여하고 있다. 그리하여 연방조달규칙(FAR: Federal Acquisition Regulation)에서는[13] 「바이 아메리칸 법(Buy American Act)」 및 규정(Buy American Provisions)에서의 외국산 제품에 대한 차별은 WTO 정부조달협정 회원국과 지역경제협정(NAFTA) 및 양자간 무역협정(FTA) 등의 체결국에는 미치지 않는다고 명시하고 있다. 그런데 이는 일정 금액을 초과하는 경우에만 해당되며 그 금액 이하의 정부조달에 대해서는 해당되지 않는다.

현재 WTO 정부조달협정 회원국의 경우에 상품 및 서비스는 $202,000, 건설은 $7,777,000 이상을 초과하는 정부조달에 대한 비차별적 대우가 적용된다. 한국의 경우는 WTO GPA 회원국이면서 동시에 FTA 체결국이므로, 한·미 FTA에서 규정한 바와 같이 상품 및 서비스는 $100,000, 건설은 $7,777,000 이상을 초과하는 정부조달에 대하여 비차별적 대우를 받게 된다.[14] 이는 한·미 FTA 정부조달(제17장)에서 규정하고 있는 양허하한선과 동일한 금액이다.

한편, 이와는 달리 개별법에 자국제품우대규정(Buy American Provisions)을 포함하는 경우가 있다. 국방부에서는 국가의 안전을 담보로 미국산 제품을 우선적으로 구매하고 있으며, 교통부에서도 지난 1982년 제정된 「지상교통지원법(Surface Transportation Assistance Act)」 제165조[15]에 따라 미국산 제품 조달규정을 시행하고 위반 시의 벌칙까지 규정하고 있다.

2009년 미국은 경제위기의 해결 및 장기적이고 지속적인 경제성장 기반

---

12) 19 U.S.C. 2511(a),(b).

13) 48 C.F.R.(Code of Federal Regulations: 미연방행정규정) 25.403(a)에는 WTO 정부조달협정(GPA)회원국 및 FTA 체결국은 Buy American Act 및 기타 법률의 차별적 조항의 적용을 받지 않는다고 규정하고 있는데, 한국도 C.F.R.내에 명시되어 있다 (48 C.F.R. 25.400(a)(1)에서는 WTO 정부조달협정(GPA)회원국을 명시하고 있으며, 48 C.F.R. 25.400(a)(2)(x)에서는 FTA 체결국으로서 한국을 명시하고 있다).

14) 48 C.F.R. 25.402(b). 이 금액은 미국 무역대표부에 의해 매 2년마다 개정된다.

15) Pub.L. 97-424, §165 (현재는 49 U.S.C. §5323(j)로 규정되어 있음).

을 마련할 수 있는 경기부양을 위해 「미국경제회복 및 재투자법(American Recovery and Reinvestment Act of 2009)」16)을 제정하였다. 이 법 역시 자국제품우대규정(Buy American Provisions)을 포함하고 있는데, 그 내용은 이 법에 의한 지원자금이 사용된 공공사업의 경우 미국산 철강 및 제조품을 사용을 의무화하는 것이다.17) 다만 WTO 정부조달협정, FTA 등 국제조약에 의한 미국의 의무에 따른 예외를 규정함으로써 국제조약과의 충돌을 방지하고 있다.18)

그리고 이 법의 시행을 위한 행정규칙19)에서는 경기부양자금(stimulus money)이 전부 또는 일부 지출된 공공사업의 경우 계약상대자는 미국 내에서 생산된 철, 강철제품만을 사용해야만 하며,20) 또한 미국산으로 인정받기 위해서는 모든 제조공정이 미국 내에서 이루어져야만 한다고 규정하고 있다.21) 다만, $7,777,000 이상 건설계획에 있어서는 「미국경제회복 및 재투자법」 제1605조가 적용되는 철강 및 제품이더라도 미국과 무역협정을 체결한 국가들로부터 구매할 수 있다고 규정하고 있다.22)

---

16) Pub.L. 111-5.

17) 제1605조(미국산 철강 및 제품의 사용)
    (a) 이 법에 의해 책정되었거나 지급되는 자금은, 공공건물 또는 공공사업의 건설, 변경, 유지, 보수를 위한 계획에서 사용되는 모든 철강 및 공산품(manufactured goods)들이 미국 내에서 생산된 것이 아닌 한, 그러한 계획을 위해 사용될 수 없다.

18) American Recovery and Reinvestment Act of 2009, Pub. L. No. 111-5, § 1605 (d).

19) 48 C.F.R. 25.600-25.607.

20) American Recovery and Reinvestment Act of 2009, Pub. L. No. 111-5, § 1605.

21) 48 C.F.R. 25.602-1(a)(1).

22) 48 C.F.R. 25.603(c)(1).

19

지적재산권

한·미 FTA 협정에서 지적재산권(Intellectual Property Rights)에 관한 제18장은 크게 저작권, 산업재산권 및 집행분야로 구분되며, 이 가운데 산업재산권은 특허권, 상표권, 지리적 표시, 디자인 등에 관한 내용을 포함하고 있다.

각 당사국은 협정의 발효일까지 「1994년 상표법조약」, 「1996년 세계지적재산기구의 저작권조약 및 실연·음반조약」 등에 비준·가입하여야 한다(제18.1조). 또한 지리적 표시가 상표로써 보호되며, 시각적으로 인지할 수 없는 표지(sign)라 하더라도 상표의 등록을 거부할 수 없도록 하고, 유명상표 등에 대해 보다 강화된 보호조치를 수립하도록 의무화하며(제18.2조), 인터넷상의 상표권 침해문제를 다루기 위하여 통일된 도메인이름 분쟁해결절차를 수립하도록 규정하고 있다(제18.3조).

저작권 및 저작인접권과 관련하여 저작권 존속기간의 연장(저작자 사후 70년), 일시적 복제의 인정, 접근통제적 기술적 보호조치 등을 규정하고 있다(제18.4조부터 제18.7조까지).

특허권과 관련하여서는 모든 기술 분야에서 물건 또는 방법에 관한 어떠한 발명에 대해서도 특허가 가능하도록 하되, 공공질서나 선량한 풍속을 보호하기 위한 경우나 진단 및 치료 등을 위한 경우 등에는 특허권을 배제할 수 있도록 하였으며, 특허를 허가함에 있어 발생한 불합리한 지연을 보상하기 위해 특허 존속기간을 연장할 수 있도록 하였다(제18.8조).

지적재산권의 집행과 관련하여서는 원활한 집행을 위해 일반적인 의무사항, 민사 및 행정 절차와 구제, 잠정적 조치, 국경조치와 관련된 특별요건, 형사 절차와 구제, 인터넷 서비스제공자의 책임 등에 대한 내용을 규정하고 있다. 특히 법정손해배상제도를 도입하도록 하며, 위조상표 및 오디오·비디오 저작물에 대한 불법녹음의 거래 시 형사상 구제절차를 적용하도록 하고 있다(제18.10조).

그리고 지적재산권에 관한 부속서한에서는 인터넷 서비스 제공자의 책임 제한, 저작물 보호 및 효과적 집행 증진, 온라인 불법복제 방지, 그리고 의약품 특허 연계 분쟁해결에 관해 규정하고 있다.

I. 소리·냄새상표의 인정

지리적 표시(geographical indications)를 포함한 상표의 등록요건으로 당사국은 시각적으로 인식 가능할 것을 요구할 수 없으며, 어떠한 당사국도 상표를 구성하는 표지(sign)가 소리 또는 냄새(sound or scent)라는 이유만으로 상표의 등록을 거부할 수 없다고 규정하여 소리[1]·냄새[2]상표를 인정하고 있다(제18.2조).

우리 「상표법」에서는 상표를 시각을 통해 인식될 수 있는 표장으로 한정하고 있으므로 소리·냄새 등 비시각적인 상표는 보호 대상이 아니었다. 이

---

1) 인텔의 '효과음'이나 MGM의 '사자 울음소리'를 예로 들 수 있다.
2) 레이저 프린터 토너의 '레몬향'을 예로 들 수 있다.

와 관련하여 정보통신기술 및 마케팅 수단의 발전에 따라 시각적으로 인식
할 수 없는 상표도 시장에서 사용하고 있는 시대적 변화를 반영하기 위해
비시각적 상표를 보호할 필요성이 있다는 지적이 있다.

　한편, 1994년에 채택된 「상표법조약(TLT: Trademark Law Treat)」에서
는 상표의 범위를 시각적으로 인식되는 표장으로 한정하고 있으나, 2006년
3월에 채택된 「상표법에 관한 싱가포르 조약」3)(2012. 7. 1. 가입)에서는
소리·냄새 등 비시각적인 상표까지 상표권 보호범위를 확대하고 있다.

　그런데 서면에 의해 이루어지는 상표심사 및 등록 실무 등을 고려할 때
소리나 냄새의 경우 어떤 방법으로 심사 또는 공시할 것인지에 관한 문제
지적도 있다. 우리나라는 한·미 FTA를 이행하기 위하여 「상표법」을 국회
본회의 수정안으로 의결하여(2011. 11. 22.) 이를 반영4)하였다.

---

3) 「상표법에 관한 싱가포르 조약(STLT: Singapore Treaty on the Law of Trademarks)」
　은 2002년 이후 WIPO에서 8차례에 걸친 논의를 통해 상표법조약개정(안)을 마련하
　고, 2006년 3월 싱가포르에서 개최된 외교회의를 통해 개정 상표법조약을 채택하였다.
　2011년 8월 현재 가입국은 싱가포르, 미국, 이탈리아, 러시아 등 24개국이다.
4) 한·미 FTA 이행 관련 「상표법」개정(2011. 12. 2.)
　제2조(정의) ① 이 법에서 사용하는 용어의 뜻은 다음과 같다.〈개정 2011. 12. 2.〉
　 1. "상표"란 상품을 생산·가공 또는 판매하는 것을 업으로 영위하는 자가 자기의
　　　업무에 관련된 상품을 타인의 상품과 식별되도록 하기 위하여 사용하는 다음 각
　　　목의 어느 하나에 해당하는 것(이하 "표장"이라 한다)을 말한다.
　　　가. 기호·문자·도형, 입체적 형상 또는 이들을 결합하거나 이들에 색채를 결합
　　　　한 것
　　　나. 다른 것과 결합하지 아니한 색채 또는 색채의 조합, 홀로그램, 동작 또는 그
　　　　밖에 시각적으로 인식할 수 있는 것
　　　다. 소리·냄새 등 시각적으로 인식할 수 없는 것 중 기호·문자·도형 또는 그
　　　　밖의 시각적인 방법으로 사실적(寫實的)으로 표현한 것

II. 저작권 및 저작인접권

1. 저작권 및 저작인접권(Copyright and Related Rights) 존속기간의 연장

저작물(사진저작물 포함)·실연 또는 음반의 보호기간을 자연인의 수명에 기초하는 경우에는 저작자의 생존기간과 저작자의 사후 70년 이상으로 하고, 자연인의 수명 이외의 것에 기초하는 경우에는 저작물·실연 또는 음반의 발행연도 말(25년 이내 발행되지 못할 경우는 창작연도)로부터 70년 이상으로 규정하고 있다(제18.4조제4항). 이와 관련하여 한국은 시행에 2년의 유예기간을 두고 있다(제18.12조제2항).

그런데 우리나라의 「저작권법」은 2011년 6월 한·EU FTA를 반영5)하여 저작권의 존속기간을 저작자 사후 70년으로 개정하였다.6)

2. 일시적 저장에 대한 복제권의 인정

복제권의 적용대상으로 전자적 형태의 일시적 저장(temporary storage)7) 을 포함한 일시적 형태의 복제(reproductions)도 해당됨을 규정하고 있다

---

5) 한·EU FTA 제10.6조에서 저작물의 보호기간을 저작자의 생존기관과 사후 70년 이상으로 규정하였다.

6) 「저작권법」제39조(보호기간의 원칙) ① 저작재산권은 이 관에 특별한 규정이 있는 경우를 제외하고는 저작자가 생존하는 동안과 사망한 후 70년간 존속한다.〈개정 2011. 6. 30.〉〈시행일 2013. 7. 2.〉
② 공동저작물의 저작재산권은 맨 마지막으로 사망한 저작자가 사망한 후 70년간 존속한다.〈개정 2011. 6. 30〉〈시행일 2013. 7. 2.〉

7) 일시적 저장의 예로는 ① 검색행위(Browsing)시 웹 사이트로부터 전송받은 정보를 이용자의 컴퓨터에서 재생하는 과정에서 저작물의 전부 혹은 일부가 이용자 컴퓨터 램(RAM)에 일시적으로 자동저장 된다.
② 스트리밍(streaming)으로 음성이나 동영상 등을 인터넷을 통해 실시간 재생하는 기법으로 데이터 전송이 실행 속도보다 빠를 경우 버퍼(Buffer)에 파일 일부분의 일시적 저장이 발생한다.

(제18.4조제1항). 일시적 저장이란 인터넷에서 정보를 주고받거나 프로그램을 구동시키는 등의 과정에서 사용자의 컴퓨터 주기억장치인 램(RAM)에 나타나는 일시적인 복제 현상으로 컴퓨터 전원을 끌 경우 사라지는 저장을 의미한다.

일반적으로 저작권자의 허락 없이 저작물을 복제할 경우 저작권의 복제권을 침해하게 된다. 현행 우리나라 「저작권법」에서는 이와 관련한 명시적인 규정을 두고 있지 않고 있다. 일시적 저장을 복제로 인정해야 하는지는 크게 논란이 되는 사항이다. 먼저, 일시적 저장은 ① 저작권자의 권리보호에 가장 충실할 수 있고, ② 디지털 환경하에서 기존에 권리로서 보호하지 못하였던 분야를 추가로 포함하고, ③ 정보통신기술이 발달함에 따라 일시적 저장을 활용한 비즈니스 모델이 지속적으로 등장하고 있다는 점 등에서 일시적 저장의 보호 필요성이 제기된다. 반면에, ① 일시적 저장을 통제할 경우 저작권자의 허락 없이는 인터넷을 이용하지 못하는 등 이용자의 정당한 권리를 지나치게 제한할 우려가 있고, ② 예상치 못한 범법자를 만들어낼 위험성 등의 우려도 있다는 문제점이 지적된다.

한·미 FTA를 이행하기 위한 「저작권법」 개정(2011. 12. 2.)에서는 복제의 정의에 일시적 저장을 포함하여 복제권을 확대하고 있다. 그리고 정당하게 저작물을 이용하는 과정에서 기술적으로 불가피하게 복제물이 만들어지는 경우는 포괄적으로 복제권의 예외를 인정하고 있으나, 저작권을 침해하는 경우는 예외가 인정되지 않는다(2011. 12. 2. 개정 「저작권법」 제35조의2). 당초 제35조의2 개정안(2008. 10. 10. 정부제출안)은 일시적 저장을 복제의 개념에 수용함으로 인하여 통상적이고 일반적인 디지털 형태의 저작물 이용이 뜻하지 않는 지장을 받지 않도록 하기 위하여 포괄적 면책규정으로 입안[8])되어 있었다. 그러나 이 개정안은 한·미 FTA 비준동의 이후에 논의

---

8) 한·미 FTA 이행 관련 「저작권법」 개정안(2008. 10. 10. 정부제출안)
   제35조의2(저작물 이용과정에서의 일시적 복제) 컴퓨터에서 저작물을 이용하는 경우에는 원활하고 효율적인 정보처리를 위하여 필요하다고 인정되는 범위 안에서 그 저작물을 그 컴퓨터에 일시적으로 복제할 수 있다. 다만, 해당 이용자가 불법 복제

하기 위하여 소위원회에 계류되었다가, 2011년 11월 의원발의안으로 대체되어 의결(2011. 11. 22. 본회의)되면서 폐기되고 말았다. 이 본회의에서 의결된 의원발의개정안(2011. 11.)에서는 제35조의2 단서가 원래의 정부안(2008. 10.)과는 다르게 바뀌어 있었다.[9]

3. 기술적 보호조치의 확대 및 무력화금지

각 당사국은 기술적 보호조치(technical protection measures)를 접근통제형 기술적 보호조치로 확대하여, 이를 우회하는 행위뿐만 아니라 기술조치의 우회를 위한 장치나 부품을 제조하거나 배포하는 행위도 금지하도록 하였다(제18.4조제7항). 그리고 이 위반행위에 대해서는 민사구제 및 형사구제를 갖추어야 한다. 민사구제는 최소한 압류를 포함한 잠정조치, 법정손해배상제도, 소송비용 지급명령 및 폐기명령을 갖추어야 하며(제18.10조제13항), 형사구제는 벌금 또는 징역형, 압수 및 증거보전명령, 물품의 몰수 및 폐기, 도구의 몰수 및 폐기 등이 포함되어야 한다(제18.10조제27항). 한편 기술적 보호조치의 예외사유로 컴퓨터 프로그램의 호환성을 위한 리버스 엔지니어링, 암호화 기술의 흠결 또는 취약성을 조사·연구하기 위한 행위, 비영리 도서관·기록보존소·교육기관 등이 구입 여부를 결정하기 위하여 해당자료에 접근하는 행위 등 8가지 사유를 한정하고 있다(제18.4조제7항라호).

물임을 알았거나 알 수 있었던 경우에는 그러하지 아니한다.
9) 한·미 FTA 이행 관련 「저작권법」 개정(2011. 12. 2.)
　제2조(정의) 이 법에서 사용하는 용어의 뜻은 다음과 같다.
　　22. "복제"는 인쇄·사진촬영·복사·녹음·녹화 그 밖의 방법으로 일시적 또는 영구적으로 유형물에 고정하거나 다시 제작하는 것을 말하며, 건축물의 경우에는 그 건축을 위한 모형 또는 설계도서에 따라 이를 시공하는 것을 포함한다.
　제35조의2(저작물 이용과정에서의 일시적 복제) 컴퓨터에서 저작물을 이용하는 경우에는 원활하고 효율적인 정보처리를 위하여 필요하다고 인정되는 범위 안에서 그 저작물을 그 컴퓨터에 일시적으로 복제할 수 있다. 다만, 그 저작물의 이용이 저작권을 침해하는 경우에는 그러하지 아니한다. [본조신설 2011. 12. 2.]

기술적 보호조치란 저작물의 무단복제 등 불법적인 이용행위를 제한하기 위하여 저작권자가 자신의 저작물에의 접근을 제한하거나 복제를 방지하기 위한 사전 통제조치를 의미한다. 이 경우 기술적 보호조치는 저작물을 복제·방송·배포하는 행위를 통제하는 이용통제적(use control) 기술조치와 저작물에의 접근 자체를 통제하는 접근통제적(access control) 기술조치로 구분된다.

현재 미국이나 EU의 경우에는 두 가지 조치를 모두 인정하고 있으나, 우리 「저작권법」에서는 이용통제만을 인정하고 있었다. 이로 인하여 국경을 초월하여 저작물 전송 및 복제가 이루어지는 경우에 국가 간에 갈등이 발생할 우려가 있었다. 또한 다른 기술을 사용하여 암호화된 기술적 보호조치를 해제하는 등 이를 우회함으로써 저작권을 침해하는 사례가 다수 발생하고 있어 현행법에서 보호하는 기술적 보호조치만으로는 이러한 기술조치 무력화 행위로부터 저작권을 효과적으로 보호하기에는 한계가 있을 수 있다.

그런데 한·미 FTA의 접근통제형 기술적 보호조치는 권리자가 침해행위를 방지하기 위해 취한 조치가 아니라 저작물에 접근하는 것을 통제하기 위한 조치로 확대되었고, 또한 우회수단 제공행위뿐만 아니라 우회행위 그 자체도 금지된다. 그리하여 접근통제형 기술적 보호조치는 저작권을 우회적으로 확대할 가능성이 있고, 2차적 저작물의 창작과 시장형성에 악영향을 끼치며, 저작물을 이용하여 의사를 개진할 수 있는 표현의 자유를 억압한다는 비판이 제기되고 있다.[10]

한편 접근통제형 기술적 보호조치의 국내법 이행을 위하여 2008년 10월 10일 저작권법 개정안이 정부안으로 제출되었으나, 한·미 FTA 협정의 비준(2011. 11. 22. 의결)지연으로 계류되어 있던 중에 한·EU FTA가 먼저 비준동의(2011. 5. 4. 의결)됨으로써 2011년 6월 제출된 한·EU FTA 이행을 위한 저작권법 개정안[11]이 제301회 제6차 국회본회의에서 의결(2011.

---

10) 한·미 FTA 졸속체결에 반대하는 국회 비상시국회의 정책자문단, 앞의 보고서, p.485.

6. 23.)되었다.

한·EU FTA에서도 기술적 보호조치를 접근통제형 기술적 보호조치로 확대해, 직접·간접적으로 우회하는 행위를 금지하면서, 이 조치의 예외 및 제한 사유를 국내법 및 국제협정으로 규정하도록 하였다(한·EU FTA 제10.12조).

4. 저작권 침해자의 신상정보 공개

각 당사국은 저작권자가 온라인 서비스 제공자(OSP: On-line Service Provider)에게 가입자의 저작권 침해에 대한 책임을 묻기 위해 필요한 가입자들에 관한 정보를 획득할 수 있도록 당사국이 행정 또는 사법절차를 수립하여야 한다(제18.10조제30항나호11목).

미국의 저작권법에서는 저작권자가 저작권을 침해하였다고 생각되는 온라인서비스 가입자에 대한 정보를 획득하기 위해 법원에 대하여 일종의 문서제출장을 청구할 수 있도록 하고 있으며, 적정요건을 충족할 경우 법원은 온라인 서비스 제공자(OSP)에 대하여 이러한 문서제출장을 신속하게 발부하도록 하고 있다.

한·미 FTA에서도 이런 제도의 연장선상에서 저작권자가 온라인상 자신의 저작권을 침해한 자를 발견한 경우, 온라인 서비스 제공자에게 그 침해자

---

11) 한·EU FTA 이행 관련 「저작권법」 개정(2011. 12. 2.)
   제2조(정의)
   28. "기술적보호조치"란 다음 각 목의 어느 하나에 해당하는 조치를 말한다.
      가. 저작권, 그 밖에 이 법에 따라 보호되는 권리에 의하여 보호되는 저작물등에 대한 접근을 통제하기 위하여 그 권리자나 권리자의 동의를 받은 자가 적용하는 기술·장치 또는 부품
      나. 저작권, 그 밖에 이 법에 따라 보호되는 권리에 대한 침해 행위를 방지 또는 억제하기 위하여 그 권리자나 권리자의 동의를 받은 자가 적용하는 기술·장치 또는 부품
   제104조의2 ① 누구든지 정당한 권한 없이 고의 또는 과실로 제2조제28호 가목의 기술적보호조치를 제거·변경하거나 우회하는 등의 방법으로 무력화하여서는 아니 된다. 다만, 다음 각 호의 어느 하나에 해당하는 경우에는 그러하지 아니하다.

의 신상정보를 요청할 수 있고, 온라인 서비스 제공자는 그에 응하도록 규정하는 행정 또는 사법절차의 수립을 규정하고 있다. 이는 인터넷을 통하여 익명이나 가명으로 저작권을 침해하는 사례가 엄연히 존재하는 현실을 고려할 때, 저작권자로 하여금 온라인 서비스 제공자로부터 저작권 침해자의 개인정보를 제공받아 침해자를 특정하기 위한 제도를 도입할 것인지에 대한 논의 필요성은 인정될 수 있을 것이다. 그러나 개인정보 공개 절차의 진행은 법원의 영장 발부 등 사법절차를 통해 이루어지도록 하는 것이 바람직할 것으로 보인다.

III. 특허지연에 따른 특허존속기간의 연장

각 당사국은 특허를 신청하였는데 이의 허가가 불합리하게 지연된 경우 특허존속기간을 조정할 수 있음을 규정하고 있다(제18.8조제6항). 불합리한 지연이란 출원일로부터 4년 또는 심사청구로부터 3년 이상의 기간 중 더 늦은 기간을 초과한 경우 그 초과된 기간을 말한다. 이는 특허권 심사기간을 단축하게 하는 효과가 있을 것이다.

한·미 양국의 특허권 존속기간은 특허 등록 후 출원일로부터 20년인데, 이는 심사지연 등으로 특허 등록이 불합리하게 지연되는 경우 지연기간만큼 특허권 존속기간을 연장해주는 것이다. 이는 장기적으로는 특허권의 보호수준 강화에 기여할 것이나, 단기적으로는 특허 존속기간의 연장으로 관련 업계의 특허사용료 부담이 증가하고, 특허제품의 가격상승으로 이어질 수도 있을 것이다.

한·미 FTA를 반영하기 위한 「특허법」을 본회의 수정안으로 개정(2011. 11. 22.)하여 이를 반영[12]하고 있다. 한편, 한·미 FTA 협정 제18장의 주석

---

12) 한·미 FTA 이행 관련 「특허법」 개정(2011. 12. 2.)
　제92조의2(등록지연에 따른 특허권의 존속기간의 연장) ① 특허출원에 대하여 특허

20에서는 특허권 존속기간 연장제도가 2008년 1월 1일부터 신청된 모든 특허 출원에 적용된다고 되어 있다. 그런데 이는 2007년 4월 2일 한·미 FTA 타결 당시 적용대상 출원을 명확히 하기 위해 주석을 별도로 단 것으로 보이며, 「특허법」 개정안에서는 한·미 FTA 발효일 이후의 특허출원부터 적용되게 수정되었다.

IV. 특정 규제제품과 관련된 조치

1. 신규 의약품(또는 신규 농약품)의 자료보호

신규 의약품 또는 신규 농약품(new pharmaceutical or new agricultural chemical product)의 자료보호와 관련 양 당사국이 신약의 품목허가를 위하여 안전성 및 유효성(safety or efficacy)에 대한 자료를 제출하는 경우, 최소한 5년간(농약품은 10년간)은 최초 허가자가 제출한 작성에 상당한 노력이 수반된 자료를 기초로 동일하거나 유사한 의약품이 허가를 받을 수 없도록 규정하고 있다(제18.9조제1항). 즉, 최초개발자가 의약품(또는 농약) 시판허가 획득 시 제출한 안전성 및 유효성 자료에 대하여 최초 개발자의 동의 없이는 제3자가 동 자료에 근거하여 동일 또는 유사제품을 판매하는 것을 5년간(농약품은 10년간) 금지하는 것으로 규정하고 있다. 이는 원개발자가 최초로 신약의 품목허가를 받은 후 최소 5년이 경과한 이후에야, 제네릭(generics) 의약품 생산업자는 최초 허가자가 제출한 안전성 및 유효성 자료를 기초로 생물학적 동등성을 입증받아 품목허가를 획득할 수 있게 함으로써, 불공정한 상업적 사용으로부터 자료를 보호하기 위한 것이다.

출원일부터 4년과 출원심사 청구일부터 3년 중 늦은 날보다 지연되어 특허권의 설정등록이 이루어지는 경우에는 제88조제1항에도 불구하고 그 지연된 기간만큼 해당 특허권의 존속기간을 연장할 수 있다.[본조신설 2011. 12. 2.]

그러나 이러한 신규 의약품의 5년간의 자료독점권 보장은 후발의 동일하거나 유사한 의약품에서 안전성 및 유효성에 관한 오리지널(original) 의약품의 자료를 사용하는 한 품목허가를 원천적으로 봉쇄하는 것이다. 그 결과 국내 제약업체의 개량 신약 개발 의욕을 저하시키고, 제네릭 의약품의 출시를 지연케 하는 결과를 낳게 되어, 국민의 약가부담액을 늘리게 되는 결과를 가져올 것13)으로 보고 있다.

특허권이나 저작권의 경우 공공의 이익을 위해 이들 권리를 제한하는 규정들이 있는데, 이 자료독점권에 대해서는 공익을 위한 제한 규정이 전혀 없다. 자료독점권은 특허권과는 별개로 다국적 제약사의 시장독점을 보장하여 제네릭 제약사의 시장진입을 막는 장벽의 역할을 할 뿐이다. 이는 의약품 독점가격이 최소 5년간 유지되어 환자들의 의약품 접근권을 심각하게 침해할 수 있을 것이다. 또한 의약품의 임상정보(clinical information)에 대한 자료보호기간을 3년간 규정하고 있다. 즉, 선행 승인 임상정보를 제출한 자의 동의 없이는 동일하거나 유사한 제품을 시판하는 것을 3년간 승인하여서는 아니 된다(제18.9조제2항). 그런데 이러한 자료보호는 공중보건에 관한 강제실시권을 보완하고 있는 "TRIPs와 공중보건에 관한 선언(WT/MIN(01)/DEC/2)"에는 적용되지 않는다(제18.9조제3항).

한편, WTO TRIPs에서는 자료독점권은 인정되지 않고 자료의 보호만 인정하고 있다. TRIPs 제39.3조는 새로운 화학물질을 이용한 의약품 또는 농약품의 판매 허가를 얻기 위해 제출해야 하는 자료가 상당한 노력을 들여 작성한 미공개 시험 결과인 경우 이것을 불공정한 상업적 이용(unfair commercial use)으로부터 보호할 의무를 회원국에 부여하고 있다. 이 규정에 의하면 신약 등의 임상시험 자료에 대한 독점적 권리를 인정하려는 것이 아니라, 영업비밀 보호의 법리에 따라 자료를 불공정한 상업적 이용으로부터 보호하자는 것이다. 한·미 FTA 제18.9조는 자료가 비록 공개되었다 하

---

13) 한국제약협회에 따르면, 유사의약품에 대한 자료독점권을 보장함으로써 개량신약의 발매가 지연됨에 따른 피해추계액은 연 2,545억 원으로 추산하고 있다.

더라도 의약품 허가당국의 후발 의약품의 허가에 이용하지 못하도록 하였는데, 자료가 이미 공개된 경우에는 TRIPs에서는 자료보호 의무가 발생하지 않는다. TRIPs의 보호대상은 기밀성을 전제로 하기 때문이다.

2. 허가·특허 연계

한·미 FTA에서 당사국은 의약품의 특허존속기간 중 원개발자가 제출한 의약품의 안전성 또는 유효성에 대한 자료를 기초로 하여 후발신청자가 허가를 신청하는 경우, 원개발자에게 허가신청 사실을 통보하도록 하고, 특허권자의 동의 또는 묵인(consent or acquiescence) 없이는 후발신청자가 의약품을 판매할 수 없도록 시판승인 절차에서 규정하여야 한다(제18.9조제5항). 한편, 제18장의 부속서한에서 오리지널 의약품의 특허기간 중에 신청된 제네릭(generics) 의약품의 시판을 방지하는 조치를 할 경우에는 협정발효 후 18개월 동안 분쟁해결절차에서 제외하도록 하고 있어, 실질적으로 협정발효 후 18개월 동안 협정이행을 유보하고 있다(제18장 부속서한). 그리고 이와 관련하여 한·미 FTA 추가협상에서는 그 시행을 3년간 유예하고 있다(서한교환 제5절).

이러한 허가·특허 연계 제도란 신약 제품의 특허존속 기간 중에 원개발자가 제출한 의약품의 안전성 또는 유효성에 대한 자료를 기초로 하여 후발신청자가 허가를 신청하는 경우, 원개발자에게 허가신청 사실을 통보하도록 하고, 특허권자의 동의 또는 묵인 없이는 후발자의 제품이 판매되지 않도록 허가단계에서 조치를 하는 것을 의미한다. 이 제도는 신약 제품에 대한 특허 침해를[14] 방지하는 조치를 취하기 위한 차원에서 미국에서 운영되고 있는 제도이다.[15]

---

14) 오리지널 의약품의 특허기간 중 제네릭 의약품의 시판은 현행 특허법상 특허 침해에 해당된다.

15) 미국은 현재 특허권자의 소송 제기 시 시판허가 부여를 일정 기간(30개월) 자동 정지하도록 규정하고 있다.

우리나라의 현행 의약품 허가 과정을 보면, 식약청은 오리지널 의약품의 특허 유효기간 유무에 관계없이 제네릭 의약품 사업자가 신청하는 허가에 대해 안전성·유효성 자료에만 적합하면 이를 인정해 주고 있다. 그 허가 후 제네릭 의약품이 출시되었을 때 오리지널 의약품의 특허를 침해한다고 판단하는 경우, 오리지널 의약품 사업자는 특허소송을 제기하여 승소한 경우 그 출시를 막을 수 있도록 운용되고 있다.

허가·특허 연계제도는 이러한 한국의 현재의 운용실태가 오리지널 의약품 특허권자의 이익을 충분히 보장해 주지 못하고 있다는 인식하에 원개발자의 권리를 보다 강하게 보호해 주기 위하여, 제네릭 의약품 사업자에게 특허권자의 동의 또는 묵인이 없이는 허가를 부여하지 않겠다는 것이다. 더 나아가서 협정 제18.9조제1항에서는 원개발자가 의약품의 품목허가를 위하여 제출한 안전성 및 유효성에 관한 자료에 대하여 시판승인일부터 5년간의 자료독점권을 인정하고 있으며, 제2항에서는 의약품의 임상정보에 관하여 시판승인일로부터 3년간의 자료독점권을 각각 보장하고 있다. 그러므로 이 기간은 제네릭 의약품 제조회사는 원개발자가 제출한 안전성 및 유효성에 관한 자료들과 임상자료들을 기초로 하여 동일하거나 유사한 후발 의약품에 대한 품목허가를 신청하는 것이 원천적으로 봉쇄된다.

허가·특허 연계 제도의 도입으로 특허존속기간 동안 허가신청 자체를 포기하는 제네릭 의약품 제조회사들이 늘어날 것이고, 또한 오리지널 의약품 제조사가 에버그리닝(ever-greening) 효과를[16] 노리고 특허권에 대한 소송 신청을 늘릴 것으로 보인다.

---

16) 에버그리닝 효과란 이는 이미 특허 받은 의약품의 구조를 살짝 바꾸거나 제형을 변경하여 새로운 특허를 받아 연계되는 특허가 늘 살아 있도록 하여, 복제약의 경쟁 자체를 막는 효과를 말한다.

V. 지적재산권의 집행

1. 법정손해배상제도의 도입

각 당사국은 민사 사법절차에서 권리자의 선택에 따라 이용 가능한 법정손해배상액(pre-established damages)을 수립하거나 유지하여야 한다. 이 경우 법정손해배상액은 장래의 침해를 억지하고 침해로부터 야기된 피해를 권리자에게 완전히 보상하기에 충분한 액수이어야 한다(제18.10조제6항).

법정손해배상제도란 지적재산권 침해와 관련된 민사소송절차에서 원고가 실제 손해를 입증하지 않은 경우에도 사전에 법령에서 일정한 금액 또는 일정한 범위의 금액을 정해 법원이 원고의 선택에 따라 손해액을 인정할 수 있도록 하는 제도이다. 이는 우리 「저작권법」이나 「상표법」이 기본적으로 권리자의 통상손해 또는 침해자의 이익을 선택적으로 청구하되 손해액의 산정이 어려운 경우에는 법원이 변론의 취지 및 증거조사의 결과를 참작하여 손해액을 인정할 수 있도록 하고 있는 실손해배상 체계와 근본적으로 다른 제도이다.

우리나라의 경우 1986년 12월 31일 개정 「저작권법」에 법정손해배상제도와 유사한 성격이었던 '부정복제물 부수추정 제도'[17]가 도입되어 있었으나, 2003년 5월 27일 저작권법 개정안에서 삭제되었다. 당초 「저작권법」은 저작권이 침해된 경우 침해자가 침해행위로 얻은 이익 또는 그 권리의 행사로 통상 받을 수 있는 금액을 손해액으로 추정하고, 부정복제물의 부수 등을 산정하기 어려운 경우에는 출판물의 경우 5,000부, 음반의 경우는 1만 매로 이를 추정하도록 하였다. 그러나 실무상으로는 그 입증이 용이하지 않은 경

---

17) 「저작권법」(1986. 12. 31.)
　　제94조(부정복제물의 부수 등 추정) 저작재산권자의 허락 없이 저작물을 복제한 때에 그 부정복제물의 부수 등을 산정하기 어려운 경우에는 다음과 같이 이를 추정한다.
　　1. 출판물 5,000부
　　2. 음반 10,000매

우가 많아 법관들이 손해배상액을 산정할 때 많은 어려움이 있어 손해발생 사실은 인정되나 손해액 산정이 어려운 때에는 법원이 변론의 취지 및 증거조사의 결과를 참작하여 손해액을 산정할 수 있도록 2003년 5월 개정 법률에서 이 규정은 삭제되었다. 당시 지적재산권 관련 「특허법」(제128조제5항), 「상표법」(제67조제5항), 「의장법」(제64조제5항), 「컴퓨터프로그램보호법」(제32조제5항) 및 「부정경쟁방지 및 영업비밀보호에 관한 법률」(제14조의2제5항)도 이러한 필요성을 감안하여 같은 취지의 개정을 하였다.

그런데 한·미 FTA에서 도입되는 법정손해배상제도가 향후 비슷한 부작용이 다시 발생하더라도 재협상에 의한 협정의 수정이 없는 이상 제도를 폐지하는 것은 한·미 FTA 협정의 위반을 초래하게 될 것이다.

2. 침해자에 대한 정보제공 명령

각 당사국은 침해된 상품이나 서비스의 생산과 유통 또는 그 유통경로에 연루된 제3자의 신원 및 침해자가 소유하거나 통제하는 모든 정보를 권리자 또는 사법당국에 제공하도록 침해자에게 명령할 권한을 가져야 한다(제18.10조제10항). 그런데 이 규정은 지적재산권의 침해행위와 연루되었다는 이유만으로 침해자뿐만 아니라 제3자의 신원 등 관련 정보를 권리자에게 제공하도록 한 것으로 개인정보 보호의 부당한 침해소지가 높고, 현행 「민사소송법」의 정보제공명령의 권한을 넘어서고 있다.

한편, WTO TRIPs 제47조[18]는 권리침해에 대한 효과적인 구제를 위하여 침해자가 침해물품의 제조·배포에 관여한 제3자 및 물품의 유통체계 등에 관한 정보를 권리자에게 제공할 것을 명령하는 권한을 사법기관에 부여할 수 있다는 임의조항으로 규정하고 있다. 그리고 우리나라의 현형 「민사소송

---

18) WTO TRIPs 제47조(정보권) 회원국은 사법당국이 침해의 심각성과의 균형에 벗어나지 아니하는 한, 침해자에게 침해 상품 또는 서비스의 제조 및 배포에 관여한 제3자의 인적사항과 이들의 유통체계에 관한 정보를 권리자에게 통보할 것을 명령하는 권한을 가진다고 규정할 수 있다.

법」에는 정보제공명령 제도는 없으나, 문서목록제출명령제도[19]를 일종의
정보공개제도로 볼 수 있을 것이다. 이는 피고(침해자)에 대하여 정보제공
의무를 소송상 인정하므로 이 경우에는 소송상 비밀보호제도에 의거하여 개
인정보보호권의 부당한 침해소지는 없는 것으로 보인다.

그런데 한·미 FTA 이행법으로 2011년 12월 2일 신설된「저작권법」제
103조의3[20])에서는 복제·전송자에 대한 정보제공청구를 가능하게 규정하면
서 이를 사법부가 아닌 문화체육관광부장관에게 정보제공명령을 발령할 수
있는 권한을 부여하고 있다. 개인정보공개 절차의 진행은 법원의 영장발부
등 사법절차를 통해 이루어지도록 하는 것이 바람직한바, 이처럼 행정기관
이 개입하는 것은 개인정보의 보호 측면에서 부적절한 것으로 보인다.

---

19) 「민사소송법」제346조(문서목록의 제출) 제345조의 신청을 위하여 필요하다고 인정
하는 경우에는, 법원은 신청대상이 되는 문서의 취지나 그 문서로 증명할 사실을 개
괄적으로 표시한 당사자의 신청에 따라, 상대방 당사자에게 신청내용과 관련하여 가
지고 있는 문서 또는 신청내용과 관련하여 서증으로 제출할 문서에 관하여 그 표시와
취지 등을 적어 내도록 명할 수 있다.

20) 「저작권법」제103조의3(복제·전송자에 관한 정보 제공의 청구) ① 권리주장자가 민
사상의 소제기 및 형사상의 고소를 위하여 해당 온라인서비스제공자에게 그 온라인
서비스제공자가 가지고 있는 해당 복제·전송자의 성명과 주소 등 필요한 최소한의
정보 제공을 요청하였으나 온라인서비스제공자가 이를 거절한 경우 권리주장자는 문
화체육관광부장관에게 해당 온라인서비스제공자에 대하여 그 정보의 제공을 명령하
여 줄 것을 청구할 수 있다.
② 문화체육관광부장관은 제1항에 따른 청구가 있으면 제112조에 따른 한국저작권위
원회의 심의를 거쳐 온라인서비스제공자에게 해당 복제·전송자의 정보를 제출하도
록 명할 수 있다.
③ 온라인서비스제공자는 제2항의 명령을 받은 날부터 7일 이내에 그 정보를 문화체
육관광부장관에게 제출하여야 하며, 문화체육관광부장관은 그 정보를 제1항에 따른
청구를 한 자에게 지체 없이 제공하여야 한다.
④ 제3항에 따라 해당 복제·전송자의 정보를 제공받은 자는 해당 정보를 제1항의
청구 목적 외의 용도로 사용하여서는 아니 된다.
⑤ 그 밖에 복제·전송자에 관한 정보의 제공에 필요한 사항은 대통령령으로 정한다.
[본조신설 2011. 12. 2.]

3. 허락받지 않은 영화 또는 영상저작물 녹화의 형사처벌

각 당사국은 영화관 또는 영상저작물의 저작권자나 저작인접권자의 허락 없이 고의로 녹화장치를 사용하거나 사용하려고 시도하는 자(any person who knowingly uses or attempts to use)에 대하여 형사 절차를 적용하도록 규정한다(제18.10조제29항).

이에 대하여 현행 「형법」은 완성된 범죄행위를 처벌하는 것이 원칙임에도 불구하고 협정에서는 범죄행위의 완성이 없더라도 녹화장치를 사용하려고 시도하는 행위가 있다면 형사 절차가 진행되도록 하고 있는바, 이는 범죄의 실행행위 착수에도 이르지 못한 일종의 예비행위를 처벌하려는 것이라는 문제점 지적이 있다.

한·미 FTA 이행법으로 2011년 12월 2일 신설된 「저작권법」 제104조의6[21]에서는 영상저작물을 상영 중인 영화상영관 등에서 허락없이 녹화하거나 공중송신 행위를 금지하면서 위반 시에는 1년 이하의 징역 또는 1천만 원 이하의 벌금형을 규정하였다.

4. 인터넷사이트의 폐쇄

제18장 부속서한에서 양 당사국은 저작물의 무단 복제·배포 또는 전송을 허용하는 인터넷사이트의 폐쇄(shutting down Internet sites), 온라인 저작권 침해를 행하는 새로운 기술적인 수단의 영향에 대하여 주기적으로 평가하고 이를 줄이기 위한 적극적인 노력, 그리고 인터넷상의 지적재산권에 대하여 보다 효과적인 집행의 실행 등에 관하여 양국 대표단이 합의한 양해를

---

21) 「저작권법」 제104조의6(영상저작물 녹화 등의 금지) 누구든지 저작권으로 보호되는 영상저작물을 상영 중인 영화상영관등에서 저작재산권자의 허락 없이 녹화기기를 이용하여 녹화하거나 공중송신하여서는 아니 된다.[본조신설 2011. 12. 2.]
제137조(벌칙〈개정 2011. 12. 2.〉) ① 다음 각 호의 어느 하나에 해당하는 자는 1년 이하의 징역 또는 1천만 원 이하의 벌금에 처한다.
3의3. 제104조의6을 위반한 자

확인하고 있다(제18장 부속서한).

특히 한국은 인터넷 불법복제(internet piracy)가 지적재산권에 대한 법집행상 우선순위를 가진 사안이며, 소위 웹하드서비스(webhard services)를 포함하여 저작물의 무단다운로드(unauthorized downloading)를 허용하는 인터넷사이트의 폐쇄(shutting down Internet sites), 그리고 개인 간 파일공유서비스에 대한 것을 포함하여 인터넷상의 지적재산권에 대한 보다 효과적인 집행 등에 동의하고 있다. 그리고 협정 발효 6개월 이내에 합동조사팀이 온라인 불법복제를 조사하고 이에 대처하기 위한 형사조치를 개시할 것임을 확인하고 있다.

그런데 여기서 폐쇄하겠다는 인터넷사이트는 저작권을 침해한 인터넷사이트가 아니라, 저작물의 무단복제 또는 전송을 허용하는 인터넷사이트를 폐쇄하겠다는 것으로 이러한 규정은 그 선례를 찾아볼 수 없다. 저작물의 무단복제나 전송을 허용하는 인터넷사이트는 P2P(peer-to-peer)나 웹하드서비스(webhard services)를 제공하는 사이트는 물론 포털사이트, 검색서비스 사이트 심지어는 이메일 서비스를 제공하는 사이트까지 포함될 수 있다.

한편, 서비스 제공자의 책임 및 책임제한과 관련하여 제18.10조제30항에서는 특정행위를 강제하거나 제지하는 법원의 구제명령은 침해자료(infringing material)의 제거 또는 이에 대한 접근의 무력화, 특정 계정의 해지 등으로 제한하며, 비슷하게 효과적인 구제 중에서는 서비스제공자에게 가장 부담이 적은 조치여야 한다고 규정하고 있다(제18.10조제30항나호8목). 또한 미국법원도 저작물의 무단복제나 전송을 허용했다는 이유만으로 해당 인터넷사이트의 폐쇄를 명령한 적이 없다. 저작권의 기여침해나 대위침해와 같은 정도에 이르는 행위를 한 인터넷사이트에 대해 제재를 가하는 판결은 일부 있으나, 이러한 판결도 대부분 사이트 폐쇄를 명하는 것이 아니라 침해행위 자체의 중지를 명한 것이다.

그리고 제18장의 부속서한에서는 인터넷사이트의 폐쇄를 법원의 권한으로 명시하고 있지 않으므로 심할 경우는 행정명령을 통한 폐쇄까지 포함할 수 있게 되어 있다. 현재 미국의회에 계류 중인 인터넷해적행위방지법

(SOPA: Stop Online Piracy Act)[22]이 인터넷사이트 폐쇄에 관한 대표적 입법안인데, 이에 의하면 법무부장관이 침해사이트를 인지하면 이의 폐쇄를 구하는 소를 법원에 제기하여 법원이 이를 인용하는 경우에 폐쇄하도록 되어 있다.

5. 대학가 단속의 강화

제18장의 부속서한에서 양 당사국은 대학 구내에서의 저작물의 불법복제 및 배포의 방지와 서적불법복제(book piracy)에 대한 효과적인 집행(effective enforcement)의 중요함을 양국 대표단이 확인·인정하고 있다(제18장 부속서한).

특히, 한국은 협정발효 6개월 이내에 대학 구내에서 학생, 강연자, 서점 및 복사업소가 적법한 자료를 사용하도록 촉진하기 위한 정책을 계속적으로 이행하고, 이러한 틀 내에서 모든 대학으로부터 협조와 정보를 구하고 후속조치의 필요성을 고려하기로 하였다. 그리고 상업적인 규모의 저작물 불법복제 활동뿐만 아니라 불법적인 서적 인쇄행위에 대한 집행요원의 인식을 제고할 것이며, 또한 비밀리에 운영되는 서적 불법복제활동에 대한 집행활동을 강화시킬 것이라고 규정하고 있다(제18장 부속서한).

---

22) 이 법은 Lamar Smith 의원이 발의(H.R.3261·2011.10.26.)하여 사법위원회에 회부되었으나, 찬반양론으로 심사가 연기되다가 2013년 1월 제112대 의회 회기 만료로 폐기되었다.

20

노동

　한·미 FTA 협정 제19장(노동)은 8개 조문으로 구성되어 있는데, 양 당사국의 기본노동권으로 국제노동기구(ILO)의 핵심노동기준의 채택(제19.2조), 노동법의 적용과 집행(제19.3조) 그리고 제도적 장치로써 노동협의회를 설치하고 이에 시정요구 등을 제출하는 공중의견제출 제도를 도입하고 있다(제19.5조). 더불어 노동사안과 관련된 협력증진을 위하여 노동협력메커니즘을 설치하고 있다(부속서 19-가).

　노동규범에 관한 다자차원의 논의는 1996년 WTO 싱가포르 각료회의에서 회원국들은 국제적으로 인정된 핵심노동기준의 준수와 이들 기준이 보호주의로 사용되어서는 안 된다는 수준의 합의에 머물고 있다. 이 무역과 노동기준의 연계문제는 선진국과 개도국의 입장 차이가 커서 합의가 쉽지 않을 전망이다. 무역과 노동기준의 연계 배경은 국제적으로 인정된 노동기준을 정하고 그보다 낮은 노동기준에서 생산된 제품을 수출하는 국가에 대해 무역제한조치를 취할 수 있는 근거를 다자간 무역규범 내에서 마련하려는 움직임을 의미한다. 선진국들은 노동력의 착취 혹은 불공정한 노동조건을 이용한 개도국의 사회적 덤핑(social dumping)으로부터 선진국 경제가 보호되어야 한다는 측면과 더불어 인도적·윤리적 차원에서도 근로자의 권익 보호가 필요하다는 입장이다.

I. 기본노동권 채택 의무

양 당사국은 국제노동기구(ILO)선언의 5개 기본권, 즉 결사의 자유, 단체교섭권의 효과적 인정, 모든 형태의 강제노동(compulsory or forced labor) 금지, 아동노동(child labor)의 효과적 폐지 및 가혹한 형태의 아동노동 금지, 고용과 직업에 있어 차별철폐 등을 국내법령과 관행에 채택하고 유지하여야 한다1)(제19.2조제1항). 그리고 기본노동권 관련 법령의 적용에 불합치한 경우에, 무역 또는 투자에 영향을 미치는 방식으로 면제하거나 이탈하는 것을 금지하고 있다(제19.2조제2항).

이 ILO 핵심노동기준(core labor standards) 의무화는 2007년 5월 채택된 미국의 신통상정책(New Trade Policy)2)에 따른 노동권 보장에 의하여 한·미 FTA에 반영되었다.

---

1) 제19.2조에 규정된 의무는 그것이 국제노동기구에 관한 경우에는 국제노동기구선언만을 지칭한다. 이는 ILO 핵심협약 8개(동등 보수 협약, 고용 및 직업상 차별금지 협약, 최저연령 협약, 가혹한 형태의 아동노동 협약, 강제근로 폐지 협약, 강제근로 협약, 결사의 자유 및 단결권 보호협약, 단결권 및 단체교섭합의)와는 무관하다(제19.2조 각주).

2) 신통상정책은 7개 조항으로 구성되어 있는데 기본노동권, 환경 및 지구온난화, 특허·지적재산권 및 의약품의 시장접근, 정부조달, 항만 안전, 투자, 노동자 지원 및 교육 등에 관한 엄격한 기준을 정한 것이며, 노동 및 환경에 관한 조항이 가장 핵심을 이룬다. 특히, 노동권 보장에 관하여 1998년 ILO의 "작업장에서의 기본적인 권리와 원칙에 관한 선언"에 제시된 결사의 자유 등 핵심노동기준을 국내 법령 또는 관행으로 채택·유지해야 한다고 규정하고 있다. 그리고 환경분야는 7개의 다자간 환경협약의 수용과 실행을 요구하고 있다.

II. 노동협의회 구성과 공중의견 제출

양 당사국은 노동협의회(Labor Affairs Council)를 구성한다. 협의회는 별도로 설치되는 노동협력메커니즘(LCM: Labor Cooperation Mechanism)의 활동을 감독하고 협정 발효 1년 내에 회합하고, 그 이후에는 필요에 따라 회합한다(제19.5조). 그리고 양 당사국은 자국의 노동부 내에 상대국 및 공중과의 접촉창구 역할을 하는 부서를 지정하여야 하며, 일반인이 협정과 관련하여 타방 당사국의 의무위반 여부의 문제를 제기하면, 조사를 거쳐 필요하면 협의 및 분쟁해결절차까지 진행하게 된다.

한·미 FTA에서는 일방당사국이 노동 관련 협정을 위반한 경우 양 당사국 누구라도 상대국의 접촉창구(contact point)에 시정요구 등의 의견을 제출하는 제도인 공중의견제출제도(public communication)를 도입하고 있다(제19.5조제3항). 공중의견제출제도는 양 당사국 정부가 노동협정문의 의무사항을 위반한 경우, 양 당사국의 노사단체, 비정부기구(NGO) 등 단체, 개인 등 일반대중이 협정문 위반의 시정요구 등 의견을 제출하는 제도이다.

이 제도는 노동협정문의 이행과정에 노동단체 등 이해관계자의 참여를 통하여 협정문의 투명성·실효성을 확보할 수 있으며, 제도의 남용을 방지하기 위하여, ① 공중의견 제출을 통하여 다투고자 하는 주제가 관련 국내 구제절차를 거쳤을 것, ② 국제기구에서 다루지 않을 것, ③ 제출된 의견이 검토할 가치가 있고 반복적이지 않아야 한다는 등의 제한을 부가하고 있다(제19장 부속서한).

한편, 노동분야의 분쟁해결절차는 일반 분쟁해결절차가 개시되기 이전단계로, 협의(consultation)와 노동협의회(Labor Affairs Council) 회부 단계를 거쳐야 한다. 먼저 당사국은 다른 쪽 당사국이 지정한 접촉창구에 서면요청으로 협의를 요청할 수 있다. 그리고 협의가 사안을 해결하지 못하는 경우에는 노동협의회가 회합하도록 서면요청을 할 수 있다. 협의와 노동협의회에서의 분쟁해결 기간은 60일간이다. 만약 이 기간 내에 분쟁이 해결되지 않으면, 한·미 FTA 제22장의 일반적인 분쟁해결절차가 진행된다(제

〈그림 1〉 노동 분쟁해결 절차도

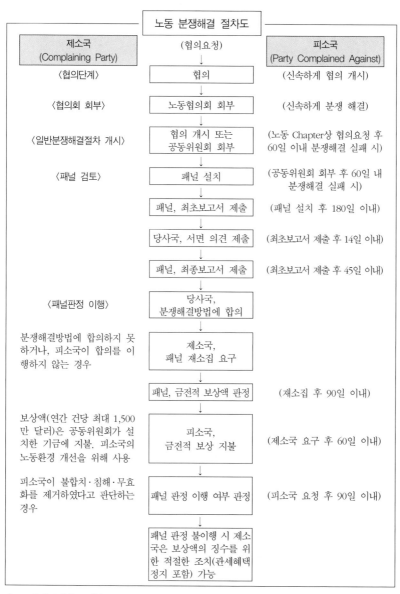

```
┌─────────────────── 노동 분쟁해결 절차도 ───────────────────┐
│                                                           │
│  ┌──────────────────┐   (협의요청)   ┌──────────────────┐  │
│  │     제소국       │               │     피소국       │  │
│  │(Complaining Party)│               │(Party Complained │  │
│  │                  │               │    Against)      │  │
│  └──────────────────┘               └──────────────────┘  │
│    〈협의단계〉          협의          (신속하게 협의 개시)   │
│                                                           │
│    〈협의회 회부〉    노동협의회 회부    (신속하게 분쟁 해결)  │
│                                                           │
│  〈일반분쟁해결절차 개시〉  협의 개시 또는   (노동 Chapter상 협의요청 후 │
│                        공동위원회 회부   60일 이내 분쟁해결 실패 시) │
│                                                           │
│    〈패널 검토〉        패널 설치     (공동위원회 회부 후 60일 내 │
│                                      분쟁해결 실패 시)      │
│                                                           │
│                   패널, 최초보고서 제출  (패널 설치 후 180일 이내) │
│                                                           │
│                   당사국, 서면 의견 제출 (최초보고서 제출 후 14일 이내)│
│                                                           │
│                   패널, 최종보고서 제출 (최초보고서 제출 후 45일 이내)│
│                                                           │
│   〈패널판정 이행〉      당사국,                             │
│                    분쟁해결방법에 합의                      │
│                                                           │
│  분쟁해결방법에 합의하지 못    제소국,                        │
│  하거나, 피소국이 합의를 이  패널 재소집 요구                  │
│  행하지 않는 경우                                           │
│                                                           │
│                  패널, 금전적 보상액 판정   (재소집 후 90일 이내)│
│                                                           │
│  보상액(연간 건당 최대 1,500   피소국,                       │
│  만 달러)은 공동위원회가 설  금전적 보상 지불   (제소국 요구 후 60일 이내)│
│  치한 기금에 지불. 피소국의                                  │
│  노동환경 개선을 위해 사용                                   │
│                                                           │
│  피소국이 불합치·침해·무효   패널 판정 이행 여부 판정 (피소국 요청 후 90일 이내)│
│  화를 제거하였다고 판단하는                                  │
│  경우                                                      │
│                                                           │
│                  패널 판정 불이행 시 제소                     │
│                  국은 보상액의 징수를 위                      │
│                  한 적절한 조치(관세혜택                      │
│                  정지 포함) 가능                             │
│                                                           │
└───────────────────────────────────────────────────────────┘
```

자료: 관계부처합동, 『한·미 FTA 상세설명자료』(2007. 5. 25.)

19.7조). 당사국이 무역에 영향을 미치는 방식으로 지속적·반복적으로 작위 또는 부작위를 통해 노동법 집행의무를 이행하지 않는 경우에 타방 당사국은 이를 분쟁해결절차에 회부할 수 있다.

III. 노동협력메커니즘의 설치

양 당사국은 국제노동기구선언에 구현된 핵심노동기준(core labor standards)에 대한 존중과 「가혹한 형태의 아동노동 금지와 근절을 위한 즉각적인 조치에 관한 국제노동기구협약 제182호(1998년)」(국제노동기구협약 제182호)의 준수를 증진하고 노동사안에 관한 공동약속을 진전시키기 위하여 노동협력메커니즘(LCM: Labor Cooperation Mechanism)을 설치한다(제19.6조).

노동협력메커니즘은 노동부와 그 밖의 적절한 기관의 공무원으로 구성되며, ① 국제노동기구선언(결사의 자유, 단체교섭권의 효율적인 인정, 모든 형태의 강요된 또는 강제적인 노동의 철폐, 아동노동의 효과적인 철폐, 그리고 고용 및 직업상의 차별 철폐)에 포함된 원칙 및 권리와 관련된 법령과 관행의 효과적인 적용, ② 가혹한 형태의 아동노동, ③ 실업보험 및 근로자 적용프로그램의 사회안전망 프로그램, ④ 근로시간, 최저임금 및 초과근무, 직업상의 안전 및 보건, 그리고 작업과 관련된 부상 및 질병의 예방과 보상 등의 근로조건, ⑤ 생산적인 노동관계를 보장하고 작업장에서의 효율성 및 생산성에 기여하기 위한 노사정 간의 협력형태의 노사관계, ⑥ 노동통계, ⑦ 인적자원개발 및 평생학습 등에 관한 협력활동을 수행한다(부속서 19-가. 노동협력메커니즘).

21

환경

한·미 FTA 협정 제20장(환경)은 11개 조문으로 구성되어 있는데, 먼저 당사국의 환경정책을 채택하고 수정할 수 있는 권리를 인정하면서, 부속서에 첨부된 7개 다자환경협약의 채택 및 유지를 의무화하고 있다(제20.1조 및 제20.2조). 그리고 환경법의 집행에 따른 무역 또는 투자의 제약 문제는 이러한 조치가 합리적이고 명확하며 선의인 경우에는 이를 용인하여야 한다(제20.3조).

양 당사국은 제도적 장치로써 환경협의회를 설치하며 협정 발효 1년 내에 회합하고, 그 이후에는 필요에 따라 회합하며, 그리고 자국의 환경법에 대한 대중의 참여 기회를 증진시켜야 한다(제20.6조, 제20.7조). 한편, 다자환경협약(MEA: Multilateral Environmental Agreement)과 관련하여 당사국이 자국의 의무를 준수하기 위하여 특정조치를 취하는 것을 배제하지 아니한다. 다만, 그 조치의 주된 목적이 무역에 대한 위장된 제한이어서는 아니된다(제20.10조).

한편 환경규범에 관한 다자차원의 논의는 WTO에서 1994년에 설치한 무역과 환경위원회(CTE: Committee on Trade and Environment)인데, 2001년 WTO 각료회의에서 DDA 협상을 출범시키면서 환경문제를 WTO DDA의 협상의제화 하였다. EU를 비롯한 유럽국가들이 주로 환경문제 논의에 적극적인바, 이들 국가들은 환경 관련 규제를 상대적으로 많이 가지고 있으며, 환경규제의 상당수가 농산물(식품)과 관련되어 있다. 따라서 이들이 환경 논의에 적극적인 것은 단순히 환경보호 강화 차원이 아니라 농산물 무역에서의 제한과 농업보조금의 정당화에도 일부 기인한다고 할 수 있을 것이다. 반면, 개도국들은 선진국의 환경조치들이 무역장벽의 구실로 사용되는 것을 우려하여 환경논의에 반대하여 왔다.

WTO에서의 환경논의의 핵심은 환경보호를 목적으로 하는 조치들이 무역에 부정적인 영향을 주지 않도록 하는 것이다. 한 국가가 환경보호를 이유로 일방적으로 취하는 무역제한조치가 WTO 규정에 합치하는지 여부가 오래된 환경이슈이다. 또한 WTO에서 논의하고 있는 환경 이슈 중에서 중요한 것 하나는 환경상품과 환경서비스의 무역자유화이다. 즉, 환경보호에 도움이 되는 상품과 서비스를 개방함으로써 자유무역과 환경보호를 동시에 달성할 수 있게 하자는 것이다.

I. 환경보호와 다자환경협정

환경보호(environmental protection)와 관련하여 양 당사국은 자국의 환경보호 수준과 자국의 환경발전 우선순위를 설정하고 이에 따라 자국의 환경법 및 정책을 채택하거나 수정할 수 있는 권리를 인정하면서, 높은 수준의 환경보호가 이루어질 수 있도록 환경법 및 정책을 운용하고 보호수준이 향상될 수 있도록 지속적으로 노력할 의무를 규정하고 있다(제20.1조). 그리고 양 당사국은 7개 다자환경협약(MEA) 즉, ① 멸종위기에 처한 야생동식물의 국제거래에 관한 협약(1973, 워싱턴), ② 오존층 파괴물질에 관한 몬트리올 의정서(1987, 몬트리올), ③ 선박으로부터의 오염방지를 위한 국제협약에 관한 1978년 의정서(1978, 런던), ④ 물새서식처로서 국제적으로 중요한 습지에 관한 협약(1971, 람사), ⑤ 남극해양생물자원 보존에 관한 협약(1980, 캔버라), ⑥ 국제포경규제 협약(1946, 워싱턴), ⑦ 전미열대참치위원회의 설치에 관한 협약(1949, 워싱턴) 등의 의무 이행을 위해 국내법령 및 조치를 채택·유지할 것을 의무화하고 있다(제20.2조, 부속서 20-가). 이는 2007년 5월 채택된 미국의 신통상정책(New Trade Policy)에 포함되어 있는 내용으로 한·미 FTA에 반영되었다.

양 당사국은 무역 또는 투자에 영향을 미치는 자국의 환경법 그리고 협정상의 자국 의무를 준수하기 위한 법, 규정 및 그 밖의 조치를 효과적으로 집행할 수 있다. 그러나 이는 법, 규정 및 그 밖의 조치가 합리적(reasonable)이고 명확하며(articulable) 선의(bonafide)인 경우에만 해당된다(제20.3조 제1항).

양 당사국은 환경 사안에 대한 양자·지역 및 다자포럼에서의 협력이 환경보호·관행 및 기술의 개발과 증진을 포함하여 공동의 환경목표 및 목적을 달성하는 데 도움이 된다는 것을 인정하면서, 그러한 협력을 확대시키기로 하고 있다. 그리고 양 당사국은 "환경협력에 관한 대한민국 정부와 미합중국 정부 간 협정(ECA: Agreement on Environmental Cooperation)"[1]에 따라 환경협력 활동을 수행하기로 하였다(제20.8조).

한편, 다자환경협약(MEA)과의 관련하여 한·미 FTA 협정상의 의무와 적용대상 협정 간의 불일치가 있는 경우, 그 당사국이 적용대상 협정상의 자국의 의무를 준수하기 위하여 특정 조치를 취하는 것을 배제하지 아니한다. 다만, 그 조치의 주된 목적(primary purpose)이 무역에 대한 위장된 제한(disguised restriction)이어서는 아니 된다(제20.10조).

---

1) 이 협정은 2008년 4월 체결되고 2012년 1월 23일 서명되었다. 한·미 FTA에 비추어 무역자유화와 환경보호가 상호보완이 필요하다는 인식하에서 이 협정은 양국 간의 환경보호, 천연자원의 지속가능한 관리, 생물다양성의 보존과 보호 및 환경법 집행강화에 관한 협력 증진을 목적으로 한다. 그리고 이러한 협력을 위한 틀을 설정하는 것이다.

II. 환경협의회

양 당사국은 환경협의회(Environmental Affairs Council)를 설치한다. 이 협의회는 제20장(환경)의 이행을 감독하기 위하여 협정의 발효 1년 내에 회합하고, 그 이후에는 필요에 따라 회합한다(제20.6조).

각 당사국은 환경협정 이행에 있어서 대중이 당사국의 권한 있는 당국에게 특정사안의 자국 환경법 위반 여부를 조사하도록 요청하는 등 일반인도 환경법 준수의무의 감시자가 될 수 있도록 규정하고 있다(제20.7조). 다만, 과도한 의견 제출로 인한 행정부담을 경감시키기 위해, 부속서한에서 사인이 제출한 견해가 환경에 관한 특정조항의 이행과 관련되는 등 일정 기준을 충족할 경우에만 타방 당사국에게 전달할 수 있도록 하고 있다(제20장 부속서한).

환경분야 분쟁해결절차는 먼저 상대국에 설치된 접촉창구(contact point)에게 서면요청에 의한 협의(consultation), 그리고 환경협의회 회부 단계를 거쳐 60일 내에 분쟁이 해결되지 않으면 한·미 FTA 협정의 일반적인 분쟁해결절차가 진행된다(제20.9조). 환경과 관련하여 지속적이고 반복적인 작위 또는 부작위를 통해 환경법의 효과적인 집행의무를 위반한 사안으로 한·미 양국 간 무역에 영향을 미치는 경우 제22장의 분쟁해결절차가 작동될 것이다.

22

투명성

한·미 FTA 협정 제21장(투명성)에서는 각 당사국 법령의 제정·개정 및 행정절차를 40일 전에 공표하고, 상대국 또는 이해관계인에게 의견을 진술할 수 있게 보장하여야 한다(제21.1조). 또한 상대국의 요청이 있는 경우에는 관련 정보를 신속히 제공하여야 한다.

그리고 각 당사국에 국제무역 및 투자에서 뇌물수수 및 부패를 근절하기 위한 조치를 채택하고 유지하도록 의무화하고, 나아가 양 당사국은 그러한 반부패 규정을 시행하기 위한 절차와 적절한 처벌제도를 유지할 것과 뇌물수수 행위를 선의로 신고하는 자를 보호하기 위한 적절한 조치를 채택하여야 한다(제21.6조).

I. 법령 및 행정절차에의 투명성

각 당사국은 국내 법률·규정·절차와 일반적으로 적용되는 행정판정을 신속하게 공표하고, 또한 상대국 및 이해관계인에게 의견을 제시할 수 있는 합리적인 기회를 제공하여야 한다(제21.3조). 공표되는 중앙정부의 규정(대통령령, 총리령, 부령)은 40일 이전에 공표되어야 한다(제21.1조제3항, 한·미 FTA 서한(공표)).

이러한 한·미 FTA 협정의 규정을 이행하기 위하여 「행정절차법」이 2008년 10월 10일 제출되어 2011년 12월 2일 의결되었다. 개정법에서는 입법[1] 예고기간을 기존 20일에서 40일(자치법규는 20일) 이상으로 연장하고 있다(행정절차법 제43조). 그리고 다른 쪽 당사국의 요청이 있는 경우, 이 협정에 영향을 미칠 수 있는 조치 등의 관련정보를 신속하게 제공하고 질의에 응답하여야 한다(제21.2조). 또한 관련한 행정조치 등에 대해 행정적 및 사법적 검토와 재심의 기회를 부여하여야 한다(제21.3조 및 제21.4조).

한편, 한·미 FTA 협정 제9장(무역에 관한 기술장벽)에서는 표준, 기술규정 및 적합성 평가절차 등은 설치되는 질의처를 통하여 전자적으로 양 당사국에 통보하고, 접수된 의견도 전자적 수단으로 공개하게 규정하고 있다. 그리고 서면 의견제시 기간은 최소 60일 이상 보장되어야 하고, 의견제시 기간의 연장에 대하여도 호의적으로 고려하여야 한다고 규정하고 있다(제9.6조제3항).

II. 부패방지

각 당사국은 국제무역 또는 투자에 영향을 미치는 공무원의 뇌물수수 행위를 자국의 형사범죄로 규율하기 위한 입법적 조치를 채택하여야 한다. 그

---

1) 법령 등을 제정·개정 또는 폐지함을 의미한다.

리고 이러한 형사조치를 집행하기 위한 적절한 벌칙과 절차를 유지하여야 한다. 또한 당사국은 이러한 뇌물수수행위를 선의(good faith)로 신고한 자를 보호하기 위하여 적절한 조치를 채택하여야 한다(제21.6조).

부패문제가 국제적 논의의 대상으로 등장한 배경은 뇌물수수가 소위 동등한 경쟁환경(level playing field)의 조성을 방해하고 있다는 것이다. 또한 국제상거래와 관련한 부패 및 뇌물수수 행위는 도덕적·정치적 문제를 야기하여 민주주의 발전에 걸림돌이 되며, 경제활동의 세계화를 저해할 가능성이 있다는 것이다. 이러한 논의를 주도하고 있는 미국의 경우, 국제상거래에 있어서 뇌물수수에 제재를 가하자는 입장은 당초에는 윤리적인 차원에서 시작되었다. 그러나 이러한 논의가 점차 국제적 차원으로 확장하게 된 동기는 교역 상대국에 비해 자국기업에 대한 부패 등의 규제가 강할 경우, 이는 결과적으로 자국기업의 국제경쟁력 약화를 초래한다는 인식에서 비롯된 것이다. 반면에 개도국 등은 부패방지(anti-corruption)를 위한 국제규범의 제정이 보호주의와 내정간섭 촉발 우려가 있다는 점에서 대체로 반대하고 있다.

1990년대 들어 개도국의 조달시장 개방으로 각국 정부의 대형 프로젝트, 군수물자 등의 국제입찰에서 다국적기업과 발주국의 공무원이 뇌물 등 부패와 연결되어 계약을 체결하는 사례가 증가하였다. 이에 1977년부터 「해외부패관행방지법(Foreign Corrupt Practices Act)」으로 엄격하게 규제받고 있는 미국기업들에게 동등한 경쟁기회를 제공하기 위해 다른 나라들도 미국과 같은 정도의 부패규제를 요구하기에 이르렀다.

OECD에서 뇌물방지에 관한 논의는 1976년 "국제투자 및 다국적기업에 관한 선언"을 기원으로 한다. OECD에서 부패관행 방지를 위한 본격적인 논의가 이루어진 것은 1990년 국내 및 국제적 차원에서 불법적 지불을 근절하기 위한 조치를 강구하면서부터이다. 1994년 5월 OECD 이사회는 "국제상거래에 있어 뇌물공여에 관한 권고"를 채택하였다. 이어 1997년 12월 OECD 34개 회원국은 국제상거래에 있어서 공무원에 대한 뇌물수수를 근절하기 위한 방안으로 「국제상거래에 있어서 외국공무원에 대한 뇌물제공 방지를 위한 협약(Convention on Combating Bribery of Foreign Public

Officials in International Business Transactions)」을 채택하고, 이를 바탕
으로 협약의 확산과 충실한 이행을 위한 감시체제의 도입에 합의하였다. 동
협약은 1999년 2월에 발효되었고, 우리나라 또한 1998년 12월에 이 협약의
국내이행을 위하여 「국제상거래에 있어서 외국공무원에 대한 뇌물방지법」
(법률 제5588호)을 제정하였다.

한편, WTO에서의 논의는 1996년 싱가포르 제1차 각료회의에서 정부조
달의 투명성에 관한 협정의 체결을 위한 작업반 설치를 합의함으로써 시작
되었다. 그러나 논의는 개도국의 강력한 반대에 직면하고 있어 외국공무원
에 대한 뇌물공여의 처벌과 같은 국제무역에서의 부패와 직접 관련된 내용
을 다루기는 어려울 것으로 보인다.

23

제도규정 및 분쟁해결, 예외

한·미 FTA 협정 제22장은 공동위원회(제22.2조), 한반도 역외가공지역위원회(부속서 22-나) 및 수산위원회(부속서 22-다)를 비롯한 협정의 이행을 위한 조직 및 제도에 관한 사항(제1절)과 분쟁해결절차(제2절), 국내절차및 민간 상사분쟁 해결(제3절), 그리고 자동차에 관한 대체적 분쟁절차(부속서 22-가) 등을 규정하고 있다.

그리고 국가 간 분쟁해결절차에 WTO 협정과 동일한 수준의 위반 및 비위반 제소를 포함하고, 비위반제소 대상에 상품·농업·섬유·원산지·서비스·정부조달·지적재산권을 포함하고 있다. 다만, 지적재산권의 경우 WTO TRIPs 협정에서 비위반제소의 적용을 계속 유예시키고 있는바, WTO 각료회의에서 적용의 결정이 있을 때까지 한·미 FTA에서도 적용이 유예된다(제22.4조 각주). 또한 패널 판정 불이행 시 FTA 협정에 따른 혜택을 정지하거나 피해규모에 상응하는 금전적 보상을 허용하고 있다(제22.13조).

한편 제23장 예외에서는 한·미 FTA 협정문의 적용을 배제할 수 있는 일반적 예외(제23.1조), 필수적 안보(제23.2조), 과세(제23.3조), 정보의 공개

(제23.4조) 등을 규정하고 있다.

I. 공동위원회 설치

양 당사국은 양국 통상장관을 공동의장으로 하는 공동위원회(Joint Committee)를 설치하며, 공동위원회는 협정의 이행을 감독하고 설치된 다른 위원회(committees)와 작업반(working groups) 및 그 밖의 기구(other bodies)의 업무를 감독한다. 또한 협정의 개정 검토, 협정상의 약속 수정,

〈표 1〉 한·미 FTA 협의채널 구성 현황

분야	협의채널
협정운영	• 공동위원회(Joint Committee) - 의장: 양국 통상장관
상품	• 상품무역위원회(Committee on Trade in Goods) - 양국 대표로 구성 ＊통관소위원회(Sub-Committee on Customs Matters)
농업	• 농업무역위원회(Committee on Agricultural Trade)
섬유	• 섬유위원회(Committee on Textile and Apparel Trade Matters)
무역구제	• 무역구제위원회(Committee on Trade Remedies) - 관련 기관의 적절한 수준의 대표로 구성
SPS	• SPS 위원회(Committee on SPS Matters) - SPS 담당 대표로 구성
TBT	• TBT 위원회(Committee on TBT) - 양국 대표로 구성 - Coordinator: 한국 기술표준원, 미 USTR
개성공단	• 한반도역외가공지역위원회(Committee on Outward Processing Zones on the Korean Peninsula) - 양국 공무원으로 구성, 협정발효 1년 후 개최(매년 최소 1회 개최 또는 양국 합의 시 수시 개최 가능)

분야	협의채널
전문직자격 상호인정	• 전문직서비스 작업반(Professional Services Working Group) - 발효 후 구성, 발효 1년 내 개최
서비스/투자	• 미국 측 지방정부 비합치조치로 인한 문제 발생 시, 동 문제 해결을 위한 협의 추진
금융	• 금융서비스위원회(Financial Services Committee) - 금융담당 공무원으로 구성 - 한국 재경부, 미국 재무부·USTR·상무부 * 금융서비스위원회 산하, 보험작업반(Insurance Working Group) 설치
정부조달	• 정부조달 작업반(Government Procurement Working Group) - 양국 대표로 구성
노동	• 노동협의회(Labor Affairs Council) - 양국 노동부 및 관계부처 고위관리로 구성
환경	• 환경협의회(Environmental Affairs Council) - 양국 환경담당 공무원을 포함한 고위관리로 구성
자동차	• 자동차 작업반(Automotive Working Group) - 양국 대표로 구성(관련 규제기관 포함) - Coordinator: 한국 외교부, 미국 USTR
의약품	• 의약품의료기기위원회(Medicines and Medical Devices Committee) - 양국 보건 및 통상담당 공무원이 공동의장 * 의약품 분야 MRA 추진 등 규제협력을 위한 작업반 설치 근거
수산	• 공동수산위원회(Joint Fisheries Committee)

자료: 관계부처합동, 『한·미 FTA 상세설명자료』(2007. 5. 25.)

협정 규정의 유권해석 등을 그 권한으로 하고 있으며, 협정과 관련하여 분쟁이 발생할 경우 패널설치 이전 단계의 분쟁해결기구로서의 기능을 수행한다(제22.2조). 공동위원회와 모든 위원회·작업반 및 그 밖의 기구의 모든 결정은 양 당사국의 합의방식(consensus)에 의한다(제22.2조제7항).

공동위원회의 권한인 협정문에 관한 해석과 관련하여서는 우리 헌법상의 삼권분립에 저촉된다는 문제 제기가 있다. 국내법의 경우 해당 법률의 해석 및 집행과 관련하여 분쟁이 발생할 경우 그에 대한 최종적 해석권한은 사법

부에 있음에 비추어 볼 때, 투자분쟁의 중재판정부(tribunal) 또는 일반분쟁
해결절차의 패널(panel) 등이 양국 행정부의 공무원으로 구성되는 공동위
원회의 유권해석 결정에 구속되는 것이 타당한 것인지에 대한 문제제기가
있다.

또한 공동위원회가 협정상의 약속을 수정한다는 의미는 부속서에 규정된
양허안의 수정을 말하는 것인데, 부속서도 협정의 불가분의 일부를 구성하
는 것인 이상 이것도 협정 개정(amendment)의 한 유형이라고 할 수 있다.
따라서 특별한 제약 없이 공동위원회가 협정상 약속을 수정할 수 있도록
규정하고 있어 동 규정이 국회의 동의권을 침해하는 것이 아닌지 의문이
제기될 수 있다.

생각하면, 이러한 문제제기는 우리나라에만 해당된다고 본다. 우리의 경
우 한·미 FTA 협정이 법률과 같은 효력을 갖기 때문에 이러한 문제가 제기
된다. 반면, 미국 측의 경우에는 FTA 협정이 미국 연방 법률의 하위에 위치
함으로써 통상장관이 FTA 협정문을 해석하거나, 일부 수정을 하여도 법체
계상 문제될 것이 없어 보인다.

II. 분쟁해결절차

일반적으로 FTA에서의 분쟁해결절차(Dispute Settlement Proceedings)
는 WTO 분쟁해결절차와 유사하다. 분쟁발생 시 패널(Panel)의 설치로 해결
을 도모한다. 패널의 판정에 따라 패소국은 의무이행을 부담하고, 불이행 시
에는 승소국에게 보복조치를 허용한다. FTA는 대부분 WTO 규범보다도 더
광범위한 분야를 포괄하고 있으므로 분쟁도 WTO보다 다양한 분야에서 발
생할 수 있다. FTA 분쟁해결절차는 일반 분쟁해결절차 이외에 특정분야 또
는 사안을 다루는 특별 분쟁해결절차가 규정되기도 한다. WTO는 분쟁당사
국 이외에 이해관계가 있는 제3국의 참여가 허용되고 있으나, FTA는 기본적
으로 양자간 규범으로 FTA 양 당사국으로 참여의 범위가 제한된다. FTA 패

널절차는 단심제로 최종적인 성격을 가지고 있으나, WTO 분쟁해결절차는 패널과 패널판정에 불복 시 상소기구라는 두 번의 판정 요청이 가능하다.

한·미 FTA에서의 분쟁해결절차도 WTO와 같이 국가 대 국가의 분쟁을 다루고 있다. 각 당사국이 선정한 패널이 분쟁사안을 심리한다. 한·미 FTA 분쟁해결절차와 WTO 분쟁해결절차를 선택할 수 있으며, 어느 하나를 선택하면 다른 절차는 배제된다(제22.6조).

1. 한·미 FTA 분쟁해결절차의 특징

한·미 FTA 분쟁해결절차는 WTO 분쟁해결절차와 다른 몇 가지 특성을 가지고 있다. 첫째, 협의 단계에서 이해당사자 및 대중 구성원(members of the public)에게 의견 수렴을 하도록 하고 있으며, 패널 심리절차를 원칙적으로 공개하는 등 투명성을 기하고 있다(제22.7조 및 제22.10조). 이 규정은 분쟁의 협의과정에서 이해관계자 및 일반대중의 의견을 구하도록 함으로써 분쟁해결의 효율성을 도모하고 협의과정에 투명성을 담보하기 위한 것으로 보인다. 반면에, WTO 패널의 심의는 비공개로 진행된다.

둘째, 패널에 회부되기 전에 양 당사국의 공동위원회(Joint Committee)에서 논의를 통해 분쟁해결을 도모하는 단계를 두고 있다(제22.8조). 공동위원회 회부 단계는 협의과정에서 통상 실무자선의 논의가 실패할 경우에 그 논의 수준을 양국의 고위급 관료로 격상시켜 분쟁의 해결을 도모한다는 점에서 의의가 있다.

셋째, 패널판정 불이행 시 협정상 혜택의 정지 대신에 금전적 평가액의 지불을 허용하고 있다. 일반적으로 WTO 분쟁에서 패널보고서가 어느 한쪽 당사국이 협정상의 의무에 합치하지 아니한다고 판정하거나, 당사국의 조치가 이익의 무효화 또는 침해를 초래하고 있다고 판정하는 경우에 해당 당사국은 그 불합치나 무효화 또는 침해를 제거하여 분쟁을 해결하게 된다. 그런데 패소국이 패널보고서의 판정과 권고를 이행하지 못하는 경우가 발생할 수 있는데, 이를 패널보고서의 불이행이라고 한다. 이 경우 한·미 FTA에서는 먼저 수용할 수 있는 보상(compensation)에 관하여 협상을 하고, 이 보상협상이 실패하는 경우에는 동등한 효과를 갖는 혜택의 정지(suspension of benefits)를 서면으로 통보하고 이를 이행할 수 있다(제22.13조).

여기서 한·미 FTA의 특징의 하나로 피소국이 혜택의 정지 대신에 금전적 평가액(monetary assessment)을 지불하겠다고 서면으로 통보하면 제소국은 혜택을 정지할 수 없다(제22.13조제5항). 이 혜택의 정지 대신 금전적 평가액 지불은 한·미 FTA 분쟁해결절차에서 처음 도입하는 제도이다. 금전적 평가액은 패널에서 결정한 혜택의 정지 수준의 50% 또는 제소국이 혜택의 정지를 제안한 수준의 50% 수준에서 결정되고, 공동위원회는 이를 기금으로 조성하여 무역장벽을 감축하거나 협정이행을 지원하는 등 무역을 촉진하기 위한 사업에 사용이 가능하다(제22.13조제5항 및 제6항). 불이행에 따른 혜택의 정지와 금전적 평가액의 지불은 불이행 상태가 해소될 때까지 한시적으로 적용되는 것으로, 불이행 상태가 해소되면 이들 조치는 정지된다(제22.14조).

한편, WTO 분쟁에서 보상조치는 일반적으로 피소국이 관련 산업분야 또는 여타 산업부문에 대해 추가적으로 시장개방조치를 채택하는 형태[1]를 취한다. 그리고 만족할 만한 보상에 대하여 합의가 이루어지지 않으면 제소국은 양허 또는 그 밖의 의무를 관련 회원국에 정지시키기 위한 승인을 분쟁해결기구(DSB)에 요청한다(WTO DSU 제22조제2항). 양허 또는 그 밖의 의무의 정지와 관련된 일반적인 원칙은, 패널이나 상소기구가 위반 또는 그 밖의 무효화 또는 침해가 있었다고 판정을 내린 분야와 동일한 분야에서 양허 또는 그 밖의 의무의 정지를 우선 추구하여야 한다(DSU 제22조제3항 a호).

넷째, 노동과 환경 분야가 분쟁 해결절차의 적용대상으로 포함되어 있고, 자동차에 대한 신속분쟁해결절차가 도입되어 있다.

---

1) 1995년 일본의 주세법 사건에서 일본 정부는 내국민대우 위반 판정을 받은 소주에 대한 차별적인 주세를 3년간 유지하는 조건으로 위스키와 브랜디에 대한 관세를 인하한 바 있고, 1999년 미국의 저작권법 사건에서 미국 정부는 미국의 저작권법이 TRIPs 위반이라는 판정을 받게 되자 EC에 보상조치로 330만 달러를 지불한 바 있다.

2. 한·미 FTA 분쟁해결절차의 제한 및 특별절차

한·미 FTA 분쟁해결절차는 일정한 경우 그 적용이 제한된다. 제8장(위생 및 식물위생조치와 관련된 사안)은 한·미 FTA 분쟁해결절차를 이용할 수 없다(제8.4조). 제10장(무역구제)에서 반덤핑 및 상계관세 조치와 관련해서도 한·미 FTA 분쟁해결절차를 이용할 수 없다(제10.7조제2항). 제16장(경쟁 관련 사안)에서 반경쟁적 영업행위(제16.1조), 국경간 소비자보호(제16.6조), 협의(제16.7조)와 관련해서도 한·미 FTA 분쟁해결절차를 이용할 수 없다(제16.8조).

이처럼 한·미 FTA 분쟁해결절차로부터 배제되어 있는 경우라도 WTO 관할권에 포함되는 경우에는 WTO 분쟁해결절차가 적용될 수 있을 것이다.

한편, 자동차 관련 분쟁은 제22장의 부속서 22-가(자동차에 관한 대체적 분쟁절차)에 의거한 절차가 개시된다. 자동차 관련 분쟁절차의 특징은 협의의 생략, 패널절차 기간의 단축 등 신속한 분쟁해결 및 협정위반 또는 침해가 자동차의 판매·구매·유통 등에 실질적으로 영향을 미친 경우에는 관세율을 FTA 이전 수준으로 환원시킬 수 있다는 점이다(부속서 22-가제5항). 이 관세환원(Snap Back) 규정은 일반승용차(HS 8703)에 대해서만 적용[2]된다. 그러므로 대형승용차, 화물자동차, 특수용도차량 등은 제외된다. 한·미 FTA 협정상으로는 양국 모두가 동 제도를 이용할 수 있으나 자동차 교역이 상당히 비대칭적인 점을 고려하면 이 제도는 미국에 의해 제기될 가능성이 크다.

그리고 노동·환경 분야는 한·미 FTA에서 분쟁 적용대상으로 새롭게 포함되어 있는 것으로 WTO 규범에는 포함되어 있지 않은 내용이다. 양 당사국은 노동·환경 분야에서 분쟁해결절차가 남용되지 않도록 동 분야의 분쟁해결절차가 제한적인 경우에만 적용된다는 사실을 확인하고 있다(한·미

---

[2] 한국은 미국산 승용차 대하여 8% 관세를, 미국은 한국산 승용차에 대하여 2.5%의 관세를 환원하여 부과할 수 있다.

FTA 서한).

　노동분야 분쟁해결절차는 일반 분쟁해결절차가 개시되기 이전 단계로, 노동협의와 노동협의회(Labor Affairs Council) 회부 단계를 거쳐야 한다. 노동협의와 노동협의회에서의 분쟁해결 기간은 60일간이다. 만약 이 기간 내에 분쟁이 해결되지 않으면 일반적인 통상 분쟁해결절차가 진행된다(제 19.7조). 환경분야 분쟁해결절차는 노동분야 분쟁해결절차와 동일하게 진행된다. 먼저 접촉창구에의 환경협의 그리고 환경협의회(Environmental Affairs Council) 회부 단계를 거쳐 60일 내에 분쟁이 해결되지 않으면 일반적인 통상 분쟁해결절차가 진행된다(제20.9조).

III. 비위반제소

　한·미 FTA에서 분쟁해결절차는 ① 협정상 의무와 불합치한 조치, ② 협정상의 의무 불이행, ③ 협정에 불합치하지 아니하는 조치의 결과로서 합리적으로 기대할 수 있었던 혜택이 무효화되거나 침해된 경우 등의 경우에 적용된다(제22.4조). 여기서 ③의 경우가 비위반제소(non-violation complaints)이다. 한·미 FTA에서는 비위반제소 대상에 제2장(상품에 대한 내국민대우 및 시장접근), 제3장(농업), 제4장(섬유 및 의류), 제6장(원산지규정 및 원산지절차), 제12장(국경간 서비스무역), 제17장(정부조달) 또는 제18장(지적재산권)을 포함하고 있다. 다만, 제23.1조(일반적 예외)의 적용대상인 경우에는 제12장(국경간 서비스무역) 및 제18장(지적재산권)은 배제된다(제22.4조). 그리고 제18장(지적재산권)에의 적용은 WTO 각료회의에서 TRIPs 협정상의 비위반제소 배제유예[3] 종결합의가 있을 때까지 그 적용을 유예시키

---

3) TRIPs 협정 제64조에 의하면, GATT 제23조제1항 (b)호 및 (c)호에서 규정하고 있는 비위반제소와 상황제소는 WTO 협정 발효 후 5년간 적용하지 않는다는 유예기간을 설정하였고, 이 유예기간이 이후 도하(2001), 홍콩(2005), 제네바(2009, 2011) 각료회의에서 각각 차기 각료회의까지 연장이 합의되어 있다. 그러므로 2013년 현재까지 지

고 있다(제22.4조 각주).

비위반제소는 다자규범인 GATT(1947) 및 WTO 규범에 그 연원이 있다. WTO 협정상의 일체의 법적인 의무는 회원국 간 관계에서만 발생하며 회원국 간에는 이러한 법적 의무 이외에도 협정에 의해 설정된 무역이해의 균형관계가 형성되어 있다. 즉, 특정한 협정상 의무에 저촉되는 내용이 없는 경우에도 다른 회원국의 구체적인 조치가 무역이해의 균형에 영향을 미치게 되어 자국의 협정상 이익을 무효화하거나 침해하는 경우에는 분쟁해결을 위한 제소가 가능하게 하는 제도이다.

WTO DSU 제26조는 GATT 제23조[4] 제1항 b호의 비위반제소와 관련 발동요건을 구체화하고 있다. 즉, 제26조제1항은 패널 또는 상소기구는 일방 분쟁당사자가 특정 회원국의 조치의 결과로 인하여 자기 나라에 발생하는 이익이 무효화 또는 침해되고 있다고 간주하거나, 동 대상협정의 목적달성이 저해되고 있다고 간주하는 경우에는 해당 조치의 협정위배 여부에 관계없이 GATT 제23조제1항 b호에 의해 판정 및 권고를 내릴 수 있다고 규정하고 있다(DSU 제26조).

비위반제소의 제소국은 제소를 변호하는 상세한 정당한 사유를 제시하여야 한다(DSU 제26조제1항 a호). 그리고 특정조치가 관련 대상협정을 위반하지 않으면서 동 협정에 따른 이익을 무효화 또는 침해하거나 동 협정의

적재산권 분야의 분쟁에는 비위반제소가 적용되지 않고 있다.

[4] GATT 제23조(무효화 또는 침해) ① 체약당사자가 다음의 결과로 이 협정하에서 직접적 또는 간접적으로 자신에게 발생되는 이익이 무효화되거나 침해되고 있거나 이 협정의 목적 달성이 방해되고 있다고 인정하는 경우

(a) 다른 체약당사자의 이 협정하의 자신의 의무의 불이행 또는

(b) 이 협정 규정과의 저촉 여부를 불문하고 다른 체약당사자에 의한 조치의 적용 또는

(c) 그 밖의 상황의 존재

동 체약당사자는 동 문제의 만족스러운 조정을 목적으로 관련이 있다고 동 체약당사자가 간주하는 다른 체약당사자 또는 체약당사자들에게 서면으로 의견을 제시하거나 제의할 수 있다. 이렇게 의견을 제시받거나 제의를 받은 체약당사자는 자신에게 행하여진 동 의견 또는 제의에 대하여 호의적인 고려를 한다.

목적달성을 저해한다고 판정이 내려진 경우, 동 조치를 철회할 의무는 없다. 다만, 상호 만족할 만한 조정을 행하도록 권고된다(DSU 제26조제1항 b호).

한편, 한·미 FTA에서 비위반제소는 제소국의 엄격한 입증책임을 요구하는 별도의 절차 규정을 두고 있지 않다. 또한 분쟁해결 방식도 이익의 무효화 또는 손상을 회복하는 것에만 머무르지 않고 이익의 무효화 또는 침해 그 자체를 제거하는 것으로 확대되기 때문에 비록 합법적인 조치라 하더라도 이를 철회하거나 수정해야 할 것이다(제22.12조제2항).[5]

IV. 일반적 예외의 적용 제한

한·미 FTA 협정 제23.1조(일반적 예외)에서는 GATT 제20조와 GATS 제14조를 각각 일부 내용을 변경·추가해 이 협정에 수용하고 있다(제23.1조).

WTO GATT(1994) 제20조와 GATS 제14조는 각 규범 적용의 예외로 공중도덕 보호와 공공질서 유지, 그리고 인간, 동물 또는 사람의 생명 또는 건강을 보호하기 위하여 GATT 또는 GATS의 기본의무를 벗어나서 필요한 조치를 취할 수 있는 회원국의 권리를 규정하고 있다.

그런데 한·미 FTA에서도 이러한 일반적 예외 규범을 수용하지만, 이를 모든 규범부문에 다 적용시키지 않고 일부 부문은 제외시키고 있다. 즉, 이러한 일반적 예외가 적용되지 않는 부문은 제5장(의약품 및 의료기기), 제10장(무역구제), 제11장(투자), 제13장(금융서비스), 제16장(경쟁 관련 사항), 제17장(정부조달), 제18장(지적재산권), 제19장(노동), 제20장(환경), 제21장(투명성) 등이다(제23.1조).

---

5) 당사국의 조치가 제22.4조 다호의 의미상의 무효화 또는 침해를 초래하고 있다고 판정한 경우, 가능한 때에는 언제나, 그 불합치나 무효화 또는 침해를 제거하여 분쟁을 해결한다(제22.12조제2항).

24

최종규정

한·미 FTA 협정 제24장 최종규정(Final Provisions)에서는 한·미 FTA 협정문의 구성, 개정, 협정에의 가입 그리고 협정의 발효 및 종료절차 등에 대하여 규정하고 있다.

협정의 부속서(Annexes), 부록(Appendices) 및 각주(footnotes)도 이 협정의 불가분의 일부를 구성한다(제24.1조). 양 당사국이 서면으로 합의하면 협정개정(amend)이 가능하며, 개정은 양 당사국이 국내 필요절차를 완료하였음을 증명하는 서면통보를 한 후 합의하는 날에 발효된다(제24.2조). 그리고 양 당사국의 합의에 따라 어떠한 국가 또는 국가집단(any country or group of countries)도 이 협정에 가입할 수 있다(제24.4조).

I. 협정의 발효 및 종료

협정은 양국이 각각 적용할 수 있는 법적 요건 및 절차를 완료하였음을 증명하는 서면통보를 교환하는 날부터 60일 후 또는 양 당사국이 합의하는 날에 발효된다. 그리고 협정은 어느 한쪽 당사국이 이 협정의 종료(terminate the Agreement)를 희망함을 서면으로 통보한 날부터 180일 후에 종료된다. 이 경우 30일 이내에 어느 한쪽 당사국은 협정 종료 이후에 종료되어야 할 규정이 있는지에 대해 협의를 개시할 것을 서면으로 요청할 수 있으며, 이는 요청 전달 후 30일 내에 개시된다(제24.5조).

부록 한국의 유보 목록

[부록 1] 서비스/투자의 유보 목록

1. 부속서 Ⅰ : 현재유보(47개)
2. 부속서 Ⅱ : 미래유보(44개)
3. 부록 Ⅱ-가: GATS 양허표 수정내용
   (부속서Ⅱ 8 관련)

1. 부속서 Ⅰ : 현재유보(47개)

번*호	유보 분야 〈관련의무〉	유보 내용	유보 분야
1	건설서비스 〈현지주재〉	① 국내 사무소 개설 ② 일반건설업자 의무하도급 적용(2008. 1. 폐지)	국경간 서비스무역
2	건설기계 및 장비 관련 서비스(리스·대여·정비·수리·판매·폐기) 〈현지주재〉	① 국내 사무소 개설	국경간 서비스무역
3	운송서비스(자동차 정비·수리·판매·폐기·검사, 자동차등록 번호판교부)(중고자동차 판매·정비·수리·폐기를 포함) 〈시장접근, 현지주재〉	① 국내 사무소 개설 ② 개설 시 경제적수요심사	국경간 서비스무역
4	유통서비스(담배·주류 도·소매 유통) 〈시장접근, 현지주재〉	① 국내 사무소 개설 ② 주류도매업은 경제적수요심사 ③ 온라인(On-line) 판매 금지	국경간 서비스무역
5	농축산업 〈내국민대우〉	① 벼 또는 보리 재배업 기업에 투자 금지 ② 육우사육업 기업에는 49%까지 투자 제한	투자
6	사업서비스(안경사 및 검안) 〈시장접근, 현지주재〉	① 안경사 또는 검안사 면허자가 국내에 사무소 개설 ② 1인 1개의 영업소만 개설	국경간 서비스무역
7	도·소매 유통서비스 〈시장접근, 현지주재〉	① 다음 도·소매업은 국내 사무소 개설 　1) 의약품, 의료기기, 기능성식품 도매수입업	국경간 서비스무역

---

* 번호는 한·미 FTA 협정의 부속서 Ⅰ 유보 목록의 순서대로 붙였음. 마찬가지로 이하 부속서 Ⅱ, 부속서 Ⅲ의 번호도 동일한 순서로 붙였음.

번호	유보 분야 〈관련의무〉	유보 내용	유보 분야
7	도·소매 유통서비스 〈시장접근, 현지주재〉	2) 식품과 식품첨가물 운반·판매 및 보존, 식품공급, 식품검사, 마약류 도소매유통 ② 한약재의 도매유통은 수급조절 가능 ③ 특정주류와 마약류 도·소매는 허가	국경간 서비스무역
8	의약품(한약재 포함) 소매유통서비스 〈시장접근, 현지주재〉	① 국내에 약국 설치 ② 1인 1개 약국 설치(회사 형태 금지)	국경간 서비스무역
9	운송서비스(철도운송 및 부수) 〈시장접근〉	① 한국철도공사의 철도운송 독점(2005. 6. 이전 건설 노선) ② 경제적수요심사에 의한 면허 법인이 철도운송서비스 공급 가능(2005. 7. 이후 건설 노선) ③ 정부 또는 한국철도시설공단이 철도건설서비스의 공급·유지 및 보수. 다만, 민간투자법의 법인은 철도건설서비스 공급 가능	국경간 서비스무역
10	운송서비스(도로여객운송)(택시와 노선버스 제외) 〈현지주재〉	① 국내 당해 지역에 사무소 개설	국경간 서비스무역
11	운송서비스(국제해상화물운송 및 해상운송 보조) 〈내국민대우, 시장접근, 현지 주재〉	① 국제해상화물운송, 해운중개서비스 및 선박 투자 회사는 국내에 주식회사 설립 ② 해상도선서비스는 내국인만 공급(NT 제한)	국경간 서비스무역
12	운송서비스(항공운송) 〈내국민대우, 고위경영진〉	① 국내운송서비스 및 국제항공운송서비스에 외국인 투자 제한(49%) ② 임원진의 국적제한 ③ 항공기는 등록	투자
13	운송서비스(특수항공) 〈내국민대우, 고위경영진, 현지주재〉	① 항공기 사용 관련1) 서비스에 외국인 투자 제한(49%) ② 임원진의 국적제한 ③ 항공기는 등록	국경간 서비스무역 및 투자

번호	유보 분야 〈관련의무〉	유보 내용	유보 분야
14	운송서비스(도로운송지원) 〈시장접근, 현지주재〉	① 국내 사무소 개설 ② 개설 시 경제적수요심사 * 도로운송지원 서비스: 주차장, 버스터미널운영, 자동차 견인 및 보관	국경간 서비스무역
15	쿠리어(Courier)서비스(송달) 〈시장접근, 현지주재〉	① 국내 사무소 개설 ② 화물운송업 면허는 경제적수요심사. 다만, 국내 쿠리어 공급자 인수 시는 면허 불요	국경간 서비스무역
16	통신서비스 〈내국민대우, 시장접근, 현지주재〉	① 기간통신사업에 대한 투자제한(49%)(허가) ② 기간통신사업의 의결권 주식 보유 제한 (49%), 그리고 KT의 최대주주금지 및 KT에 대한 투자 제한(5%) ③ 협정발효 2년 후, 기간통신사업 100% 보유 가능(단, KT와 SK텔레콤은 제외) ④ 무선국 허가의 취득 및 보유 금지 ⑤ 국경간 서비스공급(mode 1) 금지. 다만, 공중통신서비스 공급자와 상업적약정을 통한 경우는 제외	국경간 서비스무역 및 투자
17	부동산중개 및 감정평가서비스 〈현지주재〉	① 국내 사무소 개설	국경간 서비스무역
18	의료기기 관련 서비스 (소매·리스·임대·수리) 〈현지주재〉	① 국내 사무소 개설	국경간 서비스무역
19	대여서비스(자동차) 〈현지주재〉	① 국내 사무소 개설	국경간 서비스무역
20	과학조사서비스와 해도제작서비스 〈내국민대우〉	① 해양과학조사는 허가 또는 동의(내국기업은 신고만)	국경간 서비스무역 및 투자

---

1) 항공기 사용 서비스는 항공기를 사용하는 서비스로서 여객 또는 화물의 운송 목적이 아닌 요청에 따라 유상으로 공급되는 서비스이며 항공화재진압, 산림화재관리, 항공광고, 비행훈련, 항공지도제작, 항공조사, 항공살포, 항공촬영 및 그 밖의 항공농업, 그리고 항공순찰 및 관측을 포함한다.

번호	유보 분야 〈관련의무〉	유보 내용	유보 분야
21	전문직서비스(법률) 〈시장접근, 현지주재〉	① 협정 발효 이전에, 미국 법무회사(로펌)의 대표사무소(외국법자문법률사무소) 설립 허용하고 미국법 및 국제공법의 자문 ② 협정발효 2년 이내, 외국법자문법률사무소가 국내 법무법인과 공동처리 약정 ③ 협정발효 5년 이내, 미국 법무회사와 국내 법무회사의 합작투자기업 설립 및 국내변호사 고용	국경간 서비스무역
22	전문직서비스(노무자문) 〈현지주재〉	① 2인 이상의 공인노무사가 인가를 받아 국내에 사무소 설치	국경간 서비스무역
23	전문직서비스(변리사) 〈시장접근, 현지주재〉	① 한국 변리사만이 개인사무소 또는 특허법인 설립(NT 제한) ② 1인 1 사무소 설립	국경간 서비스무역
24	전문직서비스(회계·감사) 〈시장접근, 현지주재〉	① 협정 발효 이전에, 미국 공인회계사 또는 회계법인이 국내 사무소를 설립하여 미국법 및 국제회계법의 회계컨설팅 제공 및 미국 공인회계사의 국내회계법인 근무 허용 ② 협정 발효 5년 이내, 국내 회계법인에 투자 허용(단, 49%까지 및 공인회계사 1인이 10% 미만만)	국경간 서비스무역
25	전문직서비스(세무사) 〈시장접근, 현지주재〉	① 협정 발효 이전, 미국 세무사 또는 세무법인이 국내 사무소를 설립하여 미국법 및 국제세법의 세무컨설팅 제공 및 미국 세무사의 국내세무법인 근무 허용 ② 협정 발효 5년 이내, 국내 세무법인에 투자 허용(단, 49%까지 및 세무사 1인이 10% 미만만)	국경간 서비스무역
26	전문직서비스(통관) 〈시장접근, 현지주재〉	① 국내 사무소 개설 ② 관세사 또는 허가 받은 통관취급법인만이 통관서비스 공급	국경간 서비스무역
27	엔지니어링 및 기타 기술서비스(산업안전·보건기관 및 자문) 〈현지주재〉	① 국내 사무소 개설	국경간 서비스무역

번호	유보 분야 〈관련의무〉	유보 내용	유보 분야
28	엔지니어링 및 기타 기술서비스(건축·엔지니어링·통합 엔지니어링·도시계획·조경건축) 〈현지주재〉	① 국내 사무소 개설. 다만, 국내 건축사와 공동계약에 의한 서비스 공급은 제외	국경간 서비스무역
29	사업서비스(전광판방송 및 옥외광고) 〈이행요건, 고위경영진, 현지주재〉	① 외국인 또는 외국기업의 대표자인 내국인은 전광판방송서비스 대표자 및 편성책임자 금지 ② 전광판방송프로그램의 30%를 비상업용 공익광고편성 의무 ③ 옥외광고서비스 공급자는 국내 사무소 개설	국경간 서비스무역 및 투자
30	사업서비스(직업알선·근로자 공급·근로자 파견·선원교육) 〈내국민대우, 시장접근, 현지주재〉	① 유료직업소개, 근로자 공급, 근로자 파견 서비스는 국내 사무소 개설 ② 경제자유구역은 26개 파견대상사업(2007. 3 현재 대통령령에 의한)을 경제자유구역위원회의 심의와 결정으로 확대하고 파견기간 연장 가능 ③ 한국선원복지고용센터와 지방해양수산청만이 선원인력공급서비스 공급 ④ 선원의 인사관리업무대행업은 주식회사 설립과 등록 ⑤ 한국해양수산연수원만이 선원교육훈련 제공	국경간 서비스무역 및 투자
31	조사 및 경비서비스 〈시장접근, 현지주재〉	① 한국법에 의한 법인만이 경비서비스 공급 * 경비서비스: 시설경호, 호송경비, 신변보호, 기계 경비, 특수경비서비스만 허용	국경간 서비스무역
32	간행물 관련 유통서비스 〈내국민대우〉	① 외국 간행물(반국가단체 출판 간행물 또는 소설·만화·사진집·화보집·잡지) 수입은 문광부장관의 추천 ② 국내간행물은 배포 후 심의 대상	국경간 서비스무역
33	운송서비스(항공기 유지 및 보수) 〈현지주재〉	① 국내 사무소 개설	국경간 서비스무역

번호	유보 분야 〈관련의무〉	유보 내용	유보 분야
34	교육서비스(고등교육) 〈내국민대우, 시장접근, 고위경영진〉	① 사립고등교육기관 이사 1/2 이상은 한국 국민. 다만, 기본재산의2) 1/2 이상을 외 국인이 출연한 경우는 2/3 미만까지 외국 국적 가능 ② 허가를 받은 비영리 학교법인만이 고등교 육기관 설립 ③ 의료인·약사·수의사·한약사·의료기사, 유 아·초등·중등교원 및 수도권 고등교육기 관의 학생 정원 제한 ④ 초등교원 양성 고등교육기관은 중앙정부 와 지방 정부만이 설립 ⑤ 방송을 통한 고등교육기관은 중앙정부만 이 설립	국경간 서비스무역 및 투자
35	교육서비스(성인교육) 〈내국민대우, 시장접근〉	① 성인대상의3) 평생 및 직업교육 관련 학원 설립 가능 ② 협정 발효 이전, 사업장, 시민사회단체, 학 교, 언론기관 부설 교육시설 및 지식·인 력개발사업 관련 교육시설 그리고 온라인 평생교육시설은 비학위과정의 성인평생교 육시설로 설립 ③ 성인대상 학원 강사는 학사학위 이상 또는 동등자로 국내 거주 요건	국경간 서비스무역 및 투자
36	교육서비스(직업능력 개발 훈련) 〈현지주재〉	① 국내 사무소 개설	국경간 서비스무역
37	수의사 및 수산질병관 리사(물고기전문 수의 사) 서비스 〈현지주재〉	① 국내 사무소 개설	국경간 서비스무역

번호	유보 분야 〈관련의무〉	유보 내용	유보 분야
38	환경서비스 〈현지주재〉	① 국내 사무소 개설 * 환경서비스: 폐수처리, 폐기물관리, 대기오염 처리, 환경오염방지시설, 환경영향평가, 토양 및 지하수 정화, 유독화학물질 관리서비스	국경간 서비스무역
39	공연서비스 〈내국민대우〉	① 외국인의 국내공연 또는 외국인의 국내 공연 초청은 영상물등급위원회의 추천	국경간 서비스무역
40	뉴스제공(뉴스통신사) 서비스 〈내국민대우, 고위경영진, 시장접근, 현지주재〉	① 외국통신사는 국내통신사(연합통신)를 통해 뉴스통신 공급 ② 뉴스통신업의 대표자는 한국인 및 외국인 투자 제한(25%) ③ 외국인 및 국내에 주소를 두지 않은 한국인은 뉴스통신사의 대표자, 편집인, 또는 연합뉴스사와 뉴스통신진흥회의 임원 금지 ④ 외국 뉴스통신사의 지사 또는 지국 설립은 기사 취재 목적만 가능(뉴스통신 배포는 금지) ⑤ 외국인 또는 외국정부와 기업은 무선국 면허 취득 불가	국경간 서비스무역 및 투자
41	생물학적 제제(製劑) 제조(혈액 제제) 〈이행요건〉	① 대한적십자로부터 원료혈액 물질을 조달	투자
42	정기간행물의 발행 (신문 제외) 〈내국민대우, 고위경영진, 시장접근, 현지주재〉	① 정기간행물의 발행인·편집인은 한국국민 (NT 제한) ② 정기간행물에 대한 외국인투자 제한(49%) ③ 허가를 받아 정기간행물 지사 또는 지국을 설치 ④ 외국 정기간행물의 한국 내 지사 또는 지국은 본국에서 편집된 원어를 국내에서 인쇄하여 배포 가능	국경간 서비스무역 및 투자
43	유통서비스(농축산업) 〈내국민대우, 시장접근〉	① 육류도매업에 대한 투자 제한(49%) ② 축산업협동조합만이 가축시장을 개설 및 관리 ③ 지방정부만이 공용도매시장을 개설	국경간 서비스무역 및 투자

번호	유보 분야 〈관련의무〉	유보 내용	유보 분야
43	유통서비스(농축산업) 〈내국민대우, 시장접근〉	④ 농산물유통 및 가격안정에 관한 법률의 생산자 단체 및 공익법인만이 공판장 개설 ⑤ WTO TRQ는 그대로 유지	국경간 서비스무역 및 투자
44	커뮤니케이션서비스 (방송) 〈내국민대우, 이행요건, 고위경영진, 시장접근, 현지주재〉	① 외국인은 방송채널사용사업자(종합유선방송사업자·전송망사업자 또는 종합편성·보도에 관한 전문편성사업자 제외) 지분 49% 초과 보유 제한 및 위성방송사업자 지분 33% 초과 보유 제한 ② 협정 발효 3년 이내, 간접투자 방식으로 방송 채널사용사업자(종합편성·보도 또는 홈쇼핑 제외)의 지분 100% 보유 허용 ③ 지상파방송사업자 또는 종합편성이나 보도에 관한 전문편성 방송채널사업자 지분의 30% 초과를 제한. 다만, MBC는 제외 ④ 방송 쿼터(한국 콘텐츠) 설정 1) 지상파방송·지상파채널사용사업자는 전체 방송 시간의 80% 2) 종합유선방송·위성방송사업자는 50% 3) 지상파방송채널을 제외한 방송채널사업자는 50% ⑤ 지상파방송사업자의 한국 콘텐츠 쿼터 설정 1) 애니메이션 45%, 2) 영화 25%, 3) 음악 60% ⑥ 음악프로그램(종합유선, 위성방송, 방송채널 사용 사업자)의 60% 한국 콘텐츠 쿼터 설정 ⑦ 협정 발효 이전에, 종합유선방송, 위성방송 또는 방송채널사용사업자의 쿼터 설정 1) 애니메이션 30%, 2) 영화 20% ⑧ 종교, 교육 또는 지상파이동멀티미디어방송 사업자는 별도의 콘텐츠 요건 적용. 위성이동멀티미디어 방송사업자는 위성방송사업자의 콘텐츠 쿼터 요건 적용 ⑨ 협정 발효 이전에, 지상파방송, 종합유선방송, 위성방송 또는 방송채널사용사업자	국경간 서비스무역 및 투자

번호	유보 분야 〈관련의무〉	유보 내용	유보 분야
44	커뮤니케이션서비스 (방송) 〈내국민대우, 이행요건, 고위경영진, 시장접근, 현지주재〉	의 1개국 콘텐츠(1개 국가에서 제작) 한도는 80% 또는 그 이상 ⑩ 방송서비스 편성책임자, KBS와 EBS의 이사는 한국국적자 ⑪ 방송서비스의 면허 요건 등 규정	국경간 서비스무역 및 투자
45	에너지산업(원자력발전을 제외한 발전, 송전, 배전 및 전력판매) 〈내국민대우〉	① 한국전력공사에 대한 외국인소유지분은 40%를 초과할 수 없으며, 최대주주가 될 수 없음 ② 지역난방용 열병합발전 설비를 포함한 국내 총발전 설비용량 중 외국인은 30%까지만 투자 ③ 송전, 배전, 전력판매사업에서 외국인소유지분은 50%를 초과할 수 없으며, 최대주주가 될 수 없음	투자
46	에너지산업(가스산업) 〈내국민대우〉	① 한국가스공사에 대한 외국인투자 제한(29%)	투자
47	레크리에이션·문화 및 스포츠서비스(영화 상영) 〈이행요건, 시장접근〉	① 연간 73일 한국영화 상영	국경간 서비스무역 및 투자

2. 부속서 Ⅱ: 미래유보(44개)

번호	유보 분야 〈관련의무〉	유보 내용	유보 분야
1	모든 분야 〈내국민대우, 이행요건〉	① 외국인투자촉진법 제4조의 공공질서 유지를 위해 필요한 조치 권한 유보. 다만, 미국에 서면통지와 아래 요건 충족 　1) 외국인투자촉진법 등 법의 절차적 요건 　2) 사회의 근본적 이익에 진정하고 충분한 심각한 위협 　3) 자의적이거나 정당화될 수 없는 방식 아님 　4) 위장된 제한이 아님 　5) 달성하고자 하는 목적과 비례 ② 위의 공공질서 유지를 위해 필요한 조치는 투자자·국가 간 분쟁해결제도(ISD)에 따른 중재 대상이 됨. 청구인이 공공질서 유지 조치로부터 손실 또는 손해를 입은 경우 중재에 제기할 수 있음 ③ ISD에서 한국은 위에서 취한 조치에 대하여 1항의 요건을 충족함을 입증하여야 함 ④ 제13장의 금융서비스는 적용대상에서 제외	투자
2	모든 분야 〈내국민대우, 이행요건, 고위경영진, 현지주재〉	① 공기업[4] 또는 정부기관이 보유한 지분 또는 자산의 이전 또는 처분과 관련한 조치의 채택 및 유지할 권리를 유보 　1) 금융서비스의 경우는 부속서Ⅲ의 유보 목록에 불구하고 내국민대우가 적용됨 　2) 과거 민간기업이 기업구조조정 과정에 국가 소유로 된 기업은 제외	국경간 서비스무역 및 투자

---

[4] 공기업에는 공기업 또는 정부기관의 지분 또는 자산의 매각 또는 처분만을 목적으로 설립된 기업도 포함된다.

번호	유보 분야 〈관련의무〉	유보 내용	유보 분야
2	모든 분야 〈내국민대우, 이행요건, 고위경영진, 현지주재〉	② 정부권한 행사로 제공되는 서비스의 전부 또는 일부를 민간에 이전하는 조치를 채택하거나 유지할 권리를 유보 　1) 한국은 부속서 I 및 부속서 II 상의 약속을 저해하지 않아야 함 　2) 특급배달서비스의 경우 투자(제11장)와 국경간 서비스무역(제12장)의 내국민대우에 합치하여야 함 　3) 금융서비스의 경우는 부속서 III의 유보 목록에 불구하고 내국민대우가 적용됨	국경간 서비스무역 및 투자
3	토지취득 〈내국민대우〉	① 외국인 토지취득과 관련한 조치 권리 유보. 다만, 다음은 허가 또는 신고 후 허용 　1) 정상적인 사업활동을 위한 토지 　2) 고위경영진의 주거를 위한 토지 　3) 해당 법에 규정된 토지보유요건을 충족하기 위하여 사용되는 토지 ② 외국인의 농지취득과 관련한 조치 권리 유보	투자
4	총포·도검·화약류 및 유사 물품 〈내국민대우, 이행요건, 고위경영진, 현지주재〉	① 총포·도검 및 화약류 분야와 관련한 조치 권리 유보	국경간 서비스무역 및 투자
5	취약집단 〈내국민대우, 최혜국대우, 이행요건, 고위경영진, 현지주재〉	① 장애인, 국가유공자 및 소수민족과 같은 사회적 또는 경제적 취약집단에 우대 등의 조치 권리 유보	국경간 서비스무역 및 투자
6	국가소유의 국가전자· 정보시스템 〈내국민대우, 현지주재, 이행요건, 고위경영진〉	① 국가소유의 전자정보시스템에 대한 조치 권리 유보. 다만, 금융서비스 관련 지급 및 결제시스템은 제외	국경간 서비스무역 및 투자
7	사회서비스 〈내국민대우, 최혜국대우, 현지주재, 이행요건, 고위경영진〉	① 법집행 및 교정서비스, 사회서비스에 대한 조치 권리 유보 　* 사회서비스: 소득보장 또는 보험, 사회보장 또는 보험, 사회복지, 공공훈련, 보건, 보육	국경간 서비스무역 및 투자

번호	유보 분야 〈관련의무〉	유보 내용	유보 분야
8	모든 분야 〈시장접근〉	① WTO GATS 양허표에 의한 조치 권리를 유보. 다만, 아래와 같이 GATS 양허를 이 유보목적으로 변경함 　1) 부속서 1의 유보항목 중 시장접근이 유보되지 않은 분야는 서비스공급형태 1), 2), 3)에 제한없음(None)으로 기재하고, 공급형태 4)에는 수평적양허 분야에 기재된 사항 이외는 약속안함 으로 변경 　2) 부속서 1에서 시장접근에 대한 제한사항은 해당 서비스공급형태에 대한 시장접근 열에 기재 　3) GATS상의 양허표를 부록II-가와 같이 수정(p.410 부록II-가 참조) ② 이러한 변경은 GATS 양허표상의 외국인 투자 제한 관련 제한사항은 영향을 미치지 않음 ③ GATS 양허표상의 열에 제한없음(None)으로 기재되어 있어도 부속서상의 현지주재는 유효함	국경간 서비스무역
9	모든 분야 〈최혜국대우〉	① 협정발효 이전의 모든 양자 또는 다자협정에 의한 국가 간 차등대우 유지 권한 유보 ② 협정발효 이후에도 항공, 수산, 해난구조를 포함한 해상 사안에 대한 양자 또는 다자협정에 의한 국가간 차등대우 유지(MFN 제공 대상에서 제외) ※ 한·미 FTA의 투자(제11장)와 국경간 서비스무역(제12장)은 최혜국대우(제11.4조 및 제12.3조) 적용	국경간 서비스무역 및 투자
10	커뮤니케이션서비스 (방송) 〈최혜국대우〉	① 편방향위성전송(DTH) 및 직접방송위성 (DBS) 텔레비전과 디지털오디오서비스 관련 국가 간 차등대우 유지. 다만, 이는 상호주의에 의거 미국 연방통신위원회가 그 여부를 결정(미국 부속서II 커뮤니케이션)	국경간 서비스무역 및 투자

번호	유보 분야 〈관련의무〉	유보 내용	유보 분야
11	운송서비스(철도운송) 〈최혜국대우〉	① 철도운송에 관한 국가간 차등대우 부여 권한 유지	국경간 서비스무역 및 투자
12	환경서비스 〈내국민대우, 이행요건, 현지주재〉	① 환경서비스에 대한 어떤 조치를 채택하거나 유지할 권리 유보. 다만, 사적공급이 허용되는 한도에서 민간 당사자 간의 계약에 따른 해당 서비스 공급은 적용되지 않음 * 환경서비스: 음용수의 처리 및 공급, 생활폐수의 수집 및 처리, 생활폐기물의 수집·운반 및 처리, 위생 및 유사서비스, 자연 및 경관보호서비스(환경영향평가서비스는 제외)	국경간 서비스무역 및 투자
13	원자력 에너지 〈내국민대우, 이행요건, 고위경영진, 현지주재〉	① 원자력에너지 산업 관련 조치 권리 유보 * 원자력 에너지: 원자력발전, 핵연료의 제조 및 공급, 핵물질, 방사성 폐기물 처리 및 처분(사용·조사된 핵연료 처리 및 처분을 포함), 방사성동위원소 및 방사선발생장치, 방사선 모니터링, 핵에너지 관련, 설계유지 및 보수서비스	국경간 서비스무역 및 투자
14	에너지서비스(원자력발전 제외) 〈내국민대우, 이행요건, 고위경영진, 현지주재〉	① 발전·송전·배전 및 전력판매와 관련된 권리의 포괄적 유보. 단 부속서 I 의 외국인 투자 수준은 보장 ② 이러한 유보에도 불구하고 자국인에게 특정한 기술, 생산공정, 재산권적 지식의 이전을 요구할 수 없음	국경간 서비스무역 및 투자
15	에너지서비스(가스) 〈내국민대우, 이행요건, 고위경영진, 현지주재〉	① 천연가스의 수입, 도매, 유통, 인수기지, 주 배관망의 운영과 관련된 포괄적 조치 권한 유보. 다만, 부속서 I 에 규정된 외국인 투자수준은 유지	국경간 서비스무역 및 투자
16	유통서비스(농축산물 중개, 도매 및 소매) 〈내국민대우, 이행요건, 현지주재〉	① 쌀, 인삼, 홍삼의 중개, 도매(수입을 포함), 소매서비스와 관련된 권리 유보	국경간 서비스무역 및 투자

번호	유보 분야 〈관련의무〉	유보 내용	유보 분야
17	운송서비스(도로여객 운송) 〈내국민대우, 최혜국대 우, 이행요건, 고위경 영진, 현지주재〉	① 택시, 정기 도로여객운송서비스 관련 조치 권리 유보	국경간 서비스무역 및 투자
18	운송서비스(도로화물 운송) 〈최혜국대우, 이행요건, 고위경영진, 현지주재〉	① 도로화물운송 관련 조치 권리 유보. 다만, 국제 해운회사에 의한 컨테이너화물(카보 타지(cabotage)는 제외)과 쿠리어(courier) 도로운송서비스는 제외	국경간 서비스무역 및 투자
19	운송서비스(내륙수로 및 우주운송) 〈내국민대우, 최혜국대 우, 이행요건, 고위경 영진, 현지주재〉	① 내륙수로서비스와 우주운송서비스 조치 권리 유보	국경간 서비스무역 및 투자
20	운송서비스(저장 및 창 고) 〈내국민대우〉	① 쌀 관련 저장 및 창고서비스 조치 권리 유보	국경간 서비스무역 및 투자

21	커뮤니케이션서비스
	(비독점 우편)
	〈내국민대우〉
		① 다음의 조치 권리 유보
		  1) 군복무자의 우체국 지원서비스 공급
		  2) 차량 정수의 결정과 배정에 승인 불필요
			국경간
			서비스무역
			및 투자

22	커뮤니케이션서비스
	(방송)
	〈내국민대우, 이행요건,
	고위경영진, 시장접근,
	현지주재〉
		다음 권리에 대해 조치 권리 유보
		① 매체간 교차 소유를 제한하는 조치
		② 의제외국인5) 여부 판정기준 지분의 최소
		  비율 설정(다만, 종합편성·보도·홈쇼핑
		  은 제외)
		③ 방송서비스 공급자 이사의 국적 제한
		④ 플랫폼사업자(종합유선방송 또는 위성방
		  송사업자)가 지상파방송채널의 재송신 또
		  는 공익채널 전송을 요구하는 조치
			국경간
			서비스무역
			및 투자

---

5) 의제외국인이란 외국정부나 외국인이 합하여 그 법인의 발행주식 또는 지분 총수의
   100분의 50을 초과하여 보유하거나, 외국정부나 외국인이 최대주주인 대한민국 법에
   의하여 설립된 법인을 말한다.

번호	유보 분야 〈관련의무〉	유보 내용	유보 분야
22	커뮤니케이션서비스 (방송) 〈내국민대우, 이행요건, 고위경영진, 시장접근, 현지주재〉	⑤ 지상파방송에 국내신규제작 애니메이션 편성 요구 조치. 다만, 2007. 4. 현재6) 미국산 애니메이션의 시장접근을 손상시키지 않을 것 ⑥ 애니메이션을 주로 편성하거나 종합편성 방송 채널사업자에 일정비율 국내제작 신규 애니메이션 쿼터 요구. 다만, 부속서 I 의 유보수준보다 더 많은 외국콘텐츠 허용 ⑦ 외주제작 콘텐츠 쿼터, 국내물에 대한 제작비 요건 또는 주 시청시간대의 쿼터 부과 조치. 다만, 부속서 I 의 유보 수준보다 더 많은 외국 콘텐츠 허용 ⑧ 주문형비디오(VOD) 방송서비스 공급자에 한국 콘텐츠 쿼터 요구 ⑨ 특정분야에서 외국방송 재송신서비스를 제한하거나 금지하는 조치. 다만, 부속서 I 커뮤니케이션서비스의 외국인 지분제한조치가 철폐되는 경우에 한하고, 또한 협정 서명일 이전에 승인된 외국방송 재송신서비스 공급자에는 적용되지 않음	국경간 서비스무역 및 투자
23	커뮤니케이션서비스 (방송 및 통신) 〈내국민대우, 이행요건, 고위경영진, 시장접근, 현지주재〉	① 방송통신융합 관련 가입자기반의 비디오서비스 공급자에 대한 조치 권리 유보 ② 다만, 이는 1) 외국인 지분제한과 관련하여서는 부속서 I 통신서비스의 기간통신사업자에 적용되는 조치와 부속서 I 커뮤니케이션서비스(방송)의 종합유선방송사업자에게 적용되는 조치보다 불리할 수 없음. 다만, 이는 제11.12조제1항 다호(ratchet mechanism)가 적용됨	국경간 서비스무역 및 투자

---

6) 방송법에 따라 방송위원회는 방송사업자의 연간 방송시간의 1000분의 15의 범위 내에서 일정비율을 국내신규제작 애니메이션 프로그램으로 편성토록 정할 수 있다. 2007년 4월 30일 현재 방송위원회는 한국방송(KBS), 문화방송(MBC) 및 서울방송(SBS)에 대해 연간 방송시간의 1000분의 10, 그리고 교육방송(EBS)에 대해 연간 방송시간의 1000분의 3을 국내신규제작 애니메이션으로 편성하도록 요구한다.

번호	유보 분야 〈관련의무〉	유보 내용	유보 분야
23	커뮤니케이션서비스 (방송 및 통신) 〈내국민대우, 이행요건, 고위경영진, 시장접근, 현지주재〉	2) 국내 콘텐츠 쿼터 부과와 관련하여 부속서 I 의 커뮤니케이션서비스(방송)의 종합유선방송사업자 허용 비율보다 높지 않도록 설정. 다만, 이는 제11.12조 제1항 다호(ratchet mechanism)가 적용됨	국경간 서비스무역 및 투자
24	커뮤니케이션서비스 (방송 및 시청각) 〈최혜국대우, 이행요건〉	① 영화 또는 텔레비전 프로그램 제작에 특혜를 주는 공동제작 약정 채택 및 유지 권리 유보. 공동제작 약정의 대상 작품은 내국민대우 부여	국경간 서비스무역 및 투자
25	커뮤니케이션서비스 (방송 및 시청각) 〈내국민대우, 이행요건〉	① 방송 또는 시청각 프로그램이 한국 콘텐츠 여부에 대한 기준을 정하는 권리 유보. 다만, 이는 부속서 I 와 부속서 II 의 관련 유보와 불일치하지 않아야 함	국경간 서비스무역 및 투자
26	사업서비스(부동산) (부동산중개 및 감정평가 제외) 〈내국민대우, 이행요건, 현지주재〉	① 부동산 개발·공급·관리·판매·임대서비스(중개 및 감정평가서비스 제외) 관련한 조치 권리 유보	국경간 서비스무역 및 투자
27	사업서비스(지급 불능 및 법정관리) 〈내국민대우, 고위경영진, 현지주재〉	① 지급불능 및 법정관리서비스 관련 권리 포괄 유보 ② 기업구조조정전문회사(CRC), 기업구조조정조합, 기업구조조정투자회사(CRV)의 기업구조조정 서비스 조치 권리 유보. 다만, 이는 제13장 금융서비스에서의 투자은행서비스에 부정적 영향을 미쳐서는 아니 됨	국경간 서비스무역 및 투자
28	디지털 오디오·비디오서비스 〈내국민대우, 최혜국대우, 이행요건, 현지주재〉	① 디지털 오디오 또는 비디오 콘텐츠[7] 또는 그 장르의 소비자 이용가능성 증진을 위한 조치 권리 포괄 유보	국경간 서비스무역 및 투자

---

7) 디지털 오디오 또는 비디오서비스란 인터넷을 통한 것을 포함하여 전송유형에 상관없이 스트리밍 오디오콘텐츠, 영화 또는 기타 비디오 다운로드 또는 스트리밍 비디오콘텐츠를 제공하는 서비스를 말한다. 그러나 방송법에 의한 방송서비스나 부속서 II 의 커뮤니케이션서비스(방송 및 통신)의 가입자기반의 비디오서비스는 제외한다.

번호	유보 분야 〈관련의무〉	유보 내용	유보 분야
29	사업서비스(지적측량 및 지도제작) 〈내국민대우〉	① 지적측량 및 지적도 관련 서비스에 대한 조치 권리 유보	국경간 서비스무역 및 투자
30	사업 및 환경서비스(농축산물 검사·인증·등급판정) 〈내국민대우, 현지주재〉	① 농축산물에 대한 검사·인증 및 등급판정과 관련 조치 권리 포괄 유보. 이는 공식적인 검사 또는 테스팅을 받기 전에 생산자를 대신하여 실시하는 검사 또는 테스팅은 포함되지 않음	국경간 서비스무역 및 투자
31	사업서비스(농업·수렵·임업·어업부수) 〈내국민대우, 이행요건, 고위경영진, 현지주재〉	① 유전적 개량, 인공수정, 벼 및 보리 도정, 미곡종합처리장과 관련된 제반활동을 포함한 농업, 임업 및 축산업 부수서비스와 관련 조치 권리 유보 ② 농협·산림조합·수협에 의한 농업·수렵·임업·어업 부수서비스 공급에 대한 조치 권리 유보	국경간 서비스무역 및 투자
32	어업 〈내국민대우〉	① 한국 영해와 배타적경제수역에서의 어업행위와 관련된 조치 권리 유보	투자
33	신문 발행 〈내국민대우, 고위경영진, 현지주재〉	① 신문의 발행(인쇄 및 배포)에 대한 조치 권리 유보	국경간 서비스무역 및 투자
34	교육서비스(유아·초등·중등·고등·기타) 〈내국민대우, 최혜국대우, 이행요건, 고위경영진, 현지주재〉	① 유아·초등 및 중등교육, 의료·보건 관련 고등교육, 유아·초등 및 중등교원양성 고등교육, 법학전문대학원, 모든 교육 수준의 원격교육(비학위 과정의 성인교육 제외), 기타 교육서비스 관련 조치 권리 유보. 다만, 해외용도를 위한 교육테스팅의 운영은 제외	국경간 서비스무역 및 투자
35	사회서비스(보건의료) 〈내국민대우, 최혜국대우, 이행요건, 고위경영진, 현지주재〉	① 보건의료서비스와 관련하여 조치 권리 유보. 다만, 경제자유구역 및 제주특별자치도법에 규정된 의료기관, 약국 및 이와 유사한 시설의 설치와 원격의료서비스에 대한 우대조치는 제외	국경간 서비스무역 및 투자

번호	유보 분야 〈관련의무〉	유보 내용	유보 분야
36	레크리에이션·문화 및 스포츠서비스(영화진흥·광고·후반제작) 〈내국민대우, 최혜국대우, 이행요건, 현지주재〉	① 영화의 진흥, 광고, 후반제작 관련한 조치 권리 포괄 유보	국경간 서비스무역 및 투자
37	레크리에이션·문화 및 스포츠서비스(박물관 및 기타 문화) 〈내국민대우, 이행요건, 고위경영진, 현지주재〉	① 문화재의 발굴, 감정 또는 매매를 포함한 문화재의 보존 및 복원과 관련한 조치 권리 포괄 유보	국경간 서비스무역 및 투자
38	기타 레크리에이션서비스 〈내국민대우〉	① 농어촌지역 관광 관련 조치 권리 유보	투자
39	법률서비스(외국법 자문사) 〈내국민대우, 고위경영진, 현지주재〉	외국 법률전문가 또는 외국 법무법인의 한국 내에서 법률서비스 제공, 법무법인 등과의 제휴, 국내 변호사 등의 고용, 고위경영진 등의 제한에 관한 조치 권리를 유보. 다만, 이에도 불구하고, ① 협정 발효 이전, 미국 법무회사(로펌)의 대표사무소(외국법자문법률사무소) 설립을 허용하고 미국법 및 국제공법의 자문 ② 협정발효 2년 이내, 외국법자문법률사무소가 국내 법무법인과 공동처리 약정 ③ 협정발효 5년 이내, 미국 법무회사와 국내 법무회사의 합작투자기업 설립 및 국내변호사 고용	국경간 서비스무역 및 투자
40	전문직서비스(외국 공인회계사) 〈내국민대우, 고위경영진, 현지주재〉	외국 공인회계사 또는 회계법인의 국내 공인회계사 고용, 감사서비스 제공, 고위경영진 등의 제한 관련 조치 권리를 유보. 다만, 이에도 불구하고 ① 협정 발효 이전에, 미국 공인회계사 또는 회계법인이 국내 사무소 설립으로 미국법 및 국제회계법의 회계컨설팅 제공 및 미국 공인회계사의 국내회계법인 근무 허용	국경간 서비스무역 및 투자

번호	유보 분야 〈관련의무〉	유보 내용	유보 분야
40	전문직서비스(외국 공인회계사) 〈내국민대우, 고위경영진, 현지주재〉	② 협정 발효 5년 이내, 국내 회계법인에 투자 허용(단, 주식 또는 지분의 49%까지 그리고 공인회계사 1인이 10% 미만)	국경간 서비스무역 및 투자
41	전문직서비스(외국 세무사) 〈내국민대우, 고위경영진, 현지주재〉	외국 세무사 또는 세무법인의 국내 세무사 고용, 세무조정 및 세무대리서비스 제공, 고위경영진 등의 제한 관련 조치 권리를 유보. 다만, 이에도 불구하고 ① 협정 발효 이전, 미국 세무사 또는 세무법인이 국내 사무소 설립으로 미국법 및 국제세법의 세무컨설팅 제공 및 미국 세무사의 국내세무법인 근무 허용 ② 협정 발효 5년 이내, 국내 세무법인에 투자 허용(단, 주식 또는 지분의 49%까지 그리고 세무사 1인이 10% 미만)	국경간 서비스무역 및 투자
42	사업서비스 〈내국민대우, 현지주재〉	① 통제되는 물품, 소프트웨어와 기술의 수출 및 재수출과 관련한 조치 권리 유보 ② 국내 거주자만이 이러한 물품의 수출 또는 재수출 허가를 신청 * 이와 관련 조치를 개정 중에 있는바, 개정 이후 이 유보사항의 수정 필요 여부를 협의(대외무역법)	국경간 서비스무역
43	모든 분야 〈내국민대우, 이행요건, 고위경영진〉	① 법집행, 교정서비스와 같이 정부권한 행사로 공급되는 서비스와 관련된 조치 권리 유보. 다만, 이는 서비스공급에 관하여 계약을 체결한 투자자 또는 적용대상 투자 그리고 제13장 금융서비스에서 채택되거나 유지되는 조치는 제외	투자
44	운송서비스(해상여객운송과 연안해상운송) 〈내국민대우, 최혜국대우, 이행요건, 고위경영진, 현지주재〉	① 국제해상여객운송서비스, 연안해상운송 및 한국 선박의 운영 관련 조치 권리 포괄 유보 ② 국제해상여객운송서비스는 경제적수요심사에 의한 면허 획득 ③ 연안해상운송은 한국선박으로 한정. 이는 제23.2조(필수적 안보)를 조건으로 함	국경간 서비스무역 및 투자

3. 부록 Ⅱ-가: GATS 양허표 수정내용(부속서Ⅱ8 관련)

분야 / 하위분야	WTO GATS에서 시장접근 제한	시장접근 개선사항
1. 연구개발서비스		
① 자연과학 연구개발	(개방안함)	1) 제한없음(None) 2) 제한없음(None) 3) 약속안함(Unbound) 4) 수평적기재 외에는 약속 안함
② 사회과학 및 인문 과학 연구개발	1) 약속안함(Unbound) 2) 약속안함(Unbound) 3) 없음(None) 4) 수평적기재 외에는 약속 안함	1) 제한없음 2) 제한없음
③ 학제간 연구개발	(개방안함)	1) 제한없음 2) 제한없음 3) 약속안함 4) 수평적기재 외에는 약속 안함
2. 시장조사 및 대중여론 조사서비스	1) 약속안함 2) 약속안함 3) 없음 4) 수평적기재 외에는 약속 안함	1) 제한없음 2) 제한없음
3. 광업부수서비스(광업관 련 자문 서비스)	1) 약속안함 2) 약속안함 3) 없음 4) 수평적기재 외에는 약속 안함	1) 제한없음 2) 제한없음
4. 포장서비스	1) 약속안함 2) 약속안함 3) 없음	1) 제한없음 2) 제한없음

분야/하위분야	WTO GATS에서 시장접근 제한	시장접근 개선사항
4. 포장서비스	4) 수평적기재 외에는 약속 안함	
5. 컨벤션 대행 서비스 이외의 컨벤션서비스	(개방안함)	1) 제한없음 2) 제한없음 3) 제한없음 4) 수평적기재 외에는 약속 안함
6. 관광 및 여행 관련 서비스		
① 엔터테인먼트가 없는 음료제공. 다만, 철도 및 항공운송 관련 시설의 엔터테인먼트가 없는 음료 제공서비스 제외	(개방안함)	1) 약속안함 2) 제한없음 3) 제한없음 4) 수평적기재 외에는 약속 안함
② 여행대행	(개방안함)	1) 제한없음 2) 제한없음 3) 제한없음 4) 수평적기재 외에는 약속 안함
③ 관광객 안내	1) 없음 2) 없음 3) 여행알선업체만이 관광 안내서비스 제공가능 4) 수평적기재 외에는 약속 안함	3) 제한없음

주: 1)은 국경간 공급, 2)는 해외소비, 3)은 상업적 주재, 4)는 자연인 주재를 의미함

[부록 2] 금융서비스의 유보 목록

1. 부속서 Ⅲ 제1절: 현재유보(15개)

번호	유보 분야 〈관련의무〉	유보 내용	비고
1	금융서비스(보험) 〈시장접근〉	① 상업은행, 상호저축은행, 증권회사의 2인 이하 직원만이 같은 장소, 시간에 보험상품 판매(보험상품의 은행판매비율 제한)	
2	금융서비스(보험) 〈국경간 무역〉	① 국내에서 법적 의무에 의한 보험구매에 국경간 공급에 의한 보험은 제외. 다만, 요구되는 보험이 국내보험업자로부터 구매될 수 없는 경우는 제외	Mode 1
3	금융서비스(은행 및 그 밖의 금융)(보험 제외) 〈내국민대우〉	① 외국금융기관은 국제적으로 인정된 금융기관1)인 경우 국내 상업은행 또는 은행지주회사 지분의 10% 초과 소유 가능 ② 자연인은 국내 상업은행 또는 은행지주회사 지분의 10% 초과 소유 불가 ③ 주요사업이 금융서비스가 아닌 금융기관 이외의 기업은 상업은행 또는 은행지주회사 지분의 4% 초과할 수 없음. 다만, 의결권을 포기하면 10%까지 소유 가능	
4	금융서비스(은행 및 그 밖의 금융)(보험 제외) 〈내국민대우〉	① 외국은행의 국내 지점 설치는 각각 인가를 요구. 그러나 외국 투자자가 소유하거나 지배하는 은행의 지점은 제외	
5	금융서비스(은행 및 그 밖의 금융)(보험 제외) 〈시장접근〉	① 한국증권선물거래소만이 증권 또는 선물시장 운용	
6	금융서비스(은행 및 그 밖의 금융)(보험 제외) 〈시장접근〉	① 증권예탁결제원만이 증권의 예탁자 또는 증권의 이전 매개체 기능	

---

1) 국제적으로 인정된 금융기관은 대한민국의 관련 규제당국이 수용할 수 있는 등급으로 국제신용평가기관에 의하여 평가된 금융기관 또는 대한민국의 관련 규제당국이 수용할 수 있는 대체방식에 의하여 그와 동등한 지위를 가지는 것으로 입증된 금융기관을 포함한다.

번호	유보 분야 〈관련의무〉	유보 내용	비고
7	금융서비스(은행 및 그 밖의 금융)(보험 제외) 〈시장접근〉	① 증권예탁결제원 및 한국증권선물거래소만이 증권 및 파생상품의 청산 및 결제업무 수행	
8	금융서비스(은행 및 그 밖의 금융)(보험 제외) 〈국경간무역〉	① 국내 거주자, 금융기관 및 외국 금융기관의 지점은 선물회사를 통해 역외선물, 옵션 및 특정 선도계약을 체결	Mode 1
9	금융서비스(은행 및 그 밖의 금융)(보험 제외) 〈내국민대우〉	① 외국은행 또는 증권회사의 지점은 영업자금을 국내로 가져와서 유지(지점은 모 은행 또는 증권회사와는 별도의 법적실체로 간주)	
10	금융서비스(은행 및 그 밖의 금융)(보험 제외) 〈시장접근〉	① 외국의 법에 따라 설립된 금융기관의 지점은 아래 업무 수행 불가 1) 신용협동조합 2) 상호저축은행 3) 여신전문금융회사 4) 종합금융회사 5) 외화 및 원화자금중개회사 6) 신용정보회사 7) 일반펀드사무관리회사 8) 간접투자기구평가회사 9) 채권평가회사	
11	금융서비스(은행 및 그 밖의금융)(보험 제외) 〈시장접근〉	① 전자금융서비스를 제공하고자 하는 비금융기관은 자회사로만 설립	
12	금융서비스(은행 및 그 밖의 금융)(보험 제외) 〈내국민대우〉	① 다음(통칭 정부지원기관)은 ②의 특별대우 1) 한국산업은행 2) 중소기업은행 3) 한국주택금융공사 4) 농업협동조합 5) 수산업협동조합 ② 다음을 포함한 특별대우 1) 정부기관에 대한 대부 또는 발행 채권에 대한 보증	

번호	유보 분야 〈관련의무〉	유보 내용	비고
12	금융서비스(은행 및 그 밖의 금융)(보험 제외) 〈내국민대우〉	2) 유사한 상태의 비정부기관보다 더 큰 규모의 채권 발행 3) 정부지원기관이 입은 손실의 보전 4) 자본, 잉여, 이익, 자산에 대한 특정조세의 면제	
13	금융서비스(은행 및 그 밖의 금융)(보험 제외) 〈고위경영진〉	① 한국주택금융공사, 농업협동조합, 수산업협동조합의 경영책임자 및 이사회 구성원은 한국인	
14	금융서비스(은행 및 그 밖의 금융)(보험 제외) 〈내국민대우〉	① 주택청약저축계정과 같은 주택계정을 보유할 수 있도록 지정된 금융기관의 수를 제한	
15	금융서비스(은행 및 그 밖의 금융)(보험 제외) 〈시장접근〉	① 원화 현물환거래의 은행간 중개업은 기존의 두 개의 중개업자로 제한	

2. 부속서 Ⅲ 제2절: 미래유보(3개)

번호	유보 분야	유보 내용	비고
1	금융서비스(보험) 〈국경간 무역〉	① 국내에서 강제적인 제3자 보험서비스를 구매할 법적 의무 충족 여부를 판정함에 외국에서의 강제적인 제3자 보험서비스는 고려하지 않을 권리를 유보. 다만, 국내 보험업자로부터 구매될 수 없을 경우 외국에서의 충족 여부도 고려	Mode 1
2	금융서비스(은행 및 그 밖의 금융서비스)(보험 제외) 〈내국민대우〉	① 금융서비스를 공급하는 정부소유 또는 정부지배기관을 민영화하는 경우, 이 기관에 대한 계속적인 보증 또는 한시적인 추가보증에 대한 조치 권리 유보	
3	금융서비스(은행 및 그 밖의 금융)(보험 제외) 〈내국민대우〉	① 외국 투자자의 한국증권선물거래소, 증권예탁결제원의 소유권을 제한할 권리 유보 ② 한국증권선물거래소, 증권예탁결제원의 주식을 공모하는 경우 외국인의 주식보유를 제한할 권리를 유보. 다만, 공모시점에 외국인의 소유지분에 대한 이해관계가 보호되고, 공모 이후 미국 금융기관의 접근을 보장해야 함	

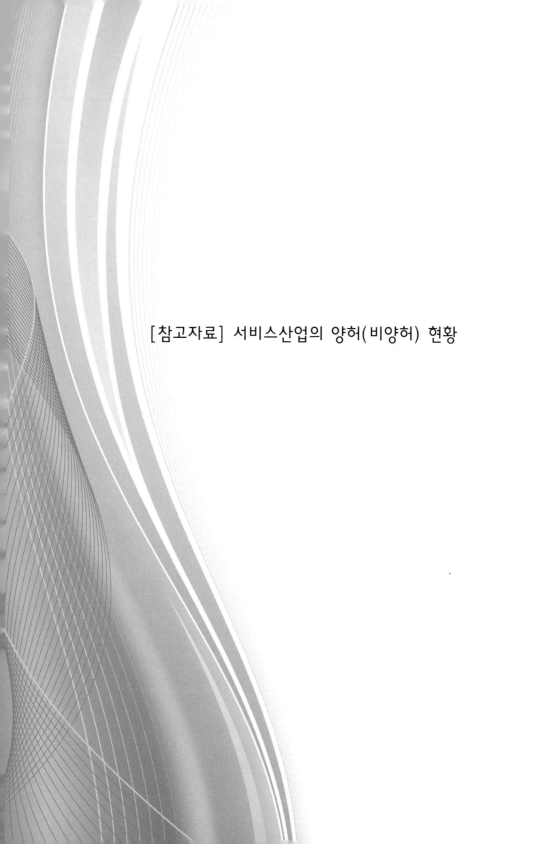

[참고자료] 서비스산업의 양허(비양허) 현황

〈참고자료〉 서비스산업의 양허(비양허) 현황

분야	WTO GATS(1994)		DDA(2003)		한·EU FTA(2011)		한·미 FTA(2012)
	양허	비양허	양허(추가)	비양허	비양허 업종	양허업종 중 비양허 품목	비양허 업종 또는 비양허 품목
총 155개 업종	78개 업종	77개 업종	18개 업종	61개 업종	42개 업종		24개 업종
1. 사업서비스 (총 46개 업종)	31개 업종	15개 업종	11개 업종	6개 업종	5개 업종		2개 업종
• 전문직(11개)	공인회계, 세무, 법률, 의료·치과, 수(가축) 의료, 건축설계, 엔지니어링, 종합엔지니어링, 간호·조산사, 기타 도시계획 및 조경설계 (6개 업종)	법률, 의료·치과, 수(가축) 의료, 간호·조산사 기타 (5개 업종)	법률, 의료·치과, 수(가축) 의료 (2개 업종)	의료·치과(9312), 간호·조산사 (93191), 기타 (3개 업종)	의료·치과(9312), 간호·조산사 (93191), 기타 (3개 업종)		변리사 유보(부속서 I 23)
• 컴퓨터 및 컴퓨터 관련 (5개)	컴퓨터 설비자문, 소프트웨어시행, 데이터처리, 데이터베이스, 기타 컴퓨터 관련 (5개 업종)	(전 업종 양허)			(전 업종 양허)		

* 한·EU FTA(2011)와 한·미 FTA(2012)에서 • 표시를 한 기술은 양허업종 내에서 일부 품목을 제외하는 경우를 기술하고 있음.
* ( )의 숫자는 UN 산업분류표(CPC prov: Provisional Central Product Classification)의 분류 숫자임.

분야	WTO GATS(1994)		DDA(2003)		한·EU FTA(2011)		한·미 FTA(2012)
	양허	비양허	양허(추가)	비양허	비양허 업종	양허업종 중 비양허 품목	비양허 업종 또는 비양허 품목
• 연구개발(3개)	인문·사회과학 부문 R&D (1개 업종)	자연 과학부문 R&D, 학제간 R&D (2개 업종)	자연 과학부문 R&D, 학제간 R&D (2개 업종)		(전 업종 양허)		• 자연과학 R&D, 학제간 R&D는 Mode 1, Mode 2만 양허(부록II-가)
• 부동산(2개)	(전 업종 비양허)	자산 소유·임대 관련, 부동산 감정·제장·제외 (2개 업종)	부동산 감정·제장 약(822) (1개 업종)	자산소유·임대 관련 (1개 업종)	자산소유·임대 관련(821) (1개 업종)	• 부동산 감정·개요서비스(822)에서 정부의 토지보상 감정평가는 제외	• 부동산 개발·공급·관리·임대·임대서비스 유보, 단, 부동산 중개 및 감정평가서비스는 제외(부속서II 26)
• 임대(5개)	선박임대, 항공기 임대, 기타운송 장비 임대, 기타 기계장비 임대 (4개 업종)	기타 (1개 업종)	기타 (1개 업종) *기타는 개인 가정용품 관련 임대서비스		(전 업종 양허)		
• 기타사업 (20개)	광고, 시장조사 및 여론조사, 경영지도부문, 사업영선설팅, 사업	제조업부문, 에너지유통부문, 공급, 인테배치, 공급	제조업부문, 에너지유통부문, 공급, 인테배치, 공급 (2개 업종)	조사·보안, 전물청소 (2개 업종)	에너지유통부문수 (887) (1개 업종)	• 임업부수서비스(8814)에서 항공에 의한 산 서	• 지급불능 및 법정관리서비스에서 정관리서비스에 항공에 의한 산 서, ① 지급불능

분야	WTO GATS(1994)		DDA(2003)		한·EU FTA(2011)		한·미 FTA(2012)
	양허	비양허	양허(추가)	비양허	비양허 양허	양허업종 중 비양허 품목	양허업종 중 비양허 품목 또는 비양허 품목
• 기타사업 (20개)	관리, 기술적 진단 및 분석, 축임업부, 이 업무부, 광업부 수, 과학기술컨설팅, 장비유지 및 수선, 사진, 포장, 인쇄 및 출판, 국제회의용 용역, 기타 (15개 업종)	조사·보안, 건물 청소 (5개 업종)	인쇄 및 출판, 기타(전문디자인) (5개 업종) * GATS에서 인쇄는 양허했으나, 출판은 추가 양허. 단, 신문 및 정기간행물 출판은 제외			복진화 및 병충해방제서비스는 제외 • 제조업무수서 비스에서 식음료 및 식품부수(88411), 그리스, 유사부장제, 원자재 유(8842), 제철연료부수(88450), 인쇄 및 출판부수(88442), 제철용부수(88493) 등의 감정 및 결재 야자비스는 제외 • 인덕배지·공급서비스(872)에서 선원적 선원함 적 용을 받는 적업소용에 대한 제외 • 과학기술건설 가는 제외	및 병정관리서비 스, ② 기업구조 조정서비스 등 유보(부속서 II 27) • 지적측량 및 지도제작서비스 유보(부속서II29) • 농축산물·검역 및 출판부사·인증 및 관련 유보(부속서II30) • 농업·수렵·임업·어업부서비스에서, ① 야유전적 개량, 인공수정, 배 및 보리 도정, 미곡종합 처리장 관련 유보, ② 농협·산림조합·수협에 의

분야	WTO GATS(1994)		DDA(2003)		한·EU FTA(2011)		한·미 FTA(2012)
	양허	비양허	양허(추가)	비양허	비양허 업종	양허업종 중 비양허 품목	비양허 업종 또는 비양허 품목
• 기타사업 (20개)						팅(8675)에서 지적측량 부문 서비스(86753) 및 지적도 부문 서비스(86754)는 제외 • 진물청소서비스(874)에서 기타 빌딩 청소서비스(87409)는 제외 • 인쇄 및 출판 서비스(88442)에서 신문, 정기간행물 출판서비스(88442 중) 제외	위한 서비스공급 유보(부속서 II 31) • 한국 영해와 배타적경제수역에서 어업행위관련 유보(부속서 II 32) • 신문 발행(인쇄 및 배포) 유보(부속서II33) • 원자력에너지 산업 관련 유보(부속서II13) • 발전·송전·배전 및 전력판매와 관련 유보(부속서II14) • 천연가스의 수입, 도매, 유통,

분야	WTO GATS(1994)		DDA(2003)		한·EU FTA(2011)		한·미 FTA(2012)
	양허	비양허	양허(추가)	비양허	비양허 업종	양허업종 중 비양허 품목	비양허 업종 또는 비양허 품목
• 기타사업 (20개)							인수기지, 구매 판매의 운영 관련 유보(부속서 II 15) • 선원인력공급, 선원교육훈련 유보(부속서 I 30)
2. 커뮤니케이션 서비스 (24개 업종)	9개 업종	15개 업종	1개 업종	14개 업종	8개 업종	(전 업종 양허)	1개 업종
• 통신(15개)	전자메일, 음성 메일, 온라인 정보검색, 전자적 교환, 고 부가가치 팩시밀리, 코드 및 프로토콜 변환, 온라인 정보처리 (7개 업종)	음성전화, 패킷 교환 데이터 전송, 회선교환 데이터 전송, 텔렉스, 전신, 사설전용 회선, 기타 (8개 업종)		음성전화, 패킷 교환 데이터 전송, 회선교환 데이터 전송, 텔렉스, 전신, 사설전용 회선, 기타 (8개 업종)			

분야	WTO GATS(1994)		DDA(2003)		한·EU FTA(2011)		한·미 FTA(2012)
	양허	비양허	양허(추가)	비양허	비양허 업종	양허업종 중 비양허 품목	비양허 업종 또는 비양허 품목
• 시청각(6개)	영화 및 비디오 제작·배급, 음반 제작 (2개 업종)	영화기획, 라디오·TV, 라디오·TV 전송, 기타 (4개 업종)		영화 기획, 라디오·TV, 라디오·TV 전송, 기타 (4개 업종)	영화 및 비디오 제작·배급(9611), 영화기획(9612), 라디오·TV(9613), 라디오·TV 전송(7524), 음반 제작, 기타 (6개 업종)	* 영화 및 비디오 제작·배급(9611), 라디오·TV 전송제(9611)작은 GATS에서 양허	• 보도, 종합편성, 홈쇼핑 채널은 제외(부속서 I 44) • 방송통신융합 관련 가입자기반의 비디오서비스 공급자 관련 유보(부속서II 23)
• 우편(17개)	(전 업종 비양허) 우편 (1개 업종)			우편 (1개 업종)	우편 (1개 업종)		• 비독점우편서비스에서 군복무자의 우체국자원, 차량 정수의 결정과 배정의 불응인 등 유보 (부속서II 21)

분야	WTO GATS(1994)		DDA(2003)		한·EU FTA(2011)		한·미 FTA(2012)
	양허	비양허	양허(추가)	비양허	비양허 양허	양허업종 중 비양허 품목	비양허 업종 또는 비양허 품목
• 송달(1개)	(전 업종 비양허)	송달 (1개 업종)	송달 (1개 업종) * 철도, 도로 등 육상운송만으로 연결되어 배달되는 서비스는 양허대상에서 제외 * 우편법상 한국의 우정당국이 배타적인 권리를 갖는 신서의 수집, 처리 및 배달 서비스는 제외		(양허)	• 우편법상 한국의 우정당국이 배타적인 권리를 갖는 신서의 수집, 처리 및 배달 서비스는 제외	
• 기타(1개)	(전 업종 비양허)	기타 (1개 업종) (전 업종 양허)		기타 (1개 업종) 기타 (1개 업종)	(전 업종 양허)		
3. 건설서비스 (5개 업종)	일반건설, 전문 건설, 일반토목 건설, 설치 및 조립, 건축마무리공사, 기타 (5개 업종)			(전 업종 양허)	(전 업종 양허)		

분야	WTO GATS(1994)		DDA(2003)		한·EU FTA(2011)		한·미 FTA(2012)
	양허	비양허	양허(추가)	비양허	비양허 업종	양허업종 중 비양허 품목	비양허 업종 또는 양허업종 중 비양허 품목
4. 유통서비스 (5개 업종)	중개, 도매, 소매, 프랜차이징 (4개 업종)	기타 (1개 업종)		기타 (1개 업종)	기타 (1개 업종)	• 중개서비스 (621)에서 농수산물 및 산 동물(62111), 식음료(62112), 식물 및 담배(62112), 선물계약에 의한 중개인 서비스 등은 제외 • 도매서비스 (622)에서 곡물, 고기·가금류 (62223), 홍삼도매 등은 제외 • 소매서비스 (613)에서 LPG 관련 소매와 주유소사업 등은 제외 • 소매서비스 (631)에서 담배, 쌀, 홍삼 등은 제외	• 중개, 도매, 소매서비스에서 쌀, 인삼, 홍삼 제외 (부속서II16) • 가축시장, 공용도매시장, 공판장 제외(부속서 I 43)

분야	WTO GATS(1994)		DDA(2003)		한·EU FTA(2011)		한·미 FTA(2012)
	양허	비양허	양허(추가)	비양허	비양허 업종	양허업종 중 비양허 품목	비양허 업종 또는 비양허 품목
5. 교육서비스 (5개 업종)	(전 업종 비양허)	초등교육, 중등교육, 고등교육, 성인교육, 기타 교육 (5개 업종)	고등교육, 성인 교육 (2개 업종)	초등교육, 중등교육, 기타교육 (3개 업종)	초등교육, 중등교육, 기타교육 (3개 업종)	• 고등교육서비스(923)에서, ① 보건의료 관련, ② 유아, 중등, 중등교육양성 ③ 법학전문대학원, ④ 방송통신 및 사이버대 신 및 사이버매신 등은 제외 • 성인교육서비스(924)에서, ① 하위인정 모든 교육, ②「고용」,「근로」연계, 「보험법」,「근로자·직업능력개발법」,「산업법」에 따른 정부지원 직업훈련, ③ 방위교육, ④ 정부위임에 의한 직업훈련서비스 등은 제외	(3개 업종) • 유아·중등 및 중등교육, 의료·보건 관련 고등, 중등, 보건 관련 고등 중등, 유아·중등 교육 및 중등교육양성 고등교육, 법학전 판대학원, 모든 교육 수준의 한 교육 제외(비하위 과정의 성인 교육 제외), 「고용서비스」관련 해 유보, 다만, 해외 직업도를 위한 교 유학·스팅의 운영 은 제외(부속서 II34) • 방송통신 고등 교육기관 제외(부속서 I34)

분야	WTO GATS(1994)		DDA(2003)		한·EU FTA(2011)		한·미 FTA(2012)
	양허	비양허	양허(추가)	비양허	비양허	양허업종 중 비양허 품목	비양허 업종 또는 비양허 품목
6. 환경서비스 (4개 업종)	폐수, 폐기처리, 기타 (3개 업종)	하수처리 및 관련 (1개 업종)		하수처리 및 관련(9403) (1개 업종)	하수처리 및 관련(9403) (1개 업종)	•폐수서비스에서 비산업 폐수 수집 및 처리서비스(9401)는 5년 이내에 관련 당사자간의 계약 체결을 위한 경 생장에 EU는 비차별적 대우를 부여 •하수처리 및 관련 서비스에 관련(9403), 자연경관 및 조경보호 서비스(9406)는 관련범에 의한 경 사적계약의 경우 내국민대우를 부여	•환경서비스 미래유보. 다만, 사적공급이 허용되는 한도에서 민간 당사자간의 계약에 따른 해당 서비스 공급은 제외(부속서II112) •환경서비스: 음용수의 처리 및 공급, 생활폐수의 수집 및 처리, 생활폐기물의 수집·운반 및 처리, 위생 및 유사서비스, 자연 및 경관보호서비스 (환경영향서비스는 제외)

분야	WTO GATS(1994)		DDA(2003)		한·EU FTA(2011)		한·미 FTA(2012)
	양허	비양허	양허(추가)	비양허	비양허 업종	양허업종 중 비양허 품목	비양허 업종 또는 비양허 품목
7. 금융서비스 (17개 업종)	생명 및 상해보험, 손해보험 및 재보험, 재보험 및 보험중개, 해사·항공 및 보험 중개, 대출업, 예금업, 금융리스, 지급 및 송금업, 신탁업, 증권거래 매매, 증권발행, 자산관리, 금융결제, 금융관련자료 (14개 업종)	자금중개, 금융 정보 중개 및 처리, 용역·데이터 기타 (3개 업종)		자금중개, 금융 중개 및 처리 정보 용역·데이터 기타 (3개 업종)	기타 (1개 업종)	• 은행 및 기타 금융서비스에서 ① 금융정보의 제공 및 이전, ② 2년 이내 금융자료처리 및 관련 소프트웨어 제공 및 이전, ③ 중개를 제외한 자문 및 그 밖의 부수서비스 등은 Mode 1 (국경간 공급)으로 양허됨 • 보험 및 보험관련서비스에서 ① 해상운송, 상업적 항공, 우주 발사 및 화물, 제3으로 통과 중인 화물 등의	• 보험 및 보험 관련서비스, 은행서비스에서 ① 해상운송, 상업적 항공, 우주 화물, ② 위험 중인 화물, 관한 위험보험, ② 재보험 및 재 보험, ③ 상담, 제작, 위험평가, 재보험 손해사정 등 보험부수서비스, ④ 이와 관련되는 보험중개서비스 등은 Mode 1 (국경간 공급)로 양허됨 (부속서 13-가) • 은행 및 기타 금융서비스에서

분야	WTO GATS(1994)		DDA(2003)		한·EU FTA(2011)		한·미 FTA(2012)	
	양허	비양허	양허(추가)	비양허	비양허	양허업종 중 비양허 품목	양허업종 중 비양허 품목	비양허 업종 또는 비양허 품목
7. 금융서비스 (17개 업종)						관한 위험보험, ② 재보험 및 재보험, ③ 전선 년 이내 금융자료처리, 위험평가 등 보험부수서비스, ④ 위와 관련되는 보험중개서비스 등은 Mode 1(국경간 공급)로 양허됨	① 금융정보의 제공 및 이전, ② 재보험 및 재보험, ③ 전선 년 이내 금융자료처리 및 관련 소프트웨어의 제공 및 이전, ③ 위와 관련되는 중개를 제외한 자문 및 그 밖의 부수서비스 등은 Mode 1(국경간 공급)로 양허됨 (부속서 13-가)	
8. 보건, 사회 서비스 (4개 업종)	(전 업종 비양허)	병원, 기타 의료, 사회복지, 기타 (4개 업종)		병원, 기타 의료, 사회복지, 기타 (4개 업종)	병원(9311), 기타 의료(9319), 사회복지(933), 기타 (4개 업종)	(4개 업종)		(4개 업종) • 보건의료서비스 유보, 다만, 경제자유구역 및 제주특별자치도 법에 규정된 의료기관, 약국 및 이와 유사한 시설의 설치와 원격

분야	WTO GATS(1994)		DDA(2003)		한·EU FTA(2011)		한·미 FTA(2012)
	양허	비양허	양허(추가)	비양허	비양허 양허	양허/양허중 비양허 품목	비양허 양허 또는 비양허 품목
9. 관광서비스 (4개 업종)	호텔 및 레스토랑, 여행알선대행, 관광안내 (3개 업종)	기타 (1개 업종)		기타 (1개 업종)	기타 (1개 업종)	• 호텔 및 레스토랑서비스(6431)에서 철도 항공 운송 관련서비스는 제외	의료서비스에 대한 우대조치는 제외(부속서 II 135)
10. 오락, 문화, 스포츠서비스 (5개 업종)	(전 업종 비양허)	엔터테인먼트, 뉴스제공, 도서관·박물관 및 여타 문화, 스포츠 및 레크리에이션, 기타 (5개 업종)	엔터테인먼트 (1개 업종)	뉴스제공, 도서관·박물관 및 여타 문화, 스포츠 및 레크리에이션, 기타 (4개 업종)	도서관·박물관 및 여타 문화(963), 기타 (2개 업종)	• 레크리에이션(9649)에서 과 크 서 비 스 (96491)에서 연극, 가무, 밴드, 오케스트라 등의 엔터테인먼트 (1개 업종) • 박물관 및 타문화서비스에 (9619), 작가, 조각가 등의 엔터테인먼트(96192), 해변 매립 등의 문화서비스 등은 제외	영화의 진흥, 광고의 제작 및 배급, 후반제작 관련 서비스 유보(부속서 II 36) • 박물관 및 기타문화유산서비스에 발굴지, 작가, 조각가 서 문화재의 발굴 또는 매도, 감정 포함한 문화재의 보존 및 복원 관련 서비스

분야	WTO GATS(1994)		DDA(2003)		한·EU FTA(2011)		한·미 FTA(2012)	
	양허	비양허	양허(추가)	비양허	비양허 업종	양허업종 중 비양허 품목	비양허 업종	비양허 업종 또는 비양허 품목
10. 오락, 문화, 스포츠서비스 (5개 업종)								제외(부속서 II37) • 기타서비스에서 녹아온지역 관광 서비스 제외(부속서 II38)
11. 운송서비스 (총 35개 업종)	9개 업종	26개 업종	3개 업종	23개 업종	16개 업종		13개 업종	
• 해운(6개)	외항여객운송, 외항화물운송, 선박유지 및 수선 (3개 업종)	선박임대, 견인 및 예선, 기타 해운부수 (3개 업종)		선박임대, 견인 및 예선, 기타 해운부수 (3개 업종)	(전 업종 양허)	• 여객 및 화물 운송서비스(7211, 7212)에서 연안 운송은 제외		해상도선서비스는 제외(부속서 I 연안 11)
• 내륙수상운송 (6개)	(전 업종 비양허)	내륙수상 여객운송, 내륙수상 화물운송, 선박유지 및 수선, 승무원 없이 포함된 선박임대, 견인 및 예선, 내륙수상 운송 부수 (6개 업종)		내륙수상 여객운송, 내륙수상 화물운송, 선박유지 및 수선, 승무원 없이 포함된 선박임대, 견인 및 예선, 내륙수상 운송 부수 (6개 업종)	내륙수상 여객운송, 내륙수상 화물운송, 선박유지 및 수선, 승무원 없이 포함된 선박임대, 견인 및 예선, 내륙수상 운송 부수 (6개 업종)			내륙수로운송서비스 유보(부속서 II19) 연안해상운송서비스 유보(부속서 II44)

분야	WTO GATS(1994)		DDA(2003)		한·EU FTA(2011)		한·미 FTA(2012)
	양허	비양허	양허(추가)	비양허	비양허 업종	양허업종 중 비양허 품목	비양허 업종 또는 비양허 품목
• 항공운송(5개)	항공운송 부수 (1개 업종)	여객운송, 화물운송, 승무원 포함 항공기 임대, 항공기 유지 및 수선 (4개 업종)		여객운송, 화물운송, 승무원 포함 항공기 임대, 항공기 유지 및 수선 (4개 업종)	여객운송(731), 화물운송(732), 항공운송 부수 (3개 업종) * 항공운송 부수 서비스(746)는 GATS에서 양허		• 국내 및 국제 항공운송서비스를 포함하는 항공서비스 및 관련서비스는 제외. 다만, 항공기 보수 및 유지, 특수항공서비스는 제외(제12.1조제4항다호)
• 우주운송(17개)	(전 업종 비양허)	우주운송 (17개 업종)		우주운송 (17개 업종)	우주운송 (17개 업종)		우주운송서비스 유보 (부속서II 19)
• 철도운송(5개)	(전 업종 비양허)	여객운송, 화물운송, 견인 및 예차, 철도 유지 및 보수, 철도운송 부수 (5개 업종)	여객운송, 화물운송 (2개 업종)	견인 및 예차, 철도 유지 및 보수, 철도운송 부수 (3개 업종)	철도운송 부수 (1개 업종)	• 철도유지 및 보수서비스(886)는 민간소유 도시철도에만 적용 • 견인 및 예차 서비스(7113)에 철도운송 부수 서	• 2005. 6. 이전 건설노선 유보, 다만, 2005. 7. 이후 건설노선에 대하여 경제적수요심사에 의한 면허 법인이 철도

분야	WTO GATS(1994)		DDA(2003)		한·EU FTA(2011)		한·미 FTA(2012)
	양허	비양허	양허(추가)	비양허	비양허	양허업종 중 비양허 품목	비양허 업종 또는 비양허 품목
• 철도운송(5개)						수리서비스는 민간소유 철도시설에만 적용	• 운송서비스 공급 가능(부속서 I 9) • 철도유지 및 보수서비스 유보. 다만, 민간투자법에 의한 법인(BOT 계약)은 철도건설 가능(부속서 I 9)
• 도로운송(5개)	화물운송 (1개 업종)	여객운송, 승무원이 포함된 버스 및 승합차 임대, 도로장비 유지 및 수선, 도로운송 부수 (4개 업종)		여객운송, 승무원이 포함된 버스 및 승합차 임대(71223), 도로장비 유지(6112), 도로운송 부수 (4개 업종)	도로운송 부수 (744) (1개 업종)	• 화물운송서비스(7123) 중 컨테이너 화물운송 서비스(71233)는 내륙운송에서 제외	• 여객운송서비스, 정기 스에서 택시, 정기도로여객운송 서비스는 제외 (부속서 II17) • 화물운송서비스 유보. 다만, 국제해운회사의 컨테이너나화물과 우리의 도로운송은 제외(부속서 II 18)

분야	WTO GATS(1994)		DDA(2003)		한·EU FTA(2011)		한·미 FTA(2012)
	양허	비양허	양허(추가)	비양허	비양허	양허업종 중 비양허 품목	비양허 업종 또는 비양허 품목
• 파이프라인 운송(2개)	(전 업종 비양허)	연료운송, 기타 물품 운송 (2개 업종)	연료운송 (1개 업종)	기타물품 운송 (1개 업종)	기타물품 운송 (1개 업종)	• 연료운송서비스(7131)는 석유제품 운송에만 한정되고, LPG 운송은 제외	
• 운송부수(4개)	창고, 화물운송 대리, 화물취급 창고, 기타 (4개 업종)	(전 업종 양허)			창고(741), 화물 운송대리(748), 기타 (3개 업종) *창고(741), 화물 운송대리(748), 기타 등은 GATS 에서 양허됨	• 화물취급 창고, 서비스(742)에 서 농축산물에 대한 창고서비스는 제외	• 저장 및 창고 서비스에서 쌀관 련 서비스 유보 (부속서 II 20)
• 기타운송(1개)	(전 업종 비양허)	기타 운송 (1개 업종)		기타 운송 (1개 업종)	(양허)		
12. 기타 서비스 (1개 업종)	(전 업종 비양허)	기타 (1개 업종)		기타 (1개 업종)	(양허)		

색인

지은이 소개

▌문병철(MOON Byung-Chul)

경남 마산에서 출생하여 경남대학교를 졸업하였고, 2008년 한양대학교에서 "FTA의 교역증진 효과에 관한 실증분석"이란 논문으로 경제학 박사학위를 취득하였다.

1988년 제8회 입법고시에 합격하여 행정사무관으로 입법부 공무원이 된이후, 1993년 주미대사관 입법관, 2006년 국회도서관 기획관리관, 2007년 문화관광위원회 전문위원, 2009년 지식경제위원회 전문위원을 거쳐 2014년 현재는 국회입법조사처 정치행정조사실장으로 재직하고 있다.

국제통상규범에 대한 관심은 업무에서의 필요에 의해 시작되었고, 현재는 WTO나 FTA 등 개방경제하에서 공공의 이익에 부합하는 국내규제를 어떻게 도입할 수 있는가 하는 문제에 많은 관심을 가지고 있다.

2009년부터 인천대학교에서 무역환경론, 서비스무역론을 강의하고 있다.